TOSEL®

HIGH JUNIOR

 International TOSEL Committee

VOCA 2

CONTENTS

High Junior 2권

TOSEL® Level Chart TOSEL 단계표

COCOON
아이들이 접할 수 있는 공식 인증 시험의 첫 단계로써, 아이들의 부담을 줄이고 즐겁게 흥미를 유발할 수 있도록 컬러풀한 색상과 디자인으로 시험지를 구성하였습니다.

Pre-STARTER
친숙한 주제에 대한 단어, 짧은 대화, 짧은 문장을 사용한 기본적인 문장표현 능력을 측정합니다.

STARTER
흔히 접할 수 있는 주제와 상황과 관련된 주제에 대한 짧은 대화 및 짧은 문장을 이해하고 일상생활 대화에 참여하며 실질적인 영어 기초 의사소통 능력을 측정합니다.

BASIC
개인 정보와 일상 활동, 미래 계획, 과거의 경험에 대해 구어와 문어의 형태로 의사소통을 능력을 측정합니다.

JUNIOR
일반적인 주제와 상황을 다루는 회화와 짧은 단락, 실용문, 짧은 연설 등을 이해하고 간단한 일상 대화에 참여하는 능력을 측정합니다.

HIGH JUNIOR
넓은 범위의 사회적, 학문적 주제에서 영어를 유창하고 정확하게, 효과적으로 사용할 수 있는 능력 및 중문과 복잡한 문장을 포함한 다양한 문장구조의 사용 능력을 측정합니다.

ADVANCED
대학 및 대학원에서 요구되는 영어능력과 취업 또는 직업근무환경에 필요한 실용영어 능력을 측정합니다.

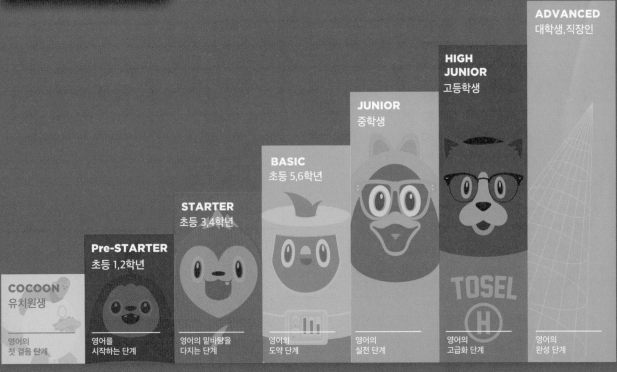

COCOON 유치원생 — 영어의 첫 걸음 단계

Pre-STARTER 초등 1,2학년 — 영어를 시작하는 단계

STARTER 초등 3,4학년 — 영어의 밑바탕을 다지는 단계

BASIC 초등 5,6학년 — 영어의 도약 단계

JUNIOR 중학생 — 영어의 실전 단계

HIGH JUNIOR 고등학생 — 영어의 고급화 단계

ADVANCED 대학생,직장인 — 영어의 완성 단계

TOSEL
교재 Series

TOSEL LEVEL	Age	Vocabulary Frequency	Readability Score	교과 과정 연계	VOCA	Reading	Listening	Grammar
Cocoon	K5-K7	500	0-1	Who is he? (국어 1단원 1-1)	150	Picking Pumpkins (Phonics Story)	Phonics	There is · There are
Pre-Starter	P1-P2	700	1-2	How old are you? (통합교과 1-1)	300	Me & My Family (Reading series Ch.1)	상대방 소개하기	be + adjective
Starter	P3-P4	1000-2000	1-2	Spring, Summer, Fall, Winter (통합교과 3-1)	800	Ask More Questions (Reading Series Ch.1)	날씨/시간 표현	Simple Present
Basic	P5-P6	3000-4000	3-4	Show and Tell (사회 5-1)	1700	Culture (Reading Series Ch.3)	의견 묻고 답하기	Superlative
Junior	M1-M2	5000-6000	5-6	중 1, 2 과학, 기술가정	4000	Humans and Animals (Reading Series Ch.1)	사물 소개하기	to-infinitive
High Junior	H1-H3	5000-6000	5-6	고등학교 - 체육	7000	Health (Reading Series Ch.1)	상태 묘사	2nd Conditional

■ TOSEL의 세분화된 레벨은 각 연령에 맞는 어휘와 읽기 지능 및 교과 과정과의 연계가 가능하도록 설계된 교재들로 효과적인 학습 커리큘럼을 제공합니다.

■ TOSEL의 커리큘럼에 따른 학습은

정확한 레벨링 → 레벨에 적합한 학습 → 영어 능력 인증 시험 TOSEL에서의 공신력 있는 평가를 통해

진단 → 학습 → 평가의 선순환 구조를 실현합니다.

About TOSEL®

TOSEL은 각급 학교 교과과정과 연령별 인지단계를 고려하여 단계별 난이도와 문항으로
영어 숙달 정도를 측정하는 영어 사용자 중심의 맞춤식 영어능력인증 시험제도입니다.
평가유형에 따른 개인별 장점과 단점을 파악하고, 개인별 영어학습 방향을 제시하는 성적분석자료를 제공하여
영어능력 종합검진 서비스를 제공함으로써 영어 사용자인 소비자와
영어능력 평가를 토대로 영어교육을 담당하는 교사 및 기관 인사관리자인 공급자를
모두 만족시키는 영어능력인증 평가입니다.

TOSEL은 인지적-학문적 언어 사용의 유창성 (Cognitive-Academic Language Proficiency, CALP)과
기본적-개인적 의사소통능력 (Basic Interpersonal Communication Skill, BICS)을
엄밀히 구분하여 수험자의 언어능력을 가장 친밀하게 평가하는 시험입니다.

대상	목적	용도
유아, 초, 중, 고등학생, 대학생 및 직장인 등 성인	한국인의 영어구사능력 증진과 비영어권 국가의 영어 사용자의 영어구사능력 증진	실질적인 영어구사능력 평가 + 입학전형 및 인재선발 등에 활용 및 직무역량별 인재 배치

연혁

2002.02	국제토셀위원회 창설 (수능출제위원역임 전국대학 영어전공교수진 중심)
2004.09	TOSEL 고려대학교 국제어학원 공동인증시험 실시
2006.04	EBS 한국교육방송공사 주관기관 참여
2006.05	민족사관고등학교 입학전형에 반영
2008.12	고려대학교 편입학시험 TOSEL 유형으로 대체
2009.01	서울시 공무원 근무평정에 TOSEL 점수 가산점 부여
2009.01	전국 대부분 외고, 자사고 입학전형에 TOSEL 반영 (한영외국어고등학교, 한일고등학교, 고양외국어고등학교, 과천외국어고등학교, 김포외국어고등학교, 명지외국어고등학교, 부산국제외국어고등학교, 부일외국어 고등학교, 성남외국어고등학교, 인천외국어고등학교, 전북외국어고등학교, 대전외국어고등학교, 청주외국어고등학교, 강원외국어고등학교, 전남외국어고등학교)
2009.12	청심국제중·고등학교 입학전형 TOSEL 반영
2009.12	한국외국어교육학회, 팬코리아영어교육학회, 한국음성학회, 한국응용언어학회 TOSEL 인증
2010.03	고려대학교, TOSEL 출제기관 및 공동 인증기관으로 참여
2010.07	경찰청 공무원 임용 TOSEL 성적 가산점 부여
2014.04	전국 200개 초등학교 단체 응시 실시
2017.03	중앙일보 주관기관 참여
2018.11	관공서, 대기업 등 100여 개 기관에서 TOSEL 반영
2019.06	미얀마 TOSEL 도입 발족식 베트남 TOSEL 도입 협약식
2019.11	2020학년도 고려대학교 편입학전형 반영
2020.04	국토교통부 국가자격시험 TOSEL 반영
2021.07	소방청 간부후보생 선발시험 TOSEL 반영

About TOSEL

What's TOSEL?

"Test of Skills in the English Language"

TOSEL은 비영어권 국가의 영어 사용자를 대상으로 영어구사능력을 측정하여
그 결과를 공식 인증하는 영어능력인증 시험제도입니다.

영어 사용자 중심의 맞춤식 영어능력 인증 시험제도

맞춤식 평가

**획일적인 평가에서
세분화된 평가로의 전환**

TOSEL은 응시자의 연령별
인지단계에 따라 별도의 문항과 난이도를
적용하여 평가함으로써 평가의
목적과 용도에 적합한 평가 시스템을
구축하였습니다.

공정성과 신뢰성 확보

국제토셀위원회의 역할

TOSEL은 고려대학교가 출제 및 인증기관
으로 참여하였고 대학입학수학능력시험
출제위원 교수들이 중심이 된
국제토셀위원회가 주관하여
사회적 공정성과 신뢰성을 확보한
평가 제도입니다.

수입대체 효과

외화유출 차단 및 국위선양

TOSEL은 해외시험응시로 인한 외화의
유출을 막는 수입대체의 효과를 기대할 수
있습니다. TOSEL의 문항과 시험제도는
비영어권 국가에 수출하여 국위선양에
기여하고 있습니다.

Why TOSEL® —————— 왜 TOSEL인가

01 학교 시험 폐지

일선 학교에서 중간, 기말고사 폐지로 인해 객관적인 영어 평가 제도의 부재가 우려됩니다. 그러나 전국단위로 연간 4번 시행되는 TOSEL 평가시험을 통해 학생들은 정확한 역량과 체계적인 학습방향을 꾸준히 진단받을 수 있습니다.

02 연령별/단계별 대비로 영어학습 점검

TOSEL은 응시자의 연령별 인지단계 및 영어 학습 단계에 따라 총 7단계로 구성되었습니다. 각 단계에 알맞은 문항유형과 난이도를 적용해 모든 연령 및 학습 과정에 맞추어 가장 효율적으로 영어실력을 평가할 수 있도록 개발된 영어시험입니다.

03 학교내신성적 향상

TOSEL은 학년별 교과과정과 연계하여 학교에서 배우는 내용을 학습하고 평가할 수 있도록 문항 및 주제를 구성하여 내신영어 향상을 위한 최적의 솔루션을 제공합니다.

04 수능대비 직결

유아, 초, 중등시절 어렵지 않고 즐겁게 학습해 온 영어이지만, 수능시험준비를 위해 접하는 영어의 문항 및 유형 난이도에 주춤하게 됩니다. 이를 대비하기 위해 TOSEL은 유아부터 성인까지 점진적인 학습을 통해 수능대비를 자연적으로 해나갈 수 있습니다.

05 진학과 취업에 대비한 필수 스펙관리

개인별 '학업성취기록부' 발급을 통해 영어학업성취이력을 꾸준히 기록한 영어학습 포트폴리오를 제공하여 영어학습 이력을 관리할 수 있습니다.

06 자기소개서에 토셀 기재

개별적인 진로 적성 Report를 제공하여 진로를 파악하고 자기소개서 작성시 적극적으로 활용할 수 있는 객관적인 자료를 제공합니다.

07 영어학습 동기부여

시험실시 후 응시자 모두에게 수여되는 인증서는 영어학습에 대한 자신감과 성취감을 고취시키고 동기를 부여합니다.

08 AI 분석 영어학습 솔루션

국내외 15,000여 개 학교·학원 단체 응시인원 중 엄선한 100만 명 이상의 실제 TOSEL 성적 데이터를 기반으로 영어인증시험 제도 중 세계 최초로 인공지능이 분석한 개인별 AI 정밀 진단 성적표를 제공합니다. 최첨단 AI 정밀진단 성적표는 최적의 영어 학습 솔루션을 제시하여 영어 학습에 소요되는 시간과 노력을 획기적으로 절감해줍니다.

09 명예의 전당, 우수협력기관 지정

우수교육기관은 'TOSEL 우수 협력 기관'에 지정되고, 각 시/도별, 최고득점자를 명예의 전당에 등재합니다.

Evaluation —————— 평가

평가의 기본원칙

TOSEL은 PBT(Paper Based Test)를 통하여 간접평가와 직접평가를 모두 시행합니다.

TOSEL은 언어의 네 가지 요소인 읽기, 듣기, 말하기, 쓰기 영역을 모두 평가합니다.

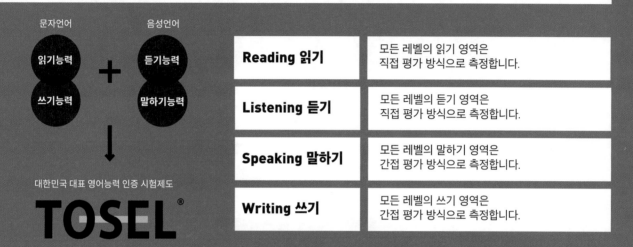

Reading 읽기	모든 레벨의 읽기 영역은 직접 평가 방식으로 측정합니다.
Listening 듣기	모든 레벨의 듣기 영역은 직접 평가 방식으로 측정합니다.
Speaking 말하기	모든 레벨의 말하기 영역은 간접 평가 방식으로 측정합니다.
Writing 쓰기	모든 레벨의 쓰기 영역은 간접 평가 방식으로 측정합니다.

문자언어 · 음성언어

읽기능력 + 듣기능력
쓰기능력 · 말하기능력

대한민국 대표 영어능력 인증 시험제도

TOSEL®

TOSEL은 연령별 인지단계를 고려하여 아래와 같이 7단계로 나누어 평가합니다.

단계		대상
1 단계	**TOSEL® COCOON**	5~7세의 미취학 아동
2 단계	**TOSEL® Pre-STARTER**	초등학교 1~2학년
3 단계	**TOSEL® STARTER**	초등학교 3~4학년
4 단계	**TOSEL® BASIC**	초등학교 5~6학년
5 단계	**TOSEL® JUNIOR**	중학생
6 단계	**TOSEL® HIGH JUNIOR**	고등학생
7 단계	**TOSEL® ADVANCED**	대학생 및 성인

Grade Report ———— 성적표 및 인증서

개인 AI 정밀진단 성적표

십 수년간 전국단위 정기시험으로 축적된 빅데이터를 교육공학적으로 분석 · 활용하여 산출한 개인별 성적자료

정확한 영어능력진단 / 섹션별 · 파트별 영어능력 및 균형 진단 / 명예의 전당 등재 여부 / 온라인 최적화된 개인별 상세
성적자료를 위한 QR코드 / 응시지역, 동일학년, 전국에서의 학생의 위치

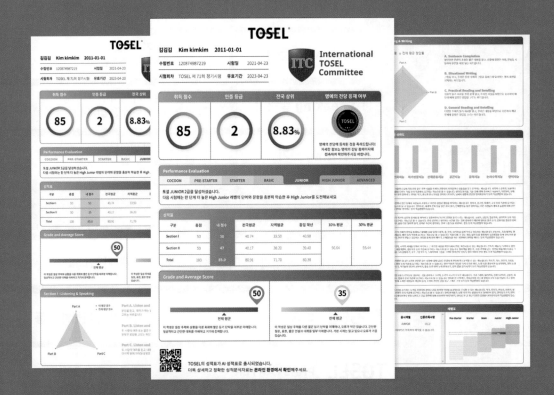

단체 및 기관 응시자 AI 통계 분석 자료

십 수년간 전국단위 정기시험으로 **축적된 빅데이터를**
교육공학적으로 분석 · 활용하여 산출한 응시자 통계 분석 자료

- 단체 내 레벨별 평균성적추이, LR평균 점수, 표준편차 파악
- 타 지역 내 다른 단체와의 점수 종합 비교 / 단체 내 레벨별
  학생분포 파악
- 동일 지역 내 다른 단체 레벨별 응시자의 평균 나이 비교
- 동일 지역 내 다른 단체 명예의 전당 등재 인원 수 비교
- 동일 지역 내 다른 단체 최고점자의 최고 점수 비교
- 동일 지역 내 다른 응시자들의 수 비교

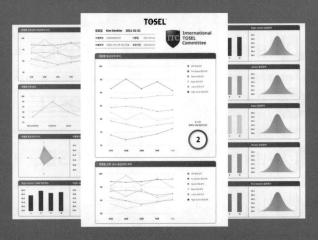

'토셀 명예의 전당' 등재

특별시, 광역시, 도 별 **1등 선발**
(7개시 9개도 **1등 선발**)

*홈페이지 로그인 - 시험결과 - 명예의 전당에서
해당자 등재 증명서 출력 가능

'학업성취기록부'에 토셀 인증등급 기재

개인별 **'학업성취기록부'** 평생 발급
진학과 취업을 대비한 **필수 스펙관리**

인증서

대한민국 초,중,고등학생의 영어숙달능력 평가 결과 공식인증

고려대학교 인증획득 (2010. 03)   팬코리아영어교육학회 인증획득 (2009. 10)   한국응용언어학회 인증획득 (2009. 11)

한국외국어교육학회 인증획득 (2009. 12)   한국음성학회 인증획득 (2009. 12)

Voca Series

TOSEL 시험을 기준으로 빈출 지표를 활용한 단어 선정 및 예문과 문제 구성

TOSEL 시험에 출제된 빈출 단어를 기준으로 단어 선정	TOSEL 시험에 활용된 문장을 사용하여 예문과 문제를 구성	TOSEL 기출 문제 풀이를 통한 TOSEL 및 실전 영어 시험 대비 학습

세분화된 레벨링

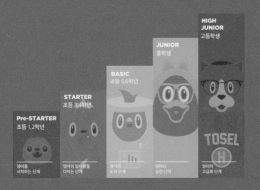

20년 가까이 대한민국 영어 평가 기관으로서

연간 4회 전국적으로 실시되는 정기시험에서

축적된 성적 데이터를 기반으로

정확하고 세분화된 레벨링을 통한

영어 학습 콘텐츠 개발

언어의 4대 영역 균형 학습

1 **TOSEL 평가:** 학생의 영어 능력을 정확하게 평가

2 **결과 분석 및 진단:** 시험 점수와 결과를 분석하여 학생의 강점, 취약점, 학습자 특성 등을 객관적으로 진단

3 **학습 방향 제시:** 객관적 진단 데이터를 기반으로 학습자 특성에 맞는 학습 방향 제시 및 목표 설정

4 **학습:** 제시된 방향과 목표에 따라 학생에게 적합한 어휘 학습법 소개 및 단어 암기 훈련

5 **학습 목표 달성:** 학습 후 다시 평가를 통해 목표 달성 여부 확인 및 성장을 위한 다음 학습 목표 설정

Voca Series ———————— Level

TOSEL의 Voca Series는 레벨에 맞게 단계적으로
단어를 학습할 수 있도록 구성되어 있습니다.

| Pre-Starter | Starter | Basic | Junior | High Junior |

- 그림을 활용하여 단어에 대한 이해도 향상
- 다양한 활동을 통해 단어 반복 학습 유도
- TOSEL 기출 문제 연습을 통한 실전 대비

- TOSEL 기출의 빈도수를 활용한 단어 선정으로 효율적 학습
- 실제 TOSEL 지문의 예문을 활용한 실용적 학습 제공
- TOSEL 기출 문제 연습을 통한 실전 대비

최신 수능 출제
단어를 포함하여
수능 대비 가능

TOSEL LEVEL	PS	S	B	J	HJ
총 단어 수	300	500	900	2300	3000
누적 단어 수	300	800	1700	4000	7000
권 수	1권	1권	2권	2권	2권
하루 단어 암기량	20	30	30	30	30
목차 구성	15 units	15 units	30 days	70 days	100 days
unit 당 학습 기간	3일	3일	3일	2일	2일
총 학습 기간 (1권 / 2권)	45일 (약1.5개월)	45일 (약 1.5개월)	45일 / 90일 (2권 총합 약 2개월)	70일 / 140일 (2권 총합 약 4개월)	100일 / 200일 (2권 총합 약 6개월)

1시간 학습 Guideline

01
💡 Preview

10분

■ 해당 단원에서 학습할 단어를 미리 학습
■ 단어의 품사 파악하기 및 QR코드를 활용하여
　올바른 발음 듣기

02
📖 품사 구분하기

색상으로 8품사 구분하기

n	명사 noun		pron	대명사 pronoun	
v	동사 verb		adj	형용사 adjective	
adv	부사 adverb		conj	접속사 conjunction	
prep	전치사 preposition		int	감탄사 interjection	

05
✏️ Practice

10분

연결하기 문제 예시
일치하는 단어와 올바르게 연결하기

단어 맞추기 문제 예시
영어 뜻에 알맞은 단어 찾아서 쓰기

빈칸 채우기 문제 예시
빈칸에 맞는 단어 찾아서 쓰기

■ 해당 단어 표현에 대해서는 우리말 보다는 영어로 말할 수
　있도록 지도하기
■ 문제의 정답률 보다는 단어의 활용에 초점을 두어 교수하기

03 🔊 발음 듣기

- QR코드를 활용하여 단어의 올바른 발음 듣기
- 소리 내어 읽으면서 단어 학습
- 단어의 구체적 의미보다는 발음과 스펠링에 집중하여 학습

04 단어 학습

20분

- 단어의 스펠링과 우리말 뜻에 유의하며 학습
- 한 번 읽어본 이후에는 우리말 뜻을 가리고 학습하며 단어의 의미 상기하기
- 출제 빈도 표시 추가 (TOSEL 지문을 분석)

06 Self Test

10분

- 단어 시험지 형태의 구성
- 수업 시간에 활용하기 용이하며 혼자서 복습할 수 있도록 구성

07 TOSEL 실전문제

10분

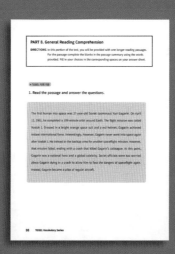

- 실제 TOSEL 기출 문제를 통한 실전 대비 학습
- 실제 시험 시간과 유사하게 풀이할 수 있도록 지도하기
- 틀린 문제에 대해서는 해당 단원에서 복습하도록 지도하기

CHAPTER 06

DAY 51

n	trend	n	wrap	n	abbreviation
n	bundle	n	chisel	n	ash
adj	diverse	n	appendix	n	cedar
adj	absolute	n	appreciation	n	border
n	conclusion	v	descend	adj	positive
n	aborigine	adj	coincidental	n	backup
adj	decorative	n	commemoration	n	acuity
n	bandwagon	adv	biologically	n	Christianity
n	awakening	n	belonging	adj	carnivorous
n	artisan	v	browse	n	gratitude

DAY 51

⭐ 표시는 출제 빈도를 나타냅니다.

---

001 ⭐⭐⭐⭐⭐

trend

n 동향, 추세

⊕ tendency 추세, 경향

ex Now do these **trends** indicate a rising consciousness of major events?
이러한 동향은 주요 사건에 대한 의식이 높아지고 있음을 나타내는 것인가?

This blog post describes fashion **trends**.
이 블로그 게시물은 패션 트렌드에 대해 설명한다.

---

002 ⭐⭐⭐⭐⭐

wrap

n 랩, 포장지 **v** 싸다, 포장하다

ex This food **wrap** is safe to use as a cover for microwaves.
이 식품 포장지는 전자레인지 덮개로 안전하다.

Do not use plastic wrap or a lid to make a seal.
밀봉할 때 비닐랩이나 뚜껑을 사용하지 마라.

---

003 ⭐⭐⭐⭐⭐

abbreviation

n 축약

참고 **LOL**; laugh-out-loud **BRB**; be right back

ex **Abbreviation** is very common and new ones are invented every day.
약어는 매우 흔하고 매일 새로운 약어가 발명된다.

Such **abbreviations** as LOL and BRB however do not seem quite so old.
그러나 LOL과 BRB와 같은 약어는 그렇게 오래 된 것 같지는 않다.

---

004 ⭐⭐⭐⭐⭐

bundle

n 꾸러미, 묶음 **v** ...을 싸 보내다

참고 **bundle up** ~을 따뜻이 둘러싸다

ex The man gave the sons a **bundle** of three sticks.
그 남자는 아들들에게 막대기 세 개를 한 다발 주었다.

Friday is going to be a cold so **bundle** up with a thick coat!
금요일은 추울 거니까 두꺼운 외투로 따뜻하게 둘러싸고 와라!

---

005 ⭐⭐⭐⭐⭐

chisel

n 끌 **v** 끌로 새기다

ex The **chisel** is easier to hold in the left hand.
끌은 왼손에 쥐기 더 쉽다.

An old lady handed a **chisel** down to her grandson.
한 할머니가 손자에게 끌을 물려주었다.

---

006 ⭐⭐⭐⭐⭐

ash

n 재, 잿더미

ex Two beautiful boys came out of the **ashes** of the trees.
두 명의 아름다운 소년이 나무들의 잿더미에서 나왔다.

Be sure to wear a mask when you clean the **ashes**.
잿더미들을 치울 때 마스크를 쓰도록 해라.

| 007 | ★★★★★ | **adj** **다양한** | 유 versatile 다양한 |

diverse

ex In conclusion, carrots are **diverse** and are found all over.
결론적으로 당근은 다양하고 곳곳에서 발견된다.

Dar es Salaam boasts a **diverse** population of people.
다르에스살람은 다양한 인구를 자랑한다.

| 008 | ★★★★ | **n** **맹장 / 부록** |

appendix

ex Early humans needed an **appendix** to digest plants.
초기 인류는 식물을 소화시키기 위해 맹장이 필요했다.

Now, the **appendix** often becomes infected and removed.
현재, 맹장은 종종 감염되고 제거된다.

| 009 | ★★★★ | **n** **삼나무, 향나무** |

cedar

ex This carving in the **cedar** wood is beautiful!
삼나무 목재에 새겨진 이 조각은 아름다워!

Cedar is a soft wood that is reasonably easy to carve.
삼나무는 조각하기 상당히 쉬운 부드러운 나무이다.

| 010 | ★★★ | **adj** **완전한, 절대적인** | 참고 abstract 추상적인 |

absolute

ex However, he had had **absolute** power in his earlier years as a king.
하지만, 그는 왕으로서 초기에는 절대적인 권력을 가지고 있었다.

Saudi Arabia is an example of an **absolute** monarchy.
사우디 아라비아는 절대왕정의 한 예이다.

| 011 | ★★★ | **n** **감사, 감상** | 유 gratitude 감사 |

appreciation

ex All Buzz Mart official members are eligible for an extra 10 percent off as part of our Members **Appreciation** Event.
모든 버즈마트 공식 회원들은 회원 감사 행사의 일환으로 10%의 추가 할인을 받을 수 있다.

| 012 | ★★★ | **n** **국경, 경계** |

border

ex Living near a **border** lets you visit two countries easily!
국경 근처에 사는 것은 두 나라를 쉽게 방문하도록 해준다!

A thick **border** shows the lines of a table better.
경계가 두꺼우면 테이블의 윤곽선을 더 잘 보여준다.

★ 표시는 출제 빈도를 나타냅니다.

---

013 ★★★

conclusion

n 결론

ex Based on these **conclusions**, do you think the man made the story up or not?
이 결론에 근거해서, 당신은 그 남자가 그 이야기를 지어냈다고 생각하는가, 그렇지 않다고 생각하는가?

---

014 ★★★

descend

v 내려오다   반 **ascend** 올라가다

ex The theory states that plants **descended** from a single ancestor.
그 이론은 식물은 단일 조상으로부터 유래했다고 말한다.

When **descending**, please hold the handle tightly.
내려갈 때, 손잡이를 꽉 잡으세요.

---

015 ★★★

positive

adj 긍정적인, 양성의

ex Even though the situation is difficult, we remain **positive**.
상황이 어렵더라도 우리는 여전히 긍정적인 입장을 견지하고 있다.

David is told by his doctor that he has tested **positive** for diabetes.
David은 그의 의사로부터 그가 당뇨병 검사에서 양성반응을 보였다고 한다.

---

016 ★★

aborigine

n (호주)원주민

ex Australian **Aborigines** finally got the right to vote.
호주 원주민들이 마침내 투표권을 얻었다.

The native **Aborigine** people were not permitted to vote until the year 1962.
호주 원주민들은 1962년까지 투표를 할 수 없었다.

---

017 ★★

coincidental

adj 우연의   참고 **incidental** 부수적인

ex It does seem more than just **coincidental** that she's completely changed her image.
그녀가 완전히 자신의 이미지를 바꾼 것은 우연 이상의 것으로 보인다.

---

018 ★★

backup

n 지원, 예비

ex He trained in the **backup** crew for another space flight mission.
그는 또 다른 우주 비행 임무를 위해 예비 승무원팀에서 훈련을 받았다.

We will stand by here as a **backup**.
우리는 지원으로 이곳에서 대기하겠다.

019 ★★ **decorative**	**adj** 장식용의	

ex I'm going to weave this fabric into a **decorative** basket.
나는 이 천을 장식용 바구니로 엮을 것이다.

She has expressed her opinion about my **decorative** flamingos.
그녀는 나의 장식용 플라밍고에 대한 그녀의 의견을 표현했다.

---

020 ★★

commemoration

n 기념

ex Separate awards and **commemorations** for each sport start at 8 pm.
각 종목별 시상식과 기념식은 저녁 8시에 시작한다.

Please arrive at the **commemoration** event by 7:00.
기념 행사에 7시까지 도착해주세요.

---

021 ★

acuity

n 명민함, 예리함　　　참고 **acute** 예민한

ex There's a direct analogy between the fovea and your fingertips, both of which have high **acuity**.
망막 중심 오목과 손끝 사이에는 직접적인 유사점이 있는데, 두 가지 모두 굉장히 예리하다.

---

022 ★

bandwagon

n 행사, 우세한 쪽　　참고 **bandwagon effect** (다른 사람의 영향을 받고 따라가는 현상)

ex How the **bandwagon** effect occurs is demonstrated by the history of measurements of the speed of light.
밴드왜건 효과가 어떻게 발생하는지는 빛의 속도 측정의 역사로 입증된다.

---

023 ★

biologically

adv 생물학적으로

ex We instead rely upon areas where we are genetically, **biologically** unsuited.
대신 우리는 유전적으로, 생물학적으로 부적합한 지역에 의존한다.

---

024 ★

Christianity

n 기독교

ex Many of what we now regard as major social movements like **Chritianity** were from minorities.
현재 우리가 기독교와 같은 주요 사회 운동으로 간주하고 있는 많은 것들은 소수로부터 온 것이다.

DAY 51

⭐ 표시는 출제 빈도를 나타냅니다.

025

awakening

| n | 자각[인식] | 참고 **awaken** 깨다,(감정이)일다 |

ex The **awakening** of her interest in music changed her life entirely.
그녀의 음악에 대한 관심의 자각은 그녀의 삶을 완전히 바꾸어놓았다.

Meditation is one kind of **awakening** of your senses.
명상은 당신의 감각을 자각하는 하나의 방법이다.

026

belonging

| n | 소유물, 재산 / 소속감 |

ex Take important **belongings** with you when you evacuate.
대피할 때 중요한 소지품을 가지고 가라.

Shared events that cause laughter can indicate a sense of **belonging**.
웃음을 유발하는 공유된 사건은 소속감을 나타낼 수 있다.

027

carnivorous

| adj | 육식성의 | 반 **herbivorous** 초식성의 |

ex Tigers are typical **carnivorous** animals that eat meat.
호랑이는 고기를 먹는 전형적인 육식동물이다.

Carnivorous animals have developed canines.
육식 동물들은 발달된 송곳니를 가지고 있다.

028

artisan

| n | 장인 | 유 **craftsman** 공예가 |

ex The sun-dried leather then goes to other **artisans** and craftspeople.
햇볕에 말린 가죽은 다른 장인들과 공예가들에게 돌아간다.

I could get a hand on the valuable wallet made by an **artisan**.
나는 장인이 만든 귀중한 지갑을 손에 넣을 수 있었다.

029

browse

| v | 둘러보다, 대강읽다 |

ex I bumped into my old friend while **browsing** at the department store.
나는 백화점에서 둘러보는 중에 나의 옛 친구와 우연히 마주쳤다.

030

gratitude

| n | 고마움, 감사 |

ex We must show **gratitude** to our parents every time.
우리는 매번 부모님께 감사함을 표시해야한다.

I expressed **gratitude** to all those who supported me.
나를 지지해준 모든 사람들에게 감사를 표현했다.

Practice

 1. 다음 단어들을 올바르게 연결하세요.

(1) chisel •   • (a) 소유물 ,재산

(2) diverse •   • (b) 장인

(3) descend •   • (c) 장식용의

(4) coincidental •   • (d) 우연의

(5) decorative •   • (e) 다양한

(6) bandwagon •   • (f) 끌, 끌로 새기다

(7) belonging •   • (g) 행사

(8) artisan •   • (h) 내려오다

 2. 다음 영어 뜻에 맞게 알맞은 단어를 보기에서 찾아 쓰세요.

conclusion	appreciation	backup	acuity

(1) someone who takes the place of another

(2) an expression of gratitude

(3) the last part of something

(4) a quick and penetrating intelligence

SELF TEST

01	trend		16		생물학적으로
02		(호주)원주민	17	cedar	
03	wrap		18		기독교
04		우연의	19	absolute	
05	abbreviation		20		자각[인식]
06		지원, 예비	21	appreciation	
07	bundle		22		소유물, 재산
08		장식용의	23	border	
09	chisel		24		육식성의
10		기념	25	conclusion	
11	ash		26		장인
12		명민함, 예리함	27	descend	
13	diverse		28		둘러보다
14		행사	29	positive	
15	appendix		30		고마움, 감사

DAY 52

adj	actual	n	confusion	n	compass
n	bargain	adv	dramatically	n	finance
n	dimension	n	evacuation	n	export
n	breakdown	n	cardigan	adj	chunky
n	portrait	n	environment	n	excellence
adv	diagonally	n	curfew	v	distribute
n	asteroid	n	crank	n	cooperation
adj	commonsense	n	bulletin	n	autonomy
adv	conceivably	n	certification	adv	brutally
n	assumption	n	crossroad	adj	intensive

DAY 52

★ 표시는 출제 빈도를 나타냅니다.

---

001 ★★★★★

actual

adj 실제의

ex Bauhaus was an **actual** school in Germany in the early 20th century.
Bauhaus는 20세기 초에 독일의 실제 학교였다.

The director filmed the actors inside of an **actual** falling airplane!
감독은 실제 추락하는 비행기 안에서 배우들을 촬영했다!

---

002 ★★★★★

confusion

n 혼란

ex To prevent such **confusion**, scientists are calling global warming "climate change".
이러한 혼란을 막기 위해, 과학자들은 지구 온난화를 "기후 변화"라고 부르고 있다.

---

003 ★★★★★

compass

n 나침반

참고 encompass 에워싸다

ex Galileo Galilei invented the **compass**.
갈릴레오 갈릴레이는 나침반을 발명했다.

The **compass** is controlled by the magnetic pole.
나침반은 자극에 의해 조종된다.

---

004 ★★★★★

bargain

n 싸게 사는 물건 / 흥정

ex Everyone wants to be the first to take home a **bargain**!
모든 사람들은 집에 제일 먼저 싸게 산 물건을 가져가고 싶어한다!

Aren't these lawn mowers a **bargain**?
이 잔디 깎는 기계들은 싸게 파는 거 아닌가요?

---

005 ★★★★★

dramatically

adv 극적으로

참고 drastically 과감하게

ex What is considered an appropriate bedtime, varies **dramatically**.
적절한 취침 시간이라고 여겨지는 것은 극적으로 다양하다.

Due to global warming, the ocean temperature will rise **dramatically**.
지구 온난화 때문에, 해양 온도는 극적으로 상승할 것이다.

---

006 ★★★★★

finance

n 재원[자금], 금융　**v** 자금을 대다

ex I guarantee that this can help you better understand **finance** and economics.
나는 이것이 여러분이 금융과 경제를 더 잘 이해하는데 도움을 줄 수 있다고 확신한다.

007 ★★★★

dimension

n **크기, 규모 / 차원**

ex Sometimes those things are horrible alien creatures or demons from another **dimension**.
때때로 그것들은 다른 차원의 끔찍한 외계 생물이나 악마들이다.

---

008 ★★★★

evacuation

n **피난, 대피**

ex Do not listen to colleagues' advice against **evacuation**.
대피에 반대하는 동료들의 충고를 듣지 마라.

Proper **evacuation** procedure should be determined according to the case.
적절한 대피 절차는 상황에 따라 결정되어야 한다.

---

009 ★★★★

export

n **수출**　v **수출하다**　　　반 **import** 수입하다

ex She mentioned that there is a reduction in **exports** of our products.
그녀는 우리 제품의 수출 감소가 있다고 말했다.

Fish are the number 2 **export** of Eritrea.
물고기는 에리트레아의 수출품 2위이다.

---

010 ★★★

breakdown

n **고장, 실패**

ex Billy will help solve security camera **breakdowns**.
빌리는 보안 카메라 고장 해결을 도울 것이다.

The **breakdown** of the machine delayed the customer service.
기계의 고장이 고객 서비스를 지연시켰다.

---

011 ★★★

cardigan

n **카디건**

ex This **cardigan** is really comfortable and goes well with my shirts.
이 카디건은 정말 편하고 내 셔츠와 잘 어울린다.

I'm looking for this green **cardigan** in a larger size.
저는 이 초록 카디건의 큰 사이즈를 찾고 있습니다.

---

012 ★★★

chunky

adj **두툼한**　　　참고 **chunk** 덩어리 , 많은 양

ex He's the one who is wearing a **chunky** bracelet on one wrist and a watch on the other.
그는 한쪽 손목에 두툼한 팔찌, 다른 한쪽 손목에는 시계를 찬 사람이다.

⭐ 표시는 출제 빈도를 나타냅니다.

---

013 ⭐⭐⭐

portrait

n 초상화

ex To create the **portrait**, he scanned his grandparents' old wedding photo into a digital file.
이 초상화를 만들기 위해, 그는 조부모님의 오래된 결혼 사진을 디지털 파일로 스캔했다.

---

014 ⭐⭐⭐

environment

n 환경

ex It was important to protect the **environment**.
환경을 보호하는 것은 중요했다.

These projects helped the **environment** and women.
이 프로젝트들은 환경과 여성들을 도왔다.

---

015 ⭐⭐⭐

excellence

n 뛰어남, 탁월함 　　　　　　　　　　참고 **excellency** 각하

ex Your **excellence** in the presentation impressed the audience.
너의 뛰어난 발표는 관객을 감동시켰다.

This award is given for your **excellence** in math.
이 상은 너의 수학에서의 뛰어남으로 주어진다.

---

016 ⭐⭐

diagonally

adv 대각선으로, 비스듬하게

ex When they get out of the rip current, they can then swim **diagonally** towards the shore.
그들이 이안류에서 벗어나면, 그들은 해안 쪽으로 대각선으로 헤엄칠 수 있다.

---

017 ⭐⭐

curfew

n 통행금지 시간, (부모가 자녀에게 부과하는) 귀가시간

ex Maybe, but I have a nine o'clock **curfew**.
그럴지도 모르지만, 나는 9시 통금 시간이 있다.

I had a long argument over the **curfew** last night.
나는 지난 밤 통행금지 시간에 대해 긴 언쟁을 했어.

---

018 ⭐⭐

distribute

v 나누어주다 　　　　　　　　　　참고 **contribute** 기여하다

ex We will **distribute** the food to our neighbors on Christmas Eve.
우리는 크리스마스 이브에 이웃들에게 음식을 나눠줄 것이다.

Tour guides are known to **distribute** sprigs of mint to visitors.
관광 가이드들은 방문객들에게 박하 가지를 나눠주는 것으로 알려져 있다.

019 ★★

asteroid

n 소행성

ex A large **asteroid** affecting planetary auroras was found by scientists.
행성 오로라에 영향을 미치는 큰 소행성이 과학자들에 의해 발견되었다.

I bet there are millions of undiscovered **asteroids**.
나는 아직 발견되지 않은 수백만 개의 소행성이 있을 것이라고 확신한다.

---

020 ★★

crank

n 크랭크

ex The first record players were powered by humans turning a **crank**.
최초의 레코드 플레이어는 사람들이 크랭크를 돌리는 것에 의해 작동되었다.

There is a screw missing for the **crank**.
크랭크에 나사 하나가 없다.

---

021 ★★

cooperation

n 협력, 협조   참고 **corporation** 기업

ex Thank you for your **cooperation**.
협조해 주셔서 감사합니다.

We politely asked the clients for their **cooperation** for the upcoming project.
우리는 다가오는 프로젝트에 대한 고객들의 협조를 정중히 부탁했다.

---

022 ★

commonsense

adj 상식적인

ex Although **commonsense** knowledge may have merit, it also has weaknesses.
상식적인 지식은 장점이 있을 수 있지만, 단점도 있다.

---

023 ★

bulletin

n 공고, 회보   참고 **bulletin board** 게시판

ex What are you going to put on the **bulletin** board under the clock?
시계 아래 게시판에 무엇을 붙일거니?

I have a question about the advertisement on the **bulletin**.
나는 공고의 광고에 대해 질문이 있다.

---

024 ★

autonomy

자치권, 자율성   참고 **anatomy** 해부학

ex That region of the country is fighting for **autonomy**.
그 나라의 그 지역은 자치권을 위해 싸운다.

It is necessary to give **autonomy** to teachers.
선생님들에게 자율성을 주는 것은 필요하다.

⭐ 표시는 출제 빈도를 나타냅니다.

---

025 ⭐

conceivably

adv 생각할 수 있는 바로는

ex 'Political' systems may be about both, either, or **conceivably** neither.
'정치적' 체계는 둘 다에 관한 것일 수도 있고, 아니면 둘 다 아닐 수도 있다.

Conceivably the mail is for the old tenant.
생각할 수 있는 바로는 그 우편은 전 거주자를 위한 것일 것이다.

---

026 ⭐

certification

n 증명서

ex Babysitters are required to own a car, CPR **certification**, and proof of first aid training.
베이비시터들에게 자가용, 심폐소생술 증명서, 응급처치 훈련 증거가 요구된다.

---

027 ⭐

brutally

adv 야만스럽게, 난폭하게   참고 **brutal** 잔혹한, 악랄한

ex We allow farmers to raise hens that spend their entire lives in cages before being **brutally** killed.
우리는 야만스럽게 도축되기 전까지 평생을 우리에서 보내는 암탉들을 기르는 농부들을 용납한다.

---

028 ⭐

assumption

n 추정, 가정   참고 **presumption** 추정

ex Recent behavioral research casts doubt on this fundamental **assumption**.
최근의 행동 연구는 이 근본적인 추정에 의문을 제기한다.

At some times, we can also discard old assumptions.
어떤 때에는 우리는 또한 오래된 가정들을 버릴 수 있다.

---

029 ⭐

crossroad

n 교차로

ex There was an accident at the **crossroad**.
교차로에서 사고가 났다.

I can't stand the disorder at the **crossroads**.
나는 교차로에서의 무질서를 견딜 수 없다.

---

030 ⭐

intensive

adj 집중적인

ex The patient needs **intensive** care for several days.
그 환자는 며칠 동안 집중적인 치료가 필요하다.

Two weeks of **intensive** language course would enhance your English skill.
2주간의 집중적인 어학 코스는 당신의 영어 실력을 향상시킬 것이다.

Practice

   1. 다음 단어들을 올바르게 연결하세요.

(1) **cardigan** •   • (a) 교차로

(2) **bulletin** •   • (b) 공고, 회보

(3) **intensive** •   • (c) 상식적인

(4) **breakdown** •   • (d) 뛰어남, 탁월함

(5) **excellence** •   • (e) 고장, 실패

(6) **evacuation** •   • (f) 피난, 대피

(7) **crossroad** •   • (g) 카디건

(8) **commonsense** •   • (h) 집중적인

   2. 우리말 뜻에 맞게 괄호에 알맞은 단어를 찾아 O표 하세요.

(1) **Thank you for your (cooperation / corporation).**
협조해 주셔서 감사합니다.

(2) **We will (distribute / contribute) the food to our neighbors on Christmas Eve.**
우리는 크리스마스 이브에 이웃들에게 음식을 나눠줄 것이다.

(3) **She mentioned that there is a reduction in (imports / exports) of our products.**
그녀는 우리 제품의 수출 감소가 있다고 말했다.

(4) **To prevent such (fusion / confusion), scientists are calling global warming "climate change".**
이러한 혼란을 막기 위해, 과학자들은 지구 온난화를 "기후 변화"라고 부르고 있다.

SELF TEST

01	actual			16		공고, 회보
02		대각선으로		17	export	
03	confusion			18		자치권, 자율성
04		통행금지시간		19	breakdown	
05	compass			20		생각할 수 있는 바로는
06		나누어주다		21	cardigan	
07	bargain			22		증명서
08		소행성		23	chunky	
09	dramatically			24		야만스럽게
10		크랭크		25	portrait	
11	finance			26		추정, 가정
12		협력, 협조		27	environment	
13	dimension			28		교차로
14		상식적인		29	excellence	
15	evacuation			30		집중적인

DAY 53

색상으로 8품사 구분하기

n	명사	noun		pron	대명사	pronoun
v	동사	verb		adj	형용사	adjective
adv	부사	adverb		conj	접속사	conjunction
prep	전치사	preposition		int	감탄사	interjection

v	enhance		n	fitness		n	guideline
v	overdo		v	relocate		v	shelve
adv	thus		n	confirmation		n	autograph
n	civilization		v	detach		adj	elderly
n	performance		n	invention		v	confuse
adj	clumsy		v	assess		n	casualty
n	blurb		adj	citric		v	bustle
v	ascribe		n	birthplace		v	centralize
n	directive		n	concoction		v	decay
n	coworker		n	directory		n	elective

DAY 53

★ 표시는 출제 빈도를 나타냅니다.

---

001 ★★★★★

enhance

(v) **높이다**

(ex) In short, many activities can **enhance** either physical or mental health.
간단히 말해서, 많은 활동들은 육체적 또는 정신적인 건강을 증진시킬 수 있다.

It is important to acquire necessary experience to **enhance** creativity.
창의력을 높이기 위해 필요한 경험을 쌓는 것이 중요하다.

---

002 ★★★★★

fitness

(n) **건강 / 적합함**

(ex) Weightlifting is a key part of maintaining overall **fitness**.
역도는 전반적인 건강 유지의 핵심 부분이다.

I've been a personal **fitness** trainer for over 15 years.
나는 15년 넘게 개인 헬스 트레이너를 해왔다.

---

003 ★★★★★

guideline

(n) **가이드라인[지침]**   참고 **guidance** 지도[안내]

(ex) Let me just check their online **guidelines**.
그들의 온라인 가이드라인을 확인해 보겠다.

My videos can provide easy **guidelines** and useful resources on exercise.
내 비디오는 쉬운 지침과 유용한 운동 자료를 제공할 수 있다.

---

004 ★★★★★

overdo

(v) **지나치게 하다**   참고 **overdue** 기한이 지난

(ex) Don't **overdo** the jewelry, though.
보석을 너무 지나치게 착용하지는 마.

You can have some sweets, but don't **overdo** it.
너는 사탕을 먹어도 되지만 지나치게 먹지마라.

---

005 ★★★★★

relocate

(v) **이전시키다**

(ex) They will send professionals to safely **relocate** the bear.
그들은 곰을 안전하게 이동시키기 위해 전문가들을 보낼 것이다.

The government planned to **relocate** the administrative capital.
정부는 행정수도를 이전할 계획을 세웠다.

---

006 ★★★★★

shelve

(v) **보류하다 / 선반에 얹다**   참고 **shelves** shelf 의 복수형

(ex) The company decided to **shelve** the plan.
그 회사는 그 계획을 보류하기로 결정했다.

Shelved projects shouldn't have been taken out again.
보류된 프로젝트가 다시 나왔으면 안됐다.

007 ★★★★★

thus

| adv | **따라서, 그러므로** | ㈜ **hence** 이런 이유로 |

ex **Thus**, people who walk instead of jogging are less likely to get injured.
따라서, 조깅 대신에 걷는 사람들은 부상을 입을 가능성이 적다.

Thus, schools should give students as much freedom as reasonably possible.
그러므로, 학교는 학생들에게 합리적으로 가능한 한 많은 자유를 주어야 한다.

008 ★★★★

confirmation

| n | **확인** | 참고 **conformation** 형태 |

ex Your **confirmation** number is located below.
당신의 확인 번호는 아래에 있다.

Your request will be processed after the final **confirmation**.
당신의 요청은 마지막 확인 후 진행될 것이다.

009 ★★★★

autograph

| n | **(유명인의) 사인** | 참고 **autobiography** 자서전 |

ex The souvenir includes the **autograph** of his favorite player!
기념품에 그가 가장 좋아하는 선수의 사인이 포함되어 있다!

She is upset that the **autograph** was smudged with the spilled water.
그녀는 사인이 쏟아진 물에 번져서 속상해했다.

010 ★★★

civilization

| n | **문명** |

ex In fact, many **civilizations** never got to the stage of recording.
사실, 많은 문명들은 기록 단계에 도달하지 못했다.

These isolated people live far from **civilization**.
이 고립된 사람들은 현대 문명과는 거리가 멀다.

011 ★★★

detach

| v | **떼다, 분리되다** |

ex It looks like the part with the date on should be **detached** by the clerk.
날짜가 있는 부분은 점원에 의해 분리되어야하는것 같다.

Please **detach** any unnecessary sheet.
불필요한 장은 떼어내세요.

012 ★★★

elderly

| adj | **연세가 드신** |

ex This **elderly** gentleman may need some help with his bags.
이 나이든 신사는 그의 가방을 들어주는 데 도움이 필요할지도 모른다.

I made some snacks for the **elderly**.
노인들을 위한 간식을 만들었다.

⭐ 표시는 출제 빈도를 나타냅니다.

---

013 ⭐⭐⭐

performance

n 공연

ex See outdoor street **performances** at no charge.
무료로 야외 거리 공연을 관람해라.

The **performances** are given a maximum score of 6.0 points for each round.
공연은 라운드당 최대 6.0점이 부여된다.

---

014 ⭐⭐⭐

invention

n 발명품, 발명

ex The Dutch government tried to keep the **invention** a secret.
네덜란드 정부는 그 발명을 비밀로 하려고 노력했다.

Even an elementary **invention** changes our cognitive abilities dramatically.
심지어 기초적인 발명조차도 우리의 인지 능력을 극적으로 변화시킨다.

---

015 ⭐⭐⭐

confuse

v 혼란시키다

ex The terms "United Kingdom" and "Great Britain" are often **confused**.
"United Kingdom"과 "Great Britain"이라는 용어는 종종 혼동된다.

Tu YouYou was **confused** but continued her research.
Tu YouYou는 혼란스러웠지만 그녀의 연구를 계속했다.

---

016 ⭐⭐

clumsy

adj 어설픈, 서투른   ⓨ bumbling 실수를 많이 하는

ex She was very **clumsy,** so every day she would somehow burn or cut herself.
그녀는 매우 재빠르지 못했기 때문에, 매일 어떻게든 데거나 베이고는 했다.

He was worried about her being **clumsy**.
그는 그녀가 서툰 것을 걱정했다.

---

017 ⭐⭐

assess

v 평가하다

ex The extent of the damage **assessed** by the fire department is estimated to be $2.5 million.
소방서에 의해 평가된 피해 규모는 250만 달러로 추정된다.

Your assignment will be **assessed** online within 24 hours.
당신의 과제는 24시간 안에 온라인으로 평가될 것이다.

---

018 ⭐⭐

casualty

n 사상자, 피해자

ex The typhoon caused flash floods and left hundreds of **casualties**.
그 태풍은 순식간에 홍수를 일으켰고 수백 명의 사상자를 냈다.

The government provided a great deal of supplies to the **casualties**.
정부는 많은 양의 공급품을 피해자들에게 지원했다.

019 ★★

blurb

n　안내문[광고문]

ex　Who would have known this short **blurb** affected the market greatly?
누가 이 짧은 광고문이 시장에 크게 영향을 미칠 것을 알았겠는가?

We posted a new **blurb** on the website so please take a look.
새 안내문을 웹사이트에 올렸으니 봐주세요.

020 ★★

citric

adj　감귤류의, 구연산의　　참고 **citric acid** 구연산

ex　**Citric** acid contained in the juice is likely to damage your teeth.
주스에 함유된 구연산은 치아를 손상시킬 가능성이 있다.

It contains about 1lb of **citric** acid.
그것은 약 1파운드 정도의 구연산을 포함하고 있다.

021 ★★

bustle

v　서두르다　n　부산함, 북적거림　　참고 **bustling** 북적거리는

ex　Dar es Salaam has grown from its humble beginnings as a small fishing village to a **bustling** metropolis of over 4 million people.
Dar es Salaam은 작은 어촌 마을로서 보잘것 없는 마을에서 4백만명 이상의 번화한 도시로 성장했다.

022 ★

ascribe

v　...에 돌리다, ...에 속하는 것으로 생각하다　　참고 **ascribed** 할당된

ex　They **ascribed** the decrease of birth rate to social problems.
그들은 출생률의 감소를 사회 문제의 탓으로 돌렸다.

023 ★

birthplace

n　발생지

ex　Today, I will talk about surprising **birthplaces** of everyday foods.
오늘 나는 일상 음식의 놀라운 발생지에 대해 말할 것이다.

This place is known as a **birthplace** of wine.
이곳은 와인의 발생지로 알려져있다.

024 ★

centralize

v　중앙집권화하다

ex　The newly developed act was to consolidate the forces and to **centralize** the government.
새로 생긴 법안은 세력을 통합하고 정부를 중앙집권화 하는 것이었다.

DAY 53

★ 표시는 출제 빈도를 나타냅니다.

---

025 ★

directive

> n 지시[명령]

> ex One may ask why audiences would find such movies enjoyable if all they do is give cultural **directives** .
> 영화가 하는 일의 전부가 문화적 지시를 하는 것뿐이라면 관객들이 왜 그러한 영화가 즐겁다고 느끼는지에 대해 물을지도 모른다.

---

026 ★

concoction

> n 혼합물

> ex This weird thing is a **concoction** of cream and rum.
> 이 이상한 것은 크림과 럼주의 혼합물이다.

> Soak your feet in this **concoction** to heal your tired feet.
> 당신의 피곤한 발을 치유하기 위해 이 혼합물에 발을 담가라.

---

027 ★

decay

> v 부패하다, 썩다   n 부패, 부식

> ex The room was filled with the smell of **decaying** corpse.
> 그 방은 부패하는 시체 냄새로 가득했다.

> It's better at preventing tooth **decay** than just brushing.
> 그것은 그냥 칫솔질만 하는 것보다 충치를 예방하는 것에 더 좋다.

---

028 ★

coworker

> n 동료   ⊕ **colleague** 동료

> ex She told her **coworkers** that she will be absent this week.
> 그녀는 동료들에게 이번 주에 결근할 것이라고 말했다.

> Unlike me, Mac is great at breaking the ice with new **coworkers**.
> 나와 달리 맥은 새로운 동료들과 어색한 분위기를 깨는 데 아주 능숙하다.

---

029 ★

directory

> n (이름, 주소 등의 관련 정보를 나열한) 안내 책자, 디렉토리

> ex For the company **directory**, press '1'.
> 회사 디렉토리의 경우 '1'을 눌러라.

> The information on the **directory** was incorrect.
> 안내책자의 정보는 잘못되었다.

---

030 ★

elective

> n 선택강좌   adj 선거로 선출된   참고 **selective** 선택적인

> ex I do have one more course left to take, but the rest are all **electives**.
> 나는 한 과목이 더 남았지만, 나머지는 모두 선택과목이다.

> I chose the photography class as an **elective**.
> 나는 선택과목으로 사진 수업을 선택했다.

Practice

 1. 다음 단어들을 올바르게 연결하세요.

(1) relocate ● ● (a) 문명

(2) birthplace ● ● (b) 이전시키다

(3) decay ● ● (c) 어설픈, 서투른

(4) elective ● ● (d) 평가하다

(5) clumsy ● ● (e) 발생지

(6) civilization ● ● (f) 혼합물

(7) concoction ● ● (g) 부패하다, 썩다

(8) assess ● ● (h) 선거로 선출된

 2. 우리말 뜻에 맞게 빈칸에 알맞은 단어를 보기에서 찾아 쓰세요.

| enhance | casualties | coworkers | thus |

(1) **The typhoon caused flash floods and left hundreds of _____ .**
그 태풍은 순식간에 홍수를 일으켰고 수백 명의 사상자를 냈다.

(2) **She told her _____ that she will be absent this week.**
그녀는 동료들에게 이번 주에 결근할 것이라고 말했다.

(3) **_____ , schools should give students as much freedom as reasonably possible.**
그러므로, 학교는 학생들에게 합리적으로 가능한 한 많은 자유를 주어야 한다.

(4) **It is important to acquire necessary experience to _____ creativity.**
창의력을 높이기 위해 필요한 경험을 쌓는 것이 중요하다.

SELF TEST

01	enhance		16		발생지
02		어설픈, 서투른	17	autograph	
03	fitness		18		중앙집권화하다
04		평가하다	19	civilization	
05	guideline		20		지시[명령]
06		사상자, 피해자	21	detach	
07	overdo		22		혼합물
08		안내문[광고문]	23	elderly	
09	relocate		24		부패하다, 썩다
10		감귤류의	25	performance	
11	shelve		26		동료
12		서두르다, 부산함	27	invention	
13	thus		28		안내 책자
14		...에 돌리다	29	confuse	
15	confirmation		30		선거로 선출된

DAY 54

n	agent	n	badge	adj	creepy
n	floss	adj	environmental	n	aisle
adv	furthermore	n	contestant	v	disable
n	flesh	adj	domestic	n	criticism
n	employment	n	application	n	degree
v	determine	adv	considerably	n	delinquency
v	comprise	adj	enthusiastic	adj	combative
v	democratize	adv	explicitly	adv	ideally
adj	inert	v	embrace	n	dread
v	enroll	n	fender	adj	distinctive

⭐ 표시는 출제 빈도를 나타냅니다.

---

001 ⭐⭐⭐⭐⭐

agent

n 대리인, 에이전트

참고 **agency** 단체

ex All **agents** are currently busy now.
현재 모든 에이전트들이 바쁘다.

Human beings do not enter the world as competent moral **agents**.
인간은 유능한 도덕적 대리인으로서 세상에 진출하지 않는다.

---

002 ⭐⭐⭐⭐⭐

badge

n 표, 배지

ex Just swipe your **badge** in the reader there on the right side of the machine.
기계 오른쪽에 있는 판독기에 배지를 대어라.

He got a temporary **badge** from Craig.
그는 Craig로부터 임시 배지를 받았다.

---

003 ⭐⭐⭐⭐⭐

creepy

adj 으스스한, 기이한

참고 **creep** 살금살금 움직이다

ex The trees are a little **creepy** with no leaves.
나무들이 나뭇잎이 없어서 약간 으스스하다.

These are some **creepy** animal behaviors.
이것들은 소름끼치는 동물들의 행동이다.

---

004 ⭐⭐⭐⭐⭐

floss

n 치실

ex My dentist told me to use dental **floss**.
치과 의사가 치실을 쓰라고 했다.

Do you have some dental **floss** I could use before the appointment?
약속 전에 쓸 수 있는 치실이 있을까?

---

005 ⭐⭐⭐⭐⭐

environmental

adj 환경의

ex There's this **environmental** group that makes posters.
포스터를 만드는 환경단체가 있어.

Maathai was a respected scientist, politician, and **environmental** activist.
Maathai는 존경받는 과학자, 정치인, 환경운동가였다.

---

006 ⭐⭐⭐⭐⭐

aisle

n 통로

ex Can you tell me which **aisle** has taco seasoning?
어느 통로에 타코 양념이 있는지 알려줄 수 있니?

I believe that's **aisle** 8, if I'm not mistaken.
8번 통로인 것 같아, 내가 틀리지 않았다면.

007 ★★★★★

furthermore

adv 더욱이

㉠ **moreover** 더욱이

ex **Furthermore**, it is better not to use disposable cups.
게다가, 일회용 컵은 사용하지 않는 것이 더 좋다.

Furthermore, he thinks buying clothes is lavish consumption.
게다가, 그는 옷을 사는 것이 사치스러운 소비라고 생각한다.

---

008 ★★★★

contestant

n 참가자

ex The competition challenges **contestants** in a number of categories.
이 대회는 여러 부문에서 참가자들에게 도전장을 던진다.

Contestants go all the way up and down a cedar pole.
참가자들은 삼나무 기둥을 오르내린다.

---

009 ★★★★

disable

v 장애를 입히다 / 망가뜨리다

참고 **disabled** 장애인들

ex Traffic accident **disabled** the rising star of gymnastics.
교통사고로 체조계의 떠오르는 스타가 불구가 되었다.

We should not block elevators for **disabled** people.
우리는 장애인들을 위한 엘리베이터를 막아서는 안 된다.

---

010 ★★★★

flesh

n 살, 고기

참고 **fleshy** 살집이 있는

ex This can be seen in the removal of tiny splinters of wood from **flesh**.
이것은 살에서 작은 나무 조각들을 제거하는 것에서 볼 수 있다.

The cheetah is gnawing the **flesh** of the zebra.
치타가 얼룩말의 살을 뜯고 있다.

---

011 ★★★

domestic

adj 국내의, 가정의

㉣ **international** 국제의

ex They opposed to the use of gross **domestic** product (GDP) per capita as an indicator of economic development.
그들은 1인당 국내총생산을 경제 발전의 지표로 사용하는 것을 반대했다.

---

012 ★★★

criticism

n 비판, 비난

ex One major **criticism** relates to the methodology of Maslow's research.
한 가지 주요한 비판은 Maslow의 연구의 방법론과 관련이 있다.

Paying attention to **criticism** can be one way of improving.
비판에 집중하는 것은 개선의 한 방법이 될 수 있다.

DAY 54

⭐ 표시는 출제 빈도를 나타냅니다.

---

013 ⭐⭐⭐

employment

n 고용, 채용

ex Information on a guarantor's **employment** status can be seen on the website.
보증인의 고용 상태에 대한 정보는 웹사이트에서 볼 수 있다.

---

014 ⭐⭐⭐

application

n 지원 / 응용 프로그램

ex You use a messaging **application** on your phone.
당신은 당신의 핸드폰에서 메시지 응용 애플리케이션을 사용한다.

She actually already submitted her **application** to City Hall.
그녀는 사실 이미 시청에 지원서를 제출했다.

---

015 ⭐⭐⭐

degree

n 학위, 정도

ex She earned a **degree** in screenwriting.
그녀는 영화 각본에서 학위를 받았다.

This created a considerable **degree** of social influence.
이것은 상당한 정도의 사회적 영향력을 창출했다.

---

016 ⭐⭐⭐

determine

v 결정하다

참고 **determined** 단호한

ex Bedtimes are often **determined** by cultural factors and not individual ones.
잠자는 시간은 종종 개별적인 것이 아니라 문화적 요인에 의해 결정된다.

That's when the fetus's gender is **determined**.
그 때가 태아의 성별이 결정되는 때이다.

---

017 ⭐⭐

considerably

adv 많이, 상당히

⊕ **substantially** 상당히

ex It burns **considerably** fewer calories.
그것은 칼로리를 상당히 적게 소모한다.

The sidewalks in the city are **considerably** worse than those of the suburbs.
그 도시의 인도는 교외의 인도보다 상당히 더 나쁘다.

---

018 ⭐⭐

delinquency

n 비행[범죄], 연체

ex They had been getting **delinquency** warnings for back payments.
그들은 밀린 지불에 대해 연체 경고를 받고 있었다.

His **delinquency** was quite serious at age 15.
그의 비행은 15살 때 꽤 심각했다.

019　★ ★

comprise

v 　**구성하다, 차지하다**

ex 　These **comprise** both physical and mental improvements.
이것들은 신체적, 정신적 개선점을 구성하고 있다.

In western cultures, waxing and waning **comprise** eight phases.
서양 문화에서 흥망성쇠는 8단계로 이루어져 있다.

020　★ ★

enthusiastic

adj 　**열렬한**

ex 　Everyone was very **enthusiastic** to visit the street festival.
모든 사람들이 거리 축제에 방문하기 위해 매우 열정적이었다.

His **enthusiastic** welcome made me blush but I felt happy.
그의 열렬한 환영은 내 얼굴을 붉게 만들었지만 나는 기분이 좋았다.

021　★ ★

combative

adj 　**전투적인**　　　　　　　　　　　　　　유 **belligerent** 호전적인

ex 　The man shows a **combative** attitude toward the newly proposed policy.
남자는 새로 제안된 정책에 대해 호전적인 태도를 보인다.

Everyone feared his **combative** disposition.
모두가 그의 전투적인 성향을 두려워했다.

022　★

democratize

v 　**민주화하다**

ex 　Accessibility of new music became **democratized**, which meant critics no longer had exclusive access.
새로운 음악의 접근성은 민주화가 되었고, 이는 비평가들이 더 이상 독점적인 접근을 할 수 없다는 것을 의미했다.

023　★

explicitly

adv 　**명백하게, 명쾌하게**

ex 　She showed her hatred pretty **explicitly**.
그녀는 혐오감을 꽤 명백하게 보여줬다.

Some did this quite **explicitly** by creating distinct holiday periods.
일부는 뚜렷한 휴가 기간을 만들어 꽤 명쾌하게 이것을 했다.

024　★

ideally

adv 　**이상적으로, 완벽하게**　　　　　　　　참고 **ideal** 이상, 완벽한

ex 　Camels were **ideally** suited to this job because they can go without water for quite a while.
낙타들은 꽤 오랫동안 물 없이 살 수 있기 때문에 이 일에 완벽하게 적합했다.

DAY 54

★ 표시는 **출제 빈도**를 나타냅니다.

025

inert

adj 비활성의

참고 **inept** 솜씨 없는

ex Without the context provided by cells, organisms, social groups, and culture, DNA is **inert**.
세포, 유기체, 사회적 집단, 그리고 문화에 의해 제공되는 맥락이 없다면, DNA는 비활성 된다.

026

embrace

v (껴)안다, 포옹하다 / 받아들이다

ex After a long separation, we **embraced** each other tightly.
길었던 헤어짐 후, 우리는 서로를 꽉 안았다.

By the twentieth century most of the world had **embraced** time zones.
20세기에 이르러 세계의 대부분은 시간대를 받아들였다.

027

dread

n 두려움 **v** 몹시 무서워하다

참고 **dreadful** 끔찍한, 지독한

ex A feeling of **dread** is hard to explain.
두려움의 감정은 설명하기 어렵다.

I'm **dreading** this big family dinner we're having next week.
다음 주에 있을 대가족 만찬이 몹시 무섭다.

028

enroll

v 등록하다

ex It encourages foreign students to **enroll** at the University of Cairo.
그것은 외국인 학생들이 카이로 대학에 등록하도록 장려한다.

There was a rise in people **enrolled** in second-language classes.
제2외국어 수업에 등록한 사람들이 증가했다.

029

fender

n (자동차의) 펜더

참고 **fender bender** 가벼운 사고

ex The authorities said it was just a **fender** bender, but it backed up traffic.
당국은 그것이 단지 가벼운 접촉사고에 불과하다고 말했지만, 그것은 교통을 막았다.

He dented the **fender** on his car.
그는 자동차 펜더를 우그러뜨렸다.

---

030 ★

distinctive

adj 독특한

참고 **distinct** 뚜렷한

ex Many people say that Jane has a **distinctive** personality.
많은 사람들이 제인이 독특한 성격을 가지고 있다고 말한다.

The **distinctive** smell of that plant is not easily forgotten.
이 식물의 독특한 냄새는 쉽게 잊혀지지 않는다.

Practice

 1. 다음 단어들을 올바르게 연결하세요.

(1) application •
(2) degree •
(3) ideally •
(4) furthermore •
(5) domestic •
(6) comprise •
(7) badge •
(8) contestant •

• (a) 이상적으로
• (b) 구성하다
• (c) 학위, 정도
• (d) 응용 프로그램
• (e) 국내의, 가정의
• (f) 참가자
• (g) 더욱이
• (h) 표, 배지

 2. 다음 영어 뜻에 맞게 알맞은 단어를 보기에서 찾아 쓰세요.

embrace	distinctive	employment	enroll

(1) register formally as a participant or member

(2) the act of clasping another person in the arms

(3) marking as separate or different

(4) the state of being employed or having a job

SELF TEST

01	agent		16		명쾌하게
02		결정하다	17	disable	
03	badge		18		이상적으로
04		많이, 상당히	19	flesh	
05	creepy		20		비활성의
06		비행[범죄], 연체	21	domestic	
07	floss		22		받아들이다
08		구성하다	23	criticism	
09	environmental		24		몹시 무서워하다
10		열렬한	25	employment	
11	aisle		26		등록하다
12		전투적인	27	application	
13	furthermore		28		(자동차의) 펜더
14		민주화하다	29	degree	
15	contestant		30		독특한

DAY 55

n	explosion	v	confine	adj	audio
adj	dependent	adj	feral	n	knockout
n	growth	n	foreclosure	adj	grandiose
n	hardship	n	engagement	n	dormitory
adj	freelance	n	article	v	suggest
adv	directly	adj	expansive	v	flirt
adj	gross	adj	historic	adj	imperative
adj	feasible	adj	generational	n	hassle
v	illustrate	n	happiness	n	impulse
adj	malleable	v	outpace	v	persist

⭐ 표시는 출제 빈도를 나타냅니다.

---

001 ⭐⭐⭐⭐⭐

explosion

n 폭발

ex These **explosions** are very common, occurring more often than volcanoes.
이러한 폭발은 매우 흔하며, 화산보다 더 자주 발생한다.

If not handled with care, mix of chemicals may cause explosions.
주의하여 취급하지 않으면 화학 물질이 혼합되어 폭발을 일으킬 수 있다.

---

002 ⭐⭐⭐⭐⭐

confine

v 제한시키다, 가두다

ex It suggests that puppies be **confined** overnight.
그것은 강아지들이 하룻밤 동안 갇혀 있을 것을 제안한다.

This schedule allows for an appropriate mix of **confined** and free time.
이 일정을 통해 제한된 시간과 여유 시간을 적절히 혼합할 수 있다.

---

003 ⭐⭐⭐⭐⭐

audio

adj 녹음의   참고 **auditory** 청각의

ex It is available also in e-book and **audio** editions.
전자책과 녹음 버전으로도 구할 수 있다.

Later, record companies found a way to put more **audio** in a smaller space.
나중에 음반 회사들은 더 작은 공간에 더 많은 오디오를 넣을 방법을 찾았다.

---

004 ⭐⭐⭐⭐⭐

dependent

adj 의존하는

ex People are **dependent** on messaging applications.
사람들은 메시지 애플리케이션에 의존한다.

Being **dependent** on parents is a natural stage for children.
부모님께 의존하는 것은 아이들에게 자연스러운 단계이다.

---

005 ⭐⭐⭐⭐⭐

feral

adj 야생의   ⓤ undomesticated 길들지 않은

ex His **feral** growl was almost like a wolf's.
그의 야생적인 울부짖음은 거의 늑대의 것 같았다.

The most famous **feral** children lived with a pack of wolves in India.
가장 유명한 야생 아이들은 인도에서 늑대 무리와 함께 살았다.

---

006 ⭐⭐⭐⭐⭐

knockout

n 녹아웃, KO

ex A player can win by **knockout** during a boxing round.
권투 라운드에서 선수는 녹아웃으로 이길 수 있다.

He defeated his opponent by a **knockout** right before the bell rang.
그는 종이 울리기 직전 상대편을 KO시켜서 이겼다.

007 ★★★★★

growth

n 성장

ex Keltri says the country's GDP **growth** is driven by consumption.
Keltri는 그 나라의 GDP 성장은 소비에 의해 주도된다고 말한다.

Rating agencies are optimistic about domestic economic **growth**.
평가 기관들은 국내 경제 성장에 대해 낙관적이다.

---

008 ★★★

foreclosure

n 담보권 행사, 압류   참고 mortgage 담보 대출금

ex My friend Mariska's shop is in danger of **foreclosure**.
내 친구 Mariska의 가게는 압류 위기에 처해 있다.

You can get help by calling this number if you face **foreclosure**.
압류에 직면해있다면 이 번호로 전화해서 도움을 받을 수 있다.

---

009 ★★★

grandiose

adj (너무) 거창한

ex This opera house is too **grandiose**.
이 오페라 하우스는 너무 거창하다.

I bet his **grandiose** plans would surely fail.
나는 그의 거창한 계획은 틀림없이 실패할 것이라고 믿는다.

---

010 ★★★

hardship

n 어려움[곤란]   반 misfortune 불행

ex All those obstacles and **hardships** made me feel frustrated.
그 많은 장애와 어려움들이 나를 좌절하게 만들었다.

Despite a great deal of **hardship**, he was still successful in the field.
많은 어려움에도, 그는 그 분야에서 성공했다.

---

011 ★★★

engagement

n 약혼 / 참여, 업무

ex I'm glad you can come to my **engagement** party.
나는 네가 내 약혼 파티에 올 수 있어서 기뻐.

Why don't you apply for the Youth Civic **Engagement** Program?
청소년 시민 참여 프로그램에 지원해 보는 건 어때?

---

012 ★★★

dormitory

n 기숙사

ex Does your **dormitory** have a curfew?
기숙사에 통금 시간 있니?

Contact your roommate and plan for moving to a new **dormitory**.
너의 룸메이트에게 연락해서 새 기숙사로 이사하는 것을 계획해라.

DAY 55

★ 표시는 **출제 빈도**를 나타냅니다.

---

013 ★★★

freelance

 adj 프리랜서로 일하는

ex It was also found that most freelancers did not earn their full wages from their **freelance** work.
또한, 프리랜서 대부분이 프리랜서 업무로 그들의 임금 전액을 벌지 못한 것으로 드러났다.

---

014 ★★★

article

 n 글, 기사

ex As you read in the **article**, a good logo makes people think of the company's name.
당신이 기사에서 읽었듯이, 좋은 로고는 사람들에게 회사의 이름을 생각나게 한다.

---

015 ★★★

suggest

 v 제안하다   🔄 **propose** 제안하다

ex Why don't we **suggest** that he take a day off?
우리 그가 하루 쉬는 것을 제안하는게 어때?

It is **suggested** not to take the pills more than three times a day.
알약을 하루에 세 번 이상 먹지 않을 것이 제안된다.

---

016 ★★★

directly

 adv 곧장

ex Literature is not **directly** related to doing this job.
문학은 이 일을 하는 것과 직접적으로 관련이 없다.

No one will read this email if Keiko **directly** replies.
Keiko가 곧장 답장을 하면 아무도 이 메일을 읽지 않을 것이다.

---

017 ★★

expansive

 adj 광활한   참고 **expensive** 비싼

ex I enjoy landscapes with **expansive** skies when I'm stressed out.
나는 스트레스를 받을 때 광활한 하늘이 있는 풍경을 즐긴다.

Her knowledge is so **expansive** that it inspires me every time.
그녀의 지식은 아주 광활해서 나에게 항상 영감을 준다.

---

018 ★★

flirt

 v 추파를 던지다

ex Brad is **flirting** with Fiona and not doing his work.
Brad는 Fiona에게 추파를 던지고 그의 일은 하지 않는다.

They are **flirting** with disaster.
그들은 재난을 무서워 하지 않고 덤빈다.

019 ⭐⭐

gross

adj 총- / 역겨운

ex He is in a group of economists opposed to the use of **gross** domestic product.
그는 국내총생산의 사용에 반대하는 경제학자들의 모임에 속해 있다.

---

020 ⭐⭐

historic

adj 역사적으로 중요한　　　　　　　참고 **historical** 역사상의

ex We hope you enjoy the tour of this **historic** coal mine.
이 역사적으로 중요한 탄광 관광을 즐기길 바란다.

We live in the **historic** moment now.
우리는 지금 역사적으로 중요한 순간을 살고 있다.

---

021 ⭐⭐

imperative

adj 반드시 해야하는　　　　　　유 **practicable** 실행 가능한

ex It is **imperative** that you sanitize your hands before entering the building.
건물 안으로 들어가기 전에 반드시 손을 깨끗이 소독해야 한다.

Her suggestion sounded **imperative**.
그녀의 제안은 반드시 해야하는 것처럼 들렸다.

---

022 ⭐

feasible

adj 실현 가능한

ex Your idea is appreciated, but it is not physically **feasible**.
당신의 아이디어는 감사하지만, 물리적으로 실현 가능하지 않다.

We can't think of any **feasible** solution at this moment.
지금 당장은 실현 가능한 해법을 생각할 수 없다.

---

023 ⭐

generational

adj 세대 간의

ex **Generational** differences in film choices definitely exist.
영화 선택의 세대 차이는 분명히 존재한다.

We try to reduce the **generational** gap between the two groups.
우리는 두 그룹 간의 세대 간 차이를 줄이려고 한다.

---

024 ⭐

hassle

n 귀찮은 상황　　　　　　　　참고 **hustle** 혼잡

ex Too many pockets make remembering where you put things a **hassle**.
주머니가 너무 많으면 네가 물건을 어디 두었는지 기억하는 것이 귀찮은 상황이 된다.

They're too much of a **hassle** to carry around.
그것들은 들고 다니기에는 너무 귀찮다.

DAY 55

★ 표시는 출제 빈도를 나타냅니다.

025

illustrate

| v | 보여주다, 실증하다 |

㊒ **demonstrate** 입증하다

ex The stories that are **illustrated** on the poles are often about an important person or event.
기둥에 묘사된 이야기들은 종종 중요한 사람이나 사건에 관한 것이다.

026

happiness

| n | 행복 |

ex Wealth is not equivalent to **happiness**.
부와 행복은 동등하지 않다.

By doing so, you can bring **happiness** to you and others.
그렇게 함으로써, 당신은 당신과 다른 사람들에게 행복을 가져다 줄 수 있다.

027

impulse

| n | 충동, 충격 |

ex The king's cruel **impulses** started after he suffered from an injury to the head.
왕의 잔인한 충동은 그가 머리에 부상을 입은 후에 시작되었다.

028

malleable

| adj | 펴 늘일 수 있는 / 잘 변하는 |

ex We will do an experiment on how **malleable** this material is.
우리는 이 물질이 얼마나 펴 늘려질 수 있는지 실험을 할 것이다.

The brain is much more **malleable** throughout life than previously assumed.
뇌는 이전에 추정했던 것보다 일생 동안 훨씬 더 잘 변할 수 있다.

029

outpace

| v | 앞지르다, 앞서다 |

㊒ **outstrip** 앞지르다

ex The technology of our company has way **outpaced** the other companies' in this field.
우리 회사의 기술은 이 분야의 다른 회사들의 것보다 훨씬 앞서있다.

030

persist

| v | 계속되다 |

참고 **persistence** 고집

ex The user's preference for interaction with other users **persists**.
다른 사용자와의 상호 작용에 대한 사용자의 선호도는 계속된다.

If the pain **persists**, don't hesitate to visit a doctor.
만약 고통이 계속되면, 의사를 방문하는 것을 망설이지마라.

Practice

 1. 다음 단어들을 올바르게 연결하세요.

(1) **engagement** •   • (a) 제한시키다

(2) **outpace** •   • (b) 녹아웃, KO

(3) **generational** •   • (c) 담보권 행사

(4) **directly** •   • (d) 어려움[곤란]

(5) **hardship** •   • (e) 곧장

(6) **foreclosure** •   • (f) 세대 간의

(7) **confine** •   • (g) 앞지르다, 앞서다

(8) **knockout** •   • (h) 약혼, 참여, 업무

 2. 우리말 뜻에 맞게 괄호에 알맞은 단어를 찾아 O표 하세요.

(1) **They're too much of a (hustle / hassle) to carry around.**
그것들은 들고 다니기에는 너무 귀찮다.

(2) **I enjoy landscapes with (expansive / expensive) skies when I'm stressed out.**
나는 스트레스를 받을 때 광활한 하늘이 있는 풍경을 즐긴다.

(3) **People are (independent / dependent) on messaging applications.**
사람들은 메시지 애플리케이션에 의존한다.

(4) **We can't think of any (impracticable / feasible) solution at this moment.**
지금 당장은 실현 가능한 해법을 생각할 수 없다.

SELF TEST

01	explosion		16		세대 간의
02		곧장	17	grandiose	
03	confine		18		귀찮은 상황
04		광활한	19	hardship	
05	audio		20		보여주다
06		추파를 던지다	21	engagement	
07	dependent		22		행복
08		총-/역겨운	23	dormitory	
09	feral		24		충동, 충격
10		역사적으로 중요한	25	freelance	
11	knockout		26		잘 변하는
12		반드시 해야하는	27	article	
13	growth		28		앞지르다
14		실현 가능한	29	suggest	
15	foreclosure		30		계속되다

DAY 56

adj	incorrect	v	blush	n	mainland
n	holder	n	bleach	n	exception
adj	gorgeous	v	recognize	n	housing
adj	immediate	adv	improperly	n	gadget
adj	handmade	adj	immense	adj	average
n	process	n	executive	n	implication
n	landing	v	mislead	n	observation
n	literacy	adj	incomplete	adj	laborious
adj	meaningful	adj	needless	n	motivation
v	portray	n	retrospect	n	physicist

⭐ 표시는 출제 빈도를 나타냅니다.

---

001 ★★★★★

incorrect

adj 부정확한

ex **Incorrect** information might mislead the whole population.
잘못된 정보는 전체 인구를 오도할 수 있다.

Your password input was **incorrect**.
당신의 비밀번호 입력이 틀렸다.

---

002 ★★★★★

blush

v 얼굴을 붉히다

⊕ flush 확 붉어지다

ex A recent study has found that people who **blush** seem more trustworthy.
얼굴을 붉히는 사람들이 더 신뢰할 수 있는 것처럼 보인다는 최근의 연구가 있다.

I automatically **blush** when I get a sudden attention.
나는 갑작스러운 주목을 받을 때 자동적으로 얼굴이 빨개진다.

---

003 ★★★★★

mainland

n 본토

ex At noon we take the ferry back for lunch on the **mainland**.
정오에 우리는 본토에서 점심을 먹기 위해 페리를 타고 돌아간다.

The city was once an island but now is connected to the **mainland**.
그 도시는 한때 섬이었지만 지금은 본토와 연결되어 있다.

---

004 ★★★★★

holder

n 소유자 / 받침대

ex Both ticket **holders** need ID to receive the tickets.
티켓을 수령하려면 두 명의 티켓 소지자 모두 신분증이 필요하다.

But those seats have no **holder** for our popcorn.
하지만 그 좌석들은 우리 팝콘을 담을 수 있는 거치대가 없다.

---

005 ★★★★★

bleach

n 표백제 **v** 표백하다

참고 **breach** 위반하다

ex Vinegar and baking soda can be a natural alternative to **bleach**.
식초와 베이킹소다는 표백제의 천연 대체제이다.

A little **bleach** will help you get rid of that unsightly stain.
적은 양의 표백제가 그 보기 흉한 얼룩을 없어지게 도와 줄 것이다.

---

006 ★★★★★

exception

n 예외

참고 **exceptional** 특출한

ex The **exception** is the nation of Brunei, where neither men nor women can vote.
남자도 여자도 투표할 수 없는 국가 브루나이는 예외다.

007	★★★★★

gorgeous

`adj` **아주 멋진, 화려한**

⊕ **magnificent** 웅장한

`ex` The cake looks too **gorgeous** to eat.
그 케이크는 먹기에 너무 멋져 보인다.

This sunset is **gorgeous**, isn't it?
이 노을은 정말 멋지지 않니?

008	★★★★★

recognize

`v` **알아보다, 인식하다**

참고 **recognized** 인정된, 알려진

`ex` The songs that Bell played were carefully selected as classical masterpieces that most people would not **recognize**.
Bell이 연주한 곡들은 대부분의 사람들이 알아채지 못할 고전 명곡으로 주의 깊게 선정됐다.

009	★★★★

housing

`n` **주택**

`ex` Companies consider many issues when they construct **housing** complexes.
기업들은 주택 단지를 건설할 때 많은 문제들을 고려한다.

Consider big expenditures such as tuition and **housing**.
등록금이나 주택과 같은 큰 지출을 고려하라.

010	★★★★

immediate

`adj` **즉각적인**

`ex` I want **immediate** action to solve this urgent problem.
나는 이 시급한 문제를 해결하기 위한 즉각적인 조치를 원한다.

The expected goals are not **immediate**, but a long-term plan.
예상되는 목표는 즉각적인 것이 아니라 장기적인 계획이다.

011	★★★★

improperly

`adv` **적절하지 않게**

`ex` They cannot get a refund for **improperly** dated tickets.
그들은 부적절하게 날짜가 표기된 날짜의 티켓에 대해 환불을 받을 수 없다.

This vehicle is **improperly** parked.
이 차량은 부적절하게 주차되어 있다.

012	★★★

gadget

`n` **도구**

⊕ **device** 장치

`ex` Patented formula is safe for electronic devices and **gadgets**.
특허 받은 공식은 전자 장치와 도구에 안전하다.

I saw this little **gadget** the other day in the store.
저번에 가게에서 이 작은 장치를 봤다.

---

013 ★ ★ ★

handmade

adj 손으로 만든

ex Those interested in selling **handmade** crafts should contact him prior to market day.
수제 공예품 판매에 관심 있는 사람들은 장날 전에 미리 그에게 연락해야 한다.

---

014 ★ ★ ★

immense

adj 엄청난

ex It was an **immense** help that you went to pick up my dress.
네가 내 드레스를 가지러 간 것은 큰 도움이 되었다.

The hundreds of building projects included **immense** statues.
수백 개의 건축 프로젝트에는 거대한 조각상이 포함되어 있었다.

---

015 ★ ★ ★

average

adj 평균의

ex On **average**, more chocolate is consumed in Europe than in Africa.
평균적으로, 아프리카보다 유럽에서 더 많은 초콜릿이 섭취된다.

Average rain and snowfall have risen across the entire planet.
평균적인 비와 강설량은 지구 전체적으로 증가했다.

---

016 ★ ★ ★

process

n 과정　**v** 가공하다　　　　참고 **proceed** 진행하다

ex She tried this **process**, and it worked!
그녀는 이 과정을 시도했고, 그것은 효과가 있었다!

This **process** made a very light shoe.
이 과정은 매우 가벼운 신발을 만들었다.

---

017 ★ ★ ★

executive

n 경영진　**adj** 경영의

ex He is a chief **executive** officer in a computer firm.
그는 컴퓨터 회사의 최고 경영자이다.

Executives will gather to make an important decision.
경영진들이 모여서 중요한 결정을 내릴 것이다.

---

018 ★ ★

implication

n 함축, 암시 / 영향　　　　참고 **implement** 시행하다

ex Your words have a significant **implication**.
당신의 말에는 중요한 것이 함축되어 있다.

I ignored his rude **implication** that he will be better at this work.
나는 그가 이 일을 더 잘 할 것이라는 그의 무례한 함축을 무시했다.

019 ★★

landing

n 착륙

반 **takeoff** 이륙

ex Please remain seated before **landing**.
착륙 전에 자리에 앉아 있어주십시오.

Wow, it was the smoothest **landing** I've ever experienced!
우와, 내가 경험해본 것 중 가장 매끈한 착륙이었다.

---

020 ★★

mislead

v 호도[오도]하다

유 **deceive** 속이다

ex The term global warming may sometimes be **misleading**.
지구 온난화라는 용어는 때때로 오해를 불러일으킬 수 있다.

A single word can **mislead** a whole group of people.
한 마디로 그룹의 모든 사람들을 오도할 수 있다.

---

021 ★★

observation

n 관찰

ex Make sure to visit the **observation** deck on the 32nd floor.
32층 전망대에 꼭 가보도록 해라.

The pilotless aircraft can be used for weather **observation**.
무인 항공기는 기상관측을 위해 사용될 수 있다.

---

022 ★★

literacy

n 글을 읽고 쓸 줄 아는 능력

참고 **literal** 문자 그대로의

ex "Health **literacy**" is not just about understanding instructions.
"건강 지식"은 단지 지시를 이해하는 것에만 국한된 것이 아니다.

In the past, low level of **literacy** was considered individuals' problem.
과거에는, 낮은 수준의 글 능력은 개인의 문제로 여겨졌다.

---

023 ★

incomplete

adj 불완전한, 미완성의

ex The story of Andy Warhol in this article is **incomplete**.
이 기사에서 앤디 워홀의 이야기는 미완성이다.

After three incorrect or **incomplete** answers, the point will be deducted.
세 가지 정답이 틀리거나 불완전한 답변 후에는 점수가 감점될 것이다.

---

024 ★

laborious

adj 힘든

유 **onerous** 아주 힘든

ex Do you set up an ironing board, plug in the iron, and go through the **laborious** process of ironing that shirt?
다리미판을 설치하고 다리미를 콘센트에 꽂고 그 셔츠를 다리는 힘든 과정을 거치는가?

DAY 56

⭐ 표시는 출제 빈도를 나타냅니다.

025

meaningful

`adj` **의미 있는, 중요한**

`ex` The visual preoccupation of early humans becomes profoundly **meaningful**.
초기 인간에 대한 시각적 몰두는 매우 중요하다.

Let's only focus on the **meaningful** information.
우리 중요한 정보에만 집중하자.

026

needless

`adj` **불필요한**

`ex` **Needless** to say, he's a great guy.
말할 필요도 없이, 그는 대단한 사람이다.

All **needless** ornaments should be removed.
모든 불필요한 장식물은 없애야 한다.

027

motivation

`n` **자극, 동기 부여**

`ex` More research in such fields can help us to understand human **motivation** better.
그러한 분야에 대한 더 많은 연구가 인간의 동기를 더 잘 이해하는 데 도움이 될 수 있다.

028

portray

`v` **묘사하다**

`ex` This picture **portrays** sadness and happiness at the same time.
이 그림은 슬픔과 기쁨을 동시에 묘사한다.

The psychology of the characters are well **portrayed** in the third chapter.
등장인물들의 심리는 세번째 챕터에서 아주 잘 묘사되어 있다.

029

retrospect

`n` **회상, 회고**　　　　　　　　참고 **in retrospect** 돌이켜 생각해보면

`ex` In **retrospect**, it might seem surprising that something mundane was the driving force for written language.
돌이켜보면, 일상적인 것이 문자 언어의 원동력이었다는 것이 놀랍게 느껴질지도 모른다.

030

physicist

`n` **물리학자**　　　　　　　　참고 **physician** 의사

`ex` Many **physicists**, including Stephen Hawking, worry about advancements in AI.
스티븐 호킹을 포함한 많은 물리학자들은 AI의 발전에 대해 걱정한다.

Practice

 1. 다음 단어들을 올바르게 연결하세요.

(1) blush •   • (a) 표백제

(2) bleach •   • (b) 얼굴을 붉히다

(3) gadget •   • (c) 불완전한

(4) retrospect •   • (d) 묘사하다

(5) motivation •   • (e) 도구

(6) portray •   • (f) 회상, 회고

(7) physicist •   • (g) 자극, 동기부여

(8) incomplete •   • (h) 물리학자

 2. 우리말 뜻에 맞게 빈칸에 알맞은 단어를 보기에서 찾아 쓰세요.

mainland	improperly	handmade	housing

(1) **Those interested in selling   crafts should contact him prior to market day.**

　　수제 공예품 판매에 관심 있는 사람들은 장날 전에 미리 그에게 연락해야 한다.

(2) **This vehicle is   parked.**

　　이 차량은 부적절하게 주차되어 있다.

(3) **Companies consider many issues when they construct   complexes.**

　　기업들은 주택 단지를 건설할 때 많은 문제들을 고려한다.

(4) **At noon we take the ferry back for lunch on the   .**

　　정오에 우리는 본토에서 점심을 먹기 위해 페리를 타고 돌아간다.

SELF TEST

01	incorrect		16		힘든
02		경영진, 경영의	17	immediate	
03	blush		18		의미 있는
04		영향, 함축	19	improperly	
05	mainland		20		불필요한
06		착륙	21	gadget	
07	holder		22		자극, 동기부여
08		호도[오도]하다	23	handmade	
09	bleach		24		묘사하다
10		관찰	25	immense	
11	exception		26		알아보다
12		글을 읽고 쓸 줄 아는 능력	27	average	
13	gorgeous		28		회상, 회고
14		불완전한	29	process	
15	housing		30		물리학자

DAY 57

v encounter	v drag	n burner
n dryer	adv honestly	adj insufficient
n guesthouse	n hypothesis	adj inadequate
adv legally	adv independently	n liver
v mean	v criticize	n representative
adj hostile	n paperwork	n ranch
n satisfaction	n pigment	v stun
adj nosy	adj obsolete	v patronize
v rave	n outlook	adj subjective
adv tremendously	adj undesirable	v visualize

⭐ 표시는 <u>출제 빈도</u>를 나타냅니다.

---

001 ⭐⭐⭐⭐⭐

| v | **맞닥뜨리다, 마주치다** | n | **만남** |

㉤ confront 직면하다

encounter

ex The couple found each other despite the obstacles they **encountered**.
그 커플은 맞닥뜨린 장애물에도 불구하고 서로를 찾았다.

Encountering these large beasts is a risky affair.
이 큰 짐승들과 마주치는 것은 위험한 일이다.

---

002 ⭐⭐⭐⭐⭐

| v | **끌다 / 힘들게 움직이다** |

drag

ex And apparently it's really **dragging** itself out.
그리고 분명히 그것은 정말로 질질 끌려가고 있다.

Just double-click there and then you can **drag** words to the blank.
거기를 두 번 클릭하면 단어를 빈칸으로 끌어올 수 있다.

---

003 ⭐⭐⭐⭐⭐

| n | **버너** |

burner

ex Since we don't have enough **burners** for each pair, some pairs will be taking turns.
버너가 충분하지 않기 때문에, 일부 쌍은 교대로 사용할 것입니다.

---

004 ⭐⭐⭐⭐⭐

| n | **건조기** |

dryer

ex Looking for a new hair **dryer** that actually does its job?
실제로 제 역할을 하는 새로운 헤어 드라이어를 찾고 있는가?

That's because you have the **dryer** set to low heat.
건조기가 약한 열로 설정되어 있기 때문이다.

---

005 ⭐⭐⭐⭐⭐

| adv | **솔직히, 정말로** |

㉤ frankly 솔직히 말하면

honestly

ex **Honestly**, I'm pretty nervous about the test.
솔직히, 나는 시험 때문에 꽤 긴장돼.

I **honestly** think this wall needs to be repainted.
나는 솔직히 이 벽이 다시 페인트칠되어야 한다고 생각해.

---

006 ⭐⭐⭐⭐⭐

| adj | **불충분한** |

insufficient

ex Well, what you have on now is clearly **insufficient** for this weather.
음, 지금 당신이 입고 있는 것은 이 날씨에 분명히 부적합하다.

There is **insufficient** space left on this drive to save my files.
이 드라이브에 남아 있는 공간이 부족하여 파일을 저장할 수 없다.

007 ★★★★★	**n** **게스트 하우스**
guesthouse	**ex** We're staying at a **guesthouse**, and the top two floors are reserved just for us. 우리는 게스트하우스에 묵고 있으며, 꼭대기 두 층은 우리만을 위해 예약되어 있다.

008 ★★★★	**n** **가설, 추정** 참고 **hypothesize** 가설을 세우다
hypothesis	**ex** An experiment that successfully proves a **hypothesis** is a measurement. 가설을 성공적으로 증명하는 실험은 측정이다. If a **hypothesis** is proven by many scientists, it can become a theory. 만약 가설이 많은 과학자들로부터 증명된다면, 그것은 이론이 될 수 있다.

009 ★★★★	**adj** **불충분한, 부적당한** 유 **insufficient** 부족한
inadequate	**ex** Poor repairs and **inadequate** maintenance caused the tanks holding the gas to fail. 잘못된 수리 및 부적절한 유지보수로 인해 가스를 보관하는 탱크가 고장났다.

010 ★★★★	**adv** **합법적으로, 법률상**
legally	**ex** It contains a **legally** protected substance. 그것은 법적으로 보호되는 물질을 포함하고 있다. Users of this game must be **legally** adults. 이 게임의 사용자는 법적으로 성인이어야 한다.

011 ★★★	**adv** **독립적으로**
independently	**ex** Having to do homework teaches students to study **independently**. 숙제를 해야 하는 것은 학생들이 독립적으로 공부하도록 가르친다. Everyone was surprised to see her protesting **independently**. 모두 그녀가 독립적으로 시위를 하는 것에 놀랐다.

012 ★★★	**n** **간**
liver	**ex** Isn't it the **liver** or the stomach? 간 아니면 위 아니야? Before use, consult a doctor if you have **liver** disease. 간질환이 있으면 사용하기 전에 의사와 상의하여라.

DAY 57

표시는 **출제 빈도**를 나타냅니다.

---

013 ★★★

mean

v …라는 뜻[의미]이다

참고 **means** 수단, 방법

ex The drill does not **mean** you are in imminent danger.
그 훈련이 당신이 임박한 위험에 처해 있다는 것을 의미하지는 않는다.

Sorry, I didn't **mean** to wake you up.
미안해, 깨우려던 건 아니었어.

---

014 ★★★

criticize

v 비판하다

ex Since then, Mench 's book has been **criticized**, as some of the events in it did not happen.
그때 이후, Mench 의 저서는 일부 사건이 일어나지 않아 비판을 받았다.

---

015 ★★★

representative

n 대표, 대리인

유 **delegate** 대표

ex To speak to a **representative**, stay on the line.
대표와 통화하려면 전화를 끊지 마십시오.

Still, Mench continues to be a **representative** for many Mayan people.
여전히, Mench 는 많은 마야인들을 위한 대표자이다.

---

016 ★★★

hostile

adj 적대적인

참고 **hospitable** 환대하는

ex The government was **hostile** against them.
정부는 그들에게 적대적이었다.

The unresolved issue made him **hostile** against them.
풀리지 않은 문제는 그가 그들에게 적대적이게 만들었다.

---

017 ★★

paperwork

n 서류 작업, 문서 업무

ex I don't think I can finish all this **paperwork** today.
오늘 이 서류 작업을 다 끝낼 수 없을 것 같아.

He hopes his **paperwork** is processed quickly.
그는 그의 서류가 빨리 처리되기를 바란다.

---

018 ★★

ranch

n 목장

ex Now we will head to the **ranch** to see the animals.
이제 우리는 동물들을 보러 목장으로 향할 것이다.

My grandparents own a big **ranch** in my hometown.
내 조부모님은 내 고향에 큰 목장을 소유하고 계신다.

019 ★★	**n** 만족	

satisfaction

ex Customer **satisfaction** levels have increased by 10%.
고객 만족도 수준이 10% 상승했다.

Shoppers derive more **satisfaction** from a price drop from 50 to 20 cents.
구매자들은 50센트에서 20센트로의 가격 하락으로 더 많은 만족감을 얻는다.

---

020 ★★	**n** 색소	

pigment

ex Visitors should be warned that the unpleasant odors from **pigments** can be overwhelming.
방문객들은 색소에서 나는 불쾌한 냄새가 심할 수 있다는 것을 주의해야 한다.

---

021 ★★	**v** 기절시키다 / 큰 감동을 주다	참고 stunning 굉장히 아름다운

stun

ex The police had to **stun** the animal for safety.
경찰은 안전을 위해 동물을 기절시켜야 했다.

Her outstanding performance was good enough to **stun** the audience.
그녀의 뛰어난 연기는 관중들에게 큰 감동을 주기에 충분했다.

---

022 ★	**adj** 참견하기 좋아하는	

nosy

ex Don't be **nosy** about other people's business.
남의 일에 참견하지 마라.

It is really annoying when she becomes **nosy** about my privacy.
그녀가 내 사생활에 참견할 때 정말 짜증이 난다.

---

023 ★	**adj** 더 이상 쓸모없는, 구식의	㈜ outdated 구식의

obsolete

ex The government is planning to reform the **obsolete** system.
정부는 낡은 제도를 개혁할 계획을 세우고 있다.

You should read the new guideline since the old one is now **obsolete**.
예전 지침은 더이상 쓰이지 않기 때문에 새로운 것을 읽어야한다.

---

024 ★	**v** 후원하다, 깔보는 듯한 태도로 대하다	

patronize

ex Don't act so **patronizing** I'm not a child!
잘난척하지마-나는 어린아이가 아니야!

It is important to **patronize** small stores to keep them in business.
작은 가게들이 계속 영업할 수 있도록 후원하는 것이 중요하다.

DAY 57

⭐ 표시는 <u>출제 빈도</u>를 나타냅니다.

---

025 ⭐

rave

| v | 극찬하다 |

ex My sister absolutely **raved** about this place.
내 여동생은 이 곳에 대해 완전히 극찬했다.

Is this that language learning program you were **raving** about?
이게 네가 극찬하던 그 언어 학습 프로그램이야?

---

026 ⭐

outlook

| n | 전망 / 관점 | ⑪ prospect 전망 |

ex The **outlook** of a nation's economy doesn't seem good.
국가 경제의 전망은 좋지 않아 보인다.

It is interesting to see the difference of **outlook** with the social network.
소셜네트워크에 대한 관점의 차이점을 보는 것은 흥미롭다.

---

027 ⭐

subjective

| adj | 주관적인 | ⑪ objective 객관적인 |

ex Non-scientific approaches to reality may become labelled as merely **subjective**.
현실에 대한 비과학적인 접근은 단지 주관적인 것으로 표시될 수 있다.

---

028 ⭐

tremendously

| adv | 엄청나게 |

ex While this was **tremendously** powerful, it limited the complexity of the ideas.
이것은 엄청나게 강력했지만, 아이디어의 복잡성을 제한했다.

---

029 ⭐

undesirable

| adj | 원하지 않는, 바람직하지 않은 |

ex The drug shows some **undesirable** side effects during the clinical trials.
그 약은 임상 시험 중에 바람직하지 않은 부작용을 보인다.

Your decision might cause an **undesirable** result.
너의 결정은 원하지 않는 결과를 야기할 수 있다.

---

030 ⭐

visualize

| v | 마음속에 그려보다 | 참고 visualization 시각화 |

ex **Visualize** following the path of an ant as it moves.
개미가 움직이는 경로를 따라가는 것을 마음에 그려보아라.

His explanation was so detailed that I could easily **visualize** the place.
그의 설명은 아주 상세해서 나는 쉽게 그 장소를 마음 속에 그려볼 수 있었다.

Practice

 1. 다음 단어들을 올바르게 연결하세요.

(1) **paperwork** •	• (a) 엄청나게
(2) **criticize** •	• (b) 극찬하다
(3) **rave** •	• (c) 목장
(4) **tremendously** •	• (d) 서류작업
(5) **legally** •	• (e) 대표, 대리인
(6) **ranch** •	• (f) 비판하다
(7) **representative** •	• (g) 합법적으로
(8) **inadequate** •	• (h) 불충분한

 2. 다음 영어 뜻에 맞게 알맞은 단어를 보기에서 찾아 쓰세요.

hypothesis	obsolete	stun	hostile

(1) no longer in use

(2) of or relating to an enemy

(3) a proposal intended to explain certain facts or observations

(4) to make senseless, groggy, or dizzy

SELF TEST

01	encounter		16		구식의
02		적대적인	17	inadequate	
03	drag		18		후원하다
04		서류 작업	19	legally	
05	burner		20		극찬하다
06		목장	21	independently	
07	dryer		22		관점, 전망
08		만족	23	liver	
09	honestly		24		주관적인
10		색소	25	mean	
11	insufficient		26		엄청나게
12		기절시키다	27	criticize	
13	guesthouse		28		바람직하지 않은
14		참견하기 좋아하는	29	representative	
15	hypothesis		30		마음속에 그려보다

DAY 58

n	lumberjack		n	myth		v	renew
n	pub		adv	naturally		n	punishment
v	shave		adj	malignant		n	lineage
n	insight		n	lorry		adj	meaningless
n	mutant		v	achieve		n	emergency
n	eruption		adj	tangible		n	swap
adj	worthy		n	stratus		n	reliever
adj	sarcastic		n	tempo		v	resolve
adj	shabby		adv	upstream		adj	sustainable
n	rote		n	rendering		adj	thorough

DAY 58

| 001 | ⭐⭐⭐⭐⭐ | **n** 벌목꾼 | 참고 **lumber** 목재 |

lumberjack

> **ex** Contestants in the **lumberjack** championship show their ability to saw and chop.
> 벌목꾼 대회의 참가자들은 톱질하고 도끼로 내려치는 능력을 보여준다.

| 002 | ⭐⭐⭐⭐⭐ | **n** 신화, 근거 없는 믿음 |

myth

> **ex** Another **myth** is that humans have the same number of taste buds.
> 또 다른 미신은 인간이 같은 수의 미뢰를 가지고 있다는 것이다.
>
> According to **myth**, old elephants travel to the elephant graveyard to die.
> 신화에 따르면, 늙은 코끼리들은 죽기 위해 코끼리 묘지로 이동한다고 한다.

| 003 | ⭐⭐⭐⭐⭐ | **v** 재개하다, 갱신하다 |

renew

> **ex** Be sure to have your library card on hand when you call to **renew**.
> 갱신하려고 전화할 때 도서관 카드를 소지하고 있어야 한다.
>
> Did you forget to **renew** the subscription?
> 구독을 갱신하는 것 잊었니?

| 004 | ⭐⭐⭐⭐⭐ | **n** 펍 (술, 음료, 음식 등을 파는 대중적인 술집) | 참고 **pub** =public house |

pub

> **ex** Hot wings are only 25 cents each at Izzie's **Pub**.
> 이지스 펍에서는 핫윙이 개당 25센트밖에 안된다.
>
> There will be many people in the **pub** because it's Friday night!
> 금요일 밤이라 펍에 사람이 많을거야!

| 005 | ⭐⭐⭐⭐⭐ | **adv** 자연스럽게, 저절로 |

naturally

> **ex** **Naturally**, people should be driven to forget undesirable events.
> 저절로, 사람들은 바람직하지 않은 사건들을 잊도록 이끌어진다.
>
> The hides are dyed **naturally** in deep pits with vegetable coloring.
> 가죽은 깊은 구덩이에서 식물성 색소로 자연적으로 염색된다.

| 006 | ⭐⭐⭐⭐⭐ | **n** 처벌 |

punishment

> **ex** Should Cinderella's step-mother have the worst **punishment**?
> 신데렐라의 의붓어머니는 최악의 처벌을 받아야 하는가?
>
> If you cheat on your assignments, your **punishment** will be swift.
> 만약 당신이 과제를 베낀다면, 당신은 신속한 처벌을 받을 것이다.

007

shave

| v | **면도하다** |

ex | Why did the man **shave** his beard?
남자는 왜 수염을 밀었는가?

To show support for him, the players **shaved** their head, too.
그를 응원하기 위해, 선수들도 머리를 밀었다.

008

malignant

| adj | **악성의** |

⑫ **benign** 양성의

ex | He is suffering from a **malignant** lung tumor.
그는 악성 폐종양을 앓고 있다

She is diagnosed with a **malignant** tumor in her breast.
그녀는 가슴에 악성 종양이 있다는 진단을 받았다.

009

lineage

| n | **혈통, 가계** |

⑪ **ancestry** 혈통

ex | Egyptologists were left mystified regarding the **lineage** of the pharaohs.
이집트학자들은 파라오의 혈통에 대해 혼란스러운 채로 남겨졌다.

They have always been proud of their **lineage**.
그들은 그들의 혈통에 언제나 자랑스러워 했다.

010

insight

| n | **통찰력** |

ex | These **insights** have helped fill in some of the blanks of the record.
이러한 통찰력은 기록의 빈 칸을 채우는 데 도움이 되었다.

This **insight** was famously captured by his most famous phrase.
이 통찰력은 그의 가장 유명한 구절에 의해 담아내진 것으로 유명하다.

011

lorry

| n | **대형트럭[화물차]** |

ex | Give way to the tomato trucks and **lorries**.
토마토 트럭과 화물차에 길을 양보해라.

My uncle drives a **lorry** for a living.
나의 삼촌은 직업으로 대형트럭을 운전하신다.

---

012 ★★★

meaningless

| adj | **의미 없는** |

ex | Statements that cannot possibly be proven are **meaningless** as far as science is concerned.
과학에 관한 한 입증할 수 없는 진술은 무의미하다.

DAY 58

⭐ 표시는 출제 빈도를 나타냅니다.

---

013 ⭐⭐⭐

mutant

 n 돌연변이체　**adj** 돌연변이의

ex This **mutant** had oranges without seeds.
이 돌연변이는 씨앗이 없는 오렌지를 가지고 있었다.

The **mutant** mice displayed very subtle differences from wild rats.
돌연변이 쥐는 야생 들쥐들과 아주 미묘한 차이를 보인다.

---

014 ⭐⭐

achieve

v 달성하다

ex They also can't use a trap to **achieve** their goal, and have to use a spear instead.
그들은 또한 목표를 달성하기 위해 덫을 사용할 수 없고, 대신 창을 사용해야 한다.

---

015 ⭐⭐

emergency

n 비상　　　　　　　　　　　　참고 **emergence** 출현, 발생, 탈출

ex We interrupt our regular programming for an **emergency** announcement.
비상 발표를 위해 정규 프로그램을 중단한다.

My parents were worried and bought a new **emergency** kit.
우리 부모님은 걱정이 되어서 새 비상 키트를 사셨다.

---

016 ⭐⭐

eruption

n 분출, 폭발　　　　　　　　　　　참고 **erosion** 침식

ex A volcano **eruption** can cause damage to animals and plants.
화산 폭발은 동물과 식물에게 피해를 줄 수 있다.

There was so much dust in the air all over the world after that **eruption**.
그 폭발 이후 전 세계의 공기에는 먼지가 너무 많았다.

---

017 ⭐⭐

tangible

adj 실재하는, 유형의

ex The projects completed under the pharaoh left behind a vast record of **tangible** symbols of the self-lauding archetype.
파라오 밑에서 완성한 프로젝트들은 자화자찬의 전형인 방대한 유형적 상징물 기록을 남겼다.

---

018 ⭐⭐

swap

n 교체　**v** 바꾸다　　　　　　　　참고 **swab** 면봉, 표본

ex Men and women actors gender-**swapped** for some Shakespearean roles.
남녀 배우가 셰익스피어 역을 위해 성별을 바꿨다.

A weak legal framework regarding player **swaps** is a problem.
선수 교체와 관련한 취약한 법적 틀이 문제다.

019 ⭐

worthy

`adj` **가치있는 / ..을 받을 만한**

`ex` Would you like to make a donation to a **worthy** cause?
당신은 가치 있는 일에 기부하고 싶은가?

They didn't feel **worthy** of the award.
그들은 그 상을 가치있게 느끼지 않았다.

---

020 ⭐

stratus

`n` **층운**

`ex` **Stratus** clouds are named as such because they look flat.
층운 구름은 평평해 보이기 때문에 그렇게 이름 붙여졌다.

Stratus clouds can be seen on misty, gray days.
층운 구름은 안개 낀 날이나 회색빛 날에 볼 수 있다.

---

021 ⭐

reliever

`n` **완화 장치**

`ex` Coloring books are a great stress **reliever**.
컬러링북은 좋은 스트레스 완화 장치이다.

Sedatives can work as a pain **reliever**.
진정제는 진통제로도 쓰일 수 있다.

---

022 ⭐

sarcastic

`adj` **빈정대는, 비꼬는**

`ex` His **sarcastic** tone made me even angrier.
그의 빈정대는 말투가 나를 더 화나게 했다.

"Stop being **sarcastic**.", his dad said angrily.
"비꼬지 마." 그의 아버지가 화를 내며 말했다.

---

023 ⭐

tempo

`n` **박자, 템포**   참고 **temporal** 시간의

`ex` I think the **tempo** has slowed by around 5 seconds.
박자가 5초 정도 느려진 것 같아.

Keep tapping on your lap to keep the right **tempo**.
맞는 박자를 유지하기 위해 무릎을 계속해서 쳐라.

---

024 ⭐

resolve

`v` **해결하다**

`ex` Most studies show that children who like to have a conversation are less likely than others to **resolve** conflicts through violence.
대부분의 연구는 대화를 하는 아이들이 폭력을 통해 갈등을 해결할 가능성이 다른 아이들보다 낮다는 것을 보여준다.

DAY 58

⭐ 표시는 출제 빈도를 나타냅니다.

---

025 ⭐

shabby

| adj | 허름한 | 徻 scruffy 꾀죄죄한 |

ex Isn't your outfit a bit **shabby**?
옷이 좀 허름해 보이지 않니?

None of our members wanted to go into the **shabby** building.
우리 회원들 중 누구도 그 허름한 건물에 들어가고 싶어하지 않았다.

---

026 ⭐

upstream

| adv | 상류로 |

ex Hundreds of fish tails were flashing and catching light from the sun, moving **upstream**.
수백 마리의 물고기 꼬리가 번쩍이며 태양으로부터 빛을 받아 상류로 이동하고 있었다.

---

027 ⭐

sustainable

| adj | 지속 가능한 |

ex We should strive for an environmentally **sustainable** society.
우리는 환경 측면에서 지속가능한 사회를 위해 노력해야 한다.

Scientists put a lot of effort into finding **sustainable** energy.
과학자들은 지속 가능한 에너지를 찾기 위해 많은 노력을 한다.

---

028 ⭐

rote

| n | 암기 | 참고 **by rote** 기계적으로, 외워서 |

ex Some schools and workplaces emphasize a stable, **rote**-learned database.
일부 학교와 작업장은 안정적인 암기식 데이터베이스를 강조한다.

---

029 ⭐

rendering

| n | 연주[연기], 번역 | 참고 **render** 만들다, 하다 |

ex The audience was impressed by his dramatic **rendering** of the king.
관중은 그의 극적인 왕 연기에 감명을 받았다.

His piano **rendering** was outstanding.
그의 피아노 연주는 훌륭했다.

---

030 ⭐

thorough

| adj | 빈틈없는, 철저한 | 참고 **through** ..을 통해 |

ex He had a **thorough** knowledge of that subject.
그는 그 주제에 대해 빈틈없는 지식을 가지고 있었다.

A **thorough** investigation was carried out to catch the criminal.
범인을 잡기 위해 철저한 조사가 이루어졌다.

Practice

   1. 다음 단어들을 올바르게 연결하세요.

(1) **upstream**   •   •   (a) 해결하다

(2) **stratus**   •   •   (b) 의미 없는

(3) **worthy**   •   •   (c) 폭발, 분출

(4) **eruption**   •   •   (d) 가치 있는

(5) **shabby**   •   •   (e) 상류로

(6) **mutant**   •   •   (f) 층운

(7) **resolve**   •   •   (g) 허름한

(8) **meaningless**   •   •   (h) 돌연변이체

   2. 우리말 뜻에 맞게 괄호에 알맞은 단어를 찾아 O표 하세요.

(1) **She is diagnosed with a (** benign / malignant **) tumor in her breast.**
그녀는 가슴에 악성 종양이 있다는 진단을 받았다.

(2) **We interrupt our regular programming for an (** emergency / emergence **) announcement.**
비상 발표를 위해 정규 프로그램을 중단한다.

(3) **A weak legal framework regarding player (** swabs / swaps **) is a problem.**
선수 교체와 관련한 취약한 법적 틀이 문제다.

(4) **(** Thorough / Through **) investigation was carried out to catch the criminal.**
범인을 잡기 위해 철저한 조사가 이루어졌다.

SELF TEST

01	lumberjack		16		박자, 템포
02		폭발, 분출	17	lineage	
03	myth		18		해결하다
04		실재하는, 유형의	19	insight	
05	renew		20		허름한
06		교체, 바꾸다	21	lorry	
07	pub		22		상류로
08		가치있는	23	meaningless	
09	naturally		24		지속 가능한
10		층운	25	mutant	
11	punishment		26		암기
12		완화장치	27	achieve	
13	shave		28		연주[연기]
14		빈정대는, 비꼬는	29	emergency	
15	malignant		30		빈틈없는, 철저한

DAY 59

v	supervise	n	pickup	n	rotation
n	pendulum	v	sustain	adj	vertical
v	weaken	n	machinery	adv	incredibly
n	organizer	v	negotiate	n	packet
adj	reliable	adj	artificial	v	exercise
v	frustrate	v	wrestle	adj	upward
n	trial	v	revoke	adj	sensory
n	relativity	v	postpone	adv	temporarily
adj	undead	adj	vacant	v	utilize
n	analysis	v	venture	v	avenge

⭐ 표시는 출제 빈도를 나타냅니다.

---

001 ⭐⭐⭐⭐⭐

supervise

v 감독하다

ex Students left alone in a classroom will cheat at a higher rate than those being **supervised** by a teacher.
교실에 혼자 남겨진 학생들은 교사의 감독을 받는 학생들보다 더 높은 비율로 부정행위를 할 것이다.

---

002 ⭐⭐⭐⭐⭐

pickup

n 찾으러 감, 픽업

ex How many items can individuals leave on their curb for free **pickup** over two weeks?
개인이 2주 동안 무료 픽업을 위해 연석에 얼마나 많은 물품들을 둘 수 있는가?

---

003 ⭐⭐⭐⭐⭐

rotation

n 회전

ex It is a circulation of the **rotation** between A and B.
그것은 A와 B의 회전의 순환이다.

In fact, they refer to the **rotations** per minute (RPM) of the record.
사실, 그것들은 기록의 분당 회전수(RPM)를 가리킨다.

---

004 ⭐⭐⭐⭐⭐

pendulum

n 추

ex The compass, **pendulum** and microscope are all Galileo's ideas.
나침반, 추, 현미경은 모두 갈릴레오의 아이디어이다.

A young girl is using a **pendulum** and pretending it is a magic tool.
한 어린 소녀가 추를 사용하면서 그것이 마술도구인 척하고 있다.

---

005 ⭐⭐⭐⭐⭐

sustain

v 지속시키다   참고 sustainable 지속가능한

ex We simply text our messages and that's how we **sustain** our relationships.
우리는 단지 문자 메시지를 보내고 그것이 우리의 관계를 지속시키는 방법이다.

They are urging a shift to **sustainable** human behaviour for nature.
그들은 자연을 위한 지속 가능한 인간 행동으로의 전환을 촉구하고 있다.

---

006 ⭐⭐⭐⭐⭐

vertical

adj 수직의   반 horizontal 수평의

ex They use an ax to chop down a **vertical** standing log.
그들은 도끼를 사용하여 수직으로 서있는 통나무를 자른다.

The dotted **vertical** line was printed on the paper.
점으로 된 수직 선이 종이 위에 인쇄되었다.

007 ★★★★★

weaken

v 약화시키다

ex Taboos can also **weaken** or become stronger within a society.
금기는 또한 사회 내에서 약화되거나 더 강해질 수 있다.

Vaccines work by giving you a **weakened** form of a virus.
백신은 당신에게 약화된 형태의 바이러스를 줌으로써 작용한다.

---

008 ★★★

machinery

n 기계

ex The early cotton masters wanted to keep their **machinery** running as long as possible.
초기의 목화 농장주들은 가능한 한 그들의 기계를 오래 작동시키기를 원했다.

---

009 ★★★

incredibly

adv 믿을 수 없을 정도로 　　　　　　　　　⊕ **unbelievably** 엄청나게

ex I think this vacuum is **incredibly** efficient.
나는 이 진공청소기가 믿을 수 없을 정도로 효율적이라고 생각한다.

I don't understand how you can focus in an **incredibly** noisy environment!
너가 어떻게 믿을 수 없을 정도로 시끄러운 환경에서 집중할 수 있는지 이해할 수 없다!

---

010 ★★★

organizer

n 조직자, 주최자

ex Competitors perform a 60-second song chosen by the contest **organizers**.
참가자들은 대회 주최자가 선정한 60초짜리 노래를 공연한다.

Lorz told the **organizers** that he accepted the gold medal as a joke.
Lorz는 주최자측에 금메달을 장난으로 받아들였다고 말했다.

---

011 ★★★

negotiate

v 협상하다

ex We still have to **negotiate** the terms of the contract.
우리는 여전히 계약 조건을 협상해야 한다.

Our company wants to **negotiate** the price again.
우리 회사는 가격을 다시 협상하기를 원한다.

---

012 ★★★

packet

n 소포, 꾸러미 　　　　　　　　　　참고 **package** 상자

ex Your application **packet** should include: application form and resume.
당신의 지원서 꾸러미에 반드시 지원서와 이력서가 포함되어야 한다.

Get a few **packets** of taco seasoning.
타코 양념 몇 꾸러미 사와.

DAY 59

⭐ 표시는 출제 빈도를 나타냅니다.

---

013 ⭐⭐⭐

reliable

adj 믿을 수 있는

참고 **reliant** 의존하는

ex **Reliable** transportation is a must.
신뢰할 수 있는 교통수단은 필수이다.

Fortunately, we've developed faster and more **reliable** delivery systems.
다행히도, 우리는 더 빠르고 더 믿을 수 있는 배송 시스템을 개발했다.

---

014 ⭐⭐⭐

artificial

adj 인공의

ex By using certain methods, they can manufacture **artificial** diamonds.
특정한 방법을 사용함으로써, 그들은 인공 다이아몬드를 제조할 수 있다.

The use of **artificial** intelligence is prevalent these days.
요즘 인공지능의 사용은 널리 퍼져있다.

---

015 ⭐⭐⭐

exercise

n 운동　**v** 운동하다, 발휘하다

ex Make sure to avoid strenuous **exercise** after blood donation.
헌혈 후에는 격렬한 운동을 피하도록 해라.

You should **exercise** on a regular basis.
당신은 규칙적으로 운동을 해야 한다.

---

016 ⭐⭐⭐

frustrate

v 좌절감을 주다

참고 **fascinate** 마음을 사로잡다

ex The painter became **frustrated** and yelled, "Take this tape back to those Scotch bosses."
그 화가는 불만스러워하며 소리쳤다. "이 테이프를 저 스코틀랜드 사장들에게 돌려주게."

---

017 ⭐⭐

wrestle

v 레슬링을 하다, 몸싸움을 벌이다

ex We were both injured while **wrestling**.
우리는 레슬링을 하다가 둘다 부상을 입었다.

He **wrestled** a 65 kg fish out of the river at this year's fishing festival.
그는 올해 낚시 축제에서 65kg의 물고기와 강에서 씨름을 했다.

---

018 ⭐⭐

upward

adj 위쪽을 향한

ex Most economists expected the **upward** movement of property prices.
대부분의 경제학자들은 부동산 가격 상승을 예상했다.

Columns are the supporting structures that go **upward**.
기둥은 위쪽을 향하는 지지 구조물이다.

019 ★★

trial

| n | **시험, 재판** | 참고 **trial and error** 시행착오 |

ex Try out all of our features with a free 30-day **trial**!
30일 무료 체험판을 통해 모든 기능을 사용해 보아라!

He was finally found innocent in the second **trial**.
그는 두 번째 재판에서 드디어 무죄로 판명되었다..

---

020 ★★

revoke

| v | **철회[취소]하다** | 참고 **invoke** 들먹이다 |

ex If they drive under the influence again, their driver's license will be **revoked**.
만약 그들이 다시 음주운전을 한다면, 그들의 운전 면허는 취소될 것이다.

---

021 ★

sensory

| adj | **감각의** | 참고 **sensible** 분별 있는 |

ex By allowing the fingers to move, you've added time to the **sensory** perception of touch.
손가락이 움직일 수 있게 함으로써 당신은 촉각의 지각에 시간을 더했다.

---

022 ★

relativity

| n | **상대성** |

ex The speed of the light is the basis of the theory of **relativity**.
빛의 속도는 상대성 이론의 기초이다.

It affirmed the **relativity** of good and evil.
그것은 선과 악의 상대성을 단언했다.

---

023 ★

postpone

| v | **연기하다** |

ex I will have to **postpone** my meeting until the afternoon.
오후까지 회의를 연기해야 할 것 같다.

We ultimately decided to **postpone** the trip.
우리는 결국 여행을 연기하기로 결정했다.

---

024 ★

temporarily

| adv | **일시적으로, 임시로** | 반 **permanently** 영구히 |

ex Line number 2 **temporarily** has fewer trains.
2호선은 일시적으로 열차가 더 적다.

This entrance is **temporarily** closed for construction.
이 입구는 공사 때문에 일시적으로 폐쇄되었다.

☆ 표시는 출제 빈도를 나타냅니다.

---

025 ☆

undead

adj **죽지 않은**

ex The search party was looking for any **undead** animals after a huge landslide.
수색대는 큰 산사태 후 죽지 않은 동물들을 찾고 있었다.

---

026 ☆

vacant

adj **비어 있는**   반 **occupied** 사용중인

ex This room is **vacant**, so you can use it as a place for the conference.
이 방은 비어 있으니 회의에 이용하면 된다.

Why are there so many **vacant** seats?
왜 비어 있는 자리가 많니?

---

027 ☆

utilize

v **활용하다**

ex Australians **utilized** camels to transfer mail across vast deserts.
호주인들은 낙타를 이용하여 광대한 사막을 가로질러 우편물을 배달했다.

Horses were frequently **utilized** in the delivery of letters and messages.
말들은 편지와 메시지 전달에 자주 이용되었다.

---

028 ☆

analysis

n **분석**

ex Closer **analysis** of scientific discoveries led historians to figure out the dates of discoveries precisely.
과학적인 발견에 대한 더 면밀한 분석은 역사가들이 발견의 날짜를 정확하게 알아내도록 이끌었다.

---

029 ☆

venture

v **감히.. 하다**   n **벤처, 모험**

ex Nothing **ventured**, nothing gained.
모험하지 않으면 얻는 것도 없다.

The story is based on the real **venture** of Tom Brenton.
그 이야기는 Tom Brenton의 실제 모험을 기반으로 했다.

---

030 ☆

avenge

v **복수하다**

ex As an attempt to **avenge** his family, he trained himself harshly.
그의 가족의 복수에 대한 시도로, 그는 혹독하게 훈련했다.

It is not a good idea to spend time to **avenge** the past event.
과거의 일을 복수하는데 시간을 보내는 것은 좋은 생각이 아니다.

Practice

 1. 다음 단어들을 올바르게 연결하세요.

(1) **upward** •

(2) **sensory** •

(3) **trial** •

(4) **frustrate** •

(5) **reliable** •

(6) **analysis** •

(7) **venture** •

(8) **vacant** •

• (a) 감히..하다

• (b) 분석

• (c) 비어 있는

• (d) 감각의

• (e) 시험, 재판

• (f) 위쪽을 향한

• (g) 좌절감을 주다

• (h) 믿을 수 있는

 2. 우리말 뜻에 맞게 빈칸에 알맞은 단어를 보기에서 찾아 쓰세요.

postpone	pendulum	utilized	organizers

(1) **Horses were frequently _____ in delivery of letters and messages.**

말들은 편지와 메시지 전달에 자주 이용되었다.

(2) **A young girl is using a _____ and pretending it is a magic tool.**

한 어린 소녀가 추를 사용하면서 그것이 마술도구인 척하고 있다.

(3) **We ultimately decided to _____ the trip.**

우리는 결국 여행을 연기하기로 결정했다.

(4) **Competitors perform a 60-second song chosen by the contest _____ .**

참가자들은 대회 주최자가 선정한 60초짜리 노래를 공연한다.

SELF TEST

01	supervise		16		상대성
02		좌절감을 주다	17	incredibly	
03	pickup		18		연기하다
04		레슬링을 하다	19	organizer	
05	rotation		20		일시적으로
06		위쪽을 향한	21	negotiate	
07	pendulum		22		죽지 않은
08		시험, 재판	23	packet	
09	sustain		24		비어 있는
10		복수하다	25	reliable	
11	vertical		26		활용하다
12		철회[취소]하다	27	artificial	
13	weaken		28		분석
14		감각의	29	exercise	
15	machinery		30		모험, 감히 ..하다

DAY 60

색상으로 8품사 구분하기

n	명사	noun	pron	대명사	pronoun
v	동사	verb	adj	형용사	adjective
adv	부사	adverb	conj	접속사	conjunction
prep	전치사	preposition	int	감탄사	interjection

n parenting	v retrieve	pron somebody
n thunderstorm	n placement	pron whoever
adj acrylic	n peninsula	n strain
v sanitize	adv relatively	v soar
adj unavailable	v explain	v cancel
v adopt	n ritual	n scone
v overeat	adj populous	n seminar
v transcribe	n suffragette	v underestimate
adj vulnerable	n alumni	n commentary
adv beforehand	n defendant	v commence

⭐ 표시는 **출제 빈도**를 나타냅니다.

---

001 ⭐⭐⭐⭐⭐

parenting

> n **육아**
>
> ex Mitch thinks **parenting** his twins is difficult.
> Mitch는 그의 쌍둥이를 양육하는 것이 어렵다고 생각한다.
>
> This style of **parenting** seems so cruel to many Korean mothers.
> 이러한 양육 방식은 많은 한국 엄마들에게 잔혹하게 보인다.

---

002 ⭐⭐⭐⭐⭐

retrieve

> v **되찾아오다**   ㈌ **redeem** 되찾다
>
> ex They will **retrieve** their car at 11:57 AM.
> 그들은 오전 11시 57분에 차를 회수할 것이다.
>
> I've trained my dog to **retrieve** the bone whenever I throw it.
> 나는 내가 뼈를 던질때마다 개가 그것을 되찾아오도록 훈련시켰다.

---

003 ⭐⭐⭐⭐⭐

somebody

> pron **어떤 사람**
>
> ex I spent hours on this homework, but **somebody** spilled the ink all over it.
> 나는 이 숙제를 몇 시간이나 했는데, 어떤 사람이 잉크를 온통 엎질렀다.
>
> I can see **somebody** is at the door.
> 누군가 문 앞에 있는 것이 보인다.

---

004 ⭐⭐⭐⭐⭐

thunderstorm

> n **뇌우**
>
> ex Green **thunderstorms** are rare, so they are rarely found by scientists.
> 녹색 뇌우는 드물기 때문에 과학자들에 의해 거의 발견되지 않는다.
>
> The **thunderstorms** sucked up grasshoppers and frogs into the clouds.
> 뇌우는 메뚜기와 개구리를 구름 속으로 빨아들였다.

---

005 ⭐⭐⭐⭐⭐

placement

> n **놓기, 설치**   참고 **placement test** 배치 고사
>
> ex **Placement** exams are available on campus for three languages.
> 배치 시험은 캠퍼스에서 3개 국어로 볼 수 있다.
>
> Take a swimming **placement** test or sign up for beginner's swimming classes.
> 수영 배치 시험을 치르거나 초보자 수영 수업에 등록해라.

---

006 ⭐⭐⭐⭐⭐

whoever

> pron **누구든 ...하는 사람**
>
> ex But I'll choose **whoever** makes the most practical policies for low-income families.
> 하지만 저소득층을 위한 가장 실용적인 정책을 만드는 사람을 선택할 거야.

007 ★★★★★

acrylic

adj 아크릴로 만든

ex This whole time I thought this **acrylic** window was a glass.
지금까지 나는 이 아크릴 창문이 유리인줄 알았다.

Then he paints his pictures with special **acrylic** paint.
그리고 나서 그는 특별한 아크릴 물감으로 그의 그림을 그린다.

---

008 ★★★★☆

peninsula

n 반도

ex He turned the island into a **peninsula** one rock at a time.
그는 그 섬을 한 번에 한 바위씩 반도로 만들었다.

Korea **peninsula** is well-known for its geopolitical advantages.
한반도는 지정학적 이점으로 잘 알려져 있다.

---

009 ★★★★☆

strain

n 부담, 압박   참고 **stain** 얼룩

ex Taking measures to reduce eye **strain** can help.
눈의 피로를 줄이기 위한 조치를 취하는 것이 도움이 될 수 있다.

Gift-giving traditions put lots of **strain** on other family members.
선물을 주는 전통은 다른 가족 구성원들에게 많은 부담을 준다.

---

010 ★★★★☆

sanitize

v 살균하다

ex The soap **sanitizes** your hands.
그 비누는 당신의 손을 소독한다.

The room has been cleaned and **sanitized**.
그 방은 청소되고 살균되었다.

---

011 ★★★☆☆

relatively

adv 비교적   참고 **relative** 상대적인, 친척

ex Because dogs live in groups, they can be trained to follow commands **relatively** easily.
개들은 무리지어 살기 때문에 비교적 쉽게 명령을 따르도록 훈련 받을 수 있다.

---

012 ★★★☆☆

soar

v 급증하다   반 **plunge** 급락하다

ex Are interest rates still **soaring**, or have they stabilized?
금리가 여전히 급증하고 있는가, 아니면 안정되었는가?

The price of vegetables has really **soared**.
야채 가격이 정말 급등했다.

⭐ 표시는 출제 빈도를 나타냅니다.

---

013 ★ ★ ★

unavailable

adj 손에 넣을 수 없는, 만날 수 없는

ex Dr. Hillyard's course is **unavailable** for registration.
Hillyard 교수의 강좌는 수강신청이 불가능하다.

Billy is **unavailable** now because he is on a vacation.
빌리는 지금 휴가중이어서 만날 수 없다.

---

014 ★ ★ ★

explain

v 설명하다

ex This can be **explained** by several factors.
이것은 몇 가지 요인에 의해 설명될 수 있다.

A great teacher can clearly **explain** even the hardest ideas to students.
좋은 선생님은 학생들에게 가장 어려운 생각까지도 분명하게 설명할 수 있다.

---

015 ★ ★ ★

cancel

v 취소하다

ex Why has the dolphin show been **canceled**?
돌고래 쇼는 왜 취소되었는가?

Today's game has been **canceled** due to heavy rain.
오늘 경기는 폭우로 취소되었다.

---

016 ★ ★ ★

adopt

v 채택하다, 입양하다   참고 **adapt** 맞추다, 조정하다

ex The first two months were added when **adopting** the modern calendar we use today.
처음 두 달은 오늘날 우리가 사용하는 현대 달력을 채택할 때 더해졌다.

---

017 ★ ★

ritual

n 의식 절차, 의례   유 **rite** 의식[의례]

ex There are many important **rituals** during the Ramadan.
라마단 기간에는 많은 중요한 의식들이 있다.

You're about to see an ancient **ritual** from Mesoamerica.
메소아메리카에서 온 고대의 의식을 볼 수 있을 것이다.

---

018 ★ ★

scone

n 스콘   참고 **scorn** 경멸하다, 멸시

ex The concept is applicable to individual processes and products such as making a **scone**.
이 개념은 스콘 제작과 같은 개별 프로세스 및 제품에 적용할 수 있다.

019 ⭐⭐

overeat

(v) **과식하다**

참고 **overrate** 과대평가하다

(ex) We shouldn't have **overeaten**.
너무 많이 먹지 말았어야 했어.

Both of us **overate**, so let's exercise.
우리 둘 다 너무 많이 먹었으니까 운동하자.

---

020 ⭐⭐

populous

(adj) **인구가 많은**

(ex) The city has grown to a bustling metropolis, making it the most **populous** city of East Africa.
이 도시는 번화한 대도시로 성장하여 동아프리카에서 가장 인구가 많은 도시가 되었다.

---

021 ⭐⭐

seminar

(n) **토론식 수업, 세미나**

(ex) I don't feel confident about doing the presentation at the **seminar**.
나는 토론식 수업에서 발표하는 것에 자신이 없다.

The workshop will be held in the **seminar** room.
워크숍은 세미나실에서 진행된다.

---

022 ⭐⭐

transcribe

(v) **바꾸다[옮기다], 기록하다**

참고 **transcript** 글로 옮긴 기록

(ex) All words that are said in court would be **transcribed** by clerks.
법정에서 말하는 모든 말은 서기에 의해 옮겨질 것이다.

In the past, the ability to **transcribe** was an important skill.
과거에는 기록하는 능력이 중요한 기술이었다.

---

023 ⭐⭐

suffragette

(n) **여성 참정권 운동가**

참고 **suffrage** 투표권, 참정권

(ex) The crucial factor in the success of the **suffragette** movement was that its supporters were consistent in their views.
여성 참정권 운동의 성공에 있어서 결정적인 요인은 지지자들이 그들의 견해에 일관성이 있다는 것이었다.

---

024 ⭐⭐

underestimate

(v) **과소평가하다**

(ex) Large numbers have been found to be **underestimated** in decisions unless they convey feelings.
많은 수가 감정을 전달하지 않는 한 결정에서 과소평가되는 것으로 밝혀졌다.

DAY 60

★ 표시는 출제 빈도를 나타냅니다.

---

025 ★

vulnerable

adj 취약한 ,연약한

ex A certain form of rubber is **vulnerable** to heat.
특정한 형태의 고무는 열에 취약하다.

The reindeer is **vulnerable** when being afloat.
순록은 물에 뜰 때 취약하다.

---

026 ★

alumni

n 졸업생들

참고 **alumnus** 남자 졸업생

ex We are inviting all current students and **alumni** to a party commemorating our half-century anniversary.
우리는 반세기 기념 파티에 재학생들과 졸업생들을 초대할 것이다.

---

027 ★

commentary

n 해설, 비판

ex I think it will be better to add some **commentary** for more explanation.
좀 더 자세한 설명을 위해 해석을 추가하는 것이 좋을 것 같다.

I read some harsh **commentary** on the new anthropology textbook.
나는 새 인류학 교과서에 대한 혹평을 읽었다.

---

028 ★

beforehand

adv 사전에

ex Here I have some that were made **beforehand**, so I'm going to put these into the oven.
여기 사전에 만들어진 것이 몇 개 있어서 이것들을 오븐에 넣을 것이다.

---

029 ★

defendant

n 피고

반 **plaintiff** 원고

ex The **defendant**, who was charged with misappropriating public funds for children, ended up going to jail.
아동 공금 유용 혐의로 기소된 피고인이 결국 감옥에 갔다.

---

030 ★

commence

v 시작되다

ex The parade will **commence** within 10 minutes.
퍼레이드는 10분 안에 시작될 것이다.

Wasn't the concert timed to **commence** at 4 PM?
콘서트가 오후 4시에 시작되기로 한 거 아니었니?

Practice

 1. 다음 단어들을 올바르게 연결하세요.

(1) **sanitize**   •   • (a) 뇌우

(2) **acrylic**   •   • (b) 피고

(3) **alumni**   •   • (c) 아크릴로 만든

(4) **seminar**   •   • (d) 부담, 압박

(5) **strain**   •   • (e) 살균하다

(6) **thunderstorm**   •   • (f) 토론식 수업

(7) **defendant**   •   • (g) 시작되다

(8) **commence**   •   • (h) 졸업생들

 2. 다음 영어 뜻에 맞게 알맞은 단어를 보기에서 찾아 쓰세요.

defendant	transcribe	relatively	vulnerable

(1) write out from speech, notes, etc.

(2) when compared to others that are similar

(3) open to attack or damage

(4) a person or institution against whom an action
is brought in a court of law

SELF TEST

01	parenting		16		여성 참정권 운동가
02		입양하다	17	strain	
03	retrieve		18		과소평가하다
04		의식 절차, 의례	19	sanitize	
05	somebody		20		취약한, 연약한
06		스콘	21	relatively	
07	thunderstorm		22		졸업생들
08		과식하다	23	soar	
09	placement		24		해설, 비판
10		인구가 많은	25	unavailable	
11	whoever		26		사전에
12		토론식 수업	27	explain	
13	acrylic		28		피고
14		기록하다	29	cancel	
15	peninsula		30		시작되다

TOSEL 실전문제 ❻

PART 8. General Reading Comprehension

DIRECTIONS: In this portion of the test, you will be provided with one longer reading passage. For the passage, complete the blanks in the passage summary using the words provided. Fill in your choices in the corresponding spaces on your answer sheet.

• TOSEL 70회 기출

1. Read the passage and answer the questions.

The first human into space was 27-year-old Soviet cosmonaut Yuri Gagarin. On April 12, 1961, he completed a 108-minute orbit around Earth. The flight mission was called Vostok 1. Dressed in a bright orange space suit and a red helmet, Gagarin achieved instant international fame. Interestingly, however, Gagarin never went into space again after Vostok 1. He trained in the backup crew for another spaceflight mission. However, that mission failed, ending with a crash that killed Gagarin's colleague. At this point, Gagarin was a national hero and a global celebrity. Soviet officials were too worried about Gagarin dying in a crash to allow him to face the dangers of spaceflight again. Instead, Gagarin became a pilot of regular aircraft.

Summary:

Yuri Gagarin was the first human in space. In 1961, he spent almost two hours in space on a flight mission. He achieved __[A]__ international fame but never went to space again. After a colleague's __[B]__ mission, Soviet officials refused to let Gagarin re-attempt spaceflight. Instead, Gagarin piloted regular aircraft.

1. Choose the most suitable word for blank [A], connecting the summary to the passage.

   (A) instant

   (B) populous

   (C) vulnerable

   (D) underestimated

2. Choose the most suitable word for blank [B], connecting the summary to the passage.

   (A) ritual

   (B) failed

   (C) acrylic

   (D) relative

CHAPTER 07

DAY 61

색상으로 8품사 구분하기

n	명사	noun	pron	대명사	pronoun
v	동사	verb	adj	형용사	adjective
adv	부사	adverb	conj	접속사	conjunction
prep	전치사	preposition	int	감탄사	interjection

adj	aerial	n	bin	n	coincidence
adj	affordable	v	devote	n	commission
v	bear	v	harden	n	expectation
n	perception	n	merger	adj	interactive
n	inmate	v	attach	n	knowledge
adj	anterior	adj	chargeable	adv	deliberately
n	bachelor	n	temperament	n	advent
v	brood	adj	dominant	adv	environmentally
n	botany	n	artistry	n	balm
n	cardio	adj	apologetic	adj	capricious

⭐ 표시는 출제 빈도를 나타냅니다.

---

001 ⭐⭐⭐⭐⭐

aerial

adj 항공기에 의한, 공중의, 대기의

ex After the World War II, airplanes were used for all **aerial** photos.
제2차 세계 대전 이후, 비행기는 모든 항공 사진에 사용되었다.

The video shows the principle of the **aerial** motion of the birds.
비디오는 새들의 공중 움직임의 원리를 보여준다.

---

002 ⭐⭐⭐⭐⭐

bin

n 쓰레기통

ex You can't put food in the recycling **bin**.
음식을 재활용 쓰레기통에 넣을 수 없다.

Waste collectors will note any bulky items near regular garbage **bins**.
폐기물 관리인들은 일반 쓰레기통 근처에 있는 어떤 부피가 큰 물건도 볼 수 있을 것이다.

---

003 ⭐⭐⭐⭐⭐

coincidence

n 우연의 일치, 동시 발생   참고 coincident 일치 하는

ex In our life, lots of **coincidences** happen around us.
우리의 삶에서, 많은 우연의 일치가 우리 주변에서 일어난다.

One of such **coincidences** happens in the movie Leon.
그런 우연들 중 하나는 영화 레옹에서 일어난다.

---

004 ⭐⭐⭐⭐⭐

affordable

adj 줄 수 있는, <가격이> 알맞은

ex I'm looking for something a bit more **affordable**.
좀 더 가격이 알맞은 것을 찾고 있다.

The color was different from what I expected, but it is **affordable**.
색상은 내가 기대했던 색상과 달랐지만 가격이 적당하다.

---

005 ⭐⭐⭐⭐⭐

devote

v 바치다, 헌신하다

ex He studied theology, and **devoted** himself to the Catholic Church.
그는 신학을 공부했고, 가톨릭 교회에 헌신했다.

He was a brilliant engineer who **devoted** his life to mechanical engineering.
그는 기계공학에 일생을 바친 뛰어난 기술자였다.

---

006 ⭐⭐⭐⭐⭐

commission

n 수수료   **v** 의뢰하다   참고 commit 저지르다

ex The bank charges 1% **commission** for currency exchange.
그 은행은 환전 수수료로 1%를 부과한다.

He has been **commissioned** to draw an abstract painting.
그는 추상화를 그리도록 의뢰받았다.

007	⭐⭐⭐⭐⭐

bear

v 참다, 지탱하다, 낳다 **n** 곰

ex Almond trees **bear** fruit every year.
아몬드 나무는 매년 열매를 맺는다.

One day, he went **bear** hunting and could not catch a single bear.
어느 날, 그는 곰 사냥을 갔고 단 한 마리의 곰도 잡을 수 없었다.

008	⭐⭐⭐⭐

harden

v 굳다 / 단호해지다 ㉠ **solidify** 굳히다

ex He spent several days waiting for his clays to be **hardened**.
그는 며칠 동안 그의 점토가 굳어지기를 기다렸다.

It is necessary to **harden** your heart to pain to survive in this job.
이 직업에서 살아남기 위해서는 고통에 대한 마음을 단단하게 해야한다.

009	⭐⭐⭐⭐

expectation

n 기대

ex My heart is beating fast with **expectation**.
기대감에 가슴이 두근거린다.

I'm so stressed about living up to my parents' **expectations**.
나는 부모님의 기대에 부응하는 것에 대해 너무 스트레스를 받는다.

010	⭐⭐⭐⭐

perception

n 인식, 감각 참고 **perspective** 관점

ex A leader alone will not realize long-term change in **perceptions**.
지도자만으로는 장기적인 인식의 변화를 깨닫지 못할 것이다.

A negative **perception** of smoking brought about social change.
흡연에 대한 부정적인 인식이 사회 변화를 가져왔다.

011	⭐⭐⭐

merger

n 합병

ex Rumors about an upcoming **merger** caused a conflict among workers.
곧 합병할 것이라는 소문이 노동자 사이에 갈등을 일으켰다.

One company suggested a business **merger** to us.
한 회사가 우리에게 사업 합병을 제안했다.

012	⭐⭐⭐

interactive

adj 상호적인

ex We created **interactive** workshops to introduce you to the world of ice cream.
우리는 여러분에게 아이스크림의 세계를 소개하기 위해 상호작용형 워크샵을 만들었다.

★ 표시는 출제 빈도를 나타냅니다.

---

013 ★★★

inmate

n 수감자, 재소자

ex It was a prison that was notorious for its harsh treatment of **inmates**.
그곳은 수감자들을 가혹하게 대하기로 악명이 높았던 감옥이었다.

One of the **inmates** suddenly screamed out of pain.
수감자들 중 한명이 갑자기 고통에 소리쳤다.

---

014 ★★★

attach

v 붙이다, 첨부하다

ex A pharmacist invented a way to **attach** medications to pigeons for delivery.
한 약사가 배달을 위해 비둘기에게 약을 부착하는 방법을 발명했다.

Attach the corners with two small nails in each end.
양쪽 끝에 두 개의 작은 못으로 모서리를 붙여라.

---

015 ★★★

knowledge

n 지식

ex Your **knowledge** develops your brain structure.
당신의 지식은 뇌구조를 발전시킨다.

Background **knowledge** in data analysis is preferred.
데이터분석에 대한 배경지식을 선호한다.

---

016 ★★

anterior

adj 앞쪽인, 앞의   ⊕ posterior 뒤의

ex The **anterior** part of its body is covered with scales.
그것의 몸의 앞부분은 비늘로 덮여있다.

She told me to go more **anterior**.
그녀는 나에게 앞쪽으로 더욱 나아가라고 말했다.

---

017 ★★

chargeable

adj 청구되는, 책망 / 견책 / 죄를 져야 할

ex Improper use of this pass is a **chargeable** offense under the National Transit Act.
이 출입증을 부적절하게 사용하는 것은 국가교통법에 따라 처벌되는 위반사항이다.

---

018 ★★

deliberately

adv 고의로   ⊕ intentionally 고의로

ex He approached her **deliberately**.
그는 고의적으로 그녀에게 접근했다.

He visited there **deliberately** to avoid criminal charges.
그는 범죄 혐의를 피하기 위해 고의적으로 그곳에 방문했다.

019 ★★	**bachelor**	n	학사 학위 소지자	참고 **master** 석사

ex A **bachelor**'s degree in biochemistry is required.
생화학 학사학위가 필요하다.

After having finished his **bachelor**'s degree, he decided to study further.
그는 학사학위를 마친 후 더 공부하기로 결심했다.

---

020 ★★	**temperament**	n	기질	참고 **temper** 성질

ex I would say he has a gentle **temperament**.
그가 온화한 기질을 가졌다고 말할 수 있다.

We should respect all the varieties in **temperament**.
우리는 기질의 모든 다양성을 존중해야 한다.

---

021 ★★	**advent**	n	도래, 출현

ex The **advent** of literacy strengthened the ability of complex ideas to spread.
글을 읽고 쓸 줄 아는 능력의 출현은 복잡한 생각이 확산될 수 있는 능력을 강화했다.

---

022 ★★	**brood**	v	되씹다, 품다

ex He has suggested an unlettered humanity "**broods** upon itself and its place in nature."
그는 문자 없는 인류에게 "자연 속의 자기 자신과 그 위치에 대해 되씹어보라"고 제안했다.

---

023 ★★	**dominant**	adj	우세한, 지배적인

ex Movies may be said to support the **dominant** culture and to serve as a means for its reproduction over time.
영화는 지배적인 문화를 지지하고 시간이 지남에 따라 그 문화의 재생산을 위한 수단이 된다고 말할 수 있다.

---

024 ★	**environmentally**	adv	환경적으로

ex The artificial milk is **environmentally** friendly and animal-free.
인공 우유는 환경 친화적이고 동물질이 사용되지 않았다.

Residents should behave in an **environmentally**-friendly way.
주민들은 환경 친화적인 방식으로 행동해야 한다.

DAY 61

표시는 출제 빈도를 나타냅니다.

025

botany

| n | 식물학 | 참고 **zoology** 동물학 |

ex These crossbred plants were created by the earlier scholars in **botany**.
이 교배종 식물들은 식물학의 초기 학자들에 의해 만들어졌다.

She loved to spend time finding unique plants so decided to study **botany**.
그녀는 독특한 식물들을 찾는 데에 시간을 보내는 것을 좋아했고 식물학을 공부하기로 했다.

026

artistry

| n | 예술가적 기교, 기술 |

ex Applicants must have a makeup **artistry** certificate.
지원자는 메이크업 기술 자격증이 있어야 합니다.

I've got inspiration from the **artistry** on the wall.
나는 이 벽의 예술가적 기교로부터 영감을 받았다.

027

balm

| n | 연고[크림] / 위안 |

ex Even if it gets a bit sore, there's nothing a little **balm** can't heal.
조금은 아파도, 작은 연고가 치료 할 수 없는 것은 없다.

Lip **balm** is a must for me during the winter time.
나에겐 겨울 동안엔 립밤이 필수다.

028

cardio

| n | 심장 강화 운동 | 참고 **cardio** = cardiovascular |

ex My workout schedule includes some weights and some **cardio**.
운동 스케줄에는 약간의 웨이트 트레이닝과 약간의 심장 강화 운동이 포함된다.

029

apologetic

| adj | 미안해하는, 사과하는 |

ex Leaders of nations are getting overly **apologetic**.
각국 지도자들이 지나치게 사과하고 있다.

She will accept your offer if you show an **apologetic** manner.
너가 사과하는 태도를 보이면 그녀가 너의 제안을 받아들일거야.

030

capricious

| adj | 변덕스러운 | 유 **fickle** 변덕스러운 |

ex Due to its **capricious** climate, not many lives can survive there.
그곳의 변덕스러운 기후 때문에, 많은 생명체들이 그곳에서 살아남지 못한다.

My boss's **capricious** decisions are driving me crazy.
나의 상사의 변덕스러운 결정들이 나를 미치게 만든다.

---

106   TOSEL Vocabulary Series

Practice

 1. 다음 단어들을 올바르게 연결하세요.

(1) **apologetic** •   • (a) 바치다, 헌신하다

(2) **environmentally** •   • (b) <가격이> 알맞은

(3) **advent** •   • (c) 기대

(4) **expectation** •   • (d) 합병

(5) **merger** •   • (e) 상호적인

(6) **interactive** •   • (f) 도래, 출현

(7) **affordable** •   • (g) 환경적으로

(8) **devote** •   • (h) 미안해하는

 2. 우리말 뜻에 맞게 괄호에 알맞은 단어를 찾아 O표 하세요.

(1) **A negative (perception / perspective) of smoking brought about social change.**
흡연에 대한 부정적인 인식이 사회 변화를 가져왔다.

(2) **He spent several days waiting for his clays to be (softened / hardened)**
그는 며칠 동안 그의 점토가 굳어지기를 기다렸다.

(3) **He has been (commissioned / committed) to draw an abstract painting.**
그는 추상화를 그리도록 의뢰받았다.

(4) **(Detach / Attach) the corners with two small nails in each end.**
양쪽 끝에 두 개의 작은 못으로 모서리를 붙여라.

SELF TEST

01	aerial		16		우세한, 지배적인
02		앞쪽인, 앞의	17	expectation	
03	bin		18		환경적으로
04		청구되는	19	perception	
05	coincidence		20		식물학
06		고의로	21	merger	
07	affordable		22		예술가적 기교
08		학사 학위 소지자	23	interactive	
09	devote		24		연고[크림], 위안
10		기질	25	inmate	
11	commission		26		심장 강화 운동
12		도래, 출현	27	attach	
13	bear		28		미안해하는
14		되씹다, 품다	29	knowledge	
15	harden		30		변덕스러운

DAY 62

adj	compact		n	brace		n	altitude
v	expire		n	dialogue		v	bloom
n	anatomy		adj	permanent		n	stereotype
adj	technical		adj	unnecessary		n	fundraising
v	enforce		n	stance		adj	disguised
v	predict		adv	evenly		adj	federal
adj	genomic		v	expose		adj	hefty
v	fragment		n	deforestation		n	effectiveness
adv	endlessly		adj	carefree		n	caretaker
n	bursary		v	debug		v	buzz

★ 표시는 출제 빈도를 나타냅니다.

---

001 ★★★★★

compact

adj **소형의, 조밀한**

ex Within the **compact** bone are many layers of cancellous bone.
치밀골 안에는 많은 해면골 층이 있다.

The **compact** size of this product makes it portable.
이 제품의 작은 크기는 휴대하기 용이하게 만들어준다.

---

002 ★★★★★

brace

n **치아 교정기 / 버팀대**

ex I'm actually wearing **braces**.
나 사실은 교정기를 하고 있어.

Life with **braces** is quite annoying.
치열 교정기가 있는 삶은 꽤 짜증난다.

---

003 ★★★★★

altitude

n **고도**   참고 **attitude** 태도

ex Its **altitude** is 86 meters above sea level.
그것의 고도는 해발 86미터이다.

It has a very low **altitude**.
그것은 매우 낮은 고도를 가지고 있다.

---

004 ★★★★★

expire

v **만료되다, 끝나다**

ex Mr. Zhang's membership has already **expired**.
Zhang씨의 회원권은 이미 만료되었다.

Your library membership will **expire** in 10 days.
네 도서관 회원권은 10일 후에 만료된다.

---

005 ★★★★★

dialogue

n **대화**

ex I don't like that novel because it contains too much **dialogue**.
나는 그 소설에 대화가 너무 많아서 좋아하지 않는다.

You should practice this **dialogue** many times.
당신은 이 대화를 여러 번 연습해야 한다.

---

006 ★★★★★

bloom

v **꽃을 피우다**   참고 **blossom** 꽃

ex Flowers begin to **bloom** in the spring.
꽃은 봄에 피기 시작한다.

Unfortunately, when it **blooms**, it gives off a bad smell.
불행히도, 그것이 필 때 그것은 나쁜 냄새를 풍긴다.

| 007 | ★★★★★ | **n** 해부학, 몸 | 참고 **physiology** 생리학 |

anatomy

ex Human **anatomy** and physiology vary, in small but significant ways.
인체 해부학과 생리학은 작지만 중요한 방식으로 다르다.

The starfish has an interesting **anatomy**.
불가사리는 흥미로운 몸 구조를 가지고 있다.

| 008 | ★★★★ | **adj** 영구적인 | 반 **temporary** 일시적인 |

permanent

ex Nothing is **permanent**, but still there are things that are worth betting your life on.
영구적인 것은 없지만, 삶을 걸만한 가치가 있는 것들은 있다.

| 009 | ★★★★ | **n** 고정관념 |

stereotype

ex Despite the **stereotypes**, I did think the cinematography was outstanding.
고정관념에도 불구하고, 나는 영화 촬영술이 뛰어나다고 생각했다.

First impression is actually one of the common **stereotypes**.
첫인상은 사실 흔한 고정관념들 중 하나이다.

| 010 | ★★★★ | **adj** 기술적인 |

technical

ex We are currently experiencing **technical** difficulties with our phone system.
우리는 현재 전화 시스템에 기술적인 문제를 겪고 있다.

This money would accelerate the rate of **technical** progress.
이 돈은 기술 진보의 속도를 가속화시킬 것이다.

| 011 | ★★★ | **adj** 불필요한 |

unnecessary

ex These **unnecessary** teeth can crowd the mouth.
이러한 불필요한 이빨은 입을 가득 채울 수 있다.

Remove any **unnecessary** features to clarify your idea.
불필요한 특징들을 제거하여 아이디어를 명확하게 해라.

| 012 | ★★★ | **n** 모금 |

fundraising

ex The organization is finding volunteers for a **fundraising** event.
그 단체는 모금 행사를 위한 자원봉사자들을 찾고 있다.

The purpose of this event was **fundraising**, but it was more than that.
행사의 목적은 모금이었지만 그것 이상이었다.

⭐ 표시는 <u>출제 빈도</u>를 나타냅니다.

---

013 ⭐⭐⭐

enforce

v 집행하다, 강요하다   참고 **reinforce** 강화하다

ex The government has announced plans to start **enforcing** helmet lights soon.
정부는 곧 헬멧 조명을 시행할 계획을 발표했다.

A law is currently being **enforced**.
현재 법이 집행되고 있다.

---

014 ⭐⭐⭐

stance

n 입장[태도] / 자세

ex He decided to officially reverse his **stance** on the issue.
그는 그 쟁점에 대해 공식적으로 입장을 뒤집기로 결정했다.

Watch my **stance** as I do the turn and copy that.
내가 턴을 할 때 내 자세를 지켜보고 그것을 따라해.

---

015 ⭐⭐⭐

disguised

adj 변장한, 속임수의   참고 **disguise** 변장하다, 위장하다, 숨기다

ex The notorious criminal Christie was hiding in London **disguised** in men's clothing.
악명높은 범죄자 Christie는 남자복장으로 변장하고 런던에 숨어 있었다.

---

016 ⭐⭐⭐

predict

v 예측하다   참고 **anticipate** 예상하다

ex It is **predicted** that a magnitude 8 earthquake could happen within decades.
진도 8의 지진이 수십 년 안에 일어날 수 있다고 예측된다.

---

017 ⭐⭐

evenly

adv 고르게, 균등하게

ex This paint won't spread **evenly**.
이 페인트는 고르게 펴지지 않는다.

The teacher handed out the snacks **evenly**.
선생님은 균등하게 간식을 나눠주었다.

---

018 ⭐⭐

federal

adj 연방제의

ex The **federal** government tried to repress violent protests.
연방 정부는 폭력시위를 진압하기 위해 노력했다.

You will receive **federal** tax and state tax refund separately.
당신은 연방제 세금과 주 세금 환급을 따로 받을 것이다.

019 ★★	adj	게놈의

genomic

ex Recently the accuracy of these **genomic** scores has improved dramatically.
최근 이러한 게놈 점수의 정확도가 극적으로 향상되었다.

020 ★★	v	드러내다, 노출하다

expose

ex Gemstone changes colors according to the light it is **exposed** to.
원석은 노출되는 빛에 따라 색이 변한다.

From early morning to night, people are always **exposed** to the internet.
이른 아침부터 밤까지, 사람들은 항상 인터넷에 노출된다.

021 ★★	adj	장대한, 많은

hefty

ex There was a **hefty** increase in exports for our SweetPeach brand of lipsticks.
SweetPeach 브랜드의 립스틱 수출이 많이 증가했다.

022 ★★	v	부서지다	n	조각, 파편	참고 fraction 부분, 일부

fragment

ex It is arguable that advertisers worry too much as advertising in other media has always been **fragmented**.
다른 매체에서의 광고는 항상 단편화되어 있기 때문에 광고주들이 너무 많은 걱정을 한다는 것은 논쟁의 여지가 있다.

023 ★	n	삼림 벌채

deforestation

ex **Deforestation** is now resulting in serious environmental problems all over the world.
삼림 벌채는 현재 전 세계적으로 심각한 환경 문제를 초래하고 있다.

024 ★	n	유효(성), 효과적임	참고 efficiency 효율

effectiveness

ex However, the calculation of such cost **effectiveness** is not easy.
그러나 이러한 비용 유효성의 계산은 쉽지 않다.

Actually it has reduced the **effectiveness** by impacting concentration.
사실 그것은 집중력에 영향을 주어서 효과를 감소시켰다.

⭐ 표시는 <u>출제 빈도</u>를 나타냅니다.

025

endlessly

n **끝없이**

ex Social media services enabled people to argue over new music **endlessly** on message boards.
소셜 미디어 서비스는 사람들이 게시판에서 새로운 음악을 놓고 끝없이 논쟁할 수 있게 했다.

026

carefree

n **근심 걱정 없는, 속 편한**

참고 **careless** 부주의한

ex Sometimes I dream of going back to the youth when I was a bit more **carefree**.
가끔 나는 조금 더 걱정이 없었던 유년기로 돌아가는 것을 꿈꾼다.

027

caretaker

n **경비원/관리인/다른 사람을 돌보는 사람**

ex A group of people over there are **caretakers** of children enrolled in ski lessons.
저쪽에 한 무리의 사람들이 스키 강습에 등록한 아이들의 돌보미들이다.

028

bursary

n **학비 보조금**

ex Look into funding opportunities for college like scholarships and **bursaries**.
장학금이나 학업보조금 같은 대학 재원 마련 기회를 살펴보아라.

029

debug

adj **오류를 검출하여 제거하다**

ex He is having difficulty in **debugging** codes.
그는 코드 오류 검출에 어려움을 겪고 있다.

I think I might have caused more bugs while **debugging**.
오류를 검출하여 제거하는 도중에 더 많은 오류를 야기시킨 것 같다.

030

buzz

adj **윙윙거리다** n **윙윙거림**

ex We can see butterflies and bees **buzzing** around the flowers.
우리는 나비들과 벌들이 꽃 주변에서 윙윙거리는 것을 볼 수 있다.

Doesn't that **buzz** bother you every morning?
아침마다 저 윙윙거림이 거슬리지 않니?

Practice

 1. 다음 단어들을 올바르게 연결하세요.

(1) deforestation •　　　　　　　• (a) 소형의, 조밀한

(2) unnecessary •　　　　　　　• (b) 고도

(3) fragment •　　　　　　　• (c) 대화

(4) bursary •　　　　　　　• (d) 불필요한

(5) buzz •　　　　　　　• (e) 조각, 파편

(6) dialogue •　　　　　　　• (f) 삼림 벌채

(7) altitude •　　　　　　　• (g) 학비 보조금

(8) compact •　　　　　　　• (h) 윙윙거리다

 2. 우리말 뜻에 맞게 빈칸에 알맞은 단어를 보기에서 찾아 쓰세요.

technical	endlessly	caretakers	predicted

(1) **It is _____ that a magnitude 8 earthquake could happen within decades.**

진도 8의 지진이 수십 년 안에 일어날 수 있다고 예측된다.

(2) **A group of people over there are _____ of children enrolled in ski lessons.**

저쪽에 한 무리의 사람들이 스키 강습에 등록한 아이들의 돌보미들이다.

(3) **Social media services enabled people to argue over new music _____ on message boards.**

소셜 미디어 서비스는 사람들이 새로운 음악을 놓고 끝없이 논쟁할 수 있게 했다.

(4) **This money would accelerate the rate of _____ progress.**

이 돈은 기술 진보의 속도를 가속화시킬 것이다.

SELF TEST

01	compact		16		삼림 벌채
02		예측하다	17	stereotype	
03	brace		18		유효(성)
04		고르게, 균등하게	19	technical	
05	altitude		20		끝없이
06		연방제의	21	unnecessary	
07	expire		22		근심 걱정 없는
08		게놈의	23	fundraising	
09	dialogue		24		경비원, 관리인
10		드러내다	25	enforce	
11	bloom		26		학비 보조금
12		장대한, 많은	27	stance	
13	anatomy		28		오류를 검출하여 제거하다
14		조각, 부서지다	29	disguised	
15	permanent		30		윙윙거리다

DAY 63

n	antibody	n	pros and cons	v	construct
n	dilemma	v	ensure	adj	automatic
n	hail	adj	neutral	n	millennium
n	immigration	v	encompass	n	donation
adv	critically	adj	abstract	n	influence
n	committee	adj	identifiable	adj	heartless
adj	guilty	n	forefinger	n	flock
adj	eventual	n	frivolity	adj	experimental
v	delineate	v	commemorate	n	emergence
n	escort	n	compatibility	adj	void

---

001 ★★★★★

antibody

n 항체

참고 antigen 항원

ex Your body then creates something called **antibodies**.
그러면 여러분의 몸은 항체라고 불리는 것을 만든다.

These **antibodies** learned how to fight the virus.
이 항체들은 바이러스와 싸우는 방법을 배웠다.

---

002 ★★★★★

pros and cons

n 찬반 양론, 장단점

ex He analyzed the text psychologically, and showed the **pros and cons** on the web.
그는 심리학적으로 본문을 분석했고, 웹상에서 장단점을 보여주었다.

---

003 ★★★★★

construct

v 건설하다

ex It took years to **construct** the main and supporting cables.
주 케이블과 지지 케이블을 구축하는 데 수년이 걸렸다.

Big cities have well-**constructed** plumbing systems.
큰 도시들은 잘 건설된 수도관 시스템을 가지고 있다.

---

004 ★★★★★

dilemma

n 딜레마

⑪ predicament 곤경

ex Have you heard about the prisoner's **dilemma**?
죄수의 딜레마에 대해 들어보았는가?

Telling white lies creates a **dilemma**.
선의의 거짓말을 하는 것은 딜레마를 낳는다.

---

005 ★★★★★

ensure

v 반드시 ...하게 하다

참고 assure 장담하다

ex **Ensure** your recommenders have your correct contact details.
추천인이 올바른 연락처 정보를 가지고 있는지 반드시 확인해라.

This **ensures** that you end up working out all of your muscles equally.
이것은 당신이 모든 근육들을 동등하게 운동하도록 한다.

---

006 ★★★★★

automatic

adj 자동의

⑫ manual 수동의

ex The **automatic** rotator grasps your hair tightly and gives you perfect curls.
자동 회전 장치는 당신의 머리카락을 꽉 움켜쥐고 머리에 완벽한 컬을 준다.

It's too bad we don't have an **automatic** deposit here.
여기서는 자동 입금이 안 돼서 아쉽다.

007 ★★★★★

hail

n 우박

ex One hypothesis relates to **hail** from inside the clouds reflecting sunlight.
한 가설은 햇빛을 반사하는 구름 안의 우박과 관련이 있다.

There are also reports of heavy rain and **hail**.
폭우와 우박이 내린다는 보도도 있다.

---

008 ★★★★

neutral

adj 중립적인   ㈜ **impartial** 치우치지 않은

ex Change itself is not likely to be **neutral**.
변화 자체는 중립적이지 않을 것 같다.

Your role is to stay **neutral** and give comments to each side.
당신의 역할은 중립을 지키며 각 측에 의견을 주는 것이다.

---

009 ★★★★

millennium

n 천년

ex The mortuary of him included a perfect row of columns that predated Greece's Parthenon by almost a **millennium**.
그의 빈소에는 그리스의 파르테논 신전보다 거의 천년 앞선 한 줄로 늘어선 완벽한 기둥들이 포함되어 있었다.

---

010 ★★★★

immigration

n 이주, 출입국 관리소   참고 **emigration** 이주,이민

ex This form must be handed to an **immigration** officer upon departure.
이 양식은 출국 시 출입국 관리관에게 제출해야 한다.

Fill out both parts of this form and present them to the **immigration** officer.
이 양식의 두 부분을 모두 작성해서 출입국 관리관에게 제출하여라.

---

011 ★★★

encompass

v 포함하다, 둘러싸다

ex The concept **encompasses** both direct and indirect water use.
이 개념은 직접 및 간접 물 사용을 모두 포함한다.

I like how that frame just **encompasses** the whole thing.
나는 그 프레임이 모든 것을 아우르는 방식이 좋다.

---

012 ★★★

donation

n 기부, 기증

ex You can bring your items for **donation** to our booths.
기부할 물품들을 우리 부스로 가져오면 된다.

I want my **donation** to help people learn about the past.
나는 내 기증물이 사람들이 과거에 대해 배울 수 있도록 도움이 됐으면 한다.

⭐ 표시는 출제 빈도를 나타냅니다.

---

013 ⭐⭐⭐

critically

adv 비판적으로

ex It requires them to recognize symbolic language and to analyze it **critically**.
이것은 그들이 상징적인 언어를 인식하고 비판적으로 분석하도록 요구한다.

---

014 ⭐⭐⭐

abstract

adj 추상적인

🔄 **concrete** 구체적인

ex We need to be cautious about the image of the enemy that informs it in an **abstract** and uniform way.
추상적이고 획일적인 방법으로 알려주는 적의 이미지에 대해 신중할 필요가 있다.

---

015 ⭐⭐⭐

influence

n 영향

ex How do they have any **influence** over the majority?
어떻게 그들이 대다수에 영향을 미치는가?

I think that his new friend is a bad **influence**.
나는 그의 새 친구가 나쁜 영향을 끼친다고 생각한다.

---

016 ⭐⭐⭐

committee

n 위원회

참고 **commission** 수수료

ex Schedule changes must be approved by the project manager and the board **committee**.
일정 변경은 프로젝트 매니저와 위원회에 의해 승인되어야 한다.

---

017 ⭐⭐

identifiable

adj 인식 가능한

ex The house is easily **identifiable** by the big pond in its backyard.
그 집은 뒤뜰에 있는 큰 연못으로 쉽게 인식할 수 있다.

We made our bag **identifiable** by tying it with a red ribbon.
우리는 우리의 가방을 빨간 리본으로 묶어서 인식 가능하게 했다.

---

018 ⭐⭐

heartless

adj 무정한, 비정한

ex It was **heartless** of him to behave in such a bad way to her.
그가 그녀에게 그렇게 나쁘게 행동하다니 무정했다.

Many people remember him as a **heartless** leader.
많은 사람들은 그를 무정한 지도자로 기억한다.

019 ★★	**guilty**	adj **죄책감이 드는 / 유죄의**	뱐 innocent 결백한

guilty

ex You don't have to give me that **guilty** look.
나한테 죄책감 어린 표정 짓지 않아도 돼.

The judge found the suspect **guilty**.
판사는 용의자에게 유죄판결을 내렸다.

---

020 ★★

forefinger

n **집게손가락, 검지**

ex He told me to use the **forefinger** and thumb.
그는 나에게 오렌지를 딸 때 집게손가락과 엄지손가락을 사용하라고 말했다.

I usually wear a ring on my **forefinger**.
나는 보통 반지를 검지에 착용한다.

---

021 ★★

flock

n **떼, 무리**　v **모이다**　　참고 herd 떼

ex Every day people **flock** to this hotel to see a group of famous celebrities.
매일 사람들이 이 호텔로 모여들어 유명한 연예인들의 무리를 구경한다.

Birds of a feather **flock** together.
유유상종 (같은 유형의 사람들은 서로 함께 모이는 경향이 있다는 뜻의 속담)

---

022 ★

eventual

adj **궁극적인, 최종의**

ex The **eventual** winner of the competition was Jack!
이 대회의 최종 우승자는 Jack 이었다!

His **eventual** success was definitely predictable.
그의 궁극적인 성공은 당연히 예측 가능했다.

---

023 ★

frivolity

n **까부는[바보 같은] 것**　　참고 frivolous 경솔한, 까부는

ex Nonsense comes naturally to kids, but they get pounded out by norms that look down on "**frivolity**."
말도 안 되는 짓은 당연히 아이들의 것이지만, 그들은 "경박함"을 얕보는 규범에 의해 짓밟히게 된다.

---

024 ★

experimental

adj **실험적인, 실험의**　　뮨 empirical 실험에 의거한

ex **Experimental** results derived from a single subject are, therefore, of limited value.
따라서 단일 주제에서 도출된 실험 결과는 제한된 가치이다.

 표시는 출제 빈도를 나타냅니다.

---

025 ⭐

delineate

| v | **(상세하게) 기술하다[그리다/설명하다]** |

ex The traditional clothing **delineates** the country's culture as well as the values.
전통의상은 나라의 가치와 문화를 상세하게 설명한다.

---

026 ⭐

commemorate

| v | **기념하다** |

ex He will throw a party to **commemorate** their wedding anniversary.
그는 그들의 결혼기념일을 기념하기 위해 파티를 열 것이다.

This poem is to **commemorate** our beloved leader, Patrick.
이 시는 우리의 총애 받는 지도자인 Patrick을 기념하기 위한 것입니다.

---

027 ⭐

emergence

| n | **출현, 발생** | 참고 **emergency** 비상

ex The **emergence** of new technologies brought about many problems.
새로운 기술의 출현은 많은 문제를 가져왔다.

There is no support for the reason for the **emergence** of new fashion trends.
새로운 패션 트렌드의 출현의 이유에 대한 뒷받침이 없다.

---

028 ⭐

escort

| n | **호위대(원)** | v | **호위하다** |

ex They have their own official **escort**, called the "Duck Master", during the march.
그들은 행진하는 동안 "Duck Master"라고 불리는 그들만의 공식적인 호위대가 있다.

---

029 ⭐

compatibility

| n | **양립[공론] 가능성 / (컴퓨터의) 호환성** |

ex Many teenagers believe in the **compatibility** of zodiac signs.
많은 10대들이 별자리의 궁합을 믿는다.

This program supports **compatibility** both with PC and Mac.
이 프로그램은 PC와 맥 모두의 호환성을 지원한다.

---

030 ⭐

void

| adj | **무효의, 법적 효력이 없는** | n | **빈 공간** |

ex You have to make your check **void** to prevent the fraud.
너는 사기를 예방하기 위해 너의 수표를 무효로 만들어야 한다.

His absence has created a **void** that no one can fill.
그의 부재로 인해 아무도 채울 수 없는 공백이 생겼다.

Practice

 1. 다음 단어들을 올바르게 연결하세요.

(1) pros and cons •

(2) neutral •

(3) donation •

(4) abstract •

(5) identifiable •

(6) guilty •

(7) eventual •

(8) delineate •

• (a) 기술하다

• (b) 유죄의

• (c) 궁극적인, 최종의

• (d) 기부, 기증

• (e) 추상적인

• (f) 인식 가능한

• (g) 찬반 양론, 장단점

• (h) 중립적인

 2. 다음 영어 뜻에 맞게 알맞은 단어를 보기에서 찾아 쓰세요.

encompass	commemorate	automatic	emergence

(1) call to remembrance; keep alive the memory
of someone or something, as in a ceremony

(2) operating with minimal human intervention

(3) the gradual beginning or coming forth

(4) include in scope

SELF TEST

01	antibody		16		까부는 것
02		위원회	17	millennium	
03	pros and cons		18		무효의
04		인식 가능한	19	immigration	
05	construct		20		실험적인
06		무정한, 비정한	21	encompass	
07	dilemma		22		기술하다
08		유죄의	23	donation	
09	ensure		24		기념하다
10		집게 손가락	25	critically	
11	automatic		26		출현, 발생
12		떼, 무리, 모이다	27	abstract	
13	hail		28		호위대(원)
14		궁극적인	29	influence	
15	neutral		30		양립 가능성

DAY 64

n	humor	v	diagnose	adj	controversial
n	anxiety	adv	et cetera	v	drip
v	astonish	adv	gently	n	familiarity
n	disapproval	n	democracy	n	cumulus
v	convict	adj	possible	adj	politic
adj	fertile	adj	evolutionary	adv	downhill
v	culminate	n	browser	n	authorization
adv	imperfectly	n	generalization	adj	flightless
v	boost	v	evade	adj	fluent
n	introvert	adj	insane	n	esthetics

⭐ 표시는 출제 빈도를 나타냅니다.

---

001 ⭐⭐⭐⭐⭐

n 유머, 익살

humor

ex He looks even better in person and has a great sense of **humor**.
그는 실물이 훨씬 더 멋있고 유머 감각이 뛰어나다.

Humor can easily capture people's attention.
유머는 사람들의 관심을 쉽게 사로잡을 수 있다.

---

002 ⭐⭐⭐⭐⭐

v 진단하다

㊌ **diagnosis** 진단

diagnose

ex He was **diagnosed** with a malignant lung tumor in 1966.
그는 1966년에 악성 폐종양 진단을 받았다.

He was **diagnosed** with leukemia and resigned from the coach position.
그는 백혈병 진단을 받고 코치직에서 물러났다.

---

003 ⭐⭐⭐⭐⭐

adj 논란이 많은

㊌ **contentious** 논쟁을 좋아하는

controversial

ex In short, art restoration in general is often **controversial**.
간단히 말해서, 일반적으로 미술품 복원은 종종 논란이 된다.

The theory was **controversial** at first, but is now widely accepted.
그 이론은 처음엔 논란의 여지가 있었지만, 지금은 널리 받아들여지고 있다.

---

004 ⭐⭐⭐⭐⭐

n 불안, 걱정거리

anxiety

ex This helps relieve **anxiety** by providing stability.
이것은 안정성을 제공함으로써 걱정거리를 덜어주는데 도움을 준다.

Yoga can also help people with **anxiety**.
요가는 또한 불안감을 가진 사람들을 도울 수 있다.

---

005 ⭐⭐⭐⭐⭐

adv 기타, … 따위, … 등등

참고 **etc** = et cetera

et cetera

ex The sports in Summer Olympic Games include swimming, badminton, golf, taekwondo, and **et cetera**.
하계 올림픽의 종목은 수영, 배드민턴, 골프, 태권도 등등을 포함한다.

---

006 ⭐⭐⭐⭐⭐

v 방울방울[뚝뚝] 흐르다

drip

ex It sounds like water's **dripping** through the ceiling.
천장에서 물이 떨어지는 것 같은 소리가 난다.

I panicked as I saw the blood **dripping** from her finger.
나는 그녀의 손가락에서 피가 뚝뚝 흐르는 것을 보고 공황 상태에 빠졌다.

007	★★★★★

astonish

v 깜짝[크게] 놀라게 하다

참고 **astonishing** 정말 놀라운

ex Seeing her learn quickly will **astonish** you.
그녀가 빠르게 배우는 것을 보는 것은 너를 깜짝 놀라게 할 것이다.

There is a grotesque structure which **astonishes** everyone in the town.
마을에 모두를 놀라게 하는 기괴한 구조물이 있다.

008	★★★★

gently

adv 다정하게, 부드럽게

ex Rub stains or blemishes on the wood very **gently** with the steel wool.
나무 위의 얼룩이나 흠을 강철 모직으로 아주 부드럽게 문질러라.

Use your thumb and forefinger to **gently** twist the cherry stem off the bud.
엄지손가락과 집게손가락을 사용하여 봉오리에서 체리 줄기를 부드럽게 비틀어 떼어내라.

009	★★★★

familiarity

n 익숙함, 친근함

ex This **familiarity** effect is one of the main reasons that companies spend so much money on ads.
이러한 익숙함 효과는 기업들이 광고에 그렇게 많은 돈을 쓰는 주요 이유 중 하나이다.

010	★★★★

disapproval

n 반감, 못마땅함

반 **approval** 인정, 찬성

ex She expressed the **disapproval** of his methods.
그녀는 그의 방법에 대해 반감을 표시했다.

Despite the **disapproval**, they decided to continue on the original plan.
반감에도 불구하고, 그들은 원래 계획을 계속하기로 했다.

011	★★★

democracy

n 민주주의

참고 **communism** 공산주의

ex In a parliamentary **democracy** the country's political power is in the parliament.
의회 민주주의에서 그 나라의 정치력은 의회에 있다.

012	★★★

cumulus

n 적운, 뭉게구름

참고 **cirrus** 권운

ex The cloud that many people think of first is the **cumulus** cloud.
많은 사람들이 가장 먼저 생각하는 구름은 적운이다.

Cumulus are any clouds with a flattish bottom and puffy top.
적운은 바닥이 평평하고 윗부분이 부풀어 있는 구름이다.

⭐ 표시는 **출제 빈도**를 나타냅니다.

---

013 ★ ★ ★

convict

> v **유죄를 선고하다**

ex People can lose their right to vote if they have been **convicted** of a serious crime.
만약 심각한 범죄로 유죄판결을 받았다면, 사람들은 투표권을 잃을 수 있다.

---

014 ★ ★ ★

possible

> adj **가능한**

ex Is it **possible** for you to pick up my dress?
내 드레스를 픽업해줄 수 있겠니?

We are working towards a resolution as quickly and efficiently as **possible**.
우리는 가능한 한 신속하고 효율적으로 해결책을 모색하고 있다.

---

015 ★ ★ ★

politic

> adj **현명한, 신중한**   참고 **politics** 정치

ex It seems **politic** to say nothing in this situation.
이 상황에서 아무 말도 하지 않는 것이 현명한 것 같다.

Do you think her decision was **politic**?
그녀의 결정이 현명했다고 생각하니?

---

016 ★ ★ ★

fertile

> adj **비옥한, 기름진**   참고 **futile** 헛된

ex He owns **fertile** land for planting crops.
그는 농작물을 심을 수 있는 비옥한 토지를 소유하고 있다.

The soil here is not **fertile** enough for the corn to grow.
이곳의 토양은 옥수수가 자랄만큼 비옥하지 않다.

---

017 ★ ★

evolutionary

> adj **진화의**

ex Scientists believe it may have an **evolutionary** basis.
과학자들은 그것이 진화적인 기초를 가지고 있을 수도 있다고 생각한다.

There are many different perspectives on **evolutionary** theory.
진화론에 대한 많은 다른 관점들이 있다.

---

018 ★ ★

downhill

> adv **비탈 아래로**   adj **비탈을 내려가는**   참고 **downhill ski** 활강 스키

ex Cross-country skiing generates more body heat than **downhill** skiing does.
크로스컨트리 스키가 활강 스키보다 더 많은 체열을 발생시킨다.

Some of the ski club members are interested in **downhill** skiing.
스키 클럽 회원들 중 일부는 활강 스키에 관심이 있다.

019 ⭐⭐

culminate

v (~으로) 끝이 나다[막을 내리다]

참고 culmination 정점[최고조]

ex All of the sweat, and tears we poured into our studies have **culminated** in this important moment in our lives.
우리가 학문에 쏟은 땀과 눈물은 우리 인생에서 이 중요한 순간에 절정에 이르렀다.

---

020 ⭐⭐

browser

n 브라우저

ex To view your statement from a **browser**: Go to Documents.
브라우저에서 명세서를 보려면: 문서로 이동해라.

Sign up from your **browser** to check your statement.
브라우저에서 등록하여 명세서를 확인하여라.

---

021 ⭐⭐

authorization

n 허가[인가]

참고 authority 권한

ex Employees who have been granted special **authorization** can enter during regular work hours.
특별허가를 받은 직원들은 정규 근무시간 중에 출입할 수 있다.

---

022 ⭐

imperfectly

adv 불완전하게

ex The expertise that we work hard to acquire in one domain will carry over only **imperfectly** to related ones.
우리가 한 영역에서 습득하기 위해 열심히 노력하는 전문지식은 관련된 영역으로만 불완전하게 이어지게 될 것이다.

---

023 ⭐

generalization

n 일반화

ex However, this is a **generalization** about music and not a definition of it.
그러나 이것은 음악에 대한 일반화이지 음악의 정의는 아니다.

Generalization can lead to a stereotype.
일반화는 편견으로 이어질 수 있다.

---

024 ⭐

flightless

adj 날지 못하는

ex Many people think kiwis are from New Zealand because a **flightless** bird from New Zealand has the same name.
뉴질랜드의 날지 못하는 새가 같은 이름을 가지고 있기 때문에 많은 사람들은 키위가 뉴질랜드에서 왔다고 생각한다.

⭐ 표시는 출제 빈도를 나타냅니다.

025

boost

> v **신장시키다**

참고 **boost** 자랑하다

ex Moving into such a role can **boost** your resume and confidence.
그러한 역할로 옮겨가는 것은 이력서와 자신감 신장에 도움이 될 것이다.

We have lined up exciting workshops to **boost** your creativity.
여러분의 창의력을 신장시키기 위해 신나는 워크숍을 준비했다.

026

evade

> v **피하다**

유 **elude** (교묘히) 피하다

ex I am going to **evade** making a choice.
나는 선택을 하는 것을 피할 것이다.

It seems like she is **evading** public reaction intentionally.
그녀가 대중의 반응을 고의적으로 피하는 것처럼 보인다.

027

fluent

> adj **유창한**

ex Your Spanish is really **fluent**.
너의 스페인어 실력은 정말 유창하다.

Fluent English speaking ability is required to apply for this job.
이 직무에 지원하려면 유창한 영어 말하기 능력이 필요하다.

028

introvert

> n **내성적인 사람**

ex You might be an **introvert**, but if you can't talk politely with new colleagues you may come off as rude.
당신은 내성적인 사람일 수도 있지만, 만약 당신이 새로운 동료들과 정중하게 이야기하지 못한다면 당신은 무례하게 보일 수도 있다.

029

insane

> adj **정신 이상의, 미친**

유 **lunatic** 미친, 터무니없는

ex My neighbors drive me **insane** by blasting music all night long.
이웃 사람들은 밤새도록 음악을 틀어놓아서 나를 미치게 한다.

That's **insane**!
말도 안 돼!

---

030 ⭐

esthetics

> n **미학**

참고 **aesthetics** = esthetics

ex The **esthetics** of Japanese ukiyo-e masters became a part of quintessential European art trends.
일본 우키요에 거장들의 미학은 유럽 미술의 본질적인 경향의 일부가 되었다.

Practice

  1. 다음 단어들을 올바르게 연결하세요.

(1) **evolutionary**	•	• (a) 진단하다
(2) **anxiety**	•	• (b) 진화의
(3) **diagnose**	•	• (c) (~으로) 끝이 나다
(4) **culminate**	•	• (d) 불안, 걱정거리
(5) **generalization**	•	• (e) 불완전하게
(6) **browser**	•	• (f) 유창한
(7) **imperfectly**	•	• (g) 브라우저
(8) **fluent**	•	• (h) 일반화

  2. 우리말 뜻에 맞게 괄호에 알맞은 단어를 찾아 O표 하세요.

(1) **You might be an (extrovert / introvert), but if you can't talk politely with new colleagues you may come off as rude.**
당신은 내성적인 사람일 수도 있지만, 만약 당신이 새로운 동료들과 정중하게 이야기하지 못한다면 당신은 무례하게 보일 수도 있다.

(2) **There are two common forms of (communism / democracy)**
민주주의에는 두 가지 일반적인 형태가 있다.

(3) **It seems (political / politic) to say nothing in this situation.**
이 상황에서 아무 말도 하지 않는 것이 현명한 것 같다.

(4) **He owns (futile / fertile) land for planting crops.**
그는 농작물을 심을 수 있는 비옥한 토지를 소유하고 있다.

CHAPTER 07　Day 64

SELF TEST

01	humor		16		일반화
02		비옥한, 기름진	17	familiarity	
03	diagnose		18		날지 못하는
04		진화의	19	disapproval	
05	controversial		20		신장시키다
06		비탈 아래로	21	democracy	
07	anxiety		22		피하다
08		(~으로) 끝이 나다	23	cumulus	
09	et cetera		24		유창한
10		브라우저	25	convict	
11	drip		26		내성적인 사람
12		허가[인가]	27	possible	
13	astonish		28		정신이상의, 미친
14		불완전하게	29	politic	
15	gently		30		미학

DAY 65

adj faraway

v distract

n enthusiasm

n censorship

adj hydroelectric

adj bankrupt

n blackout

adj arguable

adj attentive

n luncheon

n diplomacy

n fingernail

n cosmetic

adj continental

adj generous

adj attributable

n commuter

n coexistence

n insanity

n minority

adj attractive

n goddess

adv differently

v designate

n purpose

v collaborate

n apparel

n blessing

n manipulation

adj nutritious

★ 표시는 출제 빈도를 나타냅니다.

---

001 ★★★★★

faraway

| adj | **멀리 떨어진** |

ex In a **faraway** land, a baker and a princess loved each other.
먼 나라에서, 제빵사와 공주는 서로를 사랑했다.

We can use a telescope to look at **faraway** things.
우리는 망원경을 사용하여 멀리떨어진 것들을 볼 수 있다.

---

002 ★★★★★

diplomacy

| n | **외교** |

참고 diploma 졸업장

ex Soft **diplomacy** differs from hard **diplomacy**.
부드러운 외교는 강경한 외교와 다르다.

Soft **diplomacy** is also important for international relations.
부드러운 외교는 국제 관계에서도 중요하다.

---

003 ★★★★★

attractive

| adj | **매력적인** |

유 seductive 매력 있는

ex All they can see is an **attractive** light that grows out of the anglerfish's forehead.
그들이 볼 수 있는 것은 앵글러피쉬의 이마에서 자라나는 매력적인 빛뿐이다.

---

004 ★★★★★

distract

| v | **산만하게 하다** |

ex I think you're just **distracted** by his smile.
당신은 그의 미소에 정신이 팔려 있는 것 같다.

People can cook while listening to radios without being too **distracted**.
사람들은 너무 산만해지지 않고 라디오를 들으면서 요리를 할 수 있다.

---

005 ★★★★★

fingernail

| n | **손톱** |

ex How do **fingernails** make our fingertips more sensitive?
손톱이 어떻게 우리의 손끝을 더 민감하게 만들까?

A **fingernail**-sized USIM makes your smartphone work.
손톱만한 유심은 당신의 스마트폰을 작동하게 만든다.

---

006 ★★★★★

goddess

| n | **여신** |

ex The story of Greek **goddess** Athena's birth is famous.
그리스 여신 아테나의 탄생 이야기는 유명하다.

For them, Demeter was the **goddess** of the harvest.
그들에게 데메테르는 수확의 여신이었다.

| 007 ★★★★★ | n 열광, 열정 |

enthusiasm

ex The hockey field was full of **enthusiasm** and joy.
하키 경기장은 열광과 즐거움으로 가득했다.

Your **enthusiasm** for work is a good motivation to other workers.
너의 일에 대한 열정은 다른 직원들에게 좋은 동기부여가 된다.

| 008 ★★★★ | n 화장품 |

cosmetic

ex It is available wherever fine **cosmetic** brands are sold.
그것은 좋은 화장품 브랜드가 팔리는 곳이면 어디에서든 구할 수 있다.

I just spread my **cosmetics** out on a table and set up the tripod.
화장품을 테이블 위에 펼쳐놓고 삼각대를 설치했다.

| 009 ★★★★ | adv 다르게 |

differently

ex When he's around, she acts **differently**.
그가 주변에 있을 때, 그녀는 다르게 행동한다.

Humans behave **differently** in a group than they do alone.
인간은 혼자 있을 때와 비교했을 때 집단에서 다르게 행동한다.

| 010 ★★★★ | n 검열 | 참고 **censure** 질책하다 |

censorship

ex But are apologies from leaders really a matter of self-**censorship**?
하지만 지도자들의 사과는 정말 자기 검열의 문제인 것인가?

The woman requested that the man withdraw a statement about **censorship**.
여자는 남자에게 검열에 관한 성명을 철회할 것을 요구했다.

| 011 ★★★ | adj 대륙의 | 참고 **continental drift** 대륙이동설 |

continental

ex His theory of "**continental** drift" was controversial.
그의 대륙이동설은 논란이 되었다.

Continental climate can be observed in South Dakota.
대륙성 기후는 South Dakota에서 관찰될 수 있다.

| 012 ★★★ | v 지정하다, 지명하다 |

designate

ex She has been **designated** as the event planner at work.
그녀는 회사에서 행사 기획자로 지정되었다.

Be sure to descend in a single line to the **designated** area outside.
야외 지정 구역으로 한 줄로 내려오는 것을 유의하라.

---

013 ⭐⭐⭐

hydroelectric

adj 수력 전기의

ex Since its completion in 2014, it has become the largest producer of **hydroelectric** power in the world.
2014년 완공된 이후 그것은 세계 최대 수력 발전 생산자가 됐다.

---

014 ⭐⭐⭐

generous

adj 너그러운, 관대한   참고 **general** 일반적인

ex Thank you for the **generous** gift.
후한 선물 고마워요.

It's all thanks to **generous** people like you.
다 너처럼 너그러운 사람들 덕분이야.

---

015 ⭐⭐⭐

purpose

n 목적 **v** 의도하다   참고 **on purpose** 일부러

ex You will have to figure out the **purpose** of writing first.
너는 글의 목적을 먼저 알아내야 할 것이다.

I think they use confusing language on **purpose**.
내 생각에 그들이 일부러 헷갈리는 말을 쓰는 것 같아.

---

016 ⭐⭐⭐

bankrupt

adj 파산한

ex The owner of that business went **bankrupt**.
그 사업의 주인은 파산했다.

If this project doesn't end up well, the company might go **bankrupt**.
이 프로젝트가 잘 안되면 회사는 파산할 수도 있다.

---

017 ⭐⭐

attributable

adj ...가 원인인

ex The shifts in hue are **attributable** to its composition of vanadium ions.
색상의 변화는 바나듐 이온의 조성이 원인이다.

What is **attributable** to the decline in the birth rate?
출생률 감소의 원인은 무엇인가?

---

018 ⭐⭐

collaborate

v 협력하다   참고 **collaborative** 공동의

ex **Collaborate** with three team members to complete a project.
세 명의 팀 구성원과 협력하여 프로젝트를 완료하라.

A key 21st-century college skill is knowing how to **collaborate**.
21세기 대학의 핵심 기술은 협업 방법을 아는 것이다.

CHAPTER 07　Day 65

019　★ ★

blackout

n 정전

ex Yesterday's **blackout** was so unexpected.
어제의 정전 사태는 정말 뜻밖이었다.

Maybe I need to get an extra flashlight in case of a **blackout**.
정전의 경우에 대비해 여분의 손전등이 필요할 것 같아.

020　★ ★

commuter

n 통근자

ex Surely, some **commuters** worried about being late for work.
물론, 일부 통근자들은 회사에 지각하는 것을 걱정했다.

Unknowingly, the **commuters** were participating in a social experiment.
자기도 모르게 통근자들은 사회적 실험에 참여하고 있었다.

021　★ ★

apparel

n 의류, 의복　　　　　　　　　　　유 garment 의류

ex This article can be found in an **apparel** magazine for men.
이 기사는 남성 의류 잡지에서 볼 수 있다.

You can find the men's **apparel** on this floor.
이 층에서 남성 의류를 찾을 수 있다.

022　★

arguable

adj 논쟁의 소지가 있는　　　　　유 debatable 논쟁의 소지가 있는

ex It is **arguable** that advertisers worry rather too much about this problem.
광고주들이 이 문제에 대해 다소 너무 많은 걱정을 한다는 것은 논쟁의 소지가 있다.

The origin of the event is **arguable** among the fans.
행사의 근원에 대해 팬들 사이에서 논쟁의 소지가 있다.

023　★

coexistence

n 공존

ex Peaceful **coexistence** of human beings and animals is necessary for sustainable development.
지속가능한 발전을 위해서는 인간과 동물의 평화로운 공존이 필요하다.

024　★

blessing

n 축복, 승인　　　　　　　　　　　반 curse 저주

ex It's a **blessing** that no one was hurt from the accident.
그 사고로 다친 사람이 없어서 정말 축복이다.

It's truly a **blessing** that you got the opportunity.
네가 그 기회를 얻은 것은 대단한 축복이다.

High Junior Book 2　**137**

DAY 65

⭐ 표시는 출제 빈도를 나타냅니다.

---

025 ⭐

attentive

`adj` **주의를 기울이는**

`ex` The fallacy of false choice misleads when we're insufficiently **attentive** to an hidden assumption.
그릇된 선택의 오류는 우리가 숨겨진 가정에 충분히 주의를 기울이지 않을 때 오도된다.

---

026 ⭐

insanity

`n` **정신 이상**

`ex` This is driving me to the point of **insanity**.
이것은 나를 미치게 한다.

His **insanity** will ultimately ruin everything.
그의 정신이상은 결국 모든 것을 망칠 것이다.

---

027 ⭐

manipulation

`n` **조작**

`ex` Don't worry, this is a common mistake in data **manipulation**.
걱정하지 마, 이것은 데이터 조작의 일반적인 실수야.

Machine **manipulation** requires a certain level of experience.
기계 조작은 특정 수준의 경력이 필요하다.

---

028 ⭐

luncheon

`n` **오찬**

`ex` His teeth braces fell out when he was at a **luncheon**.
그가 오찬을 할 때 치아 교정기가 빠졌다.

This is actually a very important **luncheon** with the leaders.
이것은 사실 지도자들과 함께하는 아주 중요한 오찬이다.

---

029 ⭐

minority

`n` **소수**   반 **majority** 다수

`ex` An active **minority** can actually be change instigators.
활동적인 소수자는 실제로 변화를 유도하는 사람이 될 수 있다.

A **minority** has converted others to its point of view.
소수는 다른 사람들을 자신의 관점으로 전환시켰다.

---

030 ⭐

nutritious

`adj` **영양분이 많은**   참고 **nutrition** 영양

`ex` The need to find **nutritious** food made humans hunt.
영양가 있는 음식을 찾아야 하는 욕구는 인간을 사냥하게 만들었다.

I try to eat **nutritious** food every day.
나는 매일 영양분이 많은 음식을 먹으려고 한다.

Practice

 1. 다음 단어들을 올바르게 연결하세요.

(1) **manipulation** •   • (a) 통근자

(2) **commuter** •   • (b) 멀리 떨어진

(3) **insanity** •   • (c) 산만하게 하다

(4) **cosmetic** •   • (d) 소수

(5) **minority** •   • (e) 화장품

(6) **censorship** •   • (f) 정신 이상

(7) **distract** •   • (g) 검열

(8) **faraway** •   • (h) 조작

CHAPTER 07   Day 65

 2. 우리말 뜻에 맞게 빈칸에 알맞은 단어를 보기에서 찾아 쓰세요.

| nutritious | blessing | designated | luncheon |

(1) **She has been** _____ **as the event planner at work.**

그녀는 회사에서 행사 기획자로 지정되었다.

(2) **The need to find** _____ **food made humans hunt.**

영양가 있는 음식을 찾아야 하는 욕구는 인간을 사냥하게 만들었다.

(3) **This is actually a very important** _____ **with the leaders.**

이것은 사실 지도자들과 함께하는 아주 중요한 오찬이다.

(4) **It's truly a** _____ **that you got the opportunity.**

네가 그 기회를 얻은 것은 대단한 축복이다.

SELF TEST

01	nutritious		16		화장품
02		목적	17	arguable	
03	minority		18		열광, 열정
04		너그러운, 관대한	19	apparel	
05	luncheon		20		여신
06		수력 전기의	21	commuter	
07	manipulation		22		손톱
08		지정하다	23	blackout	
09	insanity		24		산만하게 하다
10		대륙의	25	collaborate	
11	attentive		26		매력적인
12		검열	27	attributable	
13	blessing		28		외교
14		다르게	29	bankrupt	
15	coexistence		30		멀리 떨어진

DAY 66

n	flavor	v	appeal	n	hardware
n	flexibility	n	infrastructure	n	formula
adj	artistic	n	chamber	n	argument
n	corpse	adj	indispensable	adv	lightly
adj	medicinal	v	comprehend	n	response
v	permit	v	compress	adj	descriptive
adv	efficiently	n	frustration	v	gush
n	cleverness	n	booster	n	assessment
v	constitute	adj	obligatory	adv	noticeably
v	oversee	n	pedestrian	adj	prospective

DAY 66

⭐ 표시는 출제 빈도를 나타냅니다.

---

001 ⭐⭐⭐⭐⭐

flavor

n 맛

ex My favorite ice cream has a mint **flavor**.
내가 가장 좋아하는 아이스크림은 박하 맛이 난다.

The way apples are stored has a big impact on their **flavor**.
사과를 저장하는 방법은 사과 맛에 큰 영향을 미친다.

---

002 ⭐⭐⭐⭐⭐

appeal

v 호소하다 **n** 매력

참고 appease 달래다

ex They **appeal** to parents as well as children.
그들은 아이들뿐만 아니라 부모들에게도 호소한다.

I **appeal** to you to return our mascot immediately.
우리의 마스코트를 즉시 돌려줄 것을 호소한다.

---

003 ⭐⭐⭐⭐⭐

hardware

n 하드웨어 / 철물

ex I thought you already checked the length when you were in the **hardware** shop.
철물점에 있을 때 이미 길이를 확인한 줄 알았다.

---

004 ⭐⭐⭐⭐⭐

flexibility

n 유연성, 융통성

ex It can also be manufactured like a newspaper because of its **flexibility**.
그것은 또한 유연성이 있기 때문에 신문처럼 제작될 수 있다.

Virtually everyone knows that yoga can help increase **flexibility**.
사실상 모든 사람들은 요가가 유연성을 증가시키는데 도움을 줄 수 있다는 것을 안다.

---

005 ⭐⭐⭐⭐⭐

infrastructure

n 사회 기반 시설

ex That country's entire political **infrastructure** is falling apart.
그 나라의 전체 정치 기반 시설이 무너지고 있다.

During her rule, she was recognized as a great builder of **infrastructure**.
그녀가 통치하는 동안, 그녀는 훌륭한 사회기반시설 건설자로 인정받았다.

---

006 ⭐⭐⭐⭐⭐

formula

n 공식

ex The pages contained 120 mysterious math statements and **formulas**.
그 페이지들은 120개의 신비한 수학적 진술과 공식들을 담고 있었다.

He became obsessed with the **formulas** in his exam preparation book.
그는 시험 준비 책에 있는 공식에 집착하게 되었다.

| 007 | ★★★★★ | adj | 예술의 | 유 **aesthetic** 미적인 |

artistic

ex Now is the time to show off your **artistic** side.
이제 당신의 예술적인 면을 뽐낼 차례이다.

Some people hated the tower because it was a steel that did not look **artistic**.
어떤 사람들은 탑이 예술적으로 보이지 않는 강철이었기 때문에 싫어했다.

| 008 | ★★★★ | n | 회의실 | 참고 **chamber of commerce** 상공회의소 |

chamber

ex The local **chamber** of commerce has unveiled the nominees.
지역 상공회의소가 후보자들을 공개했다.

The **chamber** of commerce gives awards to recognize entrepreneurs.
상공회의소는 기업가들의 공로를 인정하여 상을 수여한다.

| 009 | ★★★★ | n | 논쟁, 언쟁 / 논거, 주장 |

argument

ex Recently, in-game **arguments** often lead to real-life fights.
최근, 게임 내 논쟁은 종종 실제 싸움으로 이어진다.

Read the **argument** and choose the best answer.
주장을 읽고 가장 좋은 답을 골라라.

| 010 | ★★★★ | n | 시체 | 참고 **corps** 군단 |

corpse

ex He saw a half decomposed **corpse**.
그는 반쯤 부패한 시체를 보았다.

The **corpse** produces gas during decomposition.
시체는 부패하는 동안 가스를 생산한다.

| 011 | ★★★ | adj | 필수적인 |

indispensable

ex Ketchup is an **indispensable** sauce in America.
케첩은 미국에서 없어서는 안 될 소스이다.

All employees had been laid off except for the **indispensable** position.
필수적인 직위를 제외하고 모든 직원들은 해고당했다.

| 012 | ★★★ | adv | 가볍게 |

lightly

ex Use a brush to **lightly** dust any fluffy snow off the car.
브러시를 사용하여 차에서 보송보송한 눈을 가볍게 털어내라.

So that comes with a choice of **lightly** browned potatoes or ricotta cheese.
그래서 그것은 가볍게 갈색으로 될 때까지 구운 감자나 리코타 치즈와 곁들일 수 있다.

DAY 66

⭐ 표시는 출제 빈도를 나타냅니다.

---

013 ⭐⭐⭐

medicinal

| adj | 약효가 있는, 의약의 |

ex Without the ability to test on animals, many people would die due to poor **medicinal** science.
동물 실험을 할 능력이 없다면, 많은 사람들이 형편없는 약학으로 인해 죽을 것이다.

---

014 ⭐⭐⭐

comprehend

| v | 이해하다 | 참고 **apprehend** 체포하다

ex It allows you to remember and **comprehend** information more deeply.
그것은 당신이 정보를 더 깊이 기억하고 이해할 수 있게 해준다.

To help **comprehend** better, visual materials should be prepared.
더 나은 이해를 돕기 위해, 시각 자료가 준비되어야 한다.

---

015 ⭐⭐⭐

response

| n | 대답 |

ex I knocked on the door, but there was no **response**.
내가 문을 두드렸지만 아무 반응이 없었다.

I'm still waiting for your **response** on the last message.
마지막 메시지에 대한 대답을 아직 기다리고 있다.

---

016 ⭐⭐⭐

permit

| v | 허락하다 | n | 허가증 |

ex This would include bolstering policies, setting limits on construction **permits**.
여기에는 정책 강화, 건설 인허가 제한 설정 등이 포함될 것이다.

---

017 ⭐⭐

compress

| v | 압축하다 | n | 압박붕대 |

ex The towers support the weight of the roadway by **compressing** forces through the cables.
타워는 케이블을 통해 압축력으로 도로의 무게를 지탱한다.

---

018 ⭐⭐

descriptive

| adj | 서술하는 | 참고 **prescriptive** 지시하는

ex I especially liked the **descriptive** passages in the novel.
나는 특히 그 소설의 서술적인 구절이 좋았다.

The **descriptive** part was a little hard for me to understand.
서술 부분은 내가 이해하기 조금 어려웠다.

---

019 ★★

efficiently

adv 효율적으로

ex Changing your tone can help you convey your main ideas to others **efficiently**.
말투를 바꾸면 주요 아이디어를 다른 사람에게 효율적으로 전달하는 데 도움이 될 수 있다.

Working **efficiently** is a top priority.
효율적으로 일하는 것이 최우선이다.

---

020 ★★

frustration

n 불만, 좌절감

ex Showing your **frustration** explicitly is only a disadvantage for you.
불만을 명백하게 보여주는 것은 너에게 불이익일 뿐이다.

Sometimes **frustration** can be a great turning point.
가끔 좌절감이 좋은 전환점이 될 수도 있다.

---

021 ★★

gush

v 쏟아내다 **n** 분출, 폭발

㊤ **spurt** 솟구치다, 분출

ex "The implications extend far beyond devising ways to protect astronauts from space radiation," he **gushed**.
"이러한 영향은 우주 비행사들을 우주 방사선으로부터 보호하기 위한 방법들을 고안하는 것 이상으로 확대된다,"라고 그는 표현했다.

---

022 ★

cleverness

n 영리함

ex It often requires **cleverness** to conceive of measures that tap into what people are thinking.
사람들이 생각하고 있는 것을 이용할 방법을 떠올리는 것은 종종 영리함을 필요로 한다.

---

023 ★

booster

n 촉진제

ex Touch has a surprising function as a **booster** of knowledge.
촉각은 지식의 촉진자로서의 놀라운 기능을 가지고 있다.

This is definitely a **booster** for your study.
이것은 틀림없이 너의 연구에 촉진제이다.

---

024 ★

assessment

n 평가

㊤ **judgment** 판단, 평가

ex The concept of the enemy is fundamental to the moral **assessment** of war.
적의 개념은 전쟁에 대한 도덕적 평가의 기본이다.

Annual **assessment** will start next week.
연간 평가는 다음주에 시작할 것이다.

DAY 66

⭐ 표시는 출제 빈도를 나타냅니다.

---

025 ⭐

constitute

 구성하다

🔵 **comprise** 구성하다

ex An Egyptian sculpture is more monumental than a pile of stones that **constitutes** the war memorial.
이집트 조각상은 전쟁 기념비를 구성하는 돌무더기보다 더 기념비적이다.

---

026 ⭐

obligatory

 의무적인

🔴 **optional** 선택적인

ex This is an **obligatory** course to get a degree.
이것은 학위를 받기 위한 의무 강좌이다.

It is **obligatory** to take off your shoes before entering here.
여기 들어오기 전에 신발을 벗는 것은 의무이다.

---

027 ⭐

noticeably

 두드러지게, 현저히

ex Their appearance is **noticeably** different, from the distinctive stripes of the tiger.
그들의 외모는 호랑이의 독특한 줄무늬와는 두드러지게 다르다.

---

028 ⭐

oversee

 감독하다

참고 **overlook** 간과하다

ex Researchers must submit their proposed experiments for thorough examination by **overseeing** bodies.
연구자들은 제안한 실험을 감독 기관의 철저한 검토를 위해 제출해야 한다.

---

029 ⭐

pedestrian

 보행자 **보행자용의**

ex They could be safer for **pedestrians** and cyclists.
그것들은 보행자와 자전거 이용자들에게 더 안전할 수 있다.

Local residents will still have **pedestrian** access to that area.
지역 주민들은 여전히 그 지역에 도보로 접근할 수 있을 것이다.

---

030 ⭐

prospective

 유망한 / 다가오는

참고 **perspective** 관점

ex The webpage allows **prospective** employers to see students' achievements.
이 웹 페이지는 예비 고용주들이 학생들의 성취도를 볼 수 있게 해준다.

---

146 TOSEL Vocabulary Series

Practice

 1. 다음 단어들을 올바르게 연결하세요.

(1) **obligatory** •   • (a) 호소하다, 매력

(2) **pedestrian** •   • (b) 유연성, 융통성

(3) **indispensable** •   • (c) 시체

(4) **corpse** •   • (d) 필수적인

(5) **appeal** •   • (e) 효율적으로

(6) **flexibility** •   • (f) 의무적인

(7) **noticeably** •   • (g) 보행자

(8) **efficiently** •   • (h) 두드러지게

 2. 우리말 뜻에 맞게 빈칸에 알맞은 단어를 보기에서 찾아 쓰세요.

| comprehend | frustration | assessment | constitute |

(1) the classification of someone or something
    with respect to its worth

(2) a feeling of annoyance at being hindered
    or criticized

(3) form or compose

(4) get the meaning of something

SELF TEST

01	prospective		16		회의실	
02		대답	17	cleverness		
03	pedestrian		18		예술의	
04		이해하다	19	gush		
05	oversee		20		공식	
06		약효가 있는	21	frustration		
07	noticeably		22		사회 기반 시설	
08		가볍게	23	efficiently		
09	obligatory		24		유연성, 융통성	
10		필수적인	25	descriptive		
11	constitute		26		하드웨어, 철물	
12		시체	27	compress		
13	assessment		28		호소하다, 매력	
14		논쟁, 주장	29	permit		
15	booster		30		맛	

DAY 67

n	invoice	n	heap	v	kidnap
n	hemisphere	adj	lush	n	minister
n	intelligence	n	educator	n	formation
adj	furious	v	meditate	n	photocopy
adj	productive	v	imagine	n	warrant
n	demand	n	manufacturer	n	meditation
n	increment	adj	invisible	adv	consequently
n	automation	n	improviser	adj	measurable
n	rarity	v	contribute	n	blueprint
n	revenue	v	strive	v	ignite

⭐ 표시는 출제 빈도를 나타냅니다.

---

001 ⭐⭐⭐⭐⭐

invoice

n 송장, 청구서

ex It is stated on the **invoice** that the payment should be completed within ten days.
청구서에 10일 이내에 지불을 완료해야 한다고 명시되어 있다.

---

002 ⭐⭐⭐⭐⭐

heap

n 더미[무더기]

ex The water currents in this area have created a massive **heap** of plastic and chemicals.
이 지역의 물살은 플라스틱과 화학 물질로 이루어진 거대한 더미를 만들었다.

---

003 ⭐⭐⭐⭐⭐

kidnap

v 납치하다

⟨유⟩ **abduct** 유괴하다

ex Hades fell in love with Persephone and **kidnapped** her.
하데스는 페르세포네와 사랑에 빠졌고 그녀를 납치했다.

He was convicted of **kidnapping** a child.
그는 아이를 납치한 것으로 유죄 선고를 받았다.

---

004 ⭐⭐⭐⭐⭐

hemisphere

n 반구

ex Auroras can be seen in the northern **hemisphere** particularly near the Arctic.
오로라는 특히 북극 근처의 북반구에서 볼 수 있다.

Crux is located a bit off center in the southern **hemisphere**.
남십자성은 남반구의 중심에서 약간 떨어진 곳에 위치해 있다.

---

005 ⭐⭐⭐⭐⭐

lush

adj 푸릇푸릇한

ex He decided to bring the **lush** scenery of Media to her.
그는 그녀에게 메디아의 푸르른 풍광을 가져다주기로 결심했다.

Look at those **lush** hills over there!
저기 푸릇푸릇한 언덕들 좀 봐!

---

006 ⭐⭐⭐⭐⭐

minister

n 장관

참고 **prime minister** 수상

ex India's prime **minister** gave the stone the name "Krishna's Butterball".
인도의 총리는 이 돌에 "크리슈나의 버터볼"이라는 이름을 붙였다.

She was the longest-serving British prime **minister**.
그녀는 가장 오래 재임한 영국 총리였다.

| 007 | ★★★★★ | n 지능 | 참고 **intellectual** 지식인 |

intelligence

ex The technology could also be used to ascertain **intelligence**.
그 기술은 또한 지능을 확인하는 데 사용될 수 있다.

Artificial **intelligence** (AI) has developed a lot recently.
인공지능(AI)은 최근에 많이 발전했다.

| 008 | ★★★★ | n 교육자 |

educator

ex **Educators** believe that schools should teach their students the same subjects in the same way.
교육자들은 학교가 학생들에게 같은 방법으로 같은 과목을 가르쳐야 한다고 믿는다.

| 009 | ★★★★ | n 형성 |

formation

ex Its **formation** is thought to have started in the mid-Cenozoic era.
그것의 형성은 신생대 중반에 시작되었다고 여겨진다.

Some particularly rare cloud **formations** include shelf clouds.
특히 드문 구름 형성으로는 아치운를 들 수 있다.

| 010 | ★★★★ | adj 몹시 화가 난 | ㈜ **raging** 격노한 |

furious

ex A **furious** crow was looking for food.
몹시 화가 난 까마귀는 음식을 찾고 있었다.

Being **furious** with her, he denied sitting next to her.
그녀에게 몹시 화가 나서, 그는 그녀 옆에 앉는 것을 거부했다.

| 011 | ★★★ | v 명상하다 | 참고 **mediate** 중재하다 |

meditate

ex When I can't sleep well, I like to **meditate** in the bath.
나는 잠이 잘 오지 않을 때 욕조에서 명상하는 것을 좋아한다.

It's hard for me to just sit there and **meditate** without falling asleep.
나는 잠들지 않고 가만히 앉아 명상하는 게 힘들어.

| 012 | ★★★ | n 복사   v 복사하다 |

photocopy

ex I just want to **photocopy** these books into my brain.
나는 이 책들을 내 뇌에 복사하고 싶을 뿐이다.

Photocopies of qualifications are required when writing a resume.
이력서를 쓸 때는 자격증 사본이 요구된다.

★ 표시는 <u>출제 빈도</u>를 나타냅니다.

---

013 ★ ★ ★

productive

adj **생산하는, 생산적인**

ex We should focus on trying to express them in **productive** ways.
우리는 생산적인 방법으로 그것들을 표현하는 데 집중해야 한다.

I'm not spending a **productive** vacation at all.
나는 전혀 생산적인 휴가를 보내고 있지 않다.

---

014 ★ ★ ★

imagine

v **상상하다**

ex **Imagine** an ant walking along a beach.
개미가 해변을 따라 걷는다고 상상해보아라.

Imagine I tell you that Maddy is bad.
내가 Maddy가 나쁘다고 말하는 것을 상상해봐.

---

015 ★ ★ ★

warrant

n **영장**   참고 **warranty** 품질보증서

ex The search **warrant** has been issued.
수색 영장이 발부되었다.

This is a **warrant** for his arrest.
이것은 그의 체포영장이다.

---

016 ★ ★ ★

demand

n **수요**   참고 **demanding** 힘든

ex Initial interest in Japanese artwork stemmed from a high **demand** for ukiyo-e.
초기 일본 미술품에 대한 관심은 우키요에에 대한 높은 수요에서 비롯되었다.

---

017 ★ ★

manufacturer

n **제조자**

ex Why did clock **manufacturers** decide on a 9 minute snooze function?
시계 제조사들은 왜 9분의 짧은 잠 기능을 결정했을까?

They used to be a top steel **manufacturer**.
그들은 최고의 철강 제조업체였다.

---

018 ★ ★

meditation

n **명상**   참고 **mediation** 조정,중재

ex His family likes **meditation** more than he does.
그의 가족은 그보다 명상을 더 좋아한다.

I downloaded free **meditation** guidance sessions.
무료 명상 안내 세션을 다운로드했다.

019 ★★	
increment	n **임금 인상, 증가** ex He guaranteed an **increment** by the end of the year. 그는 올해 말까지 임금 인상을 보장했다. You can see the time to use the burners in half-hour **increments**. 30분 단위로 증가하는 버너 사용 시간을 볼 수 있다.

020 ★★	
invisible	adj **보이지 않는** ex Night vision goggles are needed to read the **invisible** ink. 보이지 않는 잉크를 읽으려면 야간 투시경이 필요하다. Its bright color makes it seem **invisible**. 그것의 밝은 색은 그것을 보이지 않는 것처럼 보이게 한다.

021 ★	
consequently	adv **그 결과 , 따라서** 참고 subsequently 그뒤에, 나중에 ex **Consequently**, people's interest in personal hygiene is increasing. 그 결과, 개인위생에 대한 사람들의 관심이 높아지고 있다. **Consequently**, the design had to be restarted from the beginning. 그 결과, 디자인은 처음부터 다시 시작되어야 했다.

022 ★	
automation	n **자동화** ⑨ autonomous 자치의 ex Humans continue to pursue machine **automation**. 인간은 기계 자동화를 계속 추구한다. We proudly present the **automation** system with a high technology! 우리는 높은 기술력의 자동화 시스템을 자랑스럽게 발표합니다!

023 ★	
improviser	n **즉흥시인[연주자]** ex Here, you can see some people who are great **improvisers** but don't have depth of knowledge. 이곳에서 당신은 대단한 즉흥가이지만 지식의 깊이가 없는 몇몇 사람들을 볼 수 있다.

024 ★	
measurable	adj **측정할 수 있는 / 주목할 만한** ex The famous critic regarded 'the **measurable** tone' as 'the primary condition of all music'. 그 유명한 비평가는 '측정 가능한 음색'을 '모든 음악의 주요 조건'으로 간주했다.

★ 표시는 출제 빈도를 나타냅니다.

025

rarity

n 희귀성

참고 **scarcity** 결핍, 부족

ex Quality is displayed through carefully selected materials and **rarity**.
신중하게 선택한 재료와 희귀성을 통해 품질이 드러난다.

Diamonds are very expensive due to their extreme **rarity**.
다이아몬드는 매우 희귀하기 때문에 매우 비싸다.

026

contribute

v 기여하다   **n** 기여

ex Every player on our team needs to know his role and **contribute** to the team.
우리 팀의 모든 선수들은 그의 역할을 알고 팀에 기여 할 필요가 있다.

027

blueprint

n 계획, 청사진

ex The proposed **blueprints** were declined due to the size of the project and the manpower.
제안된 청사진은 프로젝트 규모와 인력 때문에 거절되었다.

028

revenue

n 수입

반 **expenditure** 지출

ex There was a rise in **revenue** from an increased rate of sales of our pop music sung in Arabic.
아랍어로 부른 우리 대중음악의 판매율 증가로 수익이 증가했다.

029

strive

v 분투하다, 노력하다

참고 **strife** 갈등, 다툼

ex We **strive** to save whales that have beached themselves on our shores.
우리는 스스로 바닷가로 온 고래들을 구하기 위해 노력한다.

I will **strive** to overcome the obstacles.
나는 장애를 극복하기 위해 분투할 것이다.

---

030 ★

ignite

v 불이 붙다

ex It was one of the moments that **ignited** a romance.
그것은 연애 감정에 불을 지핀 순간들 중 하나였다.

I could see the blue spark when the fire **ignited**.
불이 붙었을 때 파란 불꽃을 볼 수 있었다.

Practice

  1. 다음 단어들을 올바르게 연결하세요.

(1) **rarity** •		• (a) 불이 붙다
(2) **increment** •		• (b) 희귀성
(3) **ignite** •		• (c) 증가량
(4) **imagine** •		• (d) 수요
(5) **demand** •		• (e) 상상하다
(6) **formation** •		• (f) 복사, 복사하다
(7) **photocopy** •		• (g) 더미[무더기]
(8) **heap** •		• (h) 형성

  2. 우리말 뜻에 맞게 괄호에 알맞은 단어를 찾아 O표 하세요.

(1) **The technology could also be used to ascertain (** intellectual **/** intelligence **).**
그 기술은 또한 지능을 확인하는 데 사용될 수 있다.

(2) **When I can't sleep well, I like to (** mediate **/** meditate **) in the bath.**
나는 잠이 잘 오지 않을 때 욕조에서 명상하는 것을 좋아한다.

(3) **There was a rise in (** revenue **/** expenditure **) from an increased rate of sales of our pop music sung in Arabic.**
아랍어로 부른 우리 대중음악의 판매율 증가로 수익이 증가했다.

(4) **I will (** strive **/** strife **) to overcome the obstacles.**
나는 장애를 극복하기 위해 분투할 것이다.

SELF TEST

01	strive		16		교육자
02		영장	17	consequently	
03	revenue		18		지능
04		상상하다	19	invisible	
05	blueprint		20		장관
06		생산하는	21	increment	
07	contribute		22		푸릇푸릇한
08		복사, 복사하다	23	meditation	
09	rarity		24		반구
10		명상하다	25	manufacturer	
11	measurable		26		납치하다
12		몹시 화가 난	27	ignite	
13	improviser		28		더미[무더기]
14		형성	29	demand	
15	automation		30		송장, 청구서

DAY 68

n	magnet	adv	increasingly	n	limitation
n	mileage	n	invertebrate	n	nectar
adj	ordinary	n	improvement	adj	inconvenient
adj	magical	n	recovery	adj	progressive
n	reputation	v	apply	v	maintain
n	threat	adj	Mediterranean	adj	negotiable
n	operator	v	merge	v	pamper
n	mitigation	n	intonation	n	entitlement
adj	discrete	v	braid	n	essence
adv	genuinely	n	friction	n	hermit

⭐ 표시는 출제 빈도를 나타냅니다.

---

001 ⭐⭐⭐⭐⭐

magnet

n 자석

ex The attraction power of the **magnet** is very strong.
자석의 끌어당기는 힘은 매우 강하다.

Magnets repel each other when the same poles meet.
자석은 같은 극이 만나면 서로 밀어낸다.

---

002 ⭐⭐⭐⭐⭐

increasingly

adv 점점 더

ex Online games are **increasingly** beginning to overlap with the real world.
온라인 게임은 점점 더 현실 세계와 일치하기 시작했다.

Students **increasingly** take out student loans to pay for university costs.
학생들이 대학 비용을 지불하기 위해 학자금 대출을 점점 더 많이 받는다.

---

003 ⭐⭐⭐⭐⭐

limitation

n 제한, 한계   ㈜ **restriction** 제한

ex In reality, there are **limitations** on what you can build.
실제로, 당신이 만들 수 있는 것에는 한계가 있다.

The future of our high-tech goods may not lie in the **limitations** of our minds.
우리의 첨단기술 상품의 미래는 우리 마음의 제한점에 있는 것이 아닐지도 모른다.

---

004 ⭐⭐⭐⭐⭐

mileage

n 주행거리 / 마일리지

ex As a **mileage** rewards member, please check that your card number is correctly entered.
마일리지 보상 회원으로서 카드 번호가 올바르게 입력되었는지 확인하여라.

---

005 ⭐⭐⭐⭐⭐

invertebrate

n 무척추동물   ㈜ **vertebrate** 척추동물

ex Starfish are not actually fish, but rather marine **invertebrates**.
불가사리는 사실 물고기가 아니라 해양 무척추동물이다.

This **invertebrate**'s stomach is on the outside of its body.
이 무척추동물의 위는 몸 바깥쪽에 있다.

---

006 ⭐⭐⭐⭐⭐

nectar

n 꿀, 과즙   참고 **pollen** 꽃가루

ex Flowers use **nectar** guides to scare insects.
꽃들은 곤충들을 겁주기 위해 넥타 가이드를 사용한다.

Nectar is shared by flowers to make seeds.
꿀은 씨앗을 만들기 위해 꽃에 의해 공유된다.

007	★★★★★

ordinary

adj 일상적인, 보통의

반 **extraordinary** 비범한

ex Place a small **ordinary** object in his palm.
그의 손바닥에 작은 평범한 물체를 놓아라.

For **ordinary** people, imagining the pain of others causes anxiety.
일반사람들에게, 다른 사람들의 고통을 상상하는 것은 불안감을 유발한다.

008	★★★★☆

improvement

n 향상, 개선

ex There has been remarkable **improvement** in students' reported stress levels.
보고된 학생들의 스트레스 수준에 현저한 개선이 있었다.

009	★★★★☆

inconvenient

adj 불편한

유 **uncomfortable** 불편한

ex Valencia orange is good for making juice, but somewhat **inconvenient** to eat.
발렌시아 오렌지는 주스 만들기에 좋지만, 먹기에는 다소 불편하다.

010	★★★★☆

magical

adj 마법에 쓰이는

ex Sounds like you had a **magical** and mathematical night!
마법같고 수학적인 밤을 보낸 것 같군!

The wolf tried to break the **magical** chain.
늑대는 마법의 사슬을 끊으려고 했다.

011	★★★☆☆

recovery

n 회복

참고 **restoration** 복원

ex Procedures include evacuation, crowd control, and **recovery** activities.
절차에는 대피, 군중 통제, 회복 활동이 포함된다.

Doctors say that she'll make a full **recovery**.
의사들은 그녀가 완전히 회복될 것이라고 말한다.

012	★★★☆☆

progressive

adj 진보적인, 점진적인

ex This entailed relating the **progressive** accumulation of breakthroughs and discoveries.
이것은 돌파구와 발견의 점진적인 축적과 관련이 있었다.

⭐ 표시는 출제 빈도를 나타냅니다.

---

013 ★★★

reputation

ⁿ **평판, 명성**

ex Because of **reputation** as being the smartest, they did not adapt to new things.
가장 똑똑하다는 평판 때문에, 그들은 새로운 것에 적응하지 않았다.

---

014 ★★★

apply

ᵛ **지원하다, 신청하다**　　　　참고 **applicable** 적용되는

ex We hope that you will **apply** again for next summer's program.
우리는 당신이 내년 여름 프로그램에 다시 지원하기를 바란다.

Where can shoppers **apply** for a membership?
쇼핑객들은 어디에서 회원가입을 신청할 수 있는가?

---

015 ★★★

maintain

ᵛ **유지하다**

ex We work hard to **maintain** this important exhibit.
우리는 이 중요한 전시를 유지하기 위해 열심히 일한다.

I'm only trying to **maintain** my weight, not to lose it.
나는 살을 빼려는 게 아니라 유지하려고만 하고 있다.

---

016 ★★★

threat

ⁿ **협박, 위협**　　　　유 **menace** 위협

ex Cats are a major **threat** to birds.
고양이는 새들에게 주요한 위협이다.

Threats to agriculture and water supply are growing.
농업과 물 공급에 대한 위협이 커지고 있다.

---

017 ★★

Mediterranean

adj **지중해의**

ex The **Mediterranean** biome includes plants like olives and grapes.
지중해 생물군은 올리브와 포도 같은 식물을 포함한다.

Traveling to **Mediterranean** region is popular thanks to its beautiful view.
지중해의 아름다운 경치 덕에 지중해 지역을 여행하는 것은 인기가 많다.

---

018 ★★

negotiable

adj **협상의 여지가 있는**

ex From fruit in the market to a salary, everything is **negotiable**.
시장에서의 과일부터 월급까지 모든 것을 협상할 수 있다.

The company said that the price is **negotiable**.
그 회사는 가격을 협상할 수 있다고 말했다.

019 ⭐⭐

operator

| n | 전화 교환원 |

ex Press # and speak to an **operator**.
#(우물정자)를 누르고 전화 교환원과 통화해라.

I lost my connection with the **operator**.
전화 교환원과 연결이 끊어졌다.

---

020 ⭐⭐

merge

| v | 합병하다 | 참고 **merger** 합병

ex Our company is being **merged** into a bigger company.
우리 회사는 더 큰 회사에 합병된다.

He suggested a proposal to **merge** two companies, but it was denied.
그는 두 회사의 합병을 제안했지만 거절당했다.

---

021 ⭐⭐

pamper

| v | 소중히 보살피다 | 참고 **pamper a child** 아이를 응석 받아주다

ex We all **pamper** the baby cousin.
우리 모두 아기 조카를 소중히 보살핀다.

Our spa will give you the chance to **pamper** yourselves.
저희 스파는 여러분을 만족시킬 수 있는 기회를 드릴 것입니다.

---

022 ⭐⭐

mitigation

| n | 완화, 경감 | ㉤ **alleviation** 완화

ex Increasing aid for the world's poorest peoples can be an essential part of effective **mitigation**.
세계에서 가장 가난한 사람들을 위한 원조를 늘리는 것은 효과적인 완화의 필수적인 부분이 될 수 있다.

---

023 ⭐

intonation

| n | 억양 |

ex Perhaps you can infer from my **intonation**.
아마도 당신은 나의 억양으로부터 유추할 수 있을 것이다.

I knew it was her because she has such a distinguishable **intonation**.
그녀는 아주 구별이 쉬운 억양을 가졌기 때문에 나는 그녀라는 것을 알았다.

---

024 ⭐

entitlement

| n | 자격, 권리 |

ex New laws that gave workers holiday **entitlement** were passed.
근로자들에게 휴가 자격을 주는 새로운 법률이 통과되었다.

It will protect the basic **entitlement** of the employees.
그것은 직원들의 기본 권리를 보호할 것이다.

⭐ 표시는 출제 빈도를 나타냅니다.

025

discrete

| adj | 별개의 |

참고 **discreet** 신중한

ex Pitches are not only fixed, but organized into a series of **discrete** steps.
음의 높이는 고정적일 뿐만 아니라 별개의 분리된 음정으로 구성된다.

You need to consider two as **discrete** things.
너는 두가지를 별개의 것들로 간주해야 한다.

026

braid

| v | 땋다 | | n | (실을 꼬아서 만든) 장식용 수술 |

ex Her **braided** hair looks so pretty.
그녀의 땋은 머리가 너무 예쁘다.

The gold **braid** was faced in the general's uniform.
그 장군의 군복에는 금몰이 달려 있었다.

027

essence

| n | 본질 |

참고 **in essence** 본질적으로

ex New developments would mean that humans had lost their **essence**.
새로운 발전들은 인간이 그들의 본질을 잃었다는 것을 의미할 것이다.

So they tell you, in **essence**, what's typical in a given situation.
그래서 그들은 본질적으로, 주어진 상황에서 무엇이 전형적인지 알려준다.

028

genuinely

| adv | 진정으로 |

ex But I **genuinely** think they've shrunk.
하지만 나는 진정으로 그들이 줄어들었다고 생각한다.

I tried to advise him **genuinely** every time.
나는 항상 그에게 진정으로 조언하려고 노력한다.

029

friction

| n | 마찰 |

참고 **fraction** 부분

ex The brakes make no undue **friction** against the tire rims.
브레이크는 타이어 가장자리에 과도한 마찰을 일으키지 않는다.

It involved a long period of **friction** and struggle.
그것은 긴 기간의 마찰과 투쟁을 수반했다.

---

030 ⭐

hermit

| n | 은둔자 |

ex He did every single prep and lived like a **hermit** for weeks, just reviewing notes.
그는 모든 자율학습을 다 하고 몇 주 동안 은둔자처럼 지내며 노트만 복습했다.

Practice

 1. 다음 단어들을 올바르게 연결하세요.

(1) braid •   • (a) 일상적인, 보통의

(2) essence •   • (b) 마법에 쓰이는

(3) hermit •   • (c) 평판, 명성

(4) operator •   • (d) 협박, 위협

(5) threat •   • (e) 전화 교환원

(6) reputation •   • (f) 본질

(7) ordinary •   • (g) 땋다, 수술

(8) magical •   • (h) 은둔자

 2. 우리말 뜻에 맞게 빈칸에 알맞은 단어를 보기에서 찾아 쓰세요.

| pamper | friction | entitlement | invertebrates |

(1) **New laws that gave workers holiday   were passed.**
근로자들에게 휴가 자격을 주는 새로운 법률이 통과되었다.

(2) **The brakes make no undue   against the tire rims.**
브레이크는 타이어 가장자리에 과도한 마찰을 일으키지 않는다.

(3) **We all   the body cousin.**
우리 모두 아기 조카를 소중히 보살핀다.

(4) **Starfish are not actually fish, but rather marine   .**
불가사리는 사실 물고기가 아니라 해양 무척추동물이다.

SELF TEST

01	hermit		16		향상, 개선
02		유지하다	17	mitigation	
03	friction		18		일상적인, 보통의
04		지원하다	19	pamper	
05	genuinely		20		꿀, 과즙
06		평판, 명성	21	merge	
07	essence		22		무척추동물
08		진보적인	23	operator	
09	braid		24		주행거리
10		회복	25	negotiable	
11	discrete		26		제한, 한계
12		마법에 쓰이는	27	Mediterranean	
13	entitlement		28		점점 더
14		불편한	29	threat	
15	intonation		30		자석

DAY 69

n	orchard	n	litter	adj	naughty
n	outcome	n	pamphlet	n	reign
n	protest	adj	martial	adv	necessarily
adj	pilotless	n	revenge	adv	simultaneously
n	tragedy	n	supply	v	develop
v	promise	adv	passively	n	rebel
adj	savory	adj	periodic	n	sensation
adj	commonplace	v	allocate	v	advocate
adj	collective	n	identity	n	icebreaker
adj	instinctive	n	motive	adj	observant

⭐ 표시는 <u>출제 빈도</u>를 나타냅니다.

001　★★★★★

orchard

| n | 과수원 |

ex Visit our **orchard** and enjoy the delight of picking fruits!
우리 과수원에 들러 과일을 따는 즐거움을 만끽하라!

The **orchard** is full of fresh smell of fruits.
과수원은 과일의 신선한 냄새로 가득차 있다.

002　★★★★★

litter

| n | 쓰레기 |

ex Here are tens of millions of pieces of **litter** around the Earth.
여기 지구주변에는 수천만 개의 쓰레기 조각들이 있다.

The student council is going to meet to clean up **litter**.
학생회는 쓰레기를 치우기 위해 모일 것이다.

003　★★★★★

naughty

| adj | 버릇없는 |　　　　　　　　참고 **mischievous** 말썽꾸러기의

ex He made an angry face at the **naughty** boy.
그는 그 장난꾸러기 소년에게 화난 표정을 지었다.

Stop being so **naughty** and do what I tell you.
그렇게 버릇없이 굴지 말고 내가 시키는 대로 해.

004　★★★★★

outcome

| n | 결과 |　　　　　　　　참고 **income** 소득, 수입

ex In soft diplomacy, countries do not necessarily expect a particular **outcome**.
부드러운 외교에서, 국가들은 반드시 특정한 결과를 기대하는 것은 아니다.

005　★★★★★

pamphlet

| n | 팸플릿 |

ex If you take a look at our **pamphlet** here, you can find the web address.
여기 팸플릿을 보시면 웹 주소를 찾을 수 있다.

He cannot provide her with a **pamphlet**.
그는 그녀에게 팜플렛을 제공할 수 없다.

006　★★★★★

reign

| n | 통치 기간 |　　　　　　　　참고 **rein** 고삐

ex This vandalism was an attempt to call into question the legitimacy of her **reign**.
이 공공 기물 파손 행위는 그녀의 통치 기간의 정당성에 의문을 제기하려는 시도였다.

007 ★★★★★	**n** 시위, 항의 **v** 항의하다

ex **Protests** against the music's lyrics led to increased album sales.
그 음악의 가사에 대한 항의는 앨범 판매 증가로 이어졌다.

They wondered how **protests**, poems, and songs could help the Earth.
그들은 시위, 시, 그리고 노래가 어떻게 지구를 도울 수 있는지 궁금해했다.

protest

---

008 ★★★★	**adj** 싸움의, 전쟁의	참고 **martial art** 무술

ex You really think that's all there is to **martial** arts?
정말 그게 무술의 전부라고 생각해?

Maybe his **martial** temperament helped.
아마 그의 호전적 기질이 도움이 됐을 것이다.

martial

---

009 ★★★★	**adv** 필연적으로	참고 **necessitate** ..을 필요하게 만들다

ex However, opponents say that such scores are not **necessarily** accurate.
하지만, 반대론자들은 그러한 점수가 필연적으로 정확하지는 않다고 말한다.

It is not **necessarily** required for a player to be tall.
선수가 키가 큰 것은 필연적으로 요구되지는 않는다.

necessarily

---

010 ★★★★	**adj** 자동조종의

ex A **pilotless** aircraft is used for observation of enemies and the army.
자동조종 항공기는 적의 관찰과 군대에 사용된다.

The **pilotless** aircraft that the movie imagined was embodied.
영화가 상상했던 조종사 없는 항공기가 구현됐다.

pilotless

---

011 ★★★	**n** 복수	참고 **avenge** 복수하다

ex In **revenge**, the king decided to send young boys to the monster.
복수로, 왕은 어린 소년들을 괴물에게 보내기로 결심했다.

Revenge always causes new problems for all involved.
복수는 항상 관련된 모든 사람들에게 새로운 문제를 야기한다.

revenge

---

012 ★★★	**adv** 동시에

ex People enrolled in second-language classes increased **simultaneously**.
제2외국어 수업에 등록한 사람들이 동시에 증가했다.

Critics and laypeople could obtain new music **simultaneously**.
비평가들과 비전문가들은 동시에 새로운 음악을 얻을 수 있었다.

simultaneously

⭐ 표시는 출제 빈도를 나타냅니다.

---

013 ⭐⭐⭐

tragedy

> **n** 비극
>
> **ex** This **tragedy** was the result of a gas leak at a chemical plant near the city.
> 이 비극은 도시 근처의 화학 공장에서 가스가 누출된 결과였다.
>
> We often fail to prevent mass **tragedies**.
> 우리는 종종 대규모 비극을 막지 못한다.

---

014 ⭐⭐⭐

supply

참고 **demand** 수요

> **n** 공급
>
> **ex** Due to a short **supply** in mangoes, the price went up.
> 부족해진 망고의 공급으로, 가격이 올랐다.
>
> Think about the relationship between **supply** and demand.
> 공급과 수요의 관계에 대해 생각해봐라.

---

015 ⭐⭐⭐

develop

> **v** 발달시키다
>
> **ex** By doing so, you can **develop** closer relationships with others.
> 그렇게 함으로써, 여러분은 다른 사람들과 더 가까운 관계를 발전시킬 수 있다.
>
> They are likely to **develop** conditions like heart disease later in life.
> 그들은 나중에 심장 질환과 같은 질환에 걸릴 가능성이 있다.

---

016 ⭐⭐⭐

promise

참고 **promising** 유망한

> **v** 약속하다 **n** 약속
>
> **ex** They finished their work as **promised**.
> 그들은 약속한 대로 일을 끝냈다.
>
> I **promise** I'll take care of it myself.
> 내가 직접 처리하겠다고 약속할게.

---

017 ⭐⭐

passively

> **adv** 수동적으로
>
> **ex** Yeah, but he's just sitting there **passively**.
> 응, 하지만 그는 수동적으로 거기에 앉아 있어.
>
> You may leave if you are going to participate **passively**.
> 수동적으로 참여할 거면 가도 좋아.

---

018 ⭐⭐

rebel

참고 **rebellion** 반란

> **n** 반역자
>
> **ex** The **rebels** may head to the negotiating table with the government.
> 반란자들은 정부와 협상 테이블로 향할지도 모른다.
>
> The captain furiously shouted to punish the **rebel**.
> 선장은 극노하여 반역자를 처벌하라고 소리쳤다.

---

019 ⭐⭐

savory

| adj | **맛 좋은, 풍미있는** |

ex Eating salty and **savory** foods first allows the body to know when it is full.
짜고 풍미있는 음식을 먹는 것은 우선 신체가 언제 배가 부르는지 알 수 있게 해준다.

A taste known as "**savory**" can be sensed all over the tongue.
풍미있는 맛이라고 알려진 맛은 혀 전체에 걸쳐 감지될 수 있다.

---

020 ⭐⭐

periodic

| adj | **주기적인, 정기적인** |

ex The people of a nation choose their leaders in **periodic** elections.
한 나라의 국민들은 정기적인 선거에서 지도자를 선출한다.

This morning's weather is clear overall with **periodic** clouds.
오늘 아침 날씨는 대체로 맑고 주기적으로 구름이 끼었다.

---

021 ⭐⭐

sensation

| n | **느낌, 감각 / 센세이션** | 참고 sensitivity 세심함

ex The **sensation** in my dream was so vivid that I thought it was real.
꿈에서의 감각이 너무 생생해서 진짜라고 생각했다.

This mysterious artwork is still causing a **sensation** around the world.
이 신비로운 예술품은 여전히 전 세계에 센세이션을 일으키고 있다.

---

022 ⭐⭐

commonplace

| n | **아주 흔한** |

ex A traffic jam in Seoul is **commonplace** these days.
요즘 서울의 교통 체증은 흔한 일이다.

Recently it became a **commonplace** to sit far away from each other.
최근 서로 멀리 떨어져 앉는 것은 흔히 있는 일이 되었다.

---

023 ⭐

allocate

| v | **할당하다** |

ex Issues of **allocating** unfit tasks to humans in automated systems became a problem.
자동화된 시스템에서 부적합한 작업을 인간에게 할당하는 사안이 문제가 되었다.

---

024 ⭐

advocate

| n | **지지자** | v | **지지하다** | ⊕ proponent 지지자

ex The role of science can be overstated, with its **advocates** slipping into scientism.
과학의 역할은 그 지지자들이 과학 만능주의에 빠져들면서 과장될 수 있다.

025

collective

adj 집단의, 단체의

(반) **individual** 개인적인

ex People gradually constructed a **collective** memory of the emotional event.
사람들은 점차적으로 그 감정적인 사건에 대한 집단적인 기억을 형성했다.

We formed **collective** terms for security reasons.
우리는 보안의 이유로 단체 용어를 만들었다.

026

identity

n 신원, 유사성

ex Click 1 to confirm your **identity**.
1을 클릭하여 신원을 확인해라.

The police tried to solve the **identity** theft case.
경찰은 신원 도용 사건을 해결하려고 했다.

027

icebreaker

n 어색함을 누그러뜨리기 위한 행동

ex We will walk to the beach and play some **icebreaker** games there.
우리는 해변으로 걸어가 그곳에서 어색함을 누그러뜨리기 위한 게임을 할 것이다.

As an **icebreaker**, I suggested a short game.
어색함을 누그러뜨리기 위한 행동으로, 짧은 게임을 제안했다.

028

instinctive

adj 본능적인

(반) **acquired** 습득한

ex This psychology is almost **instinctive**, and sellers use these tactics to sell their products.
이러한 심리는 거의 본능적이며, 판매자들은 그들의 제품을 팔기 위해 이러한 전술을 사용한다.

029

motive

n 동기, 이유

참고 **motif** 주제

ex We are often mistaken in attributing complex human **motives** to other species.
우리는 종종 복잡한 인간의 동기를 다른 종의 탓으로 돌리는 실수를 한다.

---

030 ☆

observant

adj 관찰력이 뛰어난 / 준수하는

ex He is well-known for his **observant** personality.
그는 관찰력이 뛰어난 성격으로 잘 알려져 있다.

My parents told me to be **observant** of rules.
부모님은 나에게 규칙을 준수하라고 말씀하셨다.

Practice

 1. 다음 단어들을 올바르게 연결하세요.

(1) **periodic** •   • (a) 쓰레기

(2) **develop** •   • (b) 팸플릿

(3) **observant** •   • (c) 싸움의, 전쟁의

(4) **identity** •   • (d) 복수

(5) **revenge** •   • (e) 주기적인

(6) **martial** •   • (f) 신원, 유사성

(7) **pamphlet** •   • (g) 준수하는

(8) **litter** •   • (h) 발달시키다

 2. 다음 영어 뜻에 맞게 알맞은 단어를 보기에서 찾아 쓰세요.

| naughty | allocate | simultaneously | commonplace |

(1) **at the same instant**

(2) **completely ordinary and unremarkable**

(3) **distribute according to a plan or set apart for a special purpose**

(4) **badly behaved**

SELF TEST

01	observant		16		싸움의, 전쟁의
02		발달시키다	17	commonplace	
03	motive		18		시위, 항의
04		공급	19	sensation	
05	instinctive		20		통치기간
06		비극	21	periodic	
07	icebreaker		22		팸플릿
08		동시에	23	savory	
09	identity		24		결과
10		복수	25	rebel	
11	collective		26		버릇없는
12		자동조종의	27	passively	
13	advocate		28		쓰레기
14		필연적으로	29	promise	
15	allocate		30		과수원

DAY 70

n	prey	adv	nonetheless	n	ownership
n	norm	v	perforate	adj	possessive
n	prevention	n	showcase	v	pursue
adj	unpaid	n	welder	n	technician
v	occur	n	residence	v	endanger
n	severity	adj	tectonic	n	tourism
v	snoop	n	uncertainty	adv	alternately
n	commander	adj	desirable	n	extremist
n	perfume	n	recess	adj	sensible
v	tolerate	adj	pervasive	adv	relentlessly

DAY

---

001 ★★★★★

prey

| n | 먹이[사냥감] | 반 predator 포식자 |

ex They sneak up on **prey** and jump on their victims at the last minute.
그들은 먹이를 향해 몰래 다가가서 마지막 순간에 희생물에게 달려든다.

They mostly **prey** on moths, but do not hesitate to eat other insects too.
그들은 대부분 나방을 먹지만 다른 곤충들도 먹는 것을 주저하지 않는다.

---

002 ★★★★★

nonetheless

adv 그렇더라도

ex **Nonetheless**, seven families refused to relocate and still live underground.
그렇더라도, 일곱 가족들은 이전을 거부하고 여전히 지하에 살고 있다.

Nonetheless, experimenting on oneself remains deeply problematic.
그렇더라도, 자신에 대한 실험은 여전히 매우 문제가 있다.

---

003 ★★★★★

ownership

n 소유

ex Pet **ownership** teaches both compassion and responsibility.
애완동물 소유는 동정심과 책임감을 가르친다.

This mark represents the **ownership** of the book.
이 표시가 책의 소유권을 나타낸다.

---

004 ★★★★★

norm

| n | 표준, 규범, 기준 | 참고 normative 규범적인 |

ex Babies bedshare in the same room as their parents, as is the **norm** in most of Asia.
아기들은 그들의 부모와 같은 방에서 침대를 함께 쓰는데, 아시아 대부분의 지역에서 규범과 같다.

---

005 ★★★★★

perforate

| v | 구멍을 뚫다 | adj | 점선 구멍이 나 있는 | 유 puncture 구멍을 내다 |

ex **Perforated** toilet roll paper that we use today was first made in 1877.
오늘날 우리가 사용하는 절취선이 있는 두루마리 휴지는 1877년에 처음 만들어졌다.

Take out the plastic wrap by threading it through the **perforated** slot.
플라스틱 랩을 구멍이 뚫린 구멍에 꿰어서 꺼낸다.

---

006 ★★★★★

possessive

adj 소유욕이 강한

ex Even though she might seem **possessive**, she actually is quite generous.
그녀는 소유욕이 강해보일 수 있지만, 사실 꽤 관대하다.

Why is he so **possessive** of her?
왜 그가 그녀에게 그렇게 소유욕이 있니?

---

007 ★★★★★

prevention

n 예방, 방지

참고 **protection** 보호

ex Vaccination is important for disease **prevention**.
예방접종은 질병 예방에 중요하다.

I've installed a double lock as a theft **prevention**.
나는 절도 방지로 이중 잠금을 설치했다.

---

008 ★★★★

showcase

n 공개 행사 **v** 보여주다

ex The event is a **showcase** for the new model of BMV.
이 행사는 BMV의 새로운 모델을 위한 공개 행사이다.

The webpage **showcases** the web design skills of programming students.
이 웹 페이지는 프로그래밍 학생들의 웹 디자인 기술을 보여준다.

---

009 ★★★★

pursue

v 추구하다, 계속하다

참고 **pursuit** 추구

ex These are abilities that will help students in any career they choose to **pursue**.
이러한 능력들은 학생들이 추구하는 모든 직업에서 실질적으로 도움을 줄 것이다.

---

010 ★★★

unpaid

adj 무보수의

ex Half the lab is **unpaid** grad students, so payment for labor hours wasn't a problem.
연구실의 절반이 무보수로 일하는 대학원생이라 노동시간 대금은 문제가 되지 않았다.

---

011 ★★★

welder

n 용접공

ex That looks like a protective mask that the **welders** wear.
저것은 용접공들이 쓰는 보호용 마스크처럼 생겼다.

The **welders** I know aren't thrilled about your offer.
내가 아는 용접공들은 당신의 제안에 별로 기뻐하지 않는다.

---

012 ★★★

technician

n 기술자, 기사

ex An inspection by a **technician** began at 9:30 AM on Monday.
월요일 오전 9시 30분에 기술자의 점검이 시작되었다.

When a **technician** went in to inspect, he discovered a serious defect.
기술자가 점검하러 들어갔을 때, 그는 심각한 결함을 발견했다.

DAY 70

---

013 ⭐⭐⭐

occur

| v | **발생하다** |

ex A fire **occurred** at the student center.
학생 회관에서 화재가 발생했다.

Others say that accidents **occurred** because of methane gas.
다른 사람들은 메탄가스 때문에 사고가 발생했다고 말한다.

---

014 ⭐⭐⭐

residence

| n | **주택, 거주지** | 참고 **resident** 거주자

ex Students will visit an old-fashioned **residence**.
학생들은 구식 거주지를 방문할 것이다.

This area is specially designed and developed for **residence**.
이 지역은 거주지를 위해 특별히 디자인되고 개발되었다.

---

015 ⭐⭐⭐

endanger

| v | **위험에 빠뜨리다** |

ex They were considered **endangered** and about to disappear forever.
그들은 멸종위기에 처한 것으로 여겨졌고 영원히 사라지려고 한다.

Is that plant an **endangered** species?
저 식물은 멸종위기종인가?

---

016 ⭐⭐

severity

| n | **혹독, 엄정** |

ex The **severity** of the winter is not the same every year.
겨울의 혹독함은 매년 같지 않다.

Our team was shocked due to the **severity** of the problem.
우리 팀은 문제의 엄정함으로 인해 충격을 받았다.

---

017 ⭐⭐

tectonic

| adj | **(지질) 구조상의** | 참고 **plate tectonics** 판구조론

ex The fault delineates the boundary between the North American and Pacific **tectonic** plates.
이 단층은 북아메리카와 태평양 지각판 사이의 경계를 나타낸다.

---

018 ⭐⭐

tourism

| n | **관광업** |

ex They're trying to encourage **tourism** in some of the lesser-visited areas.
그들은 방문자 수가 적은 지역의 관광을 장려하기 위해 노력하고 있다.

The coronavirus has decreased **tourism**.
코로나바이러스는 관광업을 감소시켰다.

019 ★★

snoop

v **염탐하다**　n **염탐꾼**

참고 snoopy 이것저것 캐묻는

ex He noticed her **snooping** around his office.
그는 그녀가 그의 사무실을 기웃거리는 것을 알아차렸다.

I saw a **snoop** going in and out of his room.
나는 염탐꾼이 그의 방을 들어갔다 나갔다 하는 것을 봤다.

---

020 ★★

uncertainty

n **불확실성**

유 precariousness 불안정성

ex Traditions give people a chance to escape from the **uncertainty** of everyday life.
전통은 사람들에게 일상생활의 불확실성에서 벗어날 기회를 준다.

---

021 ★

alternately

adv **번갈아**

참고 alternatively 그 대신에

ex He **alternately** cried and slept through the hours.
그는 몇 시간을 번갈아 울다 자다를 반복했다.

The speech was **alternately** enlightening and frustrating.
그 연설은 계몽적이면서도 좌절적이기도 했다.

---

022 ★

commander

n **지휘관**

ex Only focusing on the objective of the war may temporarily blind **commanders**.
오직 전쟁의 목표에 초점을 맞추는 것은 일시적으로 지휘관의 눈을 멀게 할 수 있다.

---

023 ★

desirable

adj **바람직한**

참고 desirous ..을 바라는

ex People may give answers that they feel are more socially **desirable** than their true feelings.
사람들은 그들의 진실된 감정보다 사회적으로 더 바람직하다고 느끼는 대답을 할 수도 있다.

---

024 ★

extremist

n **극단주의자**

ex His **extremist** views made him a social outcast.
그의 극단주의자 관점은 그를 인생의 낙오자로 만들었다.

Don't misunderstand me as an **extremist**.
날 극단주의자로 오해하지마.

☆ 표시는 **출제 빈도**를 나타냅니다.

---

025 ☆

perfume

n 향수

ex The strong scent of **perfume** in this shampoo makes me dizzy.
이 샴푸의 강한 향수 냄새가 날 어지럽게 만든다.

Scentsations **Perfume** is an international brand.
Scentsations 향수는 국제적인 브랜드이다.

---

026 ☆

recess

n 휴회기간, 쉬는 시간   참고 recession 경기 후퇴, 불참

ex Hazel is supervising the playground during **recess**.
Hazel은 쉬는 시간에 운동장을 감독하고 있다.

The **recess** time has been shortened due to the current situation.
쉬는 시간은 현재 상황으로 인해 짧아졌다.

---

027 ☆

sensible

adj 분별있는, 합리적인   참고 sensual 감각적인

ex The choices which have been made explicit exhaust the **sensible** alternatives.
명백한 것으로 밝혀진 선택들은 합리적인 대안들을 고갈시킨다.

---

028 ☆

tolerate

v 참다, 견디다

ex Change agents could prompt positive changes such as an unwillingness to **tolerate** sexual harassment in the workplace.
사회 변혁의 주도자들은 직장 내 성희롱을 용납하지 않는 것과 같은 긍정적인 변화를 촉진할 수 있다.

---

029 ☆

pervasive

adj 만연하는, 스며드는   ㊴ prevalent 널리 퍼져 있는

ex A **pervasive** issue always at the back of my mind is performance-enhancing drugs.
항상 내 마음 한구석에 만연해 있는 문제는 경기력 향상 약물들이다.

---

030 ☆

relentlessly

adv 가차없이

ex The dictator **relentlessly** ordered him to leave the town.
독재자는 그에게 마을을 떠날것을 가차없이 명령했다.

During the war, soldiers **relentlessly** shot at the enemies.
전쟁 중에, 병사들은 적군을 향해 가차없이 쏴댔다.

Practice

 1. 다음 단어들을 올바르게 연결하세요.

(1) **prevention** •　　　　　　　　• (a) **구멍을 뚫다**

(2) **perforate** •　　　　　　　　• (b) **예방, 방지**

(3) **commander** •　　　　　　　　• (c) **무보수의**

(4) **pervasive** •　　　　　　　　• (d) **주택, 거주지**

(5) **residence** •　　　　　　　　• (e) **지휘관**

(6) **unpaid** •　　　　　　　　• (f) **극단주의자**

(7) **technician** •　　　　　　　　• (g) **만연하는**

(8) **extremist** •　　　　　　　　• (h) **기술자, 기사**

 2. 우리말 뜻에 맞게 괄호에 알맞은 단어를 찾아 O표 하세요.

(1) **Students will visit an old-fashioned (** resident / residence **).**
학생들은 구식 거주지를 방문할 것이다.

(2) **She (** alternatively / alternately **) cried and slept through the hours.**
그녀는 몇시간을 번갈아 울다 자다를 반복했다.

(3) **Hazel is supervising the playground during (** recess / recession **).**
Hazel은 쉬는 시간에 운동장을 감독하고 있다.

(4) **The choices which have been made explicit exhaust the**
(sensible / sensual **) alternatives.**
명백한 것으로 밝혀진 선택들은 합리적인 대안들을 고갈시킨다.

SELF TEST

01	pervasive		16		관광업	
02		발생하다	17	alternately		
03	tolerate		18		구멍을 뚫다	
04		주택, 거주지	19	uncertainty		
05	sensible		20		표준, 규범, 기준	
06		기술자, 기사	21	possessive		
07	recess		22		소유	
08		용접공	23	tourism		
09	perfume		24		가차없이	
10		추구하다	25	tectonic		
11	extremist		26		그렇더라도	
12		공개 행사	27	severity		
13	desirable		28		먹이[사냥감]	
14		예방, 방지	29	endanger		
15	commander		30		무보수의	

TOSEL 실전문제 7

PART 8. General Reading Comprehension

DIRECTIONS: In this portion of the test, you will be provided with one longer reading passage. For the passage, complete the blanks in the passage summary using the words provided. Fill in your choices in the corresponding spaces on your answer sheet.

● TOSEL 72회 기출

1. Read the passage and answer the questions.

The Honjo Masamune is among Japan's most legendary swords. Created by master craftsman Masamune in the Middle Ages, the sword eventually ended up in the hands of the powerful Tokugawa family for two-and-a-half centuries. However, at the end of World War II, people in Japan, including the Tokugawa family, were required by the American military to give up their weapons at police stations. In 1946, a man claiming to be from the American military took the sword on behalf of the military. However, since that day, the sword has never been seen. Could the priceless relic be hanging up in some American home? To this day, it is a mystery.

Summary:

The Honjo Masamune is a historical Japanese sword. The powerful Tokugawa family had it for 250 years. However, after the Second World War, Japanese people had to give their __[A]__ to the American military. A man claiming to be an American soldier took the Honjo Masamune and the __[B]__ disappeared from view.

1. Choose the most suitable word for blank [A], connecting the summary to the passage.

   (A) bins

   (B) arms

   (C) boosters

   (D) antibodies

2. Choose the most suitable word for blank [B], connecting the summary to the passage.

   (A) brace

   (B) browser

   (C) treasure

   (D) limitation

CHAPTER 08

DAY 71

n	marking	adj	monthly	n	psychologist
adj	reasonable	adv	regardless	v	scrape
n	lifespan	n	marker	n	mascot
v	deteriorate	n	disorder	n	flashcard
adj	criminal	adj	extinct	adj	necessary
n	aggression	n	blackboard	n	compensation
n	adulthood	n	component	adj	aggregate
n	bullfighter	adj	concentric	adj	compositional
adj	outright	n	perforation	v	overload
n	plantation	adj	reborn	v	bisect

DAY

★ 표시는 <u>출제 빈도</u>를 나타냅니다.

---

001 ★★★★★

marking

n 표시, 무늬

ex This is why scientists call these **markings** "nectar guides".
이것이 과학자들이 이 표식을 "꿀 가이드"라고 부르는 이유이다.

The red **marking** on the paper is where you should look again.
종이의 빨간 표시가 당신이 다시 봐야 하는 부분이다.

---

002 ★★★★★

monthly

adj 매월의　**adv** 매월

ex Users pay a **monthly** membership fee to send a direct message to the person nearby.
이용자들은 가까이 있는 사람에게 직접 메시지를 보내기 위해 매달 회비를 지불한다.

---

003 ★★★★★

psychologist

n 심리학자　　　참고 **psychiatrist** 정신과의사

ex The social **psychologist** claims that the answer lies in their behavioral style.
사회심리학자는 그 해답은 그들의 행동양식에 있다고 주장한다.

---

004 ★★★★★

reasonable

adj 타당한, 합리적인

ex Your expectations are **reasonable**, I think.
당신의 기대는 타당하다고 생각한다.

The conclusion is **reasonable** only if his fear really concerns snakes.
그의 공포가 정말로 뱀에 관한 것이라면 그 결론은 타당하다.

---

005 ★★★★★

regardless

adv 상관하지 않고　　　참고 **regardless of** prep. …에 상관없이

ex **Regardless** of hot springs, volcanoes can be tourist spots by themselves.
온천에 상관없이, 화산은 그 자체로 관광지가 될 수 있다.

Some nations use one time zone for the entire country **regardless** of its size.
일부 국가는 규모에 상관없이 국가 전체에 대해 하나의 표준 시간대를 사용한다.

---

006 ★★★★★

scrape

v 긁다 , 긁어내다　　　참고 **scrap** 조각

ex Is it your job to **scrape** snow off the car in the morning?
아침에 차에서 눈을 긁어내는 게 당신 일인가?

After the hides have been **scraped**, they are moved to another area.
가죽을 긁어낸 후 다른 영역으로 옮겨진다.

007 ★★★★

lifespan

n 수명

참고 **longevity** 장수

ex Human **lifespan** has been extended greatly over the past decades.
인간의 수명은 지난 몇십년 동안 크게 늘어났다.

Fruit flies have a maximum **lifespan** of 50 days.
초파리의 수명은 최대 50일이다.

---

008 ★★★★

marker

n 표시, 매직펜

ex I put a **marker** where I buried my pet.
나는 내 반려동물을 묻은 곳에 표시를 했다.

The girl wants to borrow a **marker** from the man.
소녀는 남자로부터 마커를 빌리고 싶어 한다.

---

009 ★★★★

mascot

n 마스코트

ex A tiger appears on clothing and as **mascots** at sporting events.
호랑이는 옷과 스포츠 행사에서의 마스코트로 등장한다.

The costume for our beloved school **mascot**, Piney the Pinetree, is missing.
우리가 사랑하는 학교 마스코트인 Piney와 Pinetree 의상이 없어졌다.

---

010 ★★★

deteriorate

v 악화되다

유 **aggravate** 악화시키다

ex Her health has **deteriorated** after surgery.
수술 후 그녀의 건강이 악화되었다.

The man thinks **deteriorating** health among sportspeople is a problem.
그 남자는 스포츠인들 사이의 건강 악화가 문제라고 생각한다.

---

011 ★★★

disorder

n 장애 / 무질서

ex Evidence comes from observations of some children
with autistic spectrum **disorder**.
자폐성 스펙트럼 장애를 가진 몇몇 아이들의 관찰에서 증거가 나온다.

---

012 ★★★

flashcard

n 플래시카드

ex I use **flashcards** to memorize words.
나는 플래시 카드를 사용해서 단어를 외운다.

This app lets you generate PDF files of your **flashcards**.
이 앱을 통해 플래시 카드의 PDF 파일을 생성할 수 있다.

---

013 ★★★

criminal

| adj | 범죄의 | n | 범죄자 |

ex People with a **criminal** background are barred from applying.
범죄 경력이 있는 사람들은 지원할 수 없다.

His **criminal** record became known and teams wanted to avoid him.
그의 범죄 전과가 알려졌고 팀들은 그를 피하고 싶어했다.

---

014 ★★★

extinct

| adj | 멸종된 |

ex One research revealed that around 22 species of bird went **extinct** because of cats.
한 연구는 약 22종의 새가 고양이 때문에 멸종됐다는 것을 밝혀냈다.

---

015 ★★★

necessary

| adj | 필요한 | ⓐ indispensable 필요 불가결한

ex I learned the **necessary** art theory through my degree in art restoration.
나는 미술품 복원 학위를 통해 필요한 미술 이론을 배웠다.

Students should consider taking on some **necessary** debt.
학생들은 필요한 빚을 지는 것을 고려해야 한다.

---

016 ★★

aggression

| n | 공격, 침략 | ⓐ assault 격한 공격

ex To what extent should **aggression** be regulated in a virtual world?
가상 세계에서는 어느 정도까지 공격성을 규제해야 하는가?

Monkeys understand violence and engage in acts of **aggression**.
원숭이는 폭력을 이해하고 공격 행위를 한다.

---

017 ★★

blackboard

| n | 칠판 |

ex Why has nobody considered solving the problem that the teacher wrote on the **blackboard**?
왜 아무도 선생님이 칠판에 쓴 문제를 풀려고 하지 않았을까?

---

018 ★★

compensation

| n | 보상 |

ex Unsatisfied customers lodged a **compensation** claim against the company.
불만족스러운 고객들은 그 회사를 상대로 보상청구를 제기했다.

The man requests **compensation** for delayed baggage.
남자가 지연된 수하물에 대한 보상을 요구한다.

019 ★★	**n** 성인, 성년	참고 **adolescence** 청소년기

adulthood

ex In most cultures, people mark the change from **adulthood** in some way.
대부분의 문화에서, 사람들은 어떤 식으로든 성인으로부터의 변화를 표시한다.

You will feel the responsibility of **adulthood** someday.
너는 언젠가 성인의 책임감을 느낄 것이다.

---

020 ★★	**n** 요소	참고 **composition** 구성

component

ex Birthday candles have become an essential **component** of a good birthday party.
생일 초는 좋은 생일 파티의 필수적인 요소가 되었다.

---

021 ★	**adj** 종합한 **n** 합계	참고 **aggregation** 집합

aggregate

ex At the **aggregate** level, improving the level of national energy efficiency has positive effects on macroeconomic issues.
종합 수준에서, 국가 에너지 효율 수준을 개선하는 것은 거시 경제 문제에 긍정적인 영향을 미친다.

---

022 ★	**n** 투우사

bullfighter

ex Bulls get angry and attack when a **bullfighter** waves a red cape.
황소는 투우사가 빨간 망토를 흔들면 화를 내고 공격한다.

One of the **bullfighters** was seriously injured during the show.
투우사들 중 한 명이 공연 중에 심각하게 부상을 입었다.

---

023 ★	**adj** 중심이 같은	참고 **eccentric** 괴짜인

concentric

ex A round hill rising above a plain, would appear on the map as a set of **concentric** circles.
평야 위로 솟아 있는 둥근 언덕은 지도에 동심원 형태로 나타난다.

---

024 ★	**adj** 구성의

compositional

ex People in that time hardly considered a primary **compositional** element of music.
그 당시 사람들은 음악의 주요 구성 요소를 고려하지 않았다.

⭐ 표시는 출제 빈도를 나타냅니다.

---

025 ⭐⭐

outright

| adj | 완전한 | adv | 노골적으로 |

참고 **downright** 순전한, 완전한

ex I don't see stopping it **outright** as a feasible management goal.
나는 그것을 완전히 중단하는 것을 실현 가능한 경영 목표로 보지 않는다.

No one has ever **outright** told her about that.
누구도 그것에 관해 노골적으로 그녀에게 말한 적이 없다.

---

026 ⭐

perforation

| n | 구멍 |

ex Break through **perforation** on top and bend top back.
꼭대기에 난 구멍을 뚫고 위쪽을 뒤로 구부려라.

The **perforation** on the paper is too small and hard to find.
종이의 구멍은 너무 작고 찾기가 힘들다.

---

027 ⭐

overload

| v | 과적하다 | n | 지나치게 많음, 과부하 |

참고 **override** 기각하다

ex We'd better not **overload** it since it probably can't bear that much weight.
그 정도 무게를 견디지 못할 것 같으니 과적 하지 않는 게 좋겠다.

No wonder she got sick with the **overload** of work.
지나치게 많은 일로 그녀가 아픈 것은 당연하다.

---

028 ⭐

plantation

| n | 농장 / 조림지 |

ex Rubber trees are mainly found in Asia, although the largest **plantation** is in Liberia.
고무나무는 아시아에서 주로 발견되지만, 가장 큰 조림지는 라이베리아에 있다.

---

029 ⭐

reborn

| v | 다시 활발해지다[인기를 얻다] / 다시 태어나다 | adj | 다시 활발해진 |

ex His novel was **reborn** as a film, and it immediately became popular.
그의 소설은 영화로 재탄생했고, 곧바로 인기를 끌었다.

Our new project includes making the web page to be **reborn**.
우리의 새 프로젝트는 웹페이지를 다시 활발하게 만드는 것을 포함한다.

---

030 ⭐

bisect

| v | 이등분하다 |

ex You can see its body parts clearly if you **bisect** through the right spot.
맞는 지점을 이등분한다면 그것의 신체 부분을 명확히 볼 수 있다.

Bisect the line AC to get AB and BC.
선 AC를 이등분해서 AB와 AC를 만들어라.

Practice

 1. 다음 단어들을 올바르게 연결하세요.

(1) compositional •   • (a) 타당한, 합리적인

(2) adulthood •   • (b) 상관하지 않고

(3) regardless •   • (c) 수명

(4) lifespan •   • (d) 필요한

(5) reasonable •   • (e) 성인, 성년

(6) necessary •   • (f) 구성의

(7) perforation •   • (g) 다시 활발해지다

(8) reborn •   • (h) 구멍

 2. 우리말 뜻에 맞게 빈칸에 알맞은 단어를 보기에서 찾아 쓰세요.

aggression	outright	scrape	criminal

(1) **Is it your job to _____ snow off the car in the morning?**
아침에 차에서 눈을 긁어내는 게 당신 일인가?

(2) **People with a _____ background are barred from applying.**
범죄 경력이 있는 사람들은 지원할 수 없다.

(3) **To what extent should _____ be regulated in a virtual world?**
가상 세계에서는 어느 정도까지 공격성을 규제해야 하는가?

(4) **I don't see stopping it _____ as a feasible management goal.**
나는 그것을 완전히 중단하는 것을 실현 가능한 경영 목표로 보지 않는다.

SELF TEST

01	reborn		16		수명
02		멸종된	17	aggregate	
03	plantation		18		이등분하다
04		범죄의, 범죄자	19	component	
05	overload		20		긁다, 긁어내다
06		플래시카드	21	adulthood	
07	perforation		22		상관하지 않고
08		장애, 무질서	23	compensation	
09	outright		24		타당한, 합리적인
10		악화되다	25	blackboard	
11	compositional		26		심리학자
12		마스코트	27	aggression	
13	concentric		28		매월의, 매월
14		표시, 매직펜	29	necessary	
15	bullfighter		30		무늬, 표시

DAY 72

v	resemble	n	trait	v	unwrap
adj	ridiculous	adj	rotten	n	souvenir
n	microchip	adj	mindful	n	navigation
n	follower	n	gambler	adv	grammatically
n	defense	v	advise	n	distance
v	conceal	v	dictate	n	concussion
n	confession	n	configuration	n	dependence
adj	digestive	n	necessity	n	monologue
n	obscenity	adj	monetary	adj	optic
adj	stellar	adj	spatial	adj	studious

⭐ 표시는 <u>출제 빈도</u>를 나타냅니다.

---

001 ⭐⭐⭐⭐⭐

resemble

| v | 닮다, 비슷하다 |

ex Your eyes **resemble** your mother's.
너의 눈은 어머니의 눈을 닮았구나.

Although its appearance **resembles** the fig, its taste is quite different.
그것의 외관은 무화과를 닮았지만, 맛은 꽤 다르다.

---

002 ⭐⭐⭐⭐⭐

trait

| n | 특성 | 참고 **traitor** 배반자

ex We can make predictions using DNA about **traits** like the risk of getting certain diseases.
우리는 특정 질병에 걸릴 위험과 같은 특징에 대해 DNA를 이용하여 예측을 할 수 있다.

---

003 ⭐⭐⭐⭐⭐

unwrap

| v | 풀다 |

ex You shouldn't have **unwrapped** it without consent.
너는 동의 없이 그것을 풀지 말았어야 했다.

The player who finally **unwraps** the box gets the prize!
마침내 상자를 개봉하는 선수가 상을 받는다!

---

004 ⭐⭐⭐⭐⭐

ridiculous

| adj | 웃기는, 터무니없는 | 참고 **absurd** 터무니없는

ex Do you know how **ridiculous** you look whenever you do that?
그럴 때마다 네가 얼마나 우스꽝스럽게 보이는지 알아?

Fears about the development of AI may seem **ridiculous**.
AI의 발달에 대한 두려움은 우스꽝스러워 보일 수 있다.

---

005 ⭐⭐⭐⭐⭐

rotten

| adj | 썩은 |

ex This plant is called a "corpse flower" because of its **rotten** smell when in bloom.
이 식물은 꽃이 필 때 썩은 냄새 때문에 "시체 꽃"이라고 불린다.

---

006 ⭐⭐⭐⭐⭐

souvenir

| n | 기념품 | 유 **memento** 기념품

ex And the **souvenirs** for the party are ready, too.
그리고 파티를 위한 기념품도 준비되어 있다.

Get a free **souvenir** with your ticket!
입장권으로 무료 기념품을 받아라!

007 ★★★★

microchip

n 마이크로칩

ex What are you most likely to find on the **microchip** database?
마이크로칩 데이터베이스에서 찾을 가능성이 가장 높은 것은 무엇인가?

In recent years, pet owners have been placing **microchips** into their dogs.
최근 몇 년 동안, 애완동물 주인들은 개에게 마이크로칩을 넣고 있다.

---

008 ★★★★

mindful

adj …을 유념하는   ⑨ sensible of …을 느끼고

ex Mix metals with care and be **mindful** about different tones of leathers.
금속을 조심스럽게 혼합하고 다양한 톤의 가죽을 유념해서 살펴보아라.

Next time be more **mindful** of other people's stuff.
다음번에는 다른 사람의 물건을 좀 더 유념해라.

---

009 ★★★★

navigation

n 항해, 운항, 내비게이션   참고 sailing 항해

ex Extreme weather made the **navigation** almost impossible.
극강의 날씨는 항해를 거의 불가능하게 만들었다.

I'll use GPS **navigation** for back-up anyway.
어쨌든 GPS 네비게이션으로 지원을 하겠다.

---

010 ★★★

follower

n 추종자

ex She is an avid **follower** of horror movies.
그녀는 공포 영화의 열렬한 추종자이다.

Are you a **follower** or a leader?
당신은 따르는 편인가 아니면 이끄는 편인가?

---

011 ★★★

gambler

n 도박꾼

ex A **gambler** might lose money ten times in a row.
도박꾼은 열 번 연속해서 손해를 볼 수도 있다.

This is what's known as the "**gambler**'s fallacy".
이것이 "도박사의 오류"라고 알려진 것이다.

---

012 ★★★

grammatically

adv 문법적으로

ex Your sentence sounds beautiful, but is not **grammatically** correct.
너의 문장은 아름답게 들리지만, 문법적으로는 맞지 않다.

Choose the underlined part that contains **grammatically** incorrect words.
문법적으로 틀린 단어가 들어 있는 밑줄 친 부분을 선택하여라.

DAY 72

---

013 ★ ★ ★

defense

n 방어, 수비　　　　　　　　　参고 **offense** 위법 행위

ex People have their own **defense** mechanism in many different ways.
사람들은 많은 다른 방식의 방어 기제를 가진다.

Violence can only be justified in case of self-**defense**.
폭력은 오직 자기방어의 경우에만 정당화될 수 있다.

---

014 ★ ★ ★

advise

v 조언하다 / 알리다

ex I would **advise** chewing thoroughly.
나는 충분히 씹는 것을 조언하고 싶다.

Employees in need of assistance should **advise** their team leader.
도움이 필요한 직원은 팀장에게 알려야 한다.

---

015 ★ ★ ★

distance

n 거리　　　　　　　　　参고 **distant** adj. 먼

ex At first, she keeps her **distance**, figuring that Brad should deal with the situation himself.
처음에, 그녀는 Brad가 상황을 스스로 대처해야 한다고 생각해 거리를 둔다.

---

016 ★ ★ ★

conceal

v 감추다, 숨기다　　　　　　　　参고 **conceive** 상상하다

ex Attempts to burn off fingertips can still reveal the original underlying **concealed** patterns.
손끝을 태우려는 시도는 여전히 원래의 숨겨진 패턴을 드러낼 수 있다.

---

017 ★ ★

dictate

v 받아쓰게 하다, …에 영향을 주다, 지시하다　　　参고 **dictator** n. 독재자

ex Students were to **dictate** what they hear from the audio.
학생들은 오디오에서 들려오는 것을 받아썼다.

Cultural standards may **dictate** sleep times.
문화적 기준은 수면 시간에 영향을 줄 수 있다.

---

018 ★ ★

concussion

n 뇌진탕

ex Another rugby player got a **concussion**.
또 다른 럭비 선수가 뇌진탕을 일으켰다.

Concussions in rough sports are a serious problem among parents.
거친 운동에서 뇌진탕은 부모들 사이에서 심각한 문제이다.

| 019 | ⭐⭐ | n | 자백, 고백 | 참고 **profession** 직업 |

confession

ex The suspect finally made a **confession** on his crime.
용의자는 마침내 그의 범죄를 자백했다.

I have a **confession** to make privately.
나는 개인적으로 고백할 것이 있다.

| 020 | ⭐ | n | 배열, 배치 / 환경설정 |

configuration

ex Painters rendered emotion in the spatial **configurations** native to the art.
화가들은 예술에 바탕을 둔 공간적 배열으로 감정을 표현했다.

Go into the **configuration** option to adjust the brightness.
밝기 조정을 하려면 환경설정으로 가봐.

| 021 | ⭐ | n | 의존 | 참고 **dependency** 속국 |

dependence

ex Improving the level of national energy efficiency has positive effects on energy **dependence**.
국가 에너지 효율의 수준을 향상시키는 것은 에너지 의존도에 긍정적인 영향을 미친다.

| 022 | ⭐ | adj | 소화의 |

digestive

ex Sleeping on your left side helps the **digestive** process because your stomach is on the left.
왼쪽으로 자는 것은 여러분의 위가 왼쪽에 있기 때문에 소화 과정에 도움이 된다.

| 023 | ⭐ | n | 필요(성) |

necessity

ex The **necessity** of educating children as moral agents is increasing.
아이들을 도덕적인 행위자로 교육해야 할 필요성이 증가하고 있다.

First-aid kit is one of the **necessities** for the long trip.
비상약품은 장기여행의 필수품들 중 하나이다.

| 024 | ⭐ | n | 이야기, 독백 | 참고 **monotone** adj. 단조로운 |

monologue

ex The part I liked the most in the play was the **monologue** of the main actress.
연극에서 내가 가장 좋아했던 부분은 주연 여배우의 독백이었다.

 **DAY 72**

★ 표시는 출제 빈도를 나타냅니다.

025

obscenity

| n | 외설 | 참고 **obscene** adj. 외설적인 |

ex We're hearing a lot more **obscenity** on TV or video games, for example.
예를 들어, TV나 비디오 게임에서 우리는 훨씬 더 많은 외설적인 소리를 듣고 있다.

Certain gestures can be an **obscenity** in some culture.
특정 손짓들은 어떤 문화에서는 외설이 될 수 있다.

026

monetary

| adj | 통화의 |

ex Any **monetary** benefit from that good mood of his?
그의 좋은 분위기에서 오는 금전적인 이득은 없는가?

You will need to solve the **monetary** issue first.
너는 금전적인 문제를 먼저 해결해야 한다.

027

optic

| adj | 눈의 | 참고 **optics** 광학 |

ex **Optic** nerves are very delicate and easily damaged, so the surgery should be performed carefully and slowly.
눈의 신경들은 아주 연약해서 손상되기 쉽기 때문에 수술은 아주 조심스럽고 천천히 행해져야 한다.

028

stellar

| adj | 별의 / 뛰어난 | 참고 **stella** n. 별 |

ex **Stellar** observations show the greatness of the universe.
별의 관측은 우주의 위대함을 보여준다.

We can all agree they've done a **stellar** job of learning the ropes so far.
그들이 지금까지 요령을 터득하는 훌륭한 일을 했다는 것에 우리 모두가 동의할 수 있다.

029

spatial

| adj | 공간의 | 참고 **temporal** 시간의 |

ex People usually think of touch as a temporal phenomenon, but it is **spatial**.
사람들은 보통 접촉을 시간적 현상으로 생각하지만, 그것은 공간적인 현상이다.

030

studious

| adj | 학구적인 | 참고 **tedious** 지루한 |

ex His studio was a calm and **studious** place to work.
그의 작업실은 차분하고 공부하기 좋은 장소였다.

His **studious** habit started from a young age.
그의 학구적인 습관은 그의 어린 시절부터 시작했다.

Practice

 1. 다음 단어들을 올바르게 연결하세요.

(1) conceal ●	● (a) 도박꾼
(2) obscenity ●	● (b) 조언하다
(3) spatial ●	● (c) 감추다, 숨기다
(4) studious ●	● (d) 배열, 배치
(5) optic ●	● (e) 외설
(6) configuration ●	● (f) 눈의
(7) advise ●	● (g) 공간의
(8) gambler ●	● (h) 학구적인

 2. 다음 영어 뜻에 맞게 알맞은 단어를 보기에서 찾아 쓰세요.

ridiculous	souvenir	dependence	resemble

(1) the state of relying on or being controlled
    by someone or something else

(2) appear like; be similar or bear a likeness to

(3) extremely silly or unreasonable

(4) a reminder of past events

SELF TEST

01	studious		16		…을 유념하는
02		거리	17	digestive	
03	spatial		18		마이크로칩
04		조언하다	19	dependence	
05	stellar		20		기념품
06		방어, 수비	21	configuration	
07	optic		22		썩은
08		문법적으로	23	confession	
09	monetary		24		웃기는
10		도박꾼	25	concussion	
11	obscenity		26		풀다
12		추종자	27	dictate	
13	monologue		28		특성
14		항해, 운항	29	conceal	
15	necessity		30		닮다, 비슷하다

DAY 73

adj	secondhand	n	traitor	v	shed
v	translate	adj	uncomfortable	v	vend
v	warn	n	mortuary	adv	politely
adj	preposterous	adj	hairless	n	housewife
adj	ineffective	n	scene	v	grant
adj	private	n	diffuser	adj	disadvantaged
n	eyesight	n	fatality	adv	firsthand
v	disperse	v	cooperate	adj	editorial
adj	joyful	adj	irrational	n	lawsuit
adj	meek	v	mumble	v	drool

⭐ 표시는 <u>출제 빈도</u>를 나타냅니다.

---

001 ⭐⭐⭐⭐⭐

secondhand

| adj | 간접의 / 중고의 | 참고 **firsthand** 직접 |

ex The danger of **secondhand** smoking should be considered more.
간접흡연의 위험성은 더 고려되어야 한다.

I can recommend some great **secondhand** shops.
나는 멋진 중고품 가게를 추천할 수 있다.

---

002 ⭐⭐⭐⭐⭐

traitor

| n | 배반자 | 유 **betrayer** 배신자 |

ex Anyone who would speak to them would be thought of as **traitors**.
그들과 대화하는 사람은 누구든 배신자로 생각될 것이다.

What would cause a Yurok person to be thought of as a **traitor**?
무엇이 유록 사람을 배신자로 생각하게 만드는가?

---

003 ⭐⭐⭐⭐⭐

shed

| v | 없애다 / 흘리다 / 비추다 |

ex Don't watch this movie unless you are ready to **shed** tears!
눈물을 흘릴 준비가 되지 않았다면 이 영화를 보지 말아라!

Egypt has **shed** light on the life of the world's unique figures.
이집트는 세계의 독특한 인물들의 삶을 조명했다.

---

004 ⭐⭐⭐⭐⭐

translate

| v | 번역하다 |

ex It was a bestseller and has been **translated** into many different languages.
그것은 베스트셀러였고 다양한 언어로 번역되었다.

Do you mind **translating** this script into English?
이 대본을 영어로 번역해줄 수 있니?

---

005 ⭐⭐⭐⭐⭐

uncomfortable

| adj | 불편한 |

ex Many people wear these **uncomfortable** shoes because they make the legs look longer.
많은 사람들이 다리가 길어 보이게 하기 때문에 이 불편한 신발을 신는다.

---

006 ⭐⭐⭐⭐⭐

vend

| v | 팔다 | 참고 **vending machine** 자판기 |

ex The machine will not **vend** the products unless you activate it first.
그 기계는 먼저 활성화시키지 않는 한 제품들을 팔지 않을 것이다.

You're not trying to break that **vending** machine, are you?
너 설마 그 자판기를 망가뜨리려는 건 아니겠지?

007 ★★★★★

warn

| v | 경고하다 |

ex They had been **warned** for delayed payments.
그들은 밀린 지불에 대해 경고를 받았었다.

The man **warned** her that the company is in trouble.
그 남자는 그녀에게 회사가 곤경에 처해 있다고 경고했다.

---

008 ★★★★☆

mortuary

| n | 빈소, 시체 안치소, 영안실 |

ex The **mortuary** of Hatshepsut even included a perfect row of columns.
심지어 Hatschepsut의 빈소에는 완벽한 기둥들이 줄지어 서 있었다.

He commissioned an expansive and grandiose **mortuary** temple.
그는 넓고 거창한 빈소를 지었다.

---

009 ★★★★☆

politely

| adv | 공손히 |

ex Can you please talk more **politely** to the strangers?
낯선 사람들에게 조금 더 공손히 말할 수 없니?

Jim acts **politely** around the man.
Jim은 그 남자 주위에서 정중하게 행동한다.

---

010 ★★★★☆

preposterous

| adj | 터무니없는 | 참고 **absurd** 터무니없는

ex Such an early time may seem **preposterous** to many parents
of little kids in Spain.
그러한 이른 시기는 스페인의 많은 어린 아이들의 부모들에게 터무니없는 것으로
보일지도 모른다.

---

011 ★★★☆☆

hairless

| adj | 털이 없는 | 유 **bald** 머리가 벗겨진

ex When pandas are babies, they appear to be **hairless**.
팬더가 아기일 때, 그들은 털이 없는 것처럼 보인다.

Although you shaved your head and went **hairless**, you are still so beautiful.
비록 네가 머리를 밀고 털이 없지만, 너는 여전히 매우 아름답다.

---

012 ★★★☆☆

housewife

| n | 주부 |

ex The clumsy **housewife** led to the creation of something we still
use today--bandage.
서투른 주부는 오늘날에도 여전히 우리가 사용하는 것인 밴드를 창조하도록
이끌었다.

DAY

★ 표시는 출제 빈도를 나타냅니다.

---

013 ★★★

ineffective

`adj` **효과 없는**

`ex` However, the law was **ineffective** and it was cancelled.
하지만, 이 법은 효과가 없었고 취소되었다.

The medicine I'm taking might be **ineffective** since I'm not getting better.
나아지지 않고 있는 걸 보니 내가 먹고 있는 약은 효과가 없는 것 같다.

---

014 ★★★

scene

`n` **현장, 장면**　　　　　　　　　　　　　참고 **scenery** 풍경, 배경

`ex` They used the actress' real twin sister to make this **scene** appear natural.
그들은 이 장면을 자연스럽게 보이기 위해 여배우의 진짜 쌍둥이 여동생을 이용했다.

The **scene** was filmed in Harlem.
그 장면은 할렘에서 촬영되었다.

---

015 ★★★

grant

`v` **승인하다**　　`n` **보조금**

`ex` The copyright office **granted** a patent to the American company.
저작권 사무소는 그 미국 회사에 특허를 내주었다.

Maybe you could get a scholarship or **grant**?
네가 장학금이나 보조금을 받을 수 있지 않을까?

---

016 ★★★

private

`adj` **사유의**　　　　　　　　　　　　　반 **public** 공공의

`ex` It is not simply a case of looking at **private** costs.
그것은 단순히 사적인 비용을 보는 경우가 아니다.

I don't think it's a good idea to touch his **private** issues.
그의 사적인 문제들을 건드는 것은 좋은 생각이 아닌 것 같다.

---

017 ★★

diffuser

`n` **공기 확산기, 디퓨저**

`ex` It's an oil **diffuser** containing natural substances.
이것은 천연 물질을 포함한 오일 디퓨저이다.

The subtle fragrance from the **diffuser** will help you feel relaxed.
디퓨저의 은은한 향기가 당신을 편안하게 하는 것을 도울 것이다.

---

018 ★★

disadvantaged

`adj` **사회적 약자인, (경제적으로) 어려운**　　　유 **deprived** 불우한

`ex` She suggests that families bring extra clothing for **disadvantaged** students.
그녀는 가족들에게 어려운 학생들을 위해 여분의 옷을 가져오라고 제안한다.

There's a college support program for **disadvantaged** students.
사회적 도움이 필요한 학생들을 위한 대학 보조 프로그램이 있다.

019 ★★	**eyesight**	n 시력

ex Scientists even found that music can help people regain their **eyesight** after a stroke!
과학자들은 심지어 음악이 사람들이 뇌졸중 후에 시력을 되찾는 것을 도울 수 있다는 것을 발견했다!

---

020 ★★

fatality

n 사망자, 치사율

ex Reasons for **fatalities** include attacks from orca whales.
사망자 수의 원인으로는 범고래의 공격이 있다.

The **fatality** rate by a car accident is lower than last month.
차 사고로 인한 사망률은 지난 달보다 낮다.

---

021 ★★

firsthand

adv 직접, 바로   adj 직접의

ex You can receive letters of recommendations from people with **firsthand** knowledge of your experience.
당신은 당신의 경력을 직접 알고 있는 사람들로부터 추천서를 받을 수 있다.

---

022 ★

disperse

v 흩어지다, 해산하다   ㊠ scatter 흩뿌리다

ex Resident-bird habitat selection is a process in which a young **dispersing** individual moves until it finds a place.
텃새의 서식지 선정은 흩어지는 어린 개체들이 장소를 찾을 때까지 이동하는 과정이다.

---

023 ★

cooperate

v 협력하다

ex The minority doesn't always have to **cooperate** with the majority.
소수가 항상 다수에 협조할 필요는 없다.

We would really appreciate it if you **cooperate** with us.
우리에게 협조해 주신다면 정말 감사하겠습니다.

---

024 ★

editorial

adj 편집의   n 사설   참고 edition 판

ex Movies do more than present two-hour civics lessons or **editorials** on responsible behavior.
영화는 책임감 있는 행동에 대한 2시간짜리 윤리 수업이나 사설 등을 제공하는 것 이상을 한다.

⭐ 표시는 출제 빈도를 나타냅니다.

025

joyful

`adj` **아주 기뻐하는**

ⓤ **delightful** 정말 기분 좋은

`ex` A birthday without these **joyful** symbols of the years gone by simply is not the same as I recall.
지난 세월의 기쁜 상징이 없는 생일은 내가 기억하는 것과 같지 않다.

026

irrational

`adj` **비이성적인**

`ex` This fear might seem **irrational** to some people.
이 두려움은 일부 사람들에게는 비이성적으로 보일 수 있다.

Or was he simply an **irrational** absolute monarch?
아니면 그는 단순히 비이성적인 절대 군주였을까?

027

lawsuit

`n` **소송, 고소**

`ex` Is it true that Benjamin is considering filing a **lawsuit** against you?
Benjamin이 당신을 고소할 생각을 하고 있다는 게 사실인가?

Due to my position at work, I was involved in a business **lawsuit**.
직위 때문에 나는 사업 소송에 관련되었다.

028

meek

`adj` **온순한**

ⓤ **compliant** 순응하는, 따르는

`ex` A calm and **meek** man vowed to tell the truth.
침착하고 온순한 남자가 진실을 말하겠다고 맹세했다.

Contrary to her **meek** voice, her stance was firm.
그녀의 온순한 목소리에 반대되게, 그녀의 입장은 견고했다.

029

mumble

`v` **중얼거리다** `n` **중얼거림**

참고 **grumble** 투덜거리다

`ex` He kept **mumbling** while looking around.
그는 주위를 둘러보며 계속 중얼거렸다.

Without confidence, she concluded with a **mumble**.
자신감 없이, 그녀는 중얼거리면서 끝냈다.

---

030 ⭐

drool

`v` **침을 흘리다**

`ex` According to the theory, the dog will unconsciously **drool** whenever the bell rings!
이론에 따르면, 개는 종이 울릴 때마다 무의식적으로 침을 흘릴 것이다!

Practice

 1. 다음 단어들을 올바르게 연결하세요.

(1) disperse   •

(2) joyful   •

(3) cooperate   •

(4) scene   •

(5) hairless   •

(6) warn   •

(7) translate   •

(8) editorial   •

• (a) 번역하다

• (b) 경고하다

• (c) 현장, 장면

• (d) 흩어지다

• (e) 협력하다

• (f) 편집의, 사설

• (g) 아주 기뻐하는

• (h) 털이 없는

 2. 우리말 뜻에 맞게 괄호에 알맞은 단어를 찾아 O표 하세요.

(1) **Anyone who would speak to them would be thought of as (traits / traitors).**
그들과 대화하는 사람은 누구든 배신자로 생각될 것이다.

(2) **I can recommend some great (secondhand / firsthand) shops.**
나는 멋진 중고품 가게를 추천할 수 있다.

(3) **The minority doesn't always have to (incorporate / cooperate) with the majority.**
소수가 항상 다수에 협조할 필요는 없다.

(4) **This fear might seem (rational / irrational) to some people.**
이 두려움은 일부 사람들에게는 비이성적으로 보일 수 있다.

SELF TEST

01	mumble		16		영안실
02		승인하다, 보조금	17	disperse	
03	meek		18		경고하다
04		현장, 장면	19	firsthand	
05	lawsuit		20		팔다
06		효과 없는	21	fatality	
07	irrational		22		불편한
08		주부	23	eyesight	
09	joyful		24		번역하다
10		털이 없는	25	disadvantaged	
11	drool		26		흘리다
12		터무니없는	27	diffuser	
13	editorial		28		배반자
14		공손히	29	private	
15	cooperate		30		간접의, 중고의

DAY 74

v	smear	v	trample	adj	vestigial
adj	untouched	n	symptom	adj	woody
n	trek	n	preschool	n	preservative
v	sigh	adj	inexpensive	adv	hopefully
adj	heroic	v	introduce	n	comparison
adv	obviously	n	footwear	n	foundation
v	disseminate	adj	disposable	n	incarceration
adj	elaborate	adj	didactic	adj	constitutional
v	admit	n	landfill	adj	knowledgeable
n	layout	adj	inward	adj	interim

DAY 74

★ 표시는 출제 빈도를 나타냅니다.

---

001 ★ ★ ★ ★ ★

[v] **더럽히다, 문지르다**　　　　　　　[참고] smudge 번지게 하다

[ex] So the ink doesn't **smear** when printing a book.
그래서 책을 인쇄할 때 잉크가 묻지 않는다.

Writing from left to right prevented the ink **smearing**.
글씨를 왼쪽에서 오른쪽으로 쓰면 잉크가 번지지 않는다.

smear

---

002 ★ ★ ★ ★ ★

[v] **짓밟다**

[ex] The camels **trample** the clothing until their anger is gone.
낙타는 화가 풀릴 때까지 옷을 짓밟는다.

He **trampled** on her long dress while stepping backward.
그는 뒷걸음질치다가 그녀의 긴 드레스를 짓밟았다.

trample

---

003 ★ ★ ★ ★ ★

[adj] **남아 있는**　　　　　　　[참고] vestige n. 자취, 흔적

[ex] **Vestigial** traits are body parts that humans needed once, but not now.
흔적 기관은 인간이 한때 필요로 했던 신체 부위이지만 지금은 그렇지 않은 것을 말한다.

Is the tailbone an example of a **vestigial** body part?
꼬리뼈는 흔적 기관의 예인가?

vestigial

---

004 ★ ★ ★ ★ ★

[adj] **손을 대지 않은**

[ex] In the storage are the **untouched** valuables from more than 10 years ago.
창고에 있는 것들은 10년 이상 전의 손을 대지 않은 귀중품들이다.

They often get angry even when they are **untouched**.
그들은 손을 대지 않아도 화를 내는 경우가 많다.

untouched

---

005 ★ ★ ★ ★ ★

[n] **증상**

[ex] If you have more than one **symptom**, you should make a reservation.
증상이 하나 이상이라면 예약을 하는 것이 좋다.

An early **symptom** of the disease is a loss of sense of smell.
그 병의 초기 증상은 후각을 잃는 것이다.

symptom

---

006 ★ ★ ★ ★ ★

[adj] **나무 같은, 목질의**

[ex] They were both thin and **woody** and had a white color!
그것들은 둘 다 얇고 나무 같았고 하얀색이었다!

Trees with lots of **woody** parts need more carbon dioxide to grow.
목질 부분이 많은 나무들은 자라기 위해 더 많은 이산화탄소가 필요하다.

woody

007 ★★★★★

trek

| n | 트레킹 | v | 오래 걷다 |

ex Wheels won't help you on dirt roads or jungle **treks**.
흙길이나 정글 트레킹에서는 바퀴가 도움이 안 될 거야.

We stopped halfway through the **trek** to take a break.
우리는 휴식을 취하기 위해 트레킹 중간에 멈췄다.

---

008 ★★★★

preschool

| n | 유치원 |　　　　　　　　　　　🐸 kindergarten 유치원

ex Her daughters are both in **preschool**.
그녀의 두 딸 모두 유치원에 다닌다.

The **preschool** teacher teaches kids to tidy up the room themselves.
유치원 선생님은 아이들이 스스로 방을 정돈하도록 가르친다.

---

009 ★★★★

preservative

| n | 방부제 |　　　　　　　참고 conservative 보수적인

ex It also acts as a **preservative** for animals.
그것은 또한 동물의 방부제 역할을 한다.

Nowadays many companies avoid using artificial **preservatives**.
요즘 많은 회사들이 인공 방부제 사용을 피하려고 한다.

---

010 ★★★★

sigh

| v | 한숨을 쉬다 | n | 한숨 |

ex Olivia **sighed** in despair because she thought they could not possibly pick all of the caterpillars off.
Olivia는 그들이 모든 애벌레들을 잡아낼 수 없다고 생각했기 때문에 절망적으로 한숨을 쉬었다.

---

011 ★★★

inexpensive

| adj | 비싸지 않은 |

ex Students are looking for **inexpensive** phone payment plans.
학생들은 비싸지 않은 전화 요금제를 찾고 있다.

We offer **inexpensive** beverages and snacks.
우리는 비싸지 않은 음료와 간식을 제공한다.

---

012 ★★★

hopefully

| adv | 바라건대 |

ex Okay, **hopefully** I can come and get that done for you.
좋아, 바라건대 내가 가서 그 일을 해줬으면 좋겠어.

Hopefully he will come back before the closing.
그가 종료 전 돌아오길 바란다.

DAY 74

---

013 ★ ★ ★

heroic

adj **영웅적인**

참고 **heroine** n. 영웅적인 여자

ex This is a story about a **heroic** ambassador.
이것은 영웅적인 대사에 관한 이야기이다.

I heard about the **heroic** story of firefighters.
나는 소방관들의 영웅담에 대해 들었다.

---

014 ★ ★ ★

introduce

v **소개하다, 도입하다**

ex When will the driverless car likely be **introduced** in the market?
언제 무인 자동차가 시장에 출시될 것 같은가?

The snooze function was **introduced** in the 1950s.
스누즈 기능은 1950년대에 도입되었다.

---

015 ★ ★ ★

comparison

n **비교**

ex We can add them to **comparison** models between Earth and other places.
우리는 그것들을 지구와 다른 장소들 사이의 비교 모델에 추가할 수 있다.

You should avoid making **comparisons** on all occasions.
너는 모든 경우에 비교하는 것을 피해야 한다.

---

016 ★ ★ ★

obviously

adv **확실히**

㈜ **assuredly** 확실히

ex **Obviously**, clear windows are the safety priority.
당연히, 깨끗한 창문이 안전의 우선 순위이다.

Obviously no measurement is perfect.
당연히 어떤 측정도 완벽하지 않다.

---

017 ★ ★

footwear

n **신발**

ex It's hard to find appealing **footwear** in this store.
이 가게에서 매력적인 신발을 찾기가 어렵다.

People made waterproof clothing and **footwear** from latex.
사람들은 라텍스로 방수복과 신발을 만들었다.

---

018 ★ ★

foundation

n **토대, 재단**

ex The building had a defect even from the **foundation**.
건물은 심지어 토대부터 결점을 가지고 있었다.

He started the family's **foundation** to promote sports and exercise.
그는 스포츠와 운동을 장려하기 위해 가족 재단을 설립했다.

019 ★★

disseminate

v 퍼뜨리다[전파하다]

참고 dissipate 소멸되다

ex Van Gogh aimed to **disseminate** information on Japanese woodblock printing.
반 고흐는 일본의 목판 인쇄에 관한 정보를 퍼뜨리는 것을 목표로 했다.

---

020 ★★

disposable

adj 일회용의

반 reusable 재사용 할 수 있는

ex Most people find using **disposable** cups fairly convenient than carrying around a water bottle.
대부분의 사람들은 일회용 컵을 사용하는 것이 물병을 가지고 다니는 것보다 꽤 편리하다고 생각한다.

---

021 ★★

incarceration

n 투옥, 감금

유 confinement 갇힘

ex With **incarceration** rates such as they are, where will they even put criminals if this policy goes through?
이런 수감률로 이 정책이 통과되면 범죄자들을 어디에 넣을 것인가?

---

022 ★

elaborate

adj 정교한 v 상술하다

ex And the species has evolved **elaborate** greeting behaviors.
그리고 그 종은 정교한 인사 행동을 진화시켜 왔다.

His strategy is well **elaborated** in his autobiography.
그의 전략은 그의 자서전에 잘 상술되어 있다.

---

023 ★

didactic

adj 교훈적인

ex Most of us would likely grow tired of such **didactic** movies.
우리들 대부분은 그런 교훈적인 영화에 싫증이 날 것 같다.

Her novel was so **didactic** that it was chosen for the school reading.
그녀의 소설은 아주 교훈적이어서 학교 독서로 선택되었다.

---

024 ★

constitutional

adj 헌법의, 입헌의

ex To be political, a political entity or a representative of a political entity, whatever its **constitutional** form, has to have an intention.
정치적이기 위해서는, 정치적 주체 또는 정치적 주체의 대표는, 그것의 헌법적 형태가 무엇이 되었건, 의도를 갖고 있어야 한다.

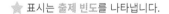

---

025 ⭐

admit

> **v** 인정하다, 자백하다
>
> **ex** He had to **admit** that it was one hundred percent his fault.
> 그는 그것이 100퍼센트 그의 잘못이라는 것을 인정할 수 밖에 없었다.
>
> **Admitting** and adapting to reality might be hard sometimes.
> 가끔 현실을 인정하고 적응하는 것이 어려울 수도 있다.

---

026 ⭐

landfill

> **n** 쓰레기 매립지   참고 **NIMBY: Not In My Backyard** 지역 이기주의
>
> **ex** There was a debate whether to construct a **landfill** near the residential area.
> 거주 공간 근처에 쓰레기 매립지를 건설할지 말지에 대한 토론이 있었다.
>
> Concerns with the **landfill** site resulted in a NIMBY Syndrome.
> 쓰레기 매립지 장소에 대한 걱정은 님비현상이라는 결과를 낳았다.

---

027 ⭐

knowledgeable

> **adj** 많이 아는   참고 **conversant** ~을 아는
>
> **ex** He's incredibly **knowledgeable** about old cars.
> 그는 낡은 자동차에 대해 믿을 수 없을 정도로 많이 안다.
>
> Avoid worrying about always appearing **knowledgeable**.
> 항상 많이 아는 것처럼 보이는 것에 대해 걱정하지 말아라.

---

028 ⭐

layout

> **n** 레이아웃[배치]   참고 **laid out** 잔뜩 취해 있는
>
> **ex** Remember, if you touch the **layout** of the page, it might cause a huge task.
> 페이지의 배치를 건드리면 큰 일을 야기시킬 수도 있다는 것을 기억해.
>
> The aligned **layout** of the street helps to find the way easily.
> 길의 정렬된 배치가 길을 더 쉽게 찾는 것을 돕는다.

---

029 ⭐

inward

> **adj** 마음속의 / 내부로 향한
>
> **ex** Painters looked **inward** and represented things as they were.
> 화가들은 내면을 들여다보고 있는 그대로의 사물들을 표현했다.
>
> The builders cut blocks to cause them to lean **inward**.
> 건축업자들은 블록을 잘라서 그들이 안쪽으로 기울게 했다.

---

030 ⭐

interim

> **adj** 중간의, 잠정적인   참고 **in the interim** 그 사이[동안]에
>
> **ex** In the **interim**, we greatly appreciate your patience.
> 그 사이에, 우리는 당신의 인내심에 매우 감사합니다.
>
> This is just an **interim** figure for now.
> 이것은 현재로는 잠정적인 수치일 뿐입니다.

Practice

 1. 다음 단어들을 올바르게 연결하세요.

(1) admit •   • (a) 방부제

(2) inexpensive •   • (b) 한숨을 쉬다, 한숨

(3) foundation •   • (c) 비싸지 않은

(4) preservative •   • (d) 영웅적인

(5) introduce •   • (e) 소개하다

(6) heroic •   • (f) 토대, 재단

(7) sigh •   • (g) 중간의, 잠정적인

(8) interim •   • (h) 인정하다

 2. 우리말 뜻에 맞게 빈칸에 알맞은 단어를 보기에서 찾아 쓰세요.

didactic	disseminate	introduced	knowledgeable

(1) **When will the driverless car likely be** _____ **in the market?**

언제 무인 자동차가 시장에 출시될 것 같은가?

(2) **He's incredibly** _____ **about old cars.**

그는 낡은 자동차에 대해 믿을 수 없을 정도로 많이 안다.

(3) **Most of us would likely grow tired of such** _____ **movies.**

우리들 대부분은 그런 교훈적인 영화에 싫증이 날 것 같다.

(4) **Van Gogh aimed to** _____ **information on Japanese woodblock printing.**

반 고흐는 일본의 목판 인쇄에 관한 정보를 퍼뜨리는 것을 목표로 했다.

SELF TEST

01	interim		16		유치원
02		비교	17	elaborate	
03	inward		18		트레킹
04		소개하다	19	incarceration	
05	layout		20		나무 같은, 목질의
06		영웅적인	21	disposable	
07	knowledgeable		22		증상
08		바라건대	23	disseminate	
09	landfill		24		손을 대지 않은
10		비싸지 않은	25	foundation	
11	admit		26		남아 있는
12		한숨을 쉬다	27	footwear	
13	constitutional		28		짓밟다
14		방부제	29	obviously	
15	didactic		30		더럽히다

DAY 75

n	translation	adv	smoothly	n	subscription
adj	unbelievable	n	ambassador	adj	capable
n	proponent	n	projector	n	Thanksgiving
adj	hoarse	adj	influential	adj	innocent
n	relief	v	remind	v	involve
n	initiative	n	lineup	adj	meticulous
adj	invalid	adj	anthropological	adj	bothersome
n	commercialization	v	conceptualize	v	idealize
n	hub	adj	ineligible	adj	jumbo
n	discomfort	v	shiver	adj	endearing

DAY

★ 표시는 출제 빈도를 나타냅니다.

---

001 ★★★★★

translation

n 번역

ex She emphasizes her volunteer work related to **translation**.
그녀는 번역과 관련된 봉사활동을 강조한다.

You need to spend more time practicing **translation**.
너는 번역 연습에 더 많은 시간을 할애해야 한다.

---

002 ★★★★★

smoothly

adv 부드럽게

ex Gears are running **smoothly** for now, but are almost at the end of their lifespan.
기어는 현재 부드럽게 돌아가고 있지만 수명이 거의 다한 상태이다.

---

003 ★★★★★

subscription

n 구독   참고 **prescription** 처방

ex They have a paid **subscription** service.
그들은 유료 구독 서비스를 가지고 있다.

Watching the video requires a **subscription**.
동영상을 보려면 구독이 필요하다.

---

004 ★★★★★

unbelievable

adj 믿기 힘든

ex Many stores use this occasion to offer huge discounts and **unbelievable** sales.
많은 상점들은 이 행사를 엄청난 할인율과 믿기 힘든 판매를 제공하기 위해 이용한다.

---

005 ★★★★★

ambassador

n 대사   참고 **embassy** 대사관

ex Negotiations between the **ambassadors** took a long time.
대사들 간의 협상은 오랜 시간이 걸렸다.

I worked as a student **ambassador** in a sophomore year.
나는 2학년 때 학생 홍보대사로 일했었다.

---

006 ★★★★

capable

adj ~을 할 수 있는   참고 **n. capability** 능력

ex These eyes are **capable** of detecting varying shades of light.
이 눈은 다양한 빛의 음영을 감지할 수 있다.

You do not have to shout because they could be **capable** of reading lips.
그들이 입술을 읽을 수 있을 수도 있기 때문에 소리를 지를 필요는 없다.

007 ★ ★ ★ ★

proponent

<table>
<tr><td>n</td><td>지지자</td></tr>
</table>

⊕ **advocate** 지지자

ex He is widely attributed as the first major **proponent** of time zones.
그는 표준 시간대에 대한 첫 번째 주요 지지자로 널리 알려져 있다.

Proponents say this will help people seek out treatment for diseases.
찬성론자들은 이것이 사람들이 질병에 대한 치료법을 찾는 데 도움이 될 것이라고 말한다.

008 ★ ★ ★ ★

projector

<table>
<tr><td>n</td><td>영사기</td></tr>
</table>

ex We have a **projector** in the classroom but it's not working.
교실에 영사기가 있는데 작동이 안 된다.

Safely store **projector** remote controls in the administrative office lockers.
영사기 리모컨을 행정실 사물함에 안전하게 보관하여라.

009 ★ ★ ★ ★

Thanksgiving

<table>
<tr><td>n</td><td>추수감사절, 감사</td></tr>
</table>

ex **Thanksgiving** is one of the biggest holidays in America.
추수감사절은 미국에서 가장 큰 명절 중 하나이다.

The day after **Thanksgiving** is called Black Friday.
추수감사절 다음 날을 블랙 프라이데이라고 부른다.

010 ★ ★ ★

hoarse

<table>
<tr><td>adj</td><td>(목) 쉰</td></tr>
</table>

참고 **coarse** 거친

ex The first time I went for a practice I shouted so much my voice ended up totally **hoarse**.
연습에 처음 갔을 때 나는 너무 소리를 질러서 목이 완전히 쉬었다.

011 ★ ★ ★

influential

<table>
<tr><td>adj</td><td>영향력 있는</td></tr>
</table>

ex Florence Lawrence was **influential** in the world of film.
Florence Lawrence는 영화계에서 영향력이 있었다.

Knight was one of the most **influential** economists of the twentieth century.
Knight는 20세기에 가장 영향력 있는 경제학자 중 한 명이었다.

012 ★ ★ ★

innocent

<table>
<tr><td>adj</td><td>결백한</td></tr>
</table>

⊕ **naive** 순진한

ex They're wrong to go after **innocent** animals.
그들이 죄 없는 동물들을 쫓는 건 잘못된 것이다.

I truly believe she is **innocent**.
나는 진심으로 그녀가 결백하다고 믿는다.

★ 표시는 <u>출제 빈도</u>를 나타냅니다.

---

013 ★ ★ ★

relief

| n | 안도, 경감 / 지형 |

ex Mental benefits of yoga include a sense of relaxation, and stress **relief**.
요가의 정신적 이익은 편안함과 스트레스 경감을 포함한다.

However, it can still help people to feel some **relief** for a little while.
하지만, 이것은 여전히 사람들이 잠시 동안 안도감을 느낄 수 있도록 도울 수 있다.

---

014 ★ ★ ★

remind

| v | 상기시키다 |

ex We **remind** residents to take trash out only in the evening.
우리는 주민들에게 저녁에만 쓰레기를 버리도록 상기시킨다.

Every time I look at them, I am **reminded** of my adventures.
나는 그들을 볼 때마다 내 모험들이 생각난다.

---

015 ★ ★ ★

involve

| v | 수반하다, 관련시키다 |

ex Musicals and opera both **involve** a live performance of a story that includes songs.
뮤지컬과 오페라 모두 노래가 포함된 이야기의 라이브 공연을 수반한다.

---

016 ★ ★

initiative

| n | 계획, 진취성 |

참고 initiation 시작

ex I think it's a good **initiative** to protect the environment.
나는 이것이 환경을 보호하기 위한 좋은 계획이라고 생각한다.

The webpage attracts donor businesses to a study abroad **initiative**.
이 웹 페이지는 기부 기업들을 해외 유학 계획에 끌어들인다.

---

017 ★ ★

lineup

| n | 정렬, 라인업 |

ex We have a **lineup** of eight different live bands.
우리는 8개의 라이브 밴드로 구성된 라인업이 있다.

Two further award categories have been added to the 2018 **lineup**.
2018년 라인업에는 두 개의 수상 부문이 추가되었다.

---

018 ★ ★

meticulous

| adj | 꼼꼼한, 세심한 |

⊕ scrupulous 세심한

ex He was really **meticulous** in how he approached his note-taking and studying.
그는 노트 필기와 공부에 대해서 정말 꼼꼼했다.

019 ★★

invalid

| adj | 효력 없는 |

참고 **invalidate** v. 무력화하다

ex A transit pass with more than one date scratched off is considered **invalid**.
하루 이상의 날짜가 긁힌 탑승권은 효력 없는 것으로 간주된다.

Invalid parking in metered areas is banned.
주차권 판매기가 설치된 구역에서의 올바르지 않은 주차는 금지된다.

---

020 ★

anthropological

| adj | 인류학의 |

ex **Anthropological** researches have proven that the form of the societies have changed over the past centuries.
인류학 연구는 사회의 형태가 몇백 년 동안 변화했음을 증명했다.

---

021 ★

bothersome

| adj | 성가신 |

유 **annoying** 성가신

ex The idea of "control" is **bothersome** for many people.
'통제'라는 개념은 많은 사람들을 성가시게 한다.

Though **bothersome**, this task can be done quickly.
이 업무는 성가시지만 빠르게 끝날 수 있다.

---

022 ★

commercialization

| n | 상업화 |

ex Leisure was also a creation of capitalism, through the **commercialization** of leisure.
여가는 또한 여가의 상업화를 통한 자본주의의 창조였다.

---

023 ★

conceptualize

| v | 개념화하다 |

ex Thus the natural world is **conceptualized** in terms of human social relations.
따라서 자연계는 인간 사회관계의 관점에서 개념화된다.

---

024 ★

idealize

| v | 이상화하다 |

ex I'm not trying to **idealize** the plan but let's set up a bigger goal.
계획을 이상화하려는 것은 아니지만 더 큰 목표를 정해보자.

Who can conclude that **idealizing** the future is wrong?
미래를 이상화하는 것이 옳지 않다고 누가 결론 지을 수 있겠는가?

 DAY 75 ━━━━━━━━━━━━━━━━━━━━━

☆ 표시는 출제 빈도를 나타냅니다.

---

025 ☆

hub

| n | 중심지 |

ex Dar es Salaam is a crucial **hub** for trade and commerce for the country.
다르에스살람은 그 나라의 무역과 상업의 중요한 중심지다.

The city I live in is the **hub** of entertainment.
내가 사는 도시는 오락의 중심지이다.

---

026 ☆

ineligible

| adj | 자격이 없는 | 참고 eligibility 적격 |

ex Plus tickets are **ineligible** for refunds, but may be exchanged up to 24 hours.
게다가 티켓은 환불이 불가하지만, 최대 24시간까지 교환이 가능하다.

---

027 ☆

jumbo

| adj | 아주 큰 |

ex He just bought a **jumbo** pack of cornflakes.
그는 방금 특대형 콘플레이크 한 통을 샀다.

He won a **jumbo** doll at the fair.
그는 박람회에서 특대 인형을 탔다.

028

discomfort

| n | 불편 |

ex Let me know if you feel any **discomfort** when I push your belly slightly.
당신의 배를 살짝 눌렀을 때 불편함이 느껴지면 말하세요.

The doctor sensed the patient's **discomfort** right away.
의사는 환자의 불편함을 곧바로 감지했다.

029

shiver

| v | (몸을) 떨다 |

ex She must be really cold to **shiver** like that.
저렇게 떠는 것을 보니 그녀는 아주 추운 것이 틀림없다.

Drinking a cup of warm tea will stop you from **shivering**.
따뜻한 차 한 컵을 마시는 것이 몸을 떠는 것을 멈추게 해줄 것이다.

030

endearing

| adj | 사랑스러운 | ㈜ lovable 사랑스러운 |

ex My sister is so **endearing** and docile.
내 여자형제는 아주 사랑스럽고 순하다.

My dog has the most **endearing** face.
나의 개는 가장 사랑스러운 얼굴을 가졌다.

Practice

 1. 다음 단어들을 올바르게 연결하세요.

(1) smoothly •   • (a) 부드럽게

(2) projector •   • (b) 사랑스러운

(3) endearing •   • (c) 영사기

(4) bothersome •   • (d) 개념화하다

(5) hub •   • (e) 성가신

(6) conceptualize •   • (f) 이상화하다

(7) idealize •   • (g) 정렬, 라인업

(8) lineup •   • (h) 중심지

 2. 다음 영어 뜻에 맞게 알맞은 단어를 보기에서 찾아 쓰세요.

subscription	meticulous	initiative	proponent

(1) marked by precise accordance with details

(2) an introductory step

(3) a payment for consecutive issues of a newspaper
or magazine for a given period of time

(4) one who argues in favor of something

SELF TEST

01	jumbo		16		지지자
02		사랑스러운	17	invalid	
03	ineligible		18		~을 할 수 있는
04		안도, 경감, 지형	19	meticulous	
05	hub		20		대사
06		결백한	21	lineup	
07	idealize		22		(몸을) 떨다
08		영향력 있는	23	discomfort	
09	conceptualize		24		믿기 힘든
10		(목) 쉰	25	initiative	
11	commercialization		26		구독
12		추수감사절, 감사	27	involve	
13	bothersome		28		부드럽게
14		영사기	29	remind	
15	anthropological		30		번역

DAY 76

n	tumor	v	strengthen	n	ankle
n	blazer	n	constellation	adj	decent
n	attribute	n	torture	n	treadmill
v	uncover	adv	internationally	v	loosen
adj	mighty	n	description	n	strategy
n	attitude	adj	metropolitan	adj	neighboring
v	mistreat	n	partnership	adj	payable
adj	defenseless	n	contingent	n	elevation
n	constraint	v	gobble	n	gravel
n	halftime	adj	holy	adj	youthful

⭐ 표시는 <u>출제 빈도</u>를 나타냅니다.

---

001 ★★★★★

tumor

| n | 종양 |

ex Both Disney and Bali died because of lung **tumors**.
Disney와 Bali 둘 다 폐 종양 때문에 죽었다.

Ironically, he was diagnosed with a brain **tumor** after a year.
얄궂게도, 그는 일 년 뒤 뇌종양 판정을 받았다.

---

002 ★★★★★

strengthen

| v | 강화되다, 강화하다 | 유 reinforce 강화하다

ex They help form and **strengthen** social relationships.
그들은 사회적 관계를 형성하고 강화하는 것을 돕는다.

---

003 ★★★★★

ankle

| n | 발목 |

ex Jon slipped on a patch of ice and twisted his **ankle**.
Jon은 얼음 조각에 미끄러져 발목을 삐었다.

Are you sure it's just a sprained **ankle**?
발목만 삔 게 확실해?

---

004 ★★★★★

blazer

| n | 블레이저 |

ex I like this **blazer** a lot because it goes well with my shirt.
나는 이 블레이저가 내 셔츠와 잘 어울리기 때문에 매우 마음에 든다.

It looks like **blazers** are a new fad these days!
블레이저가 요즘 새로운 유행인 것 같아 보이네!

---

005 ★★★★★

constellation

| n | 별자리 |

ex The star chart you see here shows several of the **constellations** we use today.
여기 보시는 별 차트는 오늘날 우리가 사용하는 별자리 몇 개를 보여준다.

---

006 ★★★★★

decent

| adj | 괜찮은, 적당한 | 참고 descent 하강, 혈통

ex Well, I got a **decent** bargain on it.
음, 괜찮은 가격에 샀어.

While they were searching for **decent** seats, she got a text from her aunt.
그들이 괜찮은 자리를 찾고 있을 때, 그녀는 이모에게서 문자를 받았다.

| 007 | ★★★★★ | **n** 자질, 속성 | **v** 결과로 보다 | 참고 **ascribe** …에 돌리다 |

attribute

ex Researchers agree that true friendships tend to share certain key **attributes**.
연구원들은 진정한 우정이 특정한 주요 속성을 공유하는 경향이 있다는 데 동의한다.

| 008 | ★★★★ | **n** 고문 | **v** 고문하다 | 참고 **torment** 고통 |

torture

ex Working up the courage to call her a crush was like a **torture** for Genevieve.
그녀를 짝사랑이라고 부를 용기를 내는 것은 Genevieve에게 고문과 같았다.

He was threatened to be **tortured** to death.
그는 죽을 때까지 고문당할 것을 협박당했다.

| 009 | ★★★★ | **n** 러닝머신, 트레드밀 |

treadmill

ex Nah, I walked on the **treadmill** this morning.
아니, 오늘 아침에 러닝머신에서 걸었어.

Over to the right are our brand new **treadmills**.
오른쪽이 우리의 아주 새로운 러닝머신이다.

| 010 | ★★★★ | **v** 덮개를 벗기다, 알아내다 |

uncover

ex El Santo was not buried with his face **uncovered**, but wearing his famous mask.
El Santo는 얼굴을 드러낸 채 묻힌 것이 아니라, 유명한 가면을 쓰고 있었다.

| 011 | ★★★ | **adv** 국제적으로 |

internationally

ex However, it has not always been **internationally** known.
하지만, 그것이 항상 국제적으로 알려진 것은 아니다.

Unfortunately, the disease has already spread **internationally**.
불행히도 그 질병은 이미 국제적으로 퍼졌다.

| 012 | ★★★ | **v** 느슨하게 하다 |

loosen

ex Could you **loosen** my tie? It's hard to breathe.
넥타이 좀 느슨하게 해줄 수 있어? 숨쉬기가 힘들어.

Just tap the lid on the floor, and it'll **loosen** it.
바닥에 있는 뚜껑을 살짝 두드려주면 느슨해질 것이다.

⭐ 표시는 출제 빈도를 나타냅니다.

---

013 ⭐⭐⭐

mighty

 강력한, 힘센

ex He was a **mighty** warrior and charged into battle against one of the Count's knights.
그는 강력한 전사였고 백작의 기사들 중 한 명과 맞서 싸우기 시작했다.

---

014 ⭐⭐⭐

description

n **서술**

ex It is helpful to remember that the **description** matches the way a viewer would observe the clouds.
서술이 관찰자가 구름을 관찰하는 방식과 일치한다는 점을 기억하면 도움이 된다.

---

015 ⭐⭐

strategy

n **계획, 전략**

ex I wonder if it's worth looking into pursuing a similar marketing **strategy** for other products.
다른 제품도 비슷한 마케팅 전략을 추진할 가치가 있는지 궁금하다.

---

016 ⭐⭐

attitude

n **태도**   참고 **aptitude** 적성

ex The staff has a great service-minded **attitude**.
직원들은 훌륭한 서비스 지향적인 태도를 가지고 있다.

Change your **attitude** and you'll be fine.
너의 태도를 바꾸면 괜찮을 것이다.

---

017 ⭐⭐

metropolitan

adj **대도시의**

ex You've reached the best locksmith in the greater **metropolitan** Fentonworth Area.
당신은 대도시 Fentonworth 지역에서 최고의 자물쇠 수리공에게 왔다.

---

018 ⭐⭐

neighboring

adj **이웃의, 인접한**   유 **adjacent** 인접한

ex The horns let them communicate with other cow owners in the **neighboring** mountains.
그 뿔은 그들이 이웃한 산에 있는 다른 소 주인과 의사소통을 할 수 있게 해준다.

019 ⭐⭐

mistreat

| v | 학대하다 |

참고 **misdeed** 비행, 악행

| ex | When we saw others being **mistreated**, we stood up against injustice. |

우리가 다른 사람들이 학대받는 것을 보았을 때, 우리는 불의에 맞섰다.

---

020 ⭐⭐

partnership

| n | 동업, 파트너십 |

| ex | A 2019 **partnership** will co-fund support for teams. |

2019년 파트너십은 팀에 대한 지원을 공동 후원할 예정입니다.

The company developed a new program in **partnership**.
그 회사는 동업하여 새로운 프로그램을 개발했다.

---

021 ⭐⭐

payable

| adj | 지불할 수 있는 |

| ex | They are now **payable** by credit card. |

그들은 이제 신용카드로 지불된다.

It is not yet **payable** by coin.
그것은 아직 동전으로 지불할 수 없다.

---

022 ⭐

defenseless

| adj | 무방비의 |

| ex | The objective of battle is to take down the enemy and to make him **defenseless**. |

전투의 목적은 적을 쓰러뜨리고 무방비 상태로 만드는 것이다.

---

023 ⭐

contingent

| n | 대표단 | adj | ~의 여부에 따라, 우발적인 |

참고 **contingency** 만일의 사태

| ex | Rather, both must be seen for the cultural and **contingent** phenomena that they are. |

오히려, 둘 다 그들이 처한 문화적, 우발적 현상으로 보여져야 한다.

---

024 ⭐

elevation

| n | 승진, 고도 |

| ex | A contour line connects all points that lie at the same **elevation**. |

등고선은 동일한 고도에 있는 모든 점을 연결한다.

He expects **elevation** this month because he excelled at the team project.
그는 팀 프로젝트에서 뛰어나게 잘 했기 때문에 이번 달 승진을 기대한다.

CHAPTER 08   Day 76

⭐ 표시는 <u>출제 빈도</u>를 나타냅니다.

---

025 ⭐

constraint

n 제약, 제한

ex The architecture of the human brain results from a mixture of biological and cultural **constraints**.
인간의 두뇌의 구조는 생물학적 제약과 문화적 제약의 혼합에서 비롯된다.

---

026 ⭐

gobble

v 게걸스럽게 먹다

참고 **pebble** 조약돌, 자갈

ex Smaller fish are attracted to the anglefish's light, and are **gobbled** up before they can escape.
작은 물고기들은 아구의 빛에 이끌려 달아나기도 전에 게걸스럽게 먹어 치워진다.

---

027 ⭐

gravel

n 자갈

ex His son dug **gravel** from a pit.
그의 아들은 구덩이에서 자갈을 캤다.

His son was driving on the dusty **gravel** road.
그녀는 먼지가 많은 자갈길을 달리고 있었다.

---

028 ⭐

halftime

n 하프타임 / 중간 휴식

ex The teams change ends at **halftime**.
그 팀들은 하프타임에 자리를 바꾼다.

The score was tied at the **halftime** so we can't tell who's going to win yet.
하프타임에서 점수가 동점이었기 때문에 누가 이길지 아직 알 수 없다.

---

029 ⭐

holy

adj 신성한

참고 **divine** 신성한

ex Many people gather in the **holy** city of Mecca.
많은 사람들이 성스러운 도시인 메카에 모인다.

Many people were surprised at his news because he lived such a **holy** life.
그는 매우 신성한 삶을 살았기 때문에 많은 사람들이 그의 소식에 놀랐다.

---

030 ⭐

youthful

adj 젊은

ex Lycopene makes skin look **youthful** by protecting it against sunburn.
리코펜은 햇볕에 타지 않도록 보호함으로써 피부를 젊어 보이게 한다.

The story is about **youthful** customs around the world.
이 이야기는 전 세계의 젊은이의 관습에 관한 것이다.

Practice

 1. 다음 단어들을 올바르게 연결하세요.

(1) **attribute** •   • (a) **강력한, 힘센**

(2) **gobble** •   • (b) **무방비의**

(3) **mighty** •   • (c) **승진, 고도**

(4) **gravel** •   • (d) **제약, 제한**

(5) **elevation** •   • (e) **게걸스럽게 먹다**

(6) **constraint** •   • (f) **자갈**

(7) **defenseless** •   • (g) **고문, 고문하다**

(8) **torture** •   • (h) **결과로 보다**

 2. 우리말 뜻에 맞게 괄호에 알맞은 단어를 찾아 O표 하세요.

(1) **Well, I got a (** descent / decent **) bargain on it.**
음, 괜찮은 가격에 샀어.

(2) **Just tap the lid on the floor, and it'll (** tighten / loosen **) it.**
바닥에 있는 뚜껑을 살짝 두드려주면 느슨해질 것이다.

(3) **Change your (** attitude / aptitude **) and you'll be fine.**
너의 태도를 바꾸면 괜찮을 것이다.

(4) **The star chart you see here shows several of the**
(consternations / constellations **) we use today.**
여기 보시는 별 차트는 오늘날 우리가 사용하는 별자리 몇 개를 보여준다.

SELF TEST

01	youthful		16	고문, 고문하다
02		계획, 전략	17	defenseless
03	holy		18	지불할 수 있는
04		서술	19	attribute
05	halftime		20	괜찮은, 적당한
06		강력한, 힘센	21	partnership
07	gravel		22	별자리
08		느슨하게 하다	23	mistreat
09	gobble		24	블레이저
10		국제적으로	25	neighboring
11	constraint		26	발목
12		태도	27	metropolitan
13	elevation		28	강화되다
14		트레드밀	29	uncover
15	contingent		30	종양

DAY 77

adj	stretchable	adv	annually	n	barge
adj	casual	n	drift	n	edition
v	dazzle	v	undergo	v	whisper
adv	wisely	n	ministry	n	mummy
n	respect	v	forgive	n	performer
v	personalize	adj	qualitative	adv	rationally
v	pertain	n	externality	n	fascination
n	flashbulb	n	indicator	adv	elsewhere
v	fertilize	n	eyelid	adj	glassy
n	flora	adj	extravagant	v	gnaw

DAY

★ 표시는 출제 빈도를 나타냅니다.

---

001 ★★★★★

stretchable

`adj` 펼[뻗을]수 있는

`ex` They tied one end of a **stretchable** cord to the bridge.
그들은 늘일 수 있는 줄의 한쪽 끝을 다리에 묶었다.

They tried bungee jumping with a **stretchable** cord.
그들은 펼 수 있는 끈으로 번지 점프를 시도했다.

---

002 ★★★★★

annually

`adv` 일 년에 한번   ㉤ **yearly** 연간의

`ex` I do go back to Qingdao **annually** in between semesters.
나는 매년 학기 사이에 칭다오로 돌아간다.

The conference is held **annually** so you will have to check in advance.
컨퍼런스는 일 년에 한번 열리기 때문에 당신은 미리 확인해야 한다.

---

003 ★★★★★

barge

`n` 바지선   `v` 밀치고 가다

`ex` The early Air Force even had a floating **barge** used to carry the balloons down rivers.
초기 공군은 심지어 강을 따라 내려오는 풍선을 나르는데 사용되는 떠다니는 바지선을 가지고 있었다.

---

004 ★★★★★

casual

`adj` 평상시의, 비정기적인   `n` 평상복,캐주얼   참고 **casualty** 사상자

`ex` Suggested attire is business **casual**.
추천 복장은 비즈니스 캐주얼이다.

Some college students are looking for **casual** work.
일부 대학생들은 비정기적인 일을 찾고 있다.

---

005 ★★★★★

drift

`n` 이동, 표류   `v` 떠가다   참고 **draft** 초안

`ex` Scientists generally agreed that continental **drift** was a real phenomenon.
과학자들은 일반적으로 대륙 이동은 실제 현상이라는 데 동의했다.

Watching the boat **drifting** away on a calm ocean makes me feel relaxed.
잔잔한 바다 위를 떠내려가는 배를 보는 것은 나를 편안하게 만든다.

---

006 ★★★★★

edition

`n` (출간된 책의 형태로 본) 판

`ex` This month's **edition** can be read only on the premises.
이번 달 판은 구내에서만 읽을 수 있다.

Shouldn't the third **edition** be different from the second one in some way?
세 번째 판은 두 번째 것과 어떤 식으로든 달라야 하지 않니?

007 ★★★★★

dazzle

| v | 눈부시게 하다 | n | 눈부심 |

ex These bright **dazzling** lights can be seen as green, pink, yellow, orange.
이 밝은 눈부신 빛들은 녹색, 분홍색, 노란색, 주황색으로 보일 수 있다.

People were **dazzled** by her dress.
사람들은 그녀의 드레스에 현혹되었다.

---

008 ★★★★

undergo

| v | 겪다 |

ⓨ experience 경험하다

ex Could people **undergo** a type of psychological torture in VR?
사람들이 가상현실에서 일종의 심리적인 고문을 겪을 수 있을까?

The park is currently closed and is **undergoing** repairs.
그 공원은 현재 폐쇄되어 수리를 하고 있다.

---

009 ★★★★

whisper

| v | 속삭이다 | n | 속삭임 |

ex I went close to him to **whisper** something.
나는 무언가를 속삭이려고 그에게 가까이 다가갔다.

His **whisper** tickled me so I burst into laughter.
그의 속삭임이 나를 간지럽혀서 나는 웃음이 터졌다.

---

010 ★★★★

wisely

| adv | 현명하게 |

ex Learn to spend your allowance **wisely**.
용돈을 현명하게 쓰는 법을 배워라.

Use your summer **wisely**--do another extracurricular activity.
여름을 현명하게 보내라-- 다른 교외 활동을 하여라.

---

011 ★★★

ministry

| n | (정부의 각) 부처 |

참고 **minister** n. 장관

ex The Indian **Ministry** of Finance implemented an economic plan to support growth.
인도 재무부는 성장을 지원하기 위한 경제 계획을 실행했다.

---

012 ★★★

mummy

| n | 미라 |

ex It is the material which was once used to make an Egyptian **mummy**.
그것은 한때 이집트 미라를 만드는 데 사용되었던 재료이다.

It is not known if that **mummy** was a royal.
그 미라가 왕족이었는지는 알려져 있지 않다.

★ 표시는 <u>출제 빈도</u>를 나타냅니다.

013　★★★

respect

n **존경**　v **존경하다, 존중하다**

ex True friends recognize and **respect** each other's differences.
진정한 친구는 서로의 차이점을 인식하고 존중한다.

Respect the teacher, other students, and yourself.
선생님과 다른 학생들 그리고 너 자신을 존중하라.

014　★★★

forgive

v **용서하다**

ex Is it better to **forgive** those who spoke rudely to you?
너에게 무례하게 말한 사람을 용서하는 게 나을까?

We at least expect friends to **forgive** us quickly.
우리는 적어도 친구들이 우리를 빨리 용서해 주기를 기대한다.

015　★★

performer

n **연기자**

ex Air guitar involves a **performer** pretending to play an invisible electric or acoustic guitar.
에어 기타는 눈에 보이지 않는 전기 기타나 통기타를 연주하는 척하는 연기자를 포함한다.

016　★★

personalize

v **맞추다, 개인화하다**　　　　　　　㊃ **customize** 주문 제작하다

ex You can **personalize** your phone by carving your name on it.
너는 너의 핸드폰에 이름을 새겨서 개인화시킬 수 있다.

Both **personalized** fittings and hemming are at no extra charge.
개인 맞춤 부품과 단접기 둘 다 추가 비용이 들지 않는다.

017　★★

qualitative

adj **질적인**　　　　　　　㊀ **quantitative** 양적인

ex Thanks to the **qualitative** analysis, we could continue on the research.
질적인 분석 덕에 우리는 연구를 계속할 수 있었다.

Our team is going to use a **qualitative** method for this research.
우리 팀은 이번 연구에 질적연구법을 사용할 것이다.

018　★★

rationally

adv **합리적으로, 이성적으로**

ex Let's try to solve the problem **rationally**.
우리 합리적으로 문제를 해결하려고 해보자.

Rationally speaking, your decision is biased.
이성적으로 말하자면, 너의 결정은 편파적이다.

019 ⭐⭐

pertain

 v 존재하다[적용되다]　　참고 **pertinent** adj. 적절한, 관련 있는

ex What section **pertains** specifically to the area above the Earth's atmosphere?
어떤 부분이 특히 지구 대기권 상공에 존재하고 있는가?

Focus especially on the part that **pertains** to you.
당신에게 적용되는 부분에 특히 집중해라.

---

020 ⭐

externality

 n 외부 효과

ex There are significant **externalities** to take into account before it goes into the market.
그것이 시장으로 나가기 전 고려해야 할 중요한 외부 효과들이 있다.

---

021 ⭐

fascination

n 매력, 매혹

ex Emerging technologies often introduce both **fascination** and frustration to users.
신흥 기술은 종종 사용자들에게 매혹과 좌절감을 동시에 안겨준다.

---

022 ⭐

flashbulb

 n 플래시 전구　　참고 **flashbulb event** 선명하고 자세하게 기억되는 사건

ex You'd better wear gloves before replacing the **flashbulb**.
전구를 교체하기 전에 장갑을 착용하는 게 좋을 것 같아.

Why does this **flashbulb** look darker than that one?
왜 이 전구가 저 전구보다 어두워 보이지?

---

023 ⭐

indicator

 n 지표, 계기　　참고 **indication** 말[암시]

ex But isn't GDP per capita a good **indicator** of standard of living?
하지만 1인당 GDP는 생활수준을 나타내는 좋은 지표가 아닐까?

Arctic sea ice is an important indicator of climate change.
북극 해빙은 기후 변화의 중요한 지표이다.

---

024 ⭐

elsewhere

 adv 다른 곳에서[으로]

ex A blue water footprint relates to groundwater consumed, evaporated, or moved **elsewhere**.
파란색 물 발자국은 소비, 증발 또는 다른 곳으로 이동된 지하수와 관련이 있다.

---

025 ★

fertilize

v 비료를 주다 / 수정시키다

ex After seed sowing, they used to have a ceremony intended to **fertilize** the soil and grow the crops well.
씨를 뿌리고 난 후, 그들은 토양을 비옥하게 하고 작물을 잘 자라게 하기 위한 의식을 가지곤 했다.

---

026 ★

eyelid

n 눈꺼풀

ex She is trying to study for her history test, but her **eyelids** feel so heavy.
그녀는 역사 시험을 위해 공부하려고 노력하지만, 눈꺼풀이 너무 무겁다.

I think I have an infection on my **eyelid**.
내 눈꺼풀에 염증이 생긴 것 같다.

---

027 ★

glassy

adj 유리 같은, 무표정한   참고 **glossy** 광이 나는

ex The **glassy** surface will make it look sophisticated.
유리 같은 표면이 그것을 세련돼 보이게 해줄 것이다.

I actually prefer the **glassy** texture when it comes to the decoration.
나는 장식의 경우에는 사실 유리 같은 재질을 선호한다.

---

028 ★

flora

n 식물군   참고 **fauna** 동물상

ex **Flora** and fauna are still abundant and they are active at night.
식물군과 동물상은 여전히 풍부하고 밤에 활동적이다.

Did you know that more than half of the world's **flora** has been lost?
전 세계 절반 이상의 식물군이 없어져 버렸다는 것을 알았니?

029

extravagant

adj 낭비하는

ex Even an ornate structure would have been deemed **extravagant** during that time.
그 시기에는 화려하게 장식된 구조물조차 낭비로 여겨졌을 것이다.

030

gnaw

v 갉아먹다, 물어뜯다

ex The mouse kept **gnawing** on the rope of the trap to escape from it.
쥐는 탈출하기 위해 덫의 밧줄을 계속 물어뜯었다.

Babies can **gnaw** on anything in their sight.
아기들은 그들의 시야에 있는 어떤 것이든 물어뜯을 수 있다.

Practice

 1. 다음 단어들을 올바르게 연결하세요.

(1) glassy • • (a) 눈부시게 하다

(2) elsewhere • • (b) 현명하게

(3) fascination • • (c) 갚아먹다

(4) qualitative • • (d) 질적인

(5) gnaw • • (e) 매력, 매혹

(6) wisely • • (f) 수정시키다

(7) dazzle • • (g) 유리 같은

(8) fertilize • • (h) 다른 곳에서[으로]

 2. 우리말 뜻에 맞게 빈칸에 알맞은 단어를 보기에서 찾아 쓰세요.

respect   indicator   rationally   eyelids

(1) **She is trying to study for her history test, but her feel so heavy.**

그녀는 역사 시험을 위해 공부하려고 노력하지만, 눈꺼풀이 너무 무겁다.

(2) **But isn't GDP per capita a good   of standard of living?**

하지만 1인당 GDP는 생활수준을 나타내는 좋은 지표가 아닐까?

(3) **   speaking, your decision is biased.**

이성적으로 말하자면, 너의 결정은 편파적이다.

(4) **True friends recognize and   each other's differences.**

진정한 친구는 서로의 차이점을 인식하고 존중한다.

SELF TEST

01	flora		16		겪다
02		용서하다	17	dazzle	
03	glassy		18		외부 효과
04		합리적으로	19	pertain	
05	eyelid		20		판
06		갚아먹다	21	respect	
07	fertilize		22		이동, 표류
08		미라	23	casual	
09	elsewhere		24		질적인
10		부처	25	personalize	
11	indicator		26		바지선
12		현명하게	27	performer	
13	flashbulb		28		일 년에 한번
14		속삭이다	29	extravagant	
15	fascination		30		펼[뻗을]수 있는

DAY 78

n	cab	n	atmosphere	n	buck
v	categorize	adj	awkward	v	daydream
n	diploma	adj	abundant	n	bomber
n	accommodation	n	calligraphy	n	cheerleader
v	accomplish	v	provide	adj	available
adv	definitely	v	redirect	adv	sarcastically
n	refraction	n	schooler	v	seep
adj	indigenous	adv	functionally	adj	divisive
adj	prehistoric	n	confinement	n	debater
adj	compatible	n	defect	v	effectuate

---

001 ⭐⭐⭐⭐⭐

cab

| n | 택시 |

ex I just felt better talking to someone until I got safely in a **cab**.
택시를 안전하게 탈 때까지 누군가에게 말하는 것이 더 나았다.

You should have called a **cab** when you were still with your friends!
친구들과 함께 있을 때 택시를 불렀어야지!

---

002 ⭐⭐⭐⭐⭐

atmosphere

| n | 대기, 공기 / 분위기 |

ex We can use Jupiter's **atmosphere** as the base for modeling instead.
대신에 우리는 목성의 대기를 모형화의 기초로 사용할 수 있다.

Just enjoy the **atmosphere** they create.
그냥 그들이 만들어내는 분위기를 즐겨라.

---

003 ⭐⭐⭐⭐⭐

buck

| n | 달러 |

참고 **pass the buck** 남에게 책임을 전가하다

ex The sweaters were on sale for about 10 **bucks**, I think.
스웨터는 10달러 정도로 판매되고 있었던 것 같다.

Do you have 5 **bucks** to pay for parking?
주차비로 낼 5달러가 있니?

---

004 ⭐⭐⭐⭐⭐

categorize

| v | 분류하다 |

유 **classify** 분류하다

ex There are various ways to **categorize** clouds.
구름을 분류하는 다양한 방법이 있다.

Create a graphic representation of the ideas you've already **categorized**.
이미 분류한 아이디어를 그래픽으로 만들어라.

---

005 ⭐⭐⭐⭐⭐

awkward

| adj | 어색한, 불편한 |

ex How can people understand an **awkward** sentence?
이 어색한 문장을 사람들이 어떻게 이해할 수 있겠는가?

I'm so **awkward** around strangers.
나는 낯선 사람 하고는 너무 어색하다.

---

006 ⭐⭐⭐⭐⭐

daydream

| n | 몽상 | v | 공상에 잠기다 |

ex In fact, **daydreams** serve very useful mental functions.
사실, 몽상은 매우 유용한 정신적 기능을 한다.

This is no time for **daydreaming**.
지금은 공상에 잠길 때가 아니다.

007	★★★★★		

diploma

n **과정 / 졸업장**

참고 **graduate** 대학 졸업자

ex   I am receiving my **diploma** in chemistry at the end of June.
나는 6월 말에 화학전공 학위증을 받는다.

A high school **diploma** is required to apply for this job.
이 직업에 지원하려면 고등학교 졸업장이 필요하다.

008	★★★		

abundant

adj **풍부한**

참고 **abandon** 버리다

ex   The **abundant** projects completed under Hatshepsut left behind a vast historical record.
Hatshepsut 휘하에서 완성된 많은 프로젝트들은 방대한 역사적 기록을 남겼다.

009	★★★		

bomber

n **폭격기, 폭파범**

ex   The **bombers** were preparing to set off the bomb on the mark of the general.
폭파범들은 장군의 신호 아래 폭탄을 터뜨리려고 준비하고 있었다.

010	★★★		

accommodation

n **숙소, 시설**

ex   **Accommodations** can be made for qualified applicants with a disability.
장애가 있는 자격을 갖춘 지원자들은 숙박 할 수 있다.

Convenient **accommodation** system was well-organized for travelers.
여행객들을 위한 편리한 숙박 시스템이 잘 짜여 있었다.

011	★★★		

calligraphy

n **서예**

참고 **typography** 조판

ex   All of this **calligraphy** is really quite beautiful.
이 서예는 모두 매우 아름답다.

Why don't you take a **calligraphy** class?
서예 수업을 듣는 게 어때?

012	★★★		

cheerleader

n **치어리더**

ex   **Cheerleaders** Megan and Ann also wanted to show their support.
치어리더인 Megan과 Ann도 지지를 표현하고 싶었다.

The **cheerleaders** did a new routine at halftime.
그 치어리더들은 중간 종료동안 새로운 동작을 했다.

DAY 78

표시는 출제 빈도를 나타냅니다.

| 013 ★★★ | **accomplish** | v 완수하다, 성취하다 | 유 achieve 달성하다 |

ex I wonder how much we'll **accomplish**!
우리가 얼마나 많은 일을 해낼 수 있을지 궁금하다!

To **accomplish** this, they need to have a strong scientific background.
이것을 성취하기 위해서, 그들은 우수한 과학적 배경지식을 가져야 한다.

| 014 ★★★ | **provide** | v 제공하다 | 참고 provision 공급 |

ex Parks **provide** a lot of shade in the summer.
공원은 여름에 많은 그늘을 제공한다.

Managers should **provide** better ethics training for athletes.
관리자는 운동선수들에게 더 나은 윤리 교육을 제공해야 한다.

| 015 ★★★ | **available** | adj 시간이 있는 / 이용할 수 있는 |

ex Meredith let them know she'd be **available** earlier.
Meredith는 그녀가 더 일찍 시간이 날 거라고 그들에게 알려줬다.

She's told them that if anything comes up, she's **available**.
그녀는 그들에게 무슨 일이 생기면 그녀는 가능하다고 말했다.

| 016 ★★★ | **definitely** | adv 분명히 | 유 absolutely 틀림없이 |

ex My next child is **definitely** going to be a daughter!
내 다음 아이는 분명히 딸일 거야!

We should **definitely** keep recycling.
우리는 무조건 재활용을 계속해야 한다.

| 017 ★★ | **redirect** | v 다시 보내다 |

ex Did you see this story about a guy who tried **redirecting** traffic by spray-painting the road?
길에 스프레이로 페인트칠을 해서 교통정리를 시도했던 남자에 대한 이 이야기 봤니?

| 018 ★★ | **sarcastically** | adv 비꼬는 투로 |

ex She was offended by what he said, so answered him **sarcastically**.
그녀는 그가 한 말에 기분이 상해 그에게 비꼬는 투로 대답했다.

Why are you talking **sarcastically** about everything?
왜 너는 모든 것에 비꼬는 투로 이야기하니?

| 019 ★★ | **refraction** | n 굴절 | 참고 reflection 반사 |

ex This shift is not a result of **refraction** from a different viewing angle.
이러한 변화는 다른 시야각에서 오는 굴절의 결과가 아니다.

Light **refraction** adds value to a gemstone.
빛의 굴절은 원석에 가치를 더한다.

| 020 ★★ | **schooler** | n 학생 |

ex An 11-year old middle **schooler** took multiple journeys over two days.
11살의 중학생은 이틀에 걸쳐 여러 번 여행을 했다.

Felix, the high **schooler**, had to take online classes in his room.
고등학교 학생인 Felix는 그의 방에서 온라인 수업을 들어야 했다.

| 021 ★★ | **seep** | v 스미다 | 유 permeate 스며들다 |

ex The water is **seeping** through the walls.
물이 벽에서 새어 나오고 있다

Let the oil **seep** into your skin.
오일이 피부에 스며들게 하세요.

| 022 ★★ | **indigenous** | adj 토착의 | 참고 ingenious 기발한 |

ex Invasions of non-**indigenous** species are serious environmental problems.
토착종이 아닌 종족의 침입은 심각한 환경문제이다.

Indigenous people in this area came up with interesting policies.
이 지역의 토착민들이 흥미로운 정책을 생각해냈다.

| 023 ★★ | **functionally** | adv 기능상 |

ex Scientists who experiment on themselves can, **functionally** avoid the restrictions.
스스로에게 실험을 하는 과학자들은 기능상 제약을 피할 수 있다.

| 024 ★ | **divisive** | adj 분열을 초래하는 |

ex We promised not to start on the **divisive** argument.
우리는 분열을 초래하는 언쟁을 시작하지 않기로 약속했다.

The meeting was **divisive** between the teams.
회의는 팀 간에 분열을 초래했다.

DAY 78

★ 표시는 출제 빈도를 나타냅니다.

---

025 ★

prehistoric

| adj | 선사 시대의 |

ex Paleontologists study the records of **prehistoric** life.
고생물학자들은 선사시대 생활의 기록을 연구한다.

We visited one of the oldest **prehistoric** monuments on our field trip.
우리는 견학으로 가장 오래된 선사 시대의 기념물들 중 하나를 방문했다.

---

026 ★

confinement

| n | 갇힘, 얽매임 | 참고 **incarceration** 감금

ex It acknowledges that crate **confinement** is controversial.
그것은 상자에 가두는 것이 논란이 되고 있다는 것을 인정한다.

He spent most of his time in **confinement** reading the novels.
그는 그가 갇혀 있었던 시간 동안 소설을 읽으며 대부분의 시간을 보냈다.

---

027 ★

debater

| n | 토론자 |

ex One of the **debaters** was absent so I had to cover his part as well.
토론자들 중 한 명이 부재해 내가 그의 부분까지 다뤄야 했다.

He is a powerful **debater** and orator.
그는 영향력있는 토론자이자 연설가이다.

---

028 ★

compatible

| adj | 호환이 되는, 화합할 수 있는 | 참고 **comparable** 비슷한

ex This machine is not **compatible** with versions 7A and higher.
이 기계는 버전 7A 그리고 그 이상과 호환되지 않는다.

My zodiac sign is perfectly **compatible** with his!
내 별자리는 그의 것과 완벽히 어울린다!

---

029 ★

defect

| n | 결함 |

ex The report provided little evidence to support the notion
that cell phones cause brain **defects**.
이 보고서는 휴대전화가 뇌 결함을 유발한다는 개념을 뒷받침할 만한 증거를 거의
제공하지 못했다.

---

030 ★

effectuate

| v | 유발하다 |

ex Of course, followers with no leader may not **effectuate** change.
물론 리더가 없는 추종자들은 변화를 유발하지 않을 수 있다.

It took a majority to **effectuate** change.
변화를 유발하는 데는 과반수가 필요했다.

Practice

 1. 다음 단어들을 올바르게 연결하세요.

[1] atmosphere · · [a] 결함

[2] defect · · [b] 대기, 공기

[3] confinement · · [c] 제공하다

[4] effectuate · · [d] 다시 보내다

[5] redirect · · [e] 굴절

[6] provide · · [f] 갇힘, 얽매임

[7] schooler · · [g] 유발하다

[8] refraction · · [h] 학생

 2. 다음 영어 뜻에 맞게 알맞은 단어를 보기에서 찾아 쓰세요.

accomplish	divisive	available	abundant

[1] present in great quantity

[2] obtainable or accessible and ready for use
or service

[3] creating disunity or dissension

[4] to gain with effort

SELF TEST

01	effectuate		16		풍부한
02		학생	17	indigenous	
03	defect		18		과정, 졸업장
04		제공하다	19	seep	
05	compatible		20		몽상
06		완수하다	21	available	
07	debater		22		어색한, 불편한
08		치어리더	23	refraction	
09	confinement		24		분류하다
10		서예	25	sarcastically	
11	prehistoric		26		달러
12		숙소, 시설	27	redirect	
13	divisive		28		대기, 공기
14		폭격기	29	definitely	
15	functionally		30		택시

DAY 79

n	critic		n	flea		n	gem
adj	economic		adj	distant		adj	adjustable
adv	basically		n	administration		n	circumstance
n	classification		n	archeologist		v	prevent
adv	abroad		n	regulation		n	sentiment
adj	thinkable		n	tusk		adj	unlimited
adj	breathtaking		n	distribution		n	connotation
v	authenticate		n	antler		n	bouquet
adj	authentic		n	conservation		adj	blurry
n	asylum		adj	exceptional		v	sob

⭐ 표시는 출제 빈도를 나타냅니다.

---

001 ★★★★★

critic

n 비평가, 평론가

ex I know that many **critics** did not love this movie.
나는 많은 비평가들이 이 영화를 좋아하지 않았다는 것을 안다.

The result was that **critics** could now access the opinions of the masses.
그 결과 비평가들은 이제 대중의 의견을 들을 수 있게 되었다.

---

002 ★★★★★

flea

n 벼룩

ex A **flea** can jump up to 220 times its body length.
벼룩은 자신의 몸길이의 220배까지 뛸 수 있다.

Ori's mom took him to a **flea** market.
Ori의 엄마는 그를 벼룩시장에 데리고 갔다.

---

003 ★★★★★

gem

n 보석

ex One such mineral is painite, a **gem** that broke the record
as the world's rarest gemstone.
그러한 광물 중 하나는 세계에서 가장 희귀한 원석이라는 기록을 세운 보석인
페이나이트이다.

---

004 ★★★★★

economic

adj 경제의 참고 **economical** 절약하는

ex Furano needed its own festival for **economic** reasons.
Furano는 경제적인 이유로 자체적인 축제가 필요했다.

Token use evolved as a tool of centralized **economic** governance.
토큰 사용은 중앙 집권화된 경제통치의 도구로 진화했다.

---

005 ★★★★★

distant

adj 먼 참고 **distinct** 뚜렷한

ex New animals were found in **distant** corners of the Earth!
지구의 먼 구석에서 새로운 동물들이 발견되었다!

A **distant** family member will contact you.
먼 친척이 당신에게 연락할 것이다.

---

006 ★★★

adjustable

adj 조절 가능한 참고 **adaptable** 적응할 수 있는

ex The strap on this bag is **adjustable**.
이 가방의 끈은 조절 가능하다.

Timetable is **adjustable** as long as you can strictly follow.
당신이 엄격히 따를수만 있다면 시간표는 조절 가능하다.

007 ★★★

basically

adv **근본적으로, 기본적으로**

ex **I basically** ended up being a free babysitter for three kids.
근본적으로 나는 결국 세 아이를 위한 무료 베이비시터가 되었다.

Basically, a teammate whom I can share the work with was my request.
기본적으로, 내가 일을 나눌 수 있는 팀원이 나의 요구사항이었다.

---

008 ★★★

administration

n **관리, 행정, 집행부**　　　　　　참고 **administer** v. 관리하다

ex Each school's **administration** manages the school budget and policies.
각 학교 행정부는 학교 예산과 정책을 관리한다.

---

009 ★★★

circumstance

n **환경, 상황**

ex Note that under no **circumstances** should anyone be working alone in the laboratory.
어떤 상황에서도 실험실에서 혼자 작업해서는 안 된다는 점에 유의해라.

---

010 ★★★

classification

n **분류, 유형**　　　　　　유 **categorization** 범주화

ex Among cloud **classifications**, some are better known than others.
구름의 유형 중 일부는 다른 분류보다 더 잘 알려져 있다.

It is used to test for purposes of philosophy and **classification**.
그것은 철학과 분류를 위한 시험용으로 사용된다.

---

011 ★★★

archeologist

n **고고학자**

ex **Archeologists** learn about history by studying bridges and other structures.
고고학자들은 다리와 다른 구조물들을 연구함으로써 역사에 대해 배운다.

For an **archeologist**, it is a fantastic discovery.
고고학자에게 이것은 환상적인 발견이다.

---

012 ★★★

prevent

v **막다, 예방하다**

ex Lycopene helps to **prevent** cancer and heart disease.
리코펜은 암과 심장병을 예방하는 데 도움을 준다.

Do you have something to **prevent** headaches?
두통을 예방할 수 있는 것이 있니?

---

013 ⭐⭐⭐

abroad

adv 해외에서, 해외로

반 **domestic** 국내의

ex Is this where you register for a study **abroad** program?
이곳이 해외 유학 프로그램을 신청하는 곳이니?

The line here is the one to buy a stamp to send a letter **abroad**.
여기 줄은 해외로 편지를 보낼 우표를 사는 줄이다.

---

014 ⭐⭐⭐

regulation

n 규정, 규제

ex Can you write the safety **regulations** more concretely?
안전 규정을 좀 더 구체적으로 써줄 수 있니?

The man reminded her about corporate **regulations**.
그 남자는 그녀에게 회사의 규제에 대해 상기시켰다.

---

015 ⭐⭐

sentiment

n 정서, 감정

ex How beautifully expressed **sentiment**!
얼마나 아름답게 감정이 표현되었는가!

Sharing **sentiment** with the patient is a key factor for the therapy.
환자와 정서를 나누는 것이 치료의 중요한 요소이다.

---

016 ⭐⭐

thinkable

adj 생각할 수 있는

ex Such a brilliant idea was hardly **thinkable** twenty years ago.
그런 기발한 생각은 20년 전에는 거의 생각할 수 없었다.

The way he presented was not easily **thinkable** for the usual cases.
그가 제시한 방법은 보통 경우들에 쉽게 생각할 수 있는 것은 아니었다.

---

017 ⭐⭐

tusk

n 엄니[상아]

ex The narwhal **tusk** sticks out from the animal's head, similar to the mythical unicorn.
일각고래의 상아는 신화 속의 유니콘과 비슷하게 동물의 머리에서 튀어나와 있다.

---

018 ⭐⭐

unlimited

adj 무제한의

ex Use the monthly pass for an **unlimited** number of journeys on the desired day.
한 달 정기권을 이용해 원하는 날짜에 무제한으로 이동하라.

019 ★ ★ ★

breathtaking

| adj | 숨이 멎는듯한 |

ex We enjoyed the **breathtaking** sea view from the hilltop.
우리는 언덕 꼭대기에서 숨막히는 바다 경치를 감상했다.

The music and church setting are **breathtaking**.
음악과 교회 환경이 숨막힐 정도로 멋지다.

---

020 ★

distribution

| n | 분배 (방식), 분포 |

ex It shows the wider **distribution** of innovative technologies.
그것은 혁신적인 기술의 더 넓은 분포를 보여준다.

I am in charge of the **distribution** of team's work.
나는 팀의 업무 분배를 담당하고 있다.

---

021 ★

connotation

| n | 함축(된 의미) |

ex But there is more detail, perhaps a stronger **connotation** of the sort of person Maddy is.
하지만 Maddy가 어떤 사람인지에 대한 더 자세한 정보, 어쩌면 더 강한 함축이 있을 수 있다.

---

022 ★

authenticate

| v | 진짜임을 증명하다 |

ex Any factual claim can be **authenticated** if the term 'scientific' can correctly be ascribed to it.
사실을 기반으로 한 어떠한 주장도 '과학적'이라는 용어가 그에 올바르게 부여될 수 있다면 증명될 수 있다.

---

023 ★

antler

| n | (사슴의) 가지진 뿔 |

ex While afloat, it moves slowly with its **antlers**.
물 위에 떠 있는 동안, 그것은 뿔과 함께 천천히 움직인다.

One kind of deer is actually devoid of **antler**.
사슴의 한 종류는 사실 뿔이 없다.

---

024 ★

bouquet

| n | 부케, 꽃다발 |

ex Here is a **bouquet** for your anniversary.
여기 당신의 기념일을 위한 꽃다발이 있어요.

This is a wedding **bouquet** specially made with hydrangea and orchids.
이것은 수국과 난초로 특별히 만든 결혼 꽃다발이다.

DAY 79

⭐ 표시는 출제 빈도를 나타냅니다.

---

025 ⭐

authentic

adj **진짜인**

🌐 genuine 진짜의

ex We only sell **authentic** products certified by the appraisers.
우리는 감정인들에 의해 공인된 정품들만 팝니다.

Everyone was doubtful that the portrait was **authentic**.
모두가 그 초상화가 진짜인 것을 의심했다.

---

026 ⭐

conservation

n **보존, 보호**

참고 conversation 대화

ex This one has great energy **conservation**.
이것은 에너지 보존 능력이 뛰어나다.

This money encourages the essential switch to **conservation** agriculture.
이 돈은 농업 보존으로의 필수적인 전환을 장려한다.

---

027 ⭐

blurry

adj **흐릿한**

ex The screen seems **blurry**, so we need to get better projection quality.
화면이 흐릿해 보여서 우리는 더 좋은 투사 품질을 가져야 한다.

Everything is **blurry** without my glasses.
안경 없이는 모든 것이 흐릿하다.

---

028 ⭐

asylum

n **정신병원**

ex The police tried to talk to **asylum** inmates.
경찰은 정신병원 입원환자들과 대화를 하려고 시도했다.

Vincent Van Gogh painted 'The Starry Night' while in an **asylum**.
Vincent Van Gogh는 정신병원에 있을 때, '별이 빛나는 밤'을 그렸다.

---

029 ⭐

exceptional

adj **특출한**

ex He was beloved by everyone not only because he was an **exceptional** student but also he was outgoing.
그는 특출난 학생이었을 뿐 아니라 사교적이었기 때문에 모두에게 사랑받았다.

---

030 ⭐

sob

v **흐느끼다**

ex Why were you just standing still when she was **sobbing**?
왜 그녀가 흐느끼고 있을 때 너는 그냥 그대로 서있었니?

I couldn't do anything but to **sob**.
나는 흐느끼는 것 외엔 할 수 있는 게 없었다.

Practice

 1. 다음 단어들을 올바르게 연결하세요.

(1) critic ●	● (a) 진짜인
(2) authentic ●	● (b) 생각할 수 있는
(3) thinkable ●	● (c) 비평가, 평론가
(4) unlimited ●	● (d) 정신병원
(5) asylum ●	● (e) 무제한의
(6) blurry ●	● (f) 규정, 규제
(7) regulation ●	● (g) 흐릿한
(8) sentiment ●	● (h) 정서, 감정

CHAPTER 08   Day 79

 2. 우리말 뜻에 맞게 괄호에 알맞은 단어를 찾아 O표 하세요.

(1) **New animals were found in (** distinct / distant **) corners of the Earth!**
지구의 먼 구석에서 새로운 동물들이 발견되었다!

(2) **The line here is the one to buy a stamp to send a letter**
(abroad / domestic **).**
여기 줄은 해외로 편지를 보낼 우표를 사는 줄이다.

(3) **But there is more detail, perhaps a stronger (** connotation / connection **)**
of the sort of person Maddy is.
하지만 Maddy가 어떤 사람인지에 대한 더 자세한 정보, 어쩌면 더 강한 함축이 있을 수 있다.

(4) **This one has great energy (** conservation / conversation **).**
이것은 에너지 보존 능력이 뛰어나다.

SELF TEST

01	asylum		16		관리, 행정
02		정서, 감정	17	distribution	
03	blurry		18		기본적으로
04		규정, 규제	19	breathtaking	
05	conservation		20		조절 가능한
06		해외에서, 해외로	21	unlimited	
07	authentic		22		먼
08		막다, 예방하다	23	exceptional	
09	bouquet		24		경제의
10		고고학자	25	tusk	
11	antler		26		보석
12		분류, 유형	27	thinkable	
13	authenticate		28		벼룩
14		환경, 상황	29	sob	
15	connotation		30		비평가, 평론가

DAY 80

adj bound	adj conditional	v explode
v disobey	v crush	n gossip
adj identical	n craftspeople	n fighter
n Inuit	n conlang	adj continuous
adj entire	v recommend	adv respectively
adj unfashionable	n tune	adj timely
v synthesize	n survival	n attribution
adv consciously	v consolidate	adj abrupt
v acclaim	adv carelessly	n backdrop
n censor	n overindulgence	n metaphor

★ 표시는 출제 빈도를 나타냅니다.

---

001 ★★★★★

bound

adj …할 가능성이 큰 / 얽매인

참고 **bound for** ~행의

ex Hunting a lion is **bound** to be terrifying!
사자를 사냥하는 것은 틀림없이 무서울 가능성이 크다!

People using the programs are no longer **bound** to a single machine.
프로그램을 사용하는 사람들은 더 이상 하나의 기계에 얽매이지 않는다.

---

002 ★★★★★

conditional

adj 조건부의

ex I bet it is **conditional** upon your ability.
그것은 당신의 역량에 달려있다고 확신한다.

The government signed a **conditional** agreement with North Korea.
정부는 북한과 조건부 협정에 서명했다.

---

003 ★★★★★

explode

v 폭발하다

ex When gases underneath the surface get too hot, they **explode** into the air.
표면 아래의 가스가 너무 뜨거워지면, 그것들은 공기 중으로 폭발한다.

The shuttle **exploded** and killed seven astronauts.
우주왕복선이 폭발하여 7명의 우주비행사가 사망했다.

---

004 ★★★★★

disobey

v 불복종하다

ex He was punished for **disobeying** orders.
그는 명령 불복종으로 처벌받았다.

Why would he **disobey** his parents on purpose?
왜 그가 일부러 그의 부모님을 거역했을까?

---

005 ★★★★★

crush

v 밀어넣다 / 으스러뜨리다

참고 **crash** 충돌하다

ex There are cases of people being **crushed** to death by the eager crowd.
열망하는 군중들에 의해 압사되는 사례들이 있다.

The crepe is topped with **crushed** walnuts and pecans.
그 크레이프는 으스러진 호두와 피칸으로 덮여있다.

---

006 ★★★★★

gossip

n 소문, 험담   v 험담을 하다

ex You really shouldn't **gossip**.
정말로 험담을 하면 안된다.

My next exhibit focuses on the relationship between media and **gossip**.
나의 다음 전시회는 매체와 소문의 관계에 초점을 맞추고 있다.

007 ⭐⭐⭐⭐⭐	adj 동일한	참고 **identical twin** 일란성 쌍둥이

identical

ex **Identical** twins do have a clear identifying physical feature.
일란성 쌍둥이는 뚜렷이 구분되는 신체적 특징을 가지고 있다.

Actually, two shapes have **identical** colors.
사실 두 모양은 동일한 색을 가진다.

---

008 ⭐⭐⭐	n 장인	유 **artisan** 장인

craftspeople

ex He did not like the divide between elite artists and **craftspeople**.
그는 엘리트 예술가와 장인들 사이의 구분을 좋아하지 않았다.

The market helped support local farmers and **craftspeople**.
시장은 지역 농부들과 장인들을 지원하는 데 도움을 주었다.

---

009 ⭐⭐⭐	n 전투기, 전사

fighter

ex The United States Air Force is famous for its powerful jet **fighters** and huge bombers.
미국 공군은 강력한 제트 전투기와 거대한 폭격기로 유명하다.

---

010 ⭐⭐⭐	n 이누잇족

Inuit

ex Igloos are no longer a common form of housing for the **Inuit** people.
이글루는 더 이상 이누잇족 사람들에게 일반적인 형태의 주택이 아니다.

The **Inuit** people used snow for building a house.
이누잇족 사람들은 집을 짓는데 눈을 사용했다.

---

011 ⭐⭐⭐	n 인공어	참고 =constructed language

conlang

ex Experts say **conlang** is more than a code.
전문가들은 인공어가 코드 이상이라고 말한다.

Artistic languages (artlangs) are another interesting subset of **conlangs**.
예술 언어(artlangs)는 인공어의 또 다른 흥미로운 부분집합이다.

---

012 ⭐⭐⭐	adj 지속적인	참고 **continual** 반복되는

continuous

ex Tango classes have seen a **continuous** increase in students.
탱고 수업은 학생 수가 지속적으로 증가하고 있다.

Continuous feelings of worry about the work made me feel sick.
그 일에 대한 지속적인 걱정으로 속이 메스꺼웠다.

⭐ 표시는 출제 빈도를 나타냅니다.

---

013 ⭐⭐⭐

entire

`adj` **전체의**

`ex` The **entire** area is heated by warm ocean currents.
온 지역이 따뜻한 해류에 의해 따뜻해진다.

The **entire** process from egg to adult can take between a few weeks.
알에서 다 자란 동물까지 되는 모든 과정은 몇 주 정도 걸릴 수 있다.

---

014 ⭐⭐⭐

recommend

`v` **추천하다**

`ex` She **recommends** a comfortable outfit for commuting.
그녀는 출퇴근을 위한 편한 옷을 추천한다.

Get the vaccinations **recommended** by your doctor.
당신의 의사가 추천하는 예방접종을 받아라.

---

015 ⭐⭐⭐

respectively

`adv` **각각**   `참고` **respectably** 상당히

`ex` November and December also come from Latin words nine and ten, **respectively**.
11월과 12월 또한 각각 라틴어 9와 10에서 왔다.

---

016 ⭐⭐⭐

unfashionable

`adj` **유행에 어울리지 않는**   `유` **outmoded** 유행에 뒤떨어진

`ex` The man thinks that the woman's coat is **unfashionable**.
그 남자는 그 여자의 외투가 유행에 뒤떨어진다고 생각한다.

Please take that **unfashionable** hat off!
제발 그 유행에 어울리지 않는 모자 벗어!

---

017 ⭐⭐

tune

`n` **곡, 선율**   `v` **조율하다**

`ex` Although the **tune** is nice, song lyrics can also be enjoyed by themselves.
곡조가 좋긴 하지만, 노래 가사만으로도 즐길 수 있다.

Stay **tuned** for upcoming federal regulations about lights.
빛에 관한 연방 법규에 계속 주목하라.

---

018 ⭐⭐

timely

`adj` **시기적절한**

`ex` We remain committed to responding to inquiries in a **timely** manner.
우리는 시기적절하게 질문에 답변하는 데 전념하고 있다.

Manpower is required to complete it in a **timely** fashion.
그것을 적시에 완성하려면 인력이 필요하다.

019 ⭐⭐

synthesize

| v | 합성하다 |

ex Humans cannot **synthesize** vitamin D by themselves.
인간은 스스로 비타민 D를 합성할 수 없다.

The last step was to synthesize the data from each code.
마지막 단계는 각 코드의 데이터를 종합하는 것이었다.

---

020 ⭐⭐

survival

| n | 생존 |

ex Migrants, however, are free to choose the optimal habitat for **survival**.
그러나 이주자들은 생존을 위한 최적의 거주지를 자유롭게 선택할 수 있다.

For survival in the deserted island, he had to eat all kinds of plants.
무인도에서 생존하기 위해, 그는 모든 종류의 식물을 먹어야 했다.

---

021 ⭐⭐

attribution

| n | 속성, 귀속, 직권 | 참고 **contribution** 기여

ex History does not know of acts of war without eventual **attribution**.
역사는 궁극적으로 남 탓 없는 전쟁 행위를 알지 못한다.

Some are ignorant of the attribution of work which shouldn't happen.
몇몇은 일의 직권에 무관심하지만 그래선 안된다.

---

022 ⭐

consciously

| adv | 의식적으로 |

ex I made that choice **consciously**.
나는 의식적으로 그 선택을 했다.

I think he is trying to avoid me consciously.
그는 의식적으로 나를 피하려고 하는 것 같아.

---

023 ⭐

consolidate

| v | 굳히다[강화하다] / 통합하다 | 참고 **console** 위로하다

ex At the same time, they **consolidated** their own memory of the personal circumstances.
동시에, 그들은 개인적인 상황에 대한 그들 자신의 기억을 통합했다.

---

024 ⭐

abrupt

| adj | 갑작스런 | ㉤ **unexpected** 갑작스러운

ex There is an **abrupt** turn here in the road so be careful.
여기 도로에서 갑작스럽게 꺾이는 곳이 있으니 조심해라.

Her resignation was so abrupt that all of the workers were shocked.
그녀의 사임은 너무 갑작스러워서 모든 직원들은 충격을 받았다.

★ 표시는 출제 빈도를 나타냅니다.

---

025 ★

acclaim

v 칭송하다

⑪ unexpected 갑작스러운

ex The leather goes to other artisans who make Morocco's **acclaimed** leather accessories.
이 가죽은 모로코의 칭송받는 가죽 장신구를 만드는 다른 장인들에게 돌아간다.

---

026 ★

carelessly

adv 부주의하게, 태평하게

ex On the way to the market, a lazy bulldog often lies **carelessly** on the street.
시장으로 가는 길에 게으른 불독은 종종 길거리에 태평하게 누워있다.

---

027 ★

backdrop

n 배경

ex The **backdrop** of "Portrait of Pere Tanguy" is influenced by Japanes Ukiyo-e prints.
"Pere Tanguy의 초상화"의 배경은 일본 우키요에 판화의 영향을 받았다.

---

028 ★

censor

v 검열하다 n 검열

참고 sensor 센서

ex Cable TV has certainly found ways of evading official **censors** that network TV couldn't do.
케이블 방송은 확실히 지상파에서 할 수 없었던 공식적인 검열을 피하는 방법을 찾아냈다.

---

029 ★

overindulgence

n 탐닉, 제멋대로 함

ex You're sure it's not from a bit of holiday **overindulgence**?
휴가 때 너무 탐닉해서 그런 건 아닌 거 확실해?

It is the day of my **overindulgence** so I can eat anything!
오늘은 멋대로 먹는 날이니까 뭐든 먹을 수 있어!

---

030 ★

metaphor

n 은유, 비유

ex Similes and **metaphors** are quite easy to distinguish.
직유와 은유는 꽤 쉽게 구분할 수 있다.

Can't you tell it's just a **metaphor**?
그것이 그저 비유라는 것을 모르겠니?

Practice

1. 다음 단어들을 올바르게 연결하세요.

[1] conditional   •   • [a] 이뉴잇족

[2] attribution   •   • [b] 탐닉

[3] consciously   •   • [c] 조건부의

[4] survival   •   • [d] 합성하다

[5] synthesize   •   • [e] 생존

[6] Inuit   •   • [f] 속성, 귀속, 직권

[7] acclaim   •   • [g] 의식적으로

[8] overindulgence   •   • [h] 칭송하다

2. 우리말 뜻에 맞게 빈칸에 알맞은 단어를 보기에서 찾아 쓰세요.

carelessly	censors	unfashionable	timely

[1] **The man thinks that the woman's coat is   .**

남자는 여자의 외투가 유행에 뒤떨어진다고 생각한다.

[2] **Manpower is required to complete it in a   fashion.**

그것을 적시에 완성하려면 인력이 필요하다.

[3] **On their way to the market, a lazy bulldog often lies**

**   on the street.**

시장으로 가는 길에 게으른 불독은 종종 길거리에 태평하게 누워있다.

[4] **Cable TV has certainly found ways of evading official   **

that network TV couldn't do.

케이블 방송은 확실히 지상파에서 할 수 없었던 공식적인 검열을 피하는 방법을 찾아냈다.

SELF TEST

01	overindulgence		16		장인
02		각각	17	metaphor	
03	censor		18		동일한
04		추천하다	19	attribution	
05	backdrop		20		소문, 험담
06		전체의	21	survival	
07	carelessly		22		의식적으로
08		지속적인	23	synthesize	
09	bound		24		불복종하다
10		인공어	25	timely	
11	abrupt		26		폭발하다
12		이뉴잇족	27	tune	
13	consolidate		28		조건부의
14		전투기, 전사	29	unfashionable	
15	crush		30		칭송하다

TOSEL 실전문제 8

PART 8. General Reading Comprehension

DIRECTIONS: In this portion of the test, you will be provided with one longer reading passage. For the passage, complete the blanks in the passage summary using the words provided. Fill in your choices in the corresponding spaces on your answer sheet.

• TOSEL 67회 기출

1. Read the passage and answer the questions.

Although rom-coms insinuate that what people want most in life are grand surprise gifts, in fact scientists have shown that most people are not fans of surprises. According to several studies, people value gifts more and remember them longer if they asked for them. It has also been found the gift recipients and gift givers are at odds with one another in terms of expectations. Gift givers think that gift recipients want to be surprised. However, research indicates that gift recipients who got things from their wish lists deemed the gift givers to be more thoughtful than when gift givers did not ask recipients what they wanted.

Summary:

Although some films indicate that people want to be surprised, research indicates that gift recipients know what they want. Gift givers think that gift recipients __[A]__ surprises. However, research suggests that gift recipients who received items on their wish lists viewed the gift givers as more __[B]__ .

1. Choose the most suitable word for blank [A], connecting

   the summary to the passage.

   (A) prefer

   (B) remind

   (C) disobey

   (D) conceal

2. Choose the most suitable word for blank [B], connecting

   the summary to the passage.

   (A) surly

   (B) joyful

   (C) meticulous

   (D) considerate

CHAPTER 9

DAY 81

n	corporation	n	demonstration	n	connector
adv	exclusively	adj	financial	adj	fluffy
v	compare	n	reimbursement	n	program
n	occupation	v	proofread	n	nationality
adj	moderate	adj	senior	adj	regional
adj	strict	n	ancestor	adj	blustery
n	ape	adj	Christian	adj	bridal
n	continuation	adj	atypical	n	prophet
adj	emotional	n	disclosure	v	hibernate
n	fertilization	adj	docile	v	employ

⭐ 표시는 출제 빈도를 나타냅니다.

---

001 ⭐⭐⭐⭐⭐

corporation

n 기업[회사]

참고 **cooperation** 협동

ex I have some experience in a large **corporation** like this one.
나는 이런 대기업에서 일한 경험이 있다.

One **corporation** had figured out how to make it work.
한 회사는 어떻게 그것을 작동시키는지 알아냈다.

---

002 ⭐⭐⭐⭐⭐

demonstration

n 시위 / 설명

ex The **demonstration** is happening downtown.
시위는 시내에서 일어나고 있다.

Applicants must pass hands-on **demonstration** of techniques.
지원자들은 기술 시연을 통과해야 한다.

---

003 ⭐⭐⭐⭐⭐

connector

n 연결 장치

ex Can I use the **connector** for a bit, if you don't mind?
네가 괜찮다면, 잠시 연결 장치를 사용할 수 있을까?

I am looking for my missing cable **connector**.
나는 없어진 케이블 연결 장치를 찾고 있다.

---

004 ⭐⭐⭐⭐⭐

exclusively

adv 독점적으로, 오직

참고 **inclusive** …이 포함된

ex Lions live primarily in Africa while tigers live **exclusively** in Asia.
사자는 주로 아프리카에 사는 반면 호랑이는 오직 아시아에만 서식한다.

It is **exclusively** for current students and teachers.
그것은 현재 학생들과 선생님들만을 위한 것이다.

---

005 ⭐⭐⭐⭐⭐

financial

adj 재정적인

ex The poster advertised a youth **financial** aid opportunity.
그 포스터는 청소년들의 학자금 지원 기회를 광고했다.

The economy will expand in the upcoming **financial** year.
내년 회계연도에 경제가 확장될 것이다.

---

006 ⭐⭐⭐⭐⭐

fluffy

adj 솜털의

ex That cute, **fluffy** cat is meaner than you think.
그 귀엽고 솜털 같은 고양이는 당신이 생각하는 것보다 심술궂다.

It can be relaxing to watch the soft, **fluffy** snow float.
부드럽고 솜털 같은 눈이 떠 있는 것을 보는 것은 편안할 수 있다.

007 ★★★★★

compare

| v | 비교하다 |

ex **Comparing** the two is meaningless since they are in a different group.
그들은 다른 그룹에 있기 때문에 둘을 비교하는 것은 의미없다.

The final stage is to **compare** and contrast the characteristics.
마지막 단계는 특성들을 비교하고 대조하는 것이다.

---

008 ★★★

reimbursement

| n | 상환, 배상 |

ex The amount on the receipt will directly go into your account as a **reimbursement**.
영수증의 금액은 상환으로 당신의 계좌로 바로 들어갈 것이다.

---

009 ★★★

program

| n | 계획[프로그램] | v | 계획하다 |

ex I enrolled in a week-long **program** of lectures.
나는 일주일 동안 진행되는 강의 프로그램에 등록했다.

A cartoon is a **program** that features animated characters.
만화는 애니메이션 캐릭터들이 나오는 프로그램이다.

---

010 ★★★

occupation

| n | 직업 |

참고 occupancy 사용

ex What is likely the man's **occupation**?
남자의 예상되는 직업은 무엇인가?

Why did you decide to give up your current **occupation**?
당신은 왜 현재의 직업을 포기하기로 결심했는가?

---

011 ★★★

proofread

| v | 교정을 보다 |

ex I was wondering if you could possibly **proofread** my English version of my resume.
혹시 내 영어 이력서를 교정해 줄 수 있는지 궁금하다.

---

012 ★★★

nationality

| n | 국적, 민족 |

ex So do I have to write my name, **nationality**, gender, and the date first?
그럼 이름, 국적, 성별, 날짜를 먼저 써야 하는가?

No other **nationality** has won except British!
영국 국적을 제외하고 우승한 국적은 없다!

⭐ 표시는 출제 빈도를 나타냅니다.

---

013 ⭐⭐⭐

moderate

| adj | 보통의 | v | 완화하다, 조정하다 |

참고 **modest** 보통의, 겸손한

ex It's **moderate** in price and size.
그것의 크기와 가격은 보통이다.

You must be sure to **moderate** how much time you spend on the computer.
당신은 당신이 컴퓨터에 얼마나 많은 시간을 쓸지 관리해야 한다.

---

014 ⭐⭐⭐

senior

| adj | 고위의 | n | 연장자, 4학년 |

참고 **junior** 3학년

ex Past applicants worked with **senior** citizens.
과거 지원자들은 노인들과 함께 일했다.

It's your chance to tell us about the **senior** students.
그 4학년 학생들에 대해 말할 수 있는 기회이다.

---

015 ⭐⭐⭐

regional

| adj | 지역의 |

ex Players need to do a live stream of them playing games in a **regional** competition.
선수들은 지역 경기에서 그들이 게임하는 것을 보여주는 라이브 방송을 해야 한다.

---

016 ⭐⭐⭐

strict

| adj | 엄격한 |

ex Regulations covering scientific experiments on human subjects are **strict**.
인간 대상으로 한 과학 실험을 다루는 규정은 엄격하다.

The new teacher is friendly but **strict**.
새로 오신 선생님은 친절하지만 엄격하다.

---

017 ⭐⭐

ancestor

| n | 조상 |

반 **descendant** 후손

ex While our **ancestors** had tails, most humans do not have tails now.
우리 조상들은 꼬리를 가졌지만, 대부분의 인간들은 현재 꼬리를 가지고 있지 않다.

The tribal **ancestors** of the Naga people would use cooked ghost peppers.
Naga부족의 조상들은 익힌 고스트페퍼를 사용했다.

---

018 ⭐⭐

blustery

| adj | 바람이 거센 |

ex On a **blustery** fall evening, officers spotted some suspicious movement in an alley.
바람이 많이 부는 가을 저녁, 경찰관들은 골목에서 수상한 움직임을 발견했다.

019 ★★	**ape**	n 유인원

ex There is evidence that humans and **apes** share a common ancestor.
인간과 유인원이 공통의 조상을 공유하고 있다는 증거가 있다.

Monkeys and **apes** use sticks to dig for delicious bugs.
원숭이와 유인원은 맛있는 벌레를 캐기 위해 막대기를 사용한다.

---

020 ★★

Christian

adj 기독교의   n 기독교도

ex **Christians** abstain from eating meat or poultry to prepare
for Christ's resurrection.
기독교도들은 그리스도의 부활을 준비하기 위해 고기나 가금류를 먹지 않는다.

---

021 ★★

bridal

adj 신부의   참고 **shower** 선물 파티

ex I think she is a guest of the **bridal** side.
내 생각엔 그녀는 신부 쪽 손님인 것 같다.

She is preparing for the **bridal** shower of her best friend.
그녀는 가장 친한 친구의 신부 파티를 준비하고 있다.

---

022 ★

continuation

n 계속, 지속   참고 **continuity** 지속성

ex War is a mere **continuation** of politics by other means.
전쟁은 다른 수단의 정치의 계속일 뿐이다.

He hopes for a **continuation** of a higher education.
그는 고등 교육의 지속을 원한다.

---

023 ★

atypical

adj 이례적인

ex There is no way to know whether the subject's responses are typical
or **atypical**.
피실험자의 반응이 일반적인지 혹은 이례적인지 알 방법이 없다.

---

024 ★

prophet

n 예언자   참고 **prophesy** v. 예언하다 | **prophecy** n. 예언

ex Long before we had the writings of the **prophets**, we had the writings
of knowledge.
예언자들의 글이 있기 훨씬 전에, 우리는 지식의 글을 가지고 있었다.

DAY 81

☆ 표시는 <u>출제 빈도</u>를 나타냅니다.

---

025 ☆

emotional

 adj 정서의, 감정적인

참고 **emotive** 감정을 자극하는

ex It can be hard to let go sometimes and become free of physical and **emotional** pressure.
때때로 육체적으로나 감정적인 압박으로부터 자유로워지는 것은 어려울 수 있다.

---

026 ☆

disclosure

 n 폭로

ex He had access to the **disclosure** of a conspiracy.
그는 음모에 대한 폭로를 접했다.

You should sign a non-**disclosure** agreement before joining our company.
당신은 우리 회사에 입사하기 전에 기밀 유지 협약에 서명해야 한다.

---

027 ☆

hibernate

 v 동면하다

ex When **hibernating**, animals charge their energy for the rest of the year.
동면할 때, 동물들은 그 해의 남은 기간 동안 힘을 충전한다.

Frogs **hibernate** for about 4 months in fall.
개구리들은 가을에 4달 정도 동면한다.

---

028 ☆

fertilization

 n 수정 / 비옥화

ex **Fertilization** of the trees typically occurs thrice annually.
나무의 수정은 일반적으로 매년 세 번 일어난다.

One scientist figured out the principle for cross-**fertilization**.
한 과학자가 교차수정의 원리를 알아냈다.

---

029 ☆

docile

adj 유순한

㊀ **compliant** 순응하는

ex The hippo may seem somewhat like an adorable jumbo version of a **docile** farm pig.
하마는 다소 유순한 농장 돼지의 사랑스러운 아주 큰 버전처럼 보일 수 있다.

---

030 ☆

employ

 v 고용하다, 이용하다

ex If he's honest, I will **employ** him.
그가 정직하다면, 나는 그를 고용할 것이다.

They tried to **employ** the new method he devised.
그들은 그가 고안한 새로운 방법을 사용하려고 했다.

Practice

1. 다음 단어들을 올바르게 연결하세요.

(1) corporation   •

(2) docile   •

(3) disclosure   •

(4) proofread   •

(5) strict   •

(6) blustery   •

(7) regional   •

(8) prophet   •

• (a) 유순한

• (b) 기업[회사]

• (c) 엄격한

• (d) 지역의

• (e) 폭로

• (f) 예언자

• (g) 교정을 보다

• (h) 바람이 거센

2. 다음 영어 뜻에 맞게 알맞은 단어를 보기에서 찾아 쓰세요.

ancestor	nationality	strict	occupation

(1) the principal activity in your life that you do to earn money

(2) people having common origins or traditions and often comprising a nation

(3) someone from whom you are descended

(4) severe in discipline

SELF TEST

01	employ		16		상환, 배상
02		지역의	17	continuation	
03	senior		18		비교하다
04		유순한	19	bridal	
05	fertilization		20		솜털의
06		유인원	21	Christian	
07	emotional		22		재정적인
08		국적, 민족	23	moderate	
09	disclosure		24		독점적으로, 오직
10		교정을 보다	25	blustery	
11	hibernate		26		연결장치
12		직업	27	ancestor	
13	program		28		시위, 설명
14		예언자	29	strict	
15	atypical		30		기업[회사]

DAY 82

n	freshman	adj	complimentary	adv	gradually
adv	highly	n	hook	v	misbehave
n	negotiation	v	cram	n	adjustment
n	adolescent	v	contradict	adj	several
v	tend	prep	against	n	confidentiality
n	busker	n	breadth	n	byproduct
n	fragmentation	n	infinity	n	invader
n	justification	adj	feverish	n	glory
adj	imaginable	v	incorporate	adj	learnable
n	membrane	n	mobility	v	dehydrate

DAY 82

★ 표시는 출제 빈도를 나타냅니다.

---

001 ★★★★★

freshman

| n | 신입생 | 참고 **sophomore** 2학년 |

ex   Wendy helped a **freshman** who couldn't find the building.
Wendy는 건물을 찾을 수 없었던 신입생을 도왔다.

They are to be picked up at **freshman** orientation.
그것들은 신입생 오리엔테이션에서 픽업될 것이다.

---

002 ★★★★★

complimentary

| adj | 칭찬하는 / 무료의 | 참고 **complementary** 상호 보완적인 |

ex   Most hotels offer **complimentary** water to guests.
대부분의 호텔들은 투숙객에게 무료 물을 제공한다.

I can't believe tickets to this musical were **complimentary**.
이 뮤지컬 티켓이 무료였다니 믿을 수가 없어.

---

003 ★★★★★

gradually

| adv | 서서히 |

ex   At this point, a single company **gradually** started to buy and control all of the diamonds, creating a monopoly.
이 때, 한 회사가 점차 모든 다이아몬드를 구매하고 통제하기 시작하면서 독점을 만들어내기 시작했다.

---

004 ★★★★★

highly

| adv | 매우, 높이 |

ex   We **highly** recommend you to visit our state of the art technology exhibition.
우리는 당신에게 우리의 최첨단 기술 전시회를 방문하기를 매우 추천합니다.

It is also **highly** valued by producers of musical instruments.
그것은 또한 악기 제작자들에 의해 높이 평가되고 있다.

---

005 ★★★★★

hook

| n | 고리 | v | 갈고리로 잠그다 |

ex   Be careful not to touch the sharp part of the **hook**.
고리의 날카로운 부분을 만지지 않도록 조심해.

Okay, so then let me show you how to **hook** the bait.
좋아, 그럼 미끼를 어떻게 걸지 보여줄게.

---

006 ★★★

misbehave

| v | 못된 짓을 하다 |

ex   Children sometimes intentionally **misbehave** to get attention.
아이들은 가끔 주목을 받으려고 의도적으로 못된 짓을 한다.

They got detention for **misbehaving** during a presentation.
그들은 발표 중에 버릇없이 굴어서 방과 후 남게 되었다.

007 ⭐⭐⭐	**n** 협상
negotiation	**ex** Hard diplomacy between governments often involves **negotiations** between ambassadors. 정부 간의 강경 외교는 종종 대사들 간의 협상을 수반한다.

008 ⭐⭐⭐	**v** 밀어 넣다 / 벼락치기 공부를 하다
cram	**ex** That's all I can manage to **cram** in my brain for today. 그것이 내가 오늘 머릿속에 밀어 넣을 수 있는 전부이다. I have to **cram** for the test tonight. 오늘 밤 시험 때문에 벼락치기를 해야 한다.

009 ⭐⭐⭐	**n** 수정, 적응
adjustment	**ex** We will need to make an **adjustment** to our appointment. 우리는 예약을 조정할 필요가 있을 것이다. Please note that some **adjustments** have been made to your request. 당신의 요청에 약간의 수정사항이 있었다는 것을 알려드립니다.

010 ⭐⭐⭐	**n** 청소년 　　　　　　　　　　　　참고 **juvenile** 청소년의
adolescent	**ex** Makeup can aggravate acne which many **adolescents** usually have. 화장은 많은 청소년들이 보통 가지고 있는 여드름을 악화시킬 수 있다.

011 ⭐⭐⭐	**v** 부정하다, 모순되다
contradict	**ex** This is an example of a paradox, a statement that **contradicts** itself. 이것은 모순의 한 예이며, 자기 자신에게 모순되는 진술이다. Current TV trends **contradict** the man's claims. 현재의 TV 경향은 그 남자의 주장과 모순된다.

012 ⭐⭐⭐	**adj** 몇몇의
several	**ex** I tried **several** methods to fix the problem. 그 문제를 해결하기 위해서 몇가지 방법을 시도했다. Also, she will be visiting **several** European countries. 또한, 그녀는 몇몇 유럽 국가들을 방문할 것이다.

표시는 출제 빈도를 나타냅니다.

---

013 ★★★

tend

v 경향이 있다 / 돌보다

ex They **tend** to judge people based on their first impression.
그들은 사람들을 첫인상에 기반하여 판단하는 경향이 있다.

We'll **tend** it every weekend and grow our own fruit and vegetables.
우리는 주말마다 그것을 돌보고 과일과 채소를 직접 키울 것이다.

---

014 ★★★

against

prep …에 반대하여

ex People **against** animal testing say that it is unfair to animals because it is inhumane.
동물실험에 반대하는 사람들은 동물실험이 비인간적이기 때문에 동물에게 부당하다고 말한다.

---

015 ★★

confidentiality

n 비밀

참고 **confidence** 자신감

ex Due to time and patient **confidentiality**, I'll handle all questions at the end.
시간과 환자 비밀유지 때문에 모든 질문은 마지막에 대답하겠습니다.

---

016 ★★

busker

n 거리의 악사

ex Yep, he's a pretty famous **busker** here.
응, 그는 여기서 꽤 유명한 거리의 악사야.

I recommend you to take your headphones out when you pass a **busker**.
거리의 악사를 지날 때는 헤드폰을 빼는 것을 권해.

---

017 ★★

breadth

n 폭넓음 / 폭, 너비

유 **width** 너비

ex She was surprised at my **breadth** of reading.
그녀는 나의 폭넓은 독서에 놀랐다.

The actual **breadth** of one side was a little different from what's written.
한 면의 실제 폭은 쓰여져 있는 것과는 조금 달랐다.

---

018 ★★

byproduct

n 부산물

ex The various animal **byproducts** were used to create leather goods.
다양한 동물 부산물은 가죽 제품을 만들기 위해 사용되었다.

His success in the field is the **byproduct** of his talent.
그 분야에서 그의 성공은 그의 재능의 부산물이다.

019

fragmentation

참고 **fragment** 조각, 파편

n 분열

ex The **fragmentation** of television audiences has caused advertisers much concern.
텔레비전 시청자의 분열은 광고주들에게 많은 우려를 불러일으켰다.

020

infinity

n 무한대

ex The blue night sky is filled with an **infinity** of stars.
푸른 밤하늘은 무한히 많은 별들로 가득 차 있다.

021

invader

n 침략군

ex Diverse communities are assumed to limit the ability of **invaders** to establish.
다양한 공동체는 침입군의 설립 능력을 제한하는 것으로 추측된다.

022

justification

n 타당한 이유

ex Chapter two of this book provides a historical **justification** of the event.
이 책의 2과에서 사건에 대한 역사적 타당성을 제공한다.

Excuse is an example of self-**justification**.
변명은 자기 정당화의 예이다.

023

feverish

유 **fervent** 열렬한

adj 열이 나는 / 몹시 흥분한

ex I'm **feverish** and I've got a headache.
나는 열이 나고 머리가 아프다.

Feel the **feverish** atmosphere here in the concert!
이곳 콘서트에서 뜨거운 분위기를 느껴라!

024

glory

n 영광

ex My father occasionally enjoys restoring historic cars to their former **glory**.
나의 아버지는 때때로 역사적인 자동차들을 예전의 영광으로 복원하는 것을 즐깁니다.

Winners walk away with **glory** and a cash prize.
우승자들은 영광과 상금을 가지고 떠난다.

DAY 82

025

imaginable

`adj` **상상할 수 있는**

참고 **imaginative** 상상력이 풍부한

`ex` LEGO bricks are made in every shape and size **imaginable**.
레고 벽돌은 상상할 수 있는 모든 모양과 크기로 만들어진다.

It won't exceed the **imaginable** size.
그것은 상상할 수 있는 크기를 넘지 않을 것이다.

026

incorporate

`v` **포함하다**

참고 **corporate** 기업의

`ex` Design schools **incorporated** modern technology into how they teach.
디자인 학교들은 현대 기술을 그들이 가르치는 방법에 포함시켰다.

I wanted to **incorporate** elements of nature into the building.
나는 자연의 요소들을 그 건물에 포함하고 싶었다.

027

learnable

`adj` **배울 만한**

`ex` Caretaking is a **learnable** skill.
보살핌은 배울 수 있는 기술이다.

AI can recommend the **learnable** courses near you.
AI가 당신 근처에서 배울만한 과정들을 추천해준다.

028

membrane

`n` **막**

`ex` This is a result of the water pressure exerted on the outer **membrane** of the egg.
이것은 달걀의 외막에 가해진 수압의 결과이다.

029

mobility

`n` **이동성**

참고 **mobile** adj. 이동하는

`ex` There are possibilities for upward **mobility** within the organization.
조직 내에서 상향 이동 가능성이 있다.

Compact cars have great **mobility**.
소형차들은 이동성이 좋다.

030

dehydrate

`v` **건조시키다 / 탈수 상태가 되다**

`ex` **Dehydrated** fruits make healthy snacks.
건조시킨 과일은 건강한 간식이 된다.

I feel **dehydrated** after exercising out in the sun for an hour.
나는 태양볕에서 한 시간 동안 운동을 한 후 탈수 상태가 되었다.

Practice

 1. 다음 단어들을 올바르게 연결하세요.

(1) cram   •

(2) contradict   •

(3) feverish   •

(4) incorporate   •

(5) infinity   •

(6) several   •

(7) misbehave   •

(8) learnable   •

• (a) 못된 짓을 하다

• (b) 밀어 넣다

• (c) 부정하다

• (d) 몇몇의

• (e) 열이 나는

• (f) 무한대

• (g) 배울 만한

• (h) 포함하다

 2. 우리말 뜻에 맞게 괄호에 알맞은 단어를 찾아 O표 하세요.

(1) **I can't believe tickets to this musical were (complementary / complimentary).**
이 뮤지컬 티켓이 무료였다니 믿을 수가 없어.

(2) **Due to time and patient (confidentiality / confidence), I'll handle all questions at the end.**
시간과 환자 비밀유지 때문에 모든 질문은 마지막에 대답하겠습니다.

(3) **LEGO bricks are made in every shape and size (imaginative / imaginable).**
레고 벽돌은 상상할 수 있는 모든 모양과 크기로 만들어진다.

(4) **The (fragment / fragmentation) of television audiences has caused advertisers much concern.**
텔레비전 시청자의 분열은 광고주들에게 많은 우려를 불러일으켰다.

SELF TEST

01	mobility		**16**		침략군
02		비밀	**17**	cram	
03	membrane		**18**		협상
04		…에 반대하여	**19**	infinity	
05	learnable		**20**		못된 짓을 하다
06		경향이 있다	**21**	fragmentation	
07	incorporate		**22**		고리
08		몇몇의	**23**	byproduct	
09	imaginable		**24**		매우
10		부정하다	**25**	breadth	
11	glory		**26**		서서히
12		청소년	**27**	dehydrate	
13	feverish		**28**		칭찬하는, 무료의
14		수정, 적응	**29**	busker	
15	justification		**30**		신입생

DAY 83

n	plot	n	navy	adj	previous
adj	mountainous	adj	passionate	v	reverse
v	shrink	n	Alzheimer	n	cleanliness
n	collector	adj	archeological	n	newcomer
adv	openly	n	consumption	n	expense
n	principle	n	congestion	n	consensus
n	dermatologist	n	farebox	v	disinfect
adj	laughable	adj	irregular	adv	mercilessly
n	midnight	n	linguist	n	meantime
adj	leisurely	n	outrage	v	persuade

DAY 83

★ 표시는 출제 빈도를 나타냅니다.

001 ★★★★★

plot

n 구성 / 작은 토지

ex The **plot** was silly and the acting wasn't even any good.
구성은 우스꽝스러웠고 연기는 전혀 좋지 않았다.

We're getting a **plot** of land and growing a garden.
우리는 작은 토지를 얻어서 정원을 가꾸고 있다.

002 ★★★★★

navy

n 해군 / 짙은 감색

ex It was common for sailors in the **navy** to use this sort of shortened speech.
해군의 선원들은 이런 짧은 말투를 하는 것이 일반적이었다.

The **navy** colored shirt looks better on you than the light blue.
너에겐 연한 파란색보다는 짙은 감색 셔츠가 더 괜찮아보인다.

003 ★★★★★

previous

adj 이전의

ex His **previous** work was miserable, but now he is satisfied.
그의 이전 일은 불행했지만 지금 그는 만족한다.

This includes the use of **previous** designs that they know.
여기에는 그들이 알고 있는 이전 디자인의 사용이 포함된다.

004 ★★★★★

mountainous

adj 산이 많은, 산악의

ex This garden looked like a **mountainous** country.
이 정원은 산악 지역처럼 보였다.

Why don't we go to a **mountainous** place for vacation?
휴가로 산이 많은 곳에 가는 것은 어때?

005 ★★★★★

passionate

adj 열렬한

㊜ **ardent** 열렬한

ex Even today, he is a **passionate** supporter of the football club.
오늘날에도 그는 축구 클럽의 열정적인 후원자이다.

His **passionate** gaze could harm people in the audience.
그의 열정적인 시선은 청중들에게 해를 끼칠 수 있다.

006 ★★★★★

reverse

v 뒤바꾸다

참고 **inverse** 반대의

ex The team tried everything to **reverse** the curse.
그 팀은 저주를 뒤집기 위해 모든 것을 시도했다.

The "i" and "r" should be **reversed** here.
여기서 "i"와 "r"은 뒤바뀌어야 한다.

007	★★★★★		
		v	**줄어들다**

shrink

ex Did the pants **shrink** in the wash?
세탁할 때 바지가 줄어들었니?

My heart **shrank** with fear after witnessing the crime scene.
범죄 현장을 목격한 후 나는 공포로 가슴이 움츠러들었다.

008	★★★		
		n	**알츠하이머병**

Alzheimer

ex **Alzheimer**'s disease is caused by the damage of certain brain cells.
알츠하이머는 특정 뇌세포의 손상에 의해 생긴다.

He studied **Alzheimer**'s disease throughout his entire life.
그는 평생 알츠하이머병을 연구했다.

009	★★★		
		n	**청결**

참고 **hygiene** 위생

cleanliness

ex Following trash separation guidelines ensures community **cleanliness**.
쓰레기 분리 지침을 준수하면 지역사회 청결을 보장할 수 있다.

For the restaurants, **cleanliness** must be a top priority.
식당들은 청결이 최우선시되어야 한다.

010	★★★		
		n	**수집가**

collector

ex Two famous European **collectors** of Japanese prints were Van Gogh and Degas.
두 명의 유명한 일본 판화 유럽인 수집가는 반 고흐와 드가였다.

011	★★★		
		adj	**고고학적인**

archeological

ex **Archeological** evidence should support your opinion.
고고학적 증거가 당신의 의견을 뒷받침해야 할 것이다.

We could learn about extinct animals from **archaeological** discoveries.
우리는 고고학적 발견들로부터 멸종 동물들에 대해 배울 수 있었다.

012	★★★		
		n	**신입자**

유 **novice** 초보자

newcomer

ex The **newcomers** have performed well on the job.
새로 온 사람들이 그 일을 잘 해냈다.

Being kind to **newcomers** will have a direct impact on their working period.
신입자들에게 친절하게 대하는 것은 그들의 업무 기간에 직접적인 영향을 미칠 것이다.

CHAPTER 09   Day 83

DAY 83

---

013 ⭐⭐⭐

openly

| adv | 터놓고, 솔직하게 |

ex None of these seem quite so central as the ability to communicate **openly** and honestly.
이들 중 어느 것도 솔직하고 정직하게 의사소통하는 능력만큼 중요하게 보이지 않는다.

---

014 ⭐⭐⭐

consumption

| n | 소비 |

ex The present rate of human **consumption** is completely unsustainable.
현재의 인간 소비율은 완전히 지속 가능하지 않다.

Oil **consumption** is different in each country.
석유 소비량은 나라마다 다르다.

---

015 ⭐⭐⭐

expense

| n | 돈, 비용 | ⓤ **expenditure** 지출, 비용

ex How do you deal with living **expenses**?
생활비는 어떻게 감당하니?

You should cover your own **expenses**.
당신의 비용은 스스로 부담해야 한다.

---

016 ⭐⭐⭐

principle

| n | 원칙, 원리 | 참고 **principal** 주된

ex We argue that the ethical **principles** of justice provide an essential foundation for policies.
우리는 정의의 윤리적 원칙이 정책의 필수적인 토대를 제공한다고 주장한다.

---

017 ⭐⭐

congestion

| n | 혼잡 |

ex The accident caused major **congestion** near the street.
그 사고로 도로 부근에 큰 혼잡이 빚어졌다.

Traffic **congestion** is one of the major problems in our city.
교통혼잡은 우리 도시의 주요 문제들 중 하나이다.

---

018 ⭐⭐

consensus

| n | 합의 | ⓤ **consent** 동의, 합의

ex No clear scientific **consensus** has emerged on the matter of children's sleep requirements.
아이들의 수면 필요조건에 대한 명확한 과학적 합의가 이루어지지 않고 있다.

019 ⭐⭐

dermatologist

n 피부과 전문의

ex Nine out of ten **dermatologists** recommended natural ointment to protect your lips.
피부과 전문의 10명 중 9명이 입술 보호용으로 천연 연고를 추천했다.

---

020 ⭐⭐

farebox

n 요금 상자

ex **Fareboxes** are rarely used after the invention of higher technology.
첨단 기술의 발명으로 요금 상자들은 거의 사용되지 않는다.

Do not put this pass into the bus **farebox**.
이 탑승권을 버스 요금함에 넣지 말아라.

---

021 ⭐⭐

disinfect

v 소독하다   ⓤ **sterilize** 살균하다

ex Our spray **disinfects** all parts of your home.
우리의 스프레이가 당신 집의 모든 부분을 소독한다.

This place has been **disinfected** so don't worry.
이 장소는 소독되었으니 걱정마라.

---

022 ⭐

laughable

adj 웃기는   ⓤ **ridiculous** 웃기는, 터무니없는

ex Humor reframes potentially divisive events into merely "**laughable**" ones.
유머는 잠재적으로 분열을 초래할 수 있는 사건들을 단지 "웃기는" 사건으로 재탄생시킨다.

---

023 ⭐

irregular

adj 불규칙적인

ex The trajectory he analyzed shows very **irregular** and complicated patterns.
그가 분석한 궤적은 매우 불규칙하고 복잡한 패턴을 보여준다.

Its unique and **irregular** pattern attracted me.
그것의 독특하고 불규칙적인 모양이 나의 마음을 끌었다.

---

024 ⭐

mercilessly

adv 무자비하게

ex The reindeer had a weakness that mankind would **mercilessly** exploit.
순록은 인류가 무자비하게 이용할 수 있는 약점을 가지고 있었다.

Mercilessly, he took away everything from her.
무자비하게도, 그는 그녀에게서부터 모든 것을 가져가버렸다.

---

025 ⭐

midnight

| n | 자정 |

참고 **burn midnight oil** 공부를 하느라 밤늦게까지 불을 밝히다

ex We have to submit our team report online by **midnight**.
우리는 팀 보고서를 자정까지 온라인으로 제출해야 한다.

Anna is burning the **midnight** oil to finish the reports.
Anna는 보고서를 끝내기 위해 밤늦게까지 일을 하고 있다.

---

026 ⭐

linguist

| n | 언어에 능한 사람 / 언어학자 |

참고 **n. linguistics** 언어학

ex **Linguists** study not only the language itself but the use of language.
언어학자들은 언어 자체뿐 아니라 언어의 사용에 대해서도 공부한다.

Lord of the Rings author J.K.K was also a **linguist**.
반지의 제왕 작가 J.K.K도 언어학자였다.

---

027 ⭐

meantime

| n | 그동안 | adv | 그동안에 |

참고 **meanwhile** 한편

ex In the **meantime**, this incredible machine continues to enthrall the world.
그동안에, 이 놀라운 기계는 계속해서 세계를 매료시키고 있다.

I'll just get this thorn out in the **meantime**.
그동안 이 가시만 뽑을게.

---

028 ⭐

leisurely

| adj | 한가한, 여유로운 |

ex More people are moving to rural areas in pursuit of a healthy and **leisurely** life.
건강하고 여유로운 삶을 추구하며 농촌으로 이주하는 사람들이 늘고 있다.

---

029 ⭐

outrage

| n | 격분, 격노 | v | 격분하게 만들다 |

ex The judge's unreasonable ruling caused public **outrage**.
그 판사의 불합리한 판결은 대중의 격분을 샀다.

His offensive statement **outraged** everyone in the room.
그의 모욕적인 발언은 방 안의 모두를 격분하게 만들었다.

---

030 ⭐

persuade

| v | 설득하다 |

⊕ **convince** 납득시키다

ex I tried to **persuade** one of my friends to join the soccer team.
나는 내 친구들 중 한 명을 축구 팀에 합류하도록 설득했다.

We were **persuaded** that all those explanations are unsatisfactory.
우리는 그 모든 설명이 만족스럽지 않다고 설득당했다.

Practice

 1. 다음 단어들을 올바르게 연결하세요.

(1) outrage   •   •   (a) 고고학적인

(2) meantime   •   •   (b) 신입자

(3) archeological   •   •   (c) 터놓고, 솔직하게

(4) openly   •   •   (d) 웃기는

(5) principle   •   •   (e) 그동안, 그동안에

(6) laughable   •   •   (f) 격분

(7) newcomer   •   •   (g) 뒤바꾸다

(8) reverse   •   •   (h) 원칙, 원리

 2. 우리말 뜻에 맞게 빈칸에 알맞은 단어를 보기에서 찾아 쓰세요.

congestion	irregular	cleanliness	passionate

(1) **Even today, he is a   supporter of the football club.**
오늘날에도 그는 축구 클럽의 열정적인 후원자이다.

(2) **Following trash separation guidelines ensures community   .**
쓰레기 분리 지침을 준수하면 지역사회 청결을 보장할 수 있다.

(3) **The accident caused major   near the street.**
그 사고로 도로 부근에 큰 혼잡이 빚어졌다.

(4) **The trajectory he analyzed shows very   and complicated patterns.**
그가 분석한 궤적은 매우 불규칙하고 복잡한 패턴을 보여준다.

SELF TEST

01	persuade		16		알츠하이머병
02		돈, 비용	17	laughable	
03	outrage		18		줄어들다
04		소비	19	disinfect	
05	leisurely		20		뒤바꾸다
06		터놓고, 솔직하게	21	farebox	
07	meantime		22		열렬한
08		신입자	23	dermatologist	
09	linguist		24		산악의
10		고고학적인	25	consensus	
11	midnight		26		이전의
12		수집가	27	congestion	
13	mercilessly		28		해군
14		청결	29	principle	
15	irregular		30		구성, 작은 토지

DAY 84

n	snare	v	reflect	adj	specific
n	theme	n	succession	v	sue
n	wartime	n	obsession	n	controversy
n	avoidance	adv	automatically	adj	withdrawn
n	counselor	adj	serious	n	ability
n	reward	n	fellowship	v	fuse
v	disfigure	n	curiosity	adj	countable
adj	negative	v	overlook	adj	perishable
adj	innate	adj	pessimistic	v	reel
n	sadness	v	peruse	v	redeem

DAY 84

⭐ 표시는 출제 빈도를 나타냅니다.

---

001 ⭐⭐⭐⭐⭐

snare

| n | 덫 | v | 덫으로 잡다 |

참고 **ensnare** 걸려들게 하다

ex Many lions are killed by traps and **snare** designed to capture them.
많은 사자들이 그들을 포획하기 위해 만들어진 함정과 덫에 의해 죽임을 당한다.

The boy can only use a **snare** during the fight.
그 소년은 싸우는 동안 덫만 사용할 수 있다.

---

002 ⭐⭐⭐⭐⭐

reflect

| v | 반사하다, 반영하다 |

ex Music reviews began to **reflect** public opinion.
음악 비평은 여론을 반영하기 시작했다.

The light **reflected** from the planet is not bright enough.
행성에서 반사된 빛은 충분히 밝지 않다.

---

003 ⭐⭐⭐⭐⭐

specific

| adj | 구체적인 |

ex The word "wicked" is more **specific** than "bad."
"wicked"라는 단어는 "bad"보다 더 구체적이다.

He gave me **specific** instructions.
그는 나에게 구체적인 지시를 내렸다.

---

004 ⭐⭐⭐⭐⭐

theme

| n | 주제, 테마 |

ex You can find the **theme** on the first line of the poem.
당신은 시의 첫 번째 줄에서 주제를 찾을 수 있다.

This year, the **theme** of the competition is "healthy desserts."
올해, 대회의 주제는 "건강한 디저트"이다.

---

005 ⭐⭐⭐⭐⭐

succession

| n | 연속 / 승계 |

참고 **success** 성공

ex The conflict initially erupted due to **succession** plans after the death of the ruler.
이 분쟁은 처음에 통치자가 사망한 후 승계 계획으로 인해 불거졌다.

---

006 ⭐⭐⭐⭐⭐

sue

| v | 고소하다 |

참고 **suit**(=lawsuit) n. 고소

ex The company **sued** them for infringement of the copyright.
그 회사는 저작권 침해로 그들을 고소했다.

The man **sued** the army but he lost.
그 남자는 군대를 고소했지만 패소했다.

007 ★★★★★

wartime

| n | 전쟁 시기 |

ex This new machine was quickly adapted to **wartime** use.
이 새 기계는 전시용으로 빠르게 개조되었다.

Pigeons were crucial for messages during **wartime**, for example.
예를 들어, 비둘기는 전쟁 동안 전갈에 매우 중요한 역할을 했다.

---

008 ★★★

obsession

| n | 강박 상태, 집착 | 참고 **preoccupation** 몰두

ex He has remarked, the notion of 'political personhood' is
a cultural **obsession** of our own.
그는 '정치적 인격'의 개념은 우리 자신의 문화적 강박관념이라고 말했다.

---

009 ★★★

controversy

| n | 논란 | 유 **dispute** 논란, 논쟁

ex Political leaders are shying away from **controversy**.
정치 지도자들은 논란을 피하고 있다.

When it comes to paintings, the **controversies** have been endless.
그림에 관한 한 논란은 끊이지 않았다.

---

010 ★★★

avoidance

| n | 회피 |

ex This fear may also be tied to **avoidance** of parasites and disease.
이러한 두려움은 기생충과 질병의 회피와도 관련이 있을 수 있다.

Avoidance of liking someone might be caused by a trauma.
누군가를 좋아하는 것의 회피는 트라우마에 의해 야기된 것일 수 있다.

---

011 ★★★

automatically

| adv | 자동적으로 |

ex This happens **automatically** and can be uncomfortable.
이것은 자동으로 일어나며 불편할 수 있다.

The computer **automatically** turns off for energy saving.
에너지 절약을 위해 컴퓨터는 자동으로 꺼진다.

---

012 ★★★

withdrawn

| adj | 내향적인 |

ex Teenagers who are naturally **withdrawn** might encounter
some problems at school.
원래 내향적인 십대들은 학교에서 몇 가지 문제에 직면할 수도 있다.

DAY 84

⭐ 표시는 출제 빈도를 나타냅니다.

---

013 ⭐⭐⭐

counselor

| n | 상담 전문가 |

㊤ **consultant** 상담가

ex She is going to contact a career **counselor**.
그녀는 직업 상담사에게 연락할 것이다.

The checklist is in the school career **counselor**'s office.
체크리스트는 학교 진로 상담가 사무실에 있다.

---

014 ⭐⭐⭐

serious

| adj | 심각한 |

㊤ **severe** 극심한

ex They have been convicted of a **serious** crime.
그들은 심각한 범죄로 유죄판결을 받았다.

Eating too much sodium can cause **serious** heart problems.
나트륨을 너무 많이 먹는 것은 심각한 심장 문제를 일으킬 수 있다.

---

015 ⭐⭐⭐

ability

| n | 능력 |

㊤ **capability** 능력

ex We felt proud of our cooking **ability**.
우리는 우리의 요리 실력에 자부심을 느꼈다.

Sometimes schools even test students on their **ability** to do sit-ups.
때때로 학교들은 심지어 윗몸일으키기를 하는 능력에 대해 학생들을 시험하기도 한다.

---

016 ⭐⭐⭐

reward

| n | 보상 | v | 보답하다 |

참고 **rewarding** adj. 보람있는

ex Having a relaxing holiday is a **reward** for everyone.
편한 휴일을 갖는 것은 모두에게 보상이다.

She would **reward** me with tickets to my favorite band.
그녀는 내가 가장 좋아하는 밴드의 티켓으로 나에게 보상을 해주곤 했다.

---

017 ⭐⭐

fellowship

| n | 단체 / 장학금 |

ex He wrote me a recommendation letter for the department **fellowship**.
그는 나에게 학과 장학금 추천서를 써주었다.

---

018 ⭐⭐

fuse

| v | 융합되다 / 녹이다 |

ex However, these eventually **fuse** to form the 206 bones adults have.
하지만, 이것들은 결국 성인들이 가지고 있는 206개의 뼈를 형성하기 위해 서로 융합된다.

| 019 ★★ | **disfigure** | v 흉하게 만들다 | ⑨ **deface** 외관을 훼손하다 |

disfigure

ex Her statues were **disfigured**, and carved tablets were ripped off from the walls of temples.
그녀의 조각상들은 훼손되었고, 조각된 판들은 사원의 벽에서 뜯겨져나갔다.

---

020 ★★

curiosity

n 호기심

ex Her **curiosity** led to a novel discovery.
그녀의 호기심은 신기한 발견으로 이어졌다.

Her suspicious movement awakened my **curiosity**.
그녀의 수상한 움직임이 나의 호기심을 깨웠다.

---

021 ★★

countable

adj 셀 수 있는

ex The number of people trying to get a job is not **countable**.
일자리를 구하려는 사람들의 수는 셀 수 없다.

His whole wealth is not **countable**.
그의 전 재산은 헤아릴 수 없다.

---

022 ★

negative

adj 부정적인

ex **Negative** feelings could serve good purposes.
부정적인 감정은 좋은 의도로 쓰일 수도 있다.

When a placebo effect is **negative**, it is called a "nocebo effect."
플라시보 효과가 부정적일 때, 이것을 "노시보 효과"라고 부른다.

---

023 ★

overlook

v 간과하다   참고 **oversee** 감독하다

ex You should consider whether other plausible options are being ignored or **overlooked**.
당신은 다른 타당한 것 같은 선택지가 무시되거나 간과되고 있는지 고려해야 한다.

---

024 ★

perishable

adj 잘 상하는

ex Make sure you store the **perishable** food in a tightly sealed container.
잘 상하는 음식은 꽉 닫힌 용기에 보관하도록 해라.

The donated food should be non-**perishable** like canned meats.
기부된 음식은 통조림 고기처럼 잘 상하지 않아야 한다.

CHAPTER 09   Day 84

DAY 84

표시는 출제 빈도를 나타냅니다.

---

025 ⭐

innate

adj 타고난, 선천적인

ex His **innate** artistic sensibility was spotted by his teachers at an early age.
그의 타고난 예술적 감수성은 어린 나이에 그의 선생님들의 눈에 띄었다.

Genes are **innate** but whether they are expressed depend on the environment.
유전자는 선천적이지만 발현 여부는 환경에 따라 다르다.

---

026 ⭐

pessimistic

adj 비관적인   반 **optimistic** 낙관적인

ex He is being too **pessimistic** about this problem.
그는 이 문제에 대해 너무 비관적이다.

A **pessimistic** view of life makes one's life miserable.
비관적인 인생관은 사람의 인생을 비참하게 만든다.

---

027 ⭐

reel

v 비틀거리다   참고 **reel in** ~을 당기다

ex I think they even put the worms on the hooks and help you **reel** in your catch.
내 생각에 그들은 심지어 지렁이를 낚싯바늘에 걸어주고 낚싯줄을 감는 데에도 도움을 주는 것 같아.

---

028 ⭐

sadness

n 슬픔

ex What was the main result of Demeter's **sadness**?
Demeter의 슬픔의 주된 결과는 무엇이었는가?

I felt a deep **sadness** after watching the documentary.
나는 다큐멘터리를 보고 나서 깊은 슬픔을 느꼈다.

---

029 ⭐

peruse

v 정독하다   참고 **pursue** 추구하다

ex She will **peruse** course listings for the upcoming semester.
그녀는 이번 학기 강좌 목록을 정독할 것이다.

I love this break time sitting down at the cafe and **perusing** the menu.
나는 카페에 앉아서 메뉴를 정독하는 이 휴식 시간이 좋다.

---

030 ⭐

redeem

v 교환하다 / 구원하다   참고 **redemption** n. 구원

ex The coupon can be **redeemed** at the information desk.
쿠폰은 안내 데스크에서 교환할 수 있다.

May your sin be **redeemed** under God's name.
신의 이름으로 당신의 죄가 구원되기를 바란다.

Practice

 1. 다음 단어들을 올바르게 연결하세요.

[1] snare   •　　　　　　　　　　•　[a] 비관적인

[2] peruse   •　　　　　　　　　　•　[b] 덫, 덫으로 잡다

[3] pessimistic •　　　　　　　　　•　[c] 보상, 보답하다

[4] overlook •　　　　　　　　　　•　[d] 장학금, 단체

[5] countable •　　　　　　　　　•　[e] 회피

[6] fellowship •　　　　　　　　　•　[f] 셀 수 있는

[7] reward   •　　　　　　　　　　•　[g] 간과하다

[8] avoidance •　　　　　　　　　•　[h] 정독하다

 2. 다음 영어 뜻에 맞게 알맞은 단어를 보기에서 찾아 쓰세요.

obsession	specific	redeem	withdrawn

[1] to save from sins

[2] an irrational motive for performing trivial
or repetitive actions, even against your will

[3] distinguishing something particular or special
or unique

[4] socially detached and unresponsive

CHAPTER 09　Day 84

SELF TEST

01	redeem		16		강박 상태, 집착
02		능력	17	negative	
03	peruse		18		전쟁 시기
04		심각한	19	countable	
05	sadness		20		고소하다
06		상담 전문가	21	curiosity	
07	reel		22		연속, 승계
08		내향적인	23	disfigure	
09	pessimistic		24		주제, 테마
10		자동적으로	25	fuse	
11	innate		26		구체적인
12		회피	27	fellowship	
13	perishable		28		반사하다
14		논란	29	reward	
15	overlook		30		덫, 덫으로 잡다

DAY 85

v	swallow	n	transcript	n	vendor
n	sociology	n	scent	adj	sugary
n	usage	v	cleanse	adj	auxiliary
adv	personally	adv	poorly	adj	receivable
n	availability	n	expert	v	appreciate
adj	violent	n	crust	n	credential
n	biochemist	n	armpit	adj	applicable
n	phase	n	fountain	v	reframe
adj	respectable	adj	scholastic	n	tactic
n	seizure	adv	thereby	n	segment

DAY 85

★ 표시는 출제 빈도를 나타냅니다.

---

001 ★ ★ ★ ★ ★

swallow

| v | 삼키다 | 참고 **shallow** 얕은 |

ex Did you **swallow** some of it?
그것을 좀 삼켰니?

My throat feels sandy whenever I **swallow** something.
무언가를 삼킬 때마다 내 목구멍이 까끌까끌하다.

---

002 ★ ★ ★ ★ ★

transcript

| n | 성적 증명서 / 글로 옮긴 기록 |

ex We need a copy of your college **transcript** to proceed
on the job application process.
당신의 채용을 계속 진행하기 위해 당신의 대학 성적 증명서의 사본이 필요합니다.

---

003 ★ ★ ★ ★ ★

vendor

| n | 판매 회사, 행상인 |

ex Her main duty was to communicate with the **vendors**.
그녀의 주 업무는 판매 회사들과 의사소통하는 것이었다.

He was a cotton **vendor**, so he had an idea.
그는 면화 행상인이었고, 그래서 그는 아이디어가 있었다.

---

004 ★ ★ ★ ★ ★

sociology

| n | 사회학 |

ex Actually, **sociology** and psychology are related.
사실 사회학과 심리학은 연관이 있다.

I need to bring the newspaper to school for my **sociology** class.
사회학 수업 때문에 신문을 학교에 가져와야 한다.

---

005 ★ ★ ★ ★ ★

scent

| n | 향기 |

ex Its delicate **scent** attracts many people to enjoy a cup of coffee.
그 은은한 향기가 많은 사람들이 커피 한 잔을 즐기도록 끌어모은다.

Why not smell the beautiful **scent** of trees?
나무들의 아름다운 향기를 맡아보는 건 어떨까?

---

006 ★ ★ ★ ★ ★

sugary

| adj | 설탕이 든 |

ex **Sugary** foods should be double-wrapped.
설탕이 든 음식은 이중포장되어야 한다.

I'm actually trying to cut down on **sugary** drinks.
사실 설탕이 든 음료를 줄이려고 노력하고 있다.

007 ★★★★★

usage

| n | (단어의) 용법 / 사용, 사용량 |

ex You can help the environment by reducing energy **usage**.
에너지 사용량을 줄임으로써 환경을 도울 수 있다.

Why did water **usage** increase so much this year?
올해 물의 사용이 왜 이렇게 증가했는가?

---

008 ★★★

cleanse

| v | 세척하다 / 정화하다 |

ex Make sure to **cleanse** your face before you go to sleep.
잠들기 전에 반드시 얼굴을 깨끗이 씻어라.

He **cleansed** his mind by meditating.
그는 명상으로 마음을 정화했다.

---

009 ★★★

auxiliary

| adj | 보조의 |

ex **Auxiliary** languages facilitate communication between speakers of different languages.
보조 언어는 서로 다른 언어를 사용하는 사람들 간의 의사소통을 용이하게 한다.

---

010 ★★★

personally

| adv | 개인적으로 | 참고 **personality** n. 성격

ex I want to talk to the manager **personally**.
나는 매니저와 개인적으로 이야기하고 싶다.

I definitely don't know him **personally**.
나는 확실히 그를 개인적으로 모른다.

---

011 ★★★

poorly

| adv | 형편없이 |

ex His clothes are **poorly** tailored.
그의 옷은 형편없이 재단되어 있다.

Animals are treated **poorly** during scientific testing.
동물들은 과학 실험 동안 형편없는 대우를 받는다.

---

012 ★★★

receivable

| adj | 돈을 받을, 미수[외상]의 | 참고 **Account Receivable** 미수금 계정

ex Interest **receivable** by the bank will be deposited soon.
은행으로부터 받을 이자는 곧 입금될 것이다.

He is in charge of organizing Accounts **Receivable** records.
그는 미수금 계정 기록 정리를 담당하고 있다.

⭐ 표시는 **출제 빈도**를 나타냅니다.

---

013 ⭐⭐⭐

availability

n 유용성, 가능성

ex We accept applications on a rolling basis and contact applicants upon job **availability**.
우리는 수시모집 방식으로 원서를 접수하고 취업 가능 여부에 따라 지원자에게 연락한다.

---

014 ⭐⭐⭐

expert

n 전문가

참고 **expertise** n. 전문 기술

ex I think we need an **expert** to do this.
이걸 하려면 전문가가 필요한 것 같다.

However, one **expert** has pointed out a key difference.
하지만 한 전문가는 핵심적인 차이를 지적했다.

---

015 ⭐⭐⭐

appreciate

v 고마워하다 / 인정하다

참고 **appreciable** 주목할 만한

ex I **appreciate** any your advice.
조언해 주셔서 감사합니다.

The singer's music is widely **appreciated**.
그 가수의 음악은 널리 인정받고 있다.

---

016 ⭐⭐⭐

violent

adj 폭력적인

ex You don't know how **violent** some of the martial arts can get?
무술들 중 일부가 얼마나 폭력적이 될 수 있는지 몰라?

This **violent** sport involved attacking an opponent.
이 폭력적인 스포츠는 상대방을 공격하는 것을 포함했다.

---

017 ⭐⭐

crust

n 껍질

ex I already removed the **crusts** for you.
널 위해 이미 껍질들을 제거했어.

You can leave out the **crust** if it's too sturdy.
껍질이 너무 질기면 남겨도 돼.

---

018 ⭐⭐

credential

n 자격증

ex Photocopies of other **credentials** should be included in your resume.
다른 자격 증명 사본은 이력서에 포함되어야 한다.

Do you have any other related **credentials**?
또 다른 관련 자격증이 있나요?

019 ★ ★

biochemist

n 생화학자

ex The **biochemist** built his own lab for more experiments!
생화학자는 더 많은 실험들을 위해 그만의 실험실을 지었다!

Many of the **biochemists** were engaged in researching this field.
많은 생화학자들이 이 분야를 연구하는 데 종사하고 있었다.

---

020 ★ ★

armpit

n 겨드랑이

ex Surprisingly, a thief had a piece of diamond hidden in his **armpit**.
놀랍게도, 도둑은 다이아몬드 한 조각을 그의 겨드랑이에 숨겼었다.

Can you imagine having your nose in a stinky **armpit** all day?
당신은 하루 종일 악취가 나는 겨드랑이에 코를 박고 있는 것을 상상할 수 있는가?

---

021 ★ ★

applicable

adj 해당[적용]되는

ex Bottle deposit charge is **applicable** to all take-out bottled drinks.
병 보증금은 모든 포장용 병에 든 음료에 적용된다.

The sale is not **applicable** for the imported goods.
할인은 수입품들에는 적용되지 않는다.

---

022 ★

phase

n 단계   참고 phrase 구

ex In the first **phase**, the moon appears completely dark.
첫 번째 단계에서, 달은 완전히 어두워 보인다.

Waxing and waning comprises eight **phases**.
영휴는 8단계로 구성된다.

---

023 ★

fountain

n 분수

ex There is also a great **fountain** in the middle of the garden.
정원 한가운데에도 훌륭한 분수가 있다.

He told me to sit beside the marble **fountain**.
그는 나에게 대리석 분수대 옆에 앉으라고 말했다.

---

024 ★

reframe

v 다시 구성하다

ex The boss ordered me to **reframe** the article.
사장은 나에게 그 기사를 재구성하라고 명령했다.

The story has been changed a lot in the **reframing** stage.
이야기는 재구성 단계에서 많이 바뀌었다.

☆ 표시는 <u>출제 빈도</u>를 나타냅니다.

---

025 ☆

respectable

adj **존경할 만한**

참고 **respective** 각자의

ex He has spent his adult life worried about always appearing **respectable**.
그는 항상 존경스럽게 보이는 것에 대해 걱정하며 성인 시절을 보냈다.

I always think my teacher is a **respectable** person.
나는 항상 내 선생님이 존경할 만한 사람이라고 생각한다.

---

026 ☆

scholastic

adj **학업의**

ex Register for the **scholastic** achievement test.
학업성취도 시험에 등록해라.

I would like to consult on the **scholastic** path after graduation.
나는 졸업 후의 학업 계획에 대해 상담하고 싶다.

---

027 ☆

tactic

n **전략, 전술**

참고 **tacit** 암묵적인

ex This psychology is almost instinctive, and sellers use these **tactics** to sell their products.
이러한 심리는 거의 본능적인 것이며, 판매자들은 제품을 팔기 위해 이러한 전략을 사용한다.

---

028 ☆

seizure

n **압수, 장악 / 발작**

참고 **seize** v. 붙잡다, 장악하다

ex He had long suffered from terrible **seizures**.
그는 오랫동안 끔찍한 발작을 앓아왔다.

After the surgery, Molaison did have fewer **seizures**.
수술 후, Molaison은 발작이 줄어들긴 했다.

---

029 ☆

thereby

adv **그렇게 함으로써**

ex He wakes up early in the morning, **thereby** saving time.
그는 아침에 일찍 일어나고, 그렇게 함으로써 시간을 절약한다.

He has rehabilitated **thereby** being able to walk again.
그는 재활 치료를 했고 그렇게 함으로써 다시 걸을 수 있게 되었다.

---

030 ☆

segment

n **부분** v **(여러 부분으로) 나누다**

참고 n. **segmentation** 분할

ex Each **segment** of the insect's body has been divided and closely observed.
곤충의 몸의 각 부분은 나뉘어졌고 면밀히 관찰되었다.

The bar is **segmented** into four pieces.
막대기는 네 조각으로 나뉘어졌다.

Practice

 1. 다음 단어들을 올바르게 연결하세요.

(1) auxiliary •   • (a) 유용성, 가능성

(2) respectable •   • (b) 보조의

(3) reframe •   • (c) 전문가

(4) violent •   • (d) 폭력적인

(5) expert •   • (e) 분수

(6) fountain •   • (f) 존경할 만한

(7) availability •   • (g) 그렇게 함으로써

(8) thereby •   • (h) 다시 구성하다

 2. 우리말 뜻에 맞게 괄호에 알맞은 단어를 찾아 O표 하세요.

(1) **Each (segmentation / segment) of the insect's body has been divided and closely observed.**
곤충의 몸의 각 부분은 나뉘어졌고 면밀히 관찰되었다.

(2) **He has spent his adult life worried about always appearing (respectable / respective).**
그는 항상 존경스럽게 보이는 것에 대해 걱정하며 성인 시절을 보냈다.

(3) **I definitely don't know him (personality / personally).**
나는 확실히 그를 개인적으로 모른다.

(4) **This (gentle / violent) sport involved attacking an opponent.**
이 폭력적인 스포츠는 상대방을 공격하는 것을 포함했다.

SELF TEST

01	segment		16		세척하다
02		단계	17	appreciate	
03	thereby		18		용법, 사용
04		전문가	19	applicable	
05	seizure		20		설탕이 든
06		유용성, 가능성	21	armpit	
07	tactic		22		향기
08		돈을 받을	23	biochemist	
09	scholastic		24		사회학
10		형편없이	25	credential	
11	respectable		26		행상인
12		개인적으로	27	crust	
13	reframe		28		성적 증명서
14		보조의	29	violent	
15	fountain		30		삼키다

DAY 86

n	shipment	n	wad	n	voyage
n	selection	n	werewolf	n	teen
n	strip	v	rearrange	n	paperback
v	remake	n	scroll	n	showroom
n	rhythm	v	track	n	advance
v	display	n	appraisal	n	consternation
adj	courageous	adj	aquatic	adj	adequate
v	reunite	adj	sorrowful	n	saving
adj	strategic	adj	thrifty	adj	upbeat
adj	vain	n	theft	v	wiggle

⭐ 표시는 <u>출제 빈도</u>를 나타냅니다.

---

001 ⭐⭐⭐⭐⭐

shipment

n 수송, 수송품

참고 **shipping** 선박

ex I've got quite a large **shipment** here for you.
여기 당신을 위한 꽤 많은 양의 수송품이 있다.

When does the air fryer **shipment** arrive?
에어프라이어 배송은 언제 도착하는가?

---

002 ⭐⭐⭐⭐⭐

wad

n 뭉치

ex He stuck **wads** of cotton on a roll of tape.
그는 솜뭉치를 테이프에 붙였다.

I found a **wad** of bills under the bookshelf.
나는 책장 밑에서 지폐 뭉치를 발견했다.

---

003 ⭐⭐⭐⭐⭐

voyage

n 여행, 항해 **v** 여행하다

유 **journey** 여행

ex We started our **voyage** to Europe.
우리는 유럽으로의 항해를 시작했다.

Time has passed since his first **voyage** to America.
그의 첫 미국 항해 이후 시간이 흘렀다.

---

004 ⭐⭐⭐⭐⭐

selection

n 선택

ex The groups are all set and it was a random **selection**.
그룹들은 모두 준비되었고 그것은 무작위 선택이었다.

Choose one from our **selection** of dorm-sized fridges.
우리의 기숙사에 적합한 크기의 냉장고 모음 중 하나를 선택하여라.

---

005 ⭐⭐⭐⭐⭐

werewolf

n 늑대 인간

ex The children were raised by **werewolves**.
그 아이들은 늑대 인간들에 의해 길러졌다.

Stories about vampires and **werewolves** are just legends.
뱀파이어와 늑대 인간에 대한 이야기는 전설에 불과하다.

---

006 ⭐⭐⭐⭐⭐

teen

n 십대

ex Many **teens** go online 7 days a week.
많은 십대들은 일주일 내내 인터넷을 한다.

Teens need to learn about social relationships in school.
십대들은 학교에서 사회적 관계에 대해서 배울 필요가 있다.

007 ★★★★★

strip

| n | 가느다란 조각, 띠 | v | 가늘고 길게 자르다 / 옷을 벗다 |

ex There is a charge to replace magnetic **strips** on cards.
카드의 자기 띠를 교체하는데에 비용이 든다.

Odors from **stripping** mixtures can be overwhelming.
잘라진 혼합물에서 나는 냄새는 너무도 강할 수 있다.

---

008 ★★★

rearrange

| v | 재배열하다 |

ex **Rearranging** the storage room is the priority, right?
창고 재배치가 우선이지?

My family will expand and **rearrange** our balcony garden.
우리 가족은 발코니 정원을 확장하고 재배열할 것이다.

---

009 ★★★

paperback

| n | 페이퍼백(종이 한 장으로 표지를 장정한 책) |

ex Gifts will be given only when you purchase the **paperback**.
페이퍼백을 사야만 선물이 증정된다.

Make sure to get the **paperback** version so that you can add annotations.
주석을 추가할 수 있도록 페이퍼백 버전을 가져와야 한다.

---

010 ★★★

remake

| v | 다시 만들다 |

ex The man suggested that she **remake** a document in a different font.
그 남자는 그녀가 다른 글꼴로 문서를 다시 만들 것을 제안했다.

Please refer to the instructions to **remake** the model.
모델을 다시 만들 때 설명서를 따르세요.

---

011 ★★★

scroll

| n | 두루마리 |

ex Traditional Chinese writing is done on a **scroll**.
중국 전통 문자는 두루마리에 쓰여진다.

Copying a **scroll** requires an incredible amount of time.
손으로 두루마리를 옮겨 적는 것은 엄청난 양의 시간을 필요로 한다.

---

012 ★★★

showroom

| n | 전시실 |

ex This **showroom** is wonderfully decorated!
이 전시실은 정말 멋지게 장식되어 있다!

Would it be possible to install one in our **showroom**?
우리의 전시실에 하나 설치할 수 있을까?

⭐ 표시는 <u>출제 빈도</u>를 나타냅니다.

---

013 ⭐⭐⭐

rhythm

| n | 리듬 |

참고 rhyme 운

ex The natives are dancing to the **rhythm** of their music.
원주민들이 음악의 리듬에 맞춰 춤을 추고 있다.

These drums create the rousing **rhythm**.
이 드럼은 신나는 리듬을 만들어 낸다.

---

014 ⭐⭐⭐

track

| n | 길 | v | 추적하다[뒤쫓다] |

참고 keep track of …을 기록하다

ex The train went around the **track** correctly the first time.
그 기차는 처음에는 선로를 똑바로 돌았다.

An assistant will keep **track** of incoming calls.
조수가 걸려오는 전화를 기록할 것이다.

---

015 ⭐⭐⭐

advance

| n | 전진, 진전 | v | 다가가다 / 성공을 돕다 |

ex I recommend you to pick up tickets in **advance**.
나는 당신이 표를 미리 가지러 가는 것을 추천한다.

He **advanced** in his education very quickly.
그는 매우 빨리 교육에서 성공했다.

---

016 ⭐⭐⭐

display

| v | 전시하다 | n | 전시 |

ex Oh, I didn't know I could buy the **displayed** one.
아, 전시된 걸 살 수 있는지 몰랐어.

The prince had not **displayed** the painting in a museum.
왕자는 그 그림을 박물관에 전시하지 않았었다.

---

017 ⭐⭐

appraisal

| n | 평가[회] |

ex I worked late to prepare for the **appraisal**.
나는 평가회 준비를 위해 늦게까지 일했다.

A new **appraisal** system will be introduced to this test.
이번 시험에는 새로운 평가 시스템이 도입될 것이다.

---

018 ⭐⭐

consternation

| n | 실망 |

⊛ dismay 실망

ex It caused some **consternation** among English theater-goers.
그것은 영국 연극 애호가들 사이에 약간의 실망을 불러일으켰다.

I could sense the **consternation** on her eyes.
나는 그녀의 눈에서 실망을 감지할 수 있었다.

019 ⭐ ⭐

courageous

| adj | 용감한 |

ex　It's good to stay young and **courageous**!
젊고 용감하게 지내는 건 좋은 일이야!

I remember him as a **courageous** and passionate person.
나는 그를 용감하고 열정적인 사람으로 기억한다.

---

020 ⭐ ⭐

aquatic

| adj | 수생의 |　　　　　　　　　　　참고 **terrestrial** 육생의

ex　The starfish, an **aquatic** creature, has interesting anatomy.
수중 생물인 불가사리는 흥미로운 해부학적 구조를 가지고 있다.

He is interested in a mysteric **aquatic** world.
그는 신비로운 수생 세계에 흥미가 있다.

---

021 ⭐ ⭐

adequate

| adj | 충분한 |　　　　　　　　　　　참고 **adjacent** 인접한

ex　The carambola requires tropical conditions of rainfall
and **adequate** drainage.
카람볼라는 열대 기후의 강우량과 적절한 배수를 요구한다.

---

022 ⭐

reunite

| v | 재회[재결합]하다 / 재통합하다[시키다] |

ex　Laptitza is **reunited** with the Emperor and her sons.
Laptitza는 황제와 그녀의 아들들과 재회했다.

Elephant groups break up and **reunite** very frequently.
코끼리 무리는 매우 자주 갈라서고 재결합한다.

---

023 ⭐

sorrowful

| adj | 슬픈 |

ex　She had a **sorrowful** face when she heard the news.
그녀가 소식을 들었을 때 그녀는 슬픈 얼굴을 하고 있었다.

Seeing her **sorrowful** eyes makes me sympathize with her.
그녀의 슬픈 눈을 보면 그녀를 동정하게 된다.

---

024 ⭐

saving

| n | 절약, 저축한 돈, 저금 |

ex　Fortunately, I do have some **savings** for urgent use.
다행히도, 나는 급한 사용을 위해 저축한 돈이 있다.

You should start worrying about your **savings** going down.
너는 너가 저축한 돈이 줄어들고 있다는 것을 걱정하기 시작해야 한다.

DAY 86

---

025 ⭐

strategic

| adj | **전략적인** | ㉤ **tactical** 전략적인 |

ex It was a brilliant choice from a **strategic** point of view.
그것은 전략적인 관점에서 훌륭한 선택이었다.

The general's **strategic** attack was a key reason for winning.
장군의 전략적인 공격이 이기는 것의 주 요인이었다.

---

026 ⭐

thrifty

| adj | **절약하는** | ㉛ **extravagant** 낭비하는 |

ex They always tend to be **thrifty** even though they are affluent.
그들은 부유해도 항상 절약하는 경향이 있다.

A **thrifty** traveler was walking a long way.
절약적인 여행자는 긴 길을 걷고 있었다.

---

027 ⭐

upbeat

| adj | **긍정적인** |

ex It is common to try and fix a gloomy mood with an **upbeat**, positive song.
흥겹고 긍정적인 노래로 우울한 분위기를 고치기 위해 노력하는 것이 일반적이다.

She fell in love with him for the **upbeat** note and warmth of his voice.
그녀는 그의 목소리의 긍정적인 톤과 따뜻함 때문에 그와 사랑에 빠졌다.

---

028 ⭐

vain

| adj | **헛된** | 참고 **in vain** 허사가 되어[헛되이] |

ex She looked around the store in **vain**.
그녀는 헛되이 가게를 둘러보았다.

He threw himself up and over the rushing water above, but in **vain**.
그는 밀려오는 물 위로 몸을 던졌으나 헛수고였다.

---

029 ⭐

theft

| n | **절도** |

ex You should double lock your home to protect it from **theft**.
너는 절도로부터 보호하기 위해 집을 이중잠금 해야 한다.

This backpack has an anti-**theft** cover.
이 배낭에는 도난 방지용 커버가 있다.

---

030 ⭐

wiggle

| v | **씰룩씰룩 움직이다** |

ex The builder uses a knife to **wiggle** and shape the block into place when building an igloo.
건축업자는 이글루를 지을 때 그 블록을 움직이고 모양을 만들기 위해 칼을 사용한다.

Practice

 1. 다음 단어들을 올바르게 연결하세요.

(1) selection   •   •   (a) 뭉치

(2) strategic   •   •   (b) 실망

(3) thrifty   •   •   (c) 수생의

(4) upbeat   •   •   (d) 충분한

(5) adequate   •   •   (e) 전략적인

(6) consternation   •   •   (f) 절약하는

(7) aquatic   •   •   (g) 긍정적인

(8) wad   •   •   (h) 선택

 2. 우리말 뜻에 맞게 빈칸에 알맞은 단어를 보기에서 찾아 쓰세요.

reunite	appraisal	rhythm	displayed

(1) **New** _____ **system will be introduced to this test.**

이번 시험에는 새로운 평가 시스템이 도입될 것이다.

(2) **The natives are dancing to the** _____ **of their music.**

원주민들이 음악의 리듬에 맞춰 춤을 추고 있다.

(3) **Oh, I didn't know I could buy the** _____ **one.**

아, 전시된 걸 살 수 있는지 몰랐어.

(4) **Elephant groups break up and** _____ **very frequently.**

코끼리 무리는 매우 자주 갈라서고 재결합한다.

SELF TEST

01	wiggle		16		재배열하다
02		실망	17	reunite	
03	track		18		수생의
04		절도	19	adequate	
05	vain		20		십대
06		리듬	21	strip	
07	upbeat		22		늑대인간
08		전시실	23	courageous	
09	thrifty		24		선택
10		두루마리	25	advance	
11	strategic		26		여행, 여행하다
12		다시 만들다	27	appraisal	
13	saving		28		뭉치
14		페이퍼백	29	display	
15	sorrowful		30		수송, 수송품

DAY 87

v	satisfy	n	rally	n	possibility
adj	uncountable	v	perceive	adv	thoroughly
n	persistence	v	rethink	adv	significantly
n	robbery	n	sinew	n	toothpick
n	successor	n	statue	v	reduce
v	purchase	adv	creatively	adj	administrative
v	accustom	adj	untrue	n	contention
adj	subservient	adj	tactical	n	transmission
adj	reusable	n	wizard	n	vow
v	upsize	v	toss	n	vulture

★ 표시는 출제 빈도를 나타냅니다.

---

001 ★★★★★

satisfy

| v | 만족시키다 |

ex They also tell stories that we find **satisfying**.
그들은 또한 우리가 만족한다고 생각하는 이야기들을 들려준다.

We are fairly **satisfied** with the outcome of the case.
우리는 그 사건의 결과에 상당히 만족한다.

---

002 ★★★★★

rally

| n | 집회[대회] | v | 결집[단결]하다 | 참고 **ally** 동맹국, 협력자

ex The roads will be closed for a political **rally**.
정치 집회를 위해 도로가 폐쇄될 것이다.

Citizens **rallied** downtown to oppose the revised bill.
시민들은 개정안에 반대하기 위해 시내로 결집했다.

---

003 ★★★★★

possibility

| n | 가능성 |

ex Would there be a **possibility** I can get a recommendation there?
혹시 그곳에서 추천을 받는게 가능할까요?

Volunteering for temporary projects is a **possibility**.
임시 프로젝트를 위한 자원봉사는 가능하다.

---

004 ★★★★★

uncountable

| adj | 셀 수 없는 | 참고 **countless** 셀 수 없이 많은

ex There is an **uncountable** number of creatures on the Earth that coexist with humans.
지구상에는 인간과 공존하는 수많은 생물들이 있다.

---

005 ★★★★★

perceive

| v | 인지하다 | 참고 **conceive** 상상하다

ex This is a bitter chemical that supertasters can **perceive**.
이것은 미각이 뛰어난 사람이 인지할 수 있는 쓰라린 화학 물질이다.

We can **perceive** light through the nervous systems.
우리는 신경계를 통해 빛을 인지할 수 있다.

---

006 ★★★★★

thoroughly

| adv | 철저히 |

ex He took time to answer my questions **thoroughly**.
그는 시간을 들여 내 질문에 철저히 대답해 주었다.

Wash your hands **thoroughly** with warm water.
따뜻한 물로 손을 철저히 씻어라.

007 ★★★★★

persistence

| n | 고집, 끈기 |

ex Patience and **persistence** is important in achieving one's goal.
목표를 달성하는 데는 인내와 끈기가 중요하다.

I acknowledge that I lack **persistence**.
나는 끈기가 부족하다는 것을 인정한다.

---

008 ★★★

rethink

| v | 다시 생각하다 |

ex The artists needed to **rethink** their designs.
예술가들은 그들의 디자인을 재고할 필요가 있었다.

The organizers are **rethinking** next year's plans.
주최 측은 내년 계획을 재고하고 있다.

---

009 ★★★

significantly

| adv | 상당히 | ㉠ **substantially** 상당히

ex Cooking meals together can help bring down costs **significantly**.
함께 요리하는 것은 비용을 상당히 낮추는 데 도움이 될 수 있다.

It has grown **significantly** over the past decades.
그것은 지난 수십 년 동안 상당히 성장했다.

---

010 ★★★

robbery

| n | 강도 | ㉠ **burglary** 절도

ex At that moment, a **robbery** happened at a nearby store.
그 순간 근처 가게에서 강도 사건이 일어났다.

The headquarters sent the supplies as compensation of **robbery**.
본사에서 강도로 인한 피해 보상으로 물품들을 보내줬다.

---

011 ★★★

sinew

| n | 힘줄 |

ex He made a magical chain with a bear's **sinew**.
그는 곰의 힘줄로 마법의 사슬을 만들었다.

It is said that the hip **sinew** of a bull is very strong.
황소 둔부의 힘줄이 아주 강하다고 알려져있다.

---

012 ★★★

toothpick

| n | 이쑤시개 |

ex Stir the nail polish with a thin stick such as **toothpicks**.
이쑤시개 같은 얇은 막대기로 매니큐어를 저어라.

Could you hand me the **toothpick** on the table?
식탁 위의 이쑤시개 좀 건네줄래?

⭐ 표시는 <u>출제 빈도</u>를 나타냅니다.

---

013 ⭐⭐⭐

successor

n 후임자, 계승자

반 **predecessor** 전임자

ex Her **successors** erased records of her existence.
그녀의 계승자들은 그녀의 존재에 대한 기록을 지웠다.

British authorities did not approve of the **successor**.
영국 당국은 그 후임자를 인정하지 않았다.

---

014 ⭐⭐⭐

statue

n 조각상

참고 **status** 상태

ex The building projects commissioned by this pharaoh included immense **statues**.
이 파라오가 의뢰한 건축 프로젝트에는 거대한 조각상이 포함된다.

---

015 ⭐⭐⭐

reduce

v 줄이다

ex The number of lions was **reduced** because of a virus.
사자의 수는 바이러스 때문에 줄어들었다.

Reduce glare on your monitor and in the room.
모니터와 방 안의 눈부심을 줄여라.

---

016 ⭐⭐⭐

purchase

v 구입하다

ex Where can I **purchase** a gift certificate?
상품권은 어디에서 살 수 있는가?

I want to **purchase** another dustbin.
나는 쓰레기통을 하나 더 구매하고 싶다.

---

017 ⭐⭐

creatively

adv 창의적으로

ex Learning about art helps people to think more **creatively**.
예술에 대해 배우는 것은 사람들이 더 창의적으로 생각할 수 있도록 도와준다.

The singer's video is **creatively** daring.
그 가수의 비디오는 창의적으로 대담하다.

---

018 ⭐⭐

administrative

adj 행정상의

유 **executive** 경영의

ex It is not the current **administrative** capital of Tanzania nowadays.
이곳은 현재 탄자니아의 행정상의 수도가 아니다.

There was a shortage of **administrative** members.
행정 인원들의 부족이 있었다.

019 ⭐⭐		
accustom	v	익히다 / 익숙해지다

참고 **accommodate** 수용하다

ex I can help your dog get **accustomed** to being in a kennel sometimes.
나는 가끔 당신의 개가 켄넬 안에 있는 것에 익숙해지도록 도울 수 있다.

Different customs can be **accustomed** through exposure.
다른 관습들은 노출을 통해 익혀질 수 있다.

---

020 ⭐⭐		
untrue	adj	사실이 아닌

ex However, these hypotheses have proven **untrue**.
그러나 이러한 가설들은 사실이 아닌 것으로 판명되었다.

It is not right to speak something **untrue**.
사실이 아닌 것을 말하는 것은 결코 옳지 않다.

---

021 ⭐⭐		
contention	n	논쟁, 주장

참고 **content** 내용물

ex Another point of **contention** among parents worldwide is when a child should sleep.
전 세계 부모들 사이에서 또 다른 논쟁점은 아이가 언제 잠을 자야 하는지이다.

---

022 ⭐		
subservient	adj	굴종하는 / 부차적인

유 **subordinate** 종속된, 부차적인

ex You don't have to be **subservient** to your sister just because she is older than you.
너는 단지 너의 언니가 나이가 더 많다는 이유만으로 굴종할 필요는 없다.

---

023 ⭐		
tactical	adj	전략적인

ex It was our captain who contributed to a **tactical** success of the team.
팀의 전략적 성공에 기여한 것은 우리의 주장이었다.

My trainer will teach some **tactical** exercises.
나의 트레이너는 나에게 전략적인 운동들을 가르쳐 줄 것이다.

---

024 ⭐		
transmission	n	전달, 전송

참고 **transmit** 전송하다

ex Art is about the **transmission** of the feeling that the artist has experienced.
예술은 예술가가 경험한 감정의 전달에 관한 것이다.

DAY 87

⭐ 표시는 <u>출제 빈도</u>를 나타냅니다.

---

025 ⭐

reusable

adj **재사용할 수 있는**

ex I'm trying to buy a **reusable** straw set on the Internet.
인터넷에서 재사용 가능한 빨대 세트를 사려고 한다.

Nowadays, I'm using a **reusable** cup at my work.
요즘 나는 직장에서 재사용할 수 있는 컵을 사용하고 있다.

---

026 ⭐

wizard

n **마법사**   참고 **witch** 마녀

ex He is going to dress up as a **wizard** on Halloween.
그는 할로윈에 마법사 복장을 할 것이다.

It is the story of **wizards** and witches solving mysteries.
그것은 마법사들과 마녀들이 미스터리를 푸는 이야기이다.

---

027 ⭐

vow

n **맹세**   v **맹세하다**   참고 **bow** 절하다

ex The man **vowed** to tell the truth.
남자가 진실을 말하겠다고 맹세했다.

The groom **vowed** to the bride to always protect her.
신랑은 신부에게 항상 그녀를 지켜줄 것을 맹세했다.

---

028 ⭐

upsize

v **…을 증대시키다**

ex He asked her to **upsize** to a combo meal.
그는 그녀에게 콤보 식사로 사이즈를 업그레이드 시켜달라고 요청했다.

Our school **upsized** the number of faculties recently.
우리 학교는 최근 교수단의 수를 증대시켰다.

---

029 ⭐

toss

v **던지다**   n **던지기**

ex I **tossed** the crumpled paper into the trash bin.
나는 쓰레기통에 구겨진 종이를 던져 넣었다.

The final result will depend on the **toss** of a coin.
최종 결과는 동전 던지기로 결정될 것이다.

---

030 ⭐

vulture

n **독수리**   참고 **venture** 모험

ex **Vultures** have also been seen using rocks as tools to break eggs
for a snack.
독수리는 또한 간식을 위해 알을 깨는 도구로 바위를 사용하는 것이 목격되었다.

Practice

 1. 다음 단어들을 올바르게 연결하세요.

(1) rally •	• (a) 상당히
(2) purchase •	• (b) 집회[대회]
(3) subservient •	• (c) 강도
(4) vow •	• (d) 이쑤시개
(5) vulture •	• (e) 구입하다
(6) robbery •	• (f) 부차적인
(7) toothpick •	• (g) 맹세, 맹세하다
(8) significantly •	• (h) 독수리

 2. 다음 영어 뜻에 맞게 알맞은 단어를 보기에서 찾아 쓰세요.

contention	purchase	untrue	transmission

(1) not according with the facts

(2) to obtain by paying money

(3) a dispute where there is strong disagreement

(4) the act of sending a message

SELF TEST

01	vulture		16		다시 생각하다
02		줄이다	17	subservient	
03	toss		18		고집, 끈기
04		조각상	19	contention	
05	upsize		20		철저히
06		후임자, 계승자	21	untrue	
07	vow		22		인지하다
08		이쑤시개	23	accustom	
09	wizard		24		셀 수 없는
10		힘줄	25	administrative	
11	reusable		26		가능성
12		강도	27	creatively	
13	transmission		28		집회[대회]
14		상당히	29	purchase	
15	tactical		30		만족시키다

DAY 88

n	possession	n	womb	adj	yearly
n	philosophy	n	wrinkle	v	tumble
n	remedy	n	acrophobia	adj	undamaged
adj	visible	adj	weird	n	appliance
adv	traditionally	n	sympathy	v	splurge
adv	rudely	n	turmoil	v	suck
n	trainee	n	spouse	n	retirement
n	silliness	adj	replicable	v	swoop
n	repercussion	n	tolerance	v	surpass
adv	strictly	n	terror	adj	superb

⭐ 표시는 출제 빈도를 나타냅니다.

---

001 ⭐⭐⭐⭐⭐

possession

n 소유, 소지품

ex People simply locked their valuable **possessions** away.
사람들은 그들의 귀중한 소지품을 그냥 자물쇠로 잠가두었다.

I like to keep my **possessions** looking nice and new.
나는 내 소유물을 멋지고 새롭게 보이게 하는 것을 좋아한다.

---

002 ⭐⭐⭐⭐⭐

womb

n 자궁

참고 **fetus=embryo** 태아

ex Human embryos have a kind of tail in the **womb**.
자궁 안에서 인간의 배아는 일종의 꼬리를 가지고 있다.

The fetus has contact with fluids inside the **womb**.
태아는 자궁 안의 액체와 접촉한다.

---

003 ⭐⭐⭐⭐⭐

yearly

adj 연간의

ex The **yearly** awards were divided into seven categories.
그 해의 상은 7개의 부문으로 나뉘었다.

The woman pays a **yearly** fee to watch TV shows.
그 여자는 TV 프로그램을 보기 위해 1년 요금을 지불한다.

---

004 ⭐⭐⭐⭐⭐

philosophy

n 철학

ex Descartes is one of the key people in the **philosophy** field.
Descartes는 철학 분야에서 중요한 사람들 중 한 명이다.

Discussion in **philosophy** class doesn't give you the exact answer.
철학 수업에서의 토론은 정확한 답을 주지 않는다.

---

005 ⭐⭐⭐⭐⭐

wrinkle

n 주름

유 crease 주름

ex Your shirt instantly becomes **wrinkle**-free!
즉시 당신 셔츠에 주름이 없어진다!

Wrinkles of the topography are alternately lit and shaded.
지형의 주름은 번갈아 빛이 들어오고 그늘진다.

---

006 ⭐⭐⭐⭐⭐

tumble

v 굴러떨어지다 / 폭삭 무너지다

ex Be careful not to **tumble** down the stairs.
계단에서 굴러떨어지지 않게 조심해.

The wall has **tumbled** down after unification.
그 벽은 통일 후 무너졌다.

007 ★★★★★

remedy

> n 치료(약)

> ex There's another reason chicken soup is a good **remedy**.
> 닭고기 수프가 좋은 치료법인 또 다른 이유가 있다.
>
> That is just a kind of folk **remedy**!
> 그것은 그저 민간치료법일 뿐이다!

---

008 ★★★

acrophobia

> n 고소공포증   참고 **acrophobic** 고소공포증이 있는

> ex **Acrophobia** made me sweat until my shirt got wet.
> 고소공포증은 나의 셔츠가 젖을 때까지 나를 땀나게 했다.
>
> He must suffer from **acrophobia** to avoid looking down.
> 그가 아래 내려다보는 것을 피하는 걸 보니 고소공포증임이 틀림없다.

---

009 ★★★

undamaged

> adj 손상되지 않은   유 **intact** 온전한

> ex **Undamaged** tree in its natural environment can be valuable.
> 자연환경에서 손상되지 않은 나무는 가치가 있을 수 있다.
>
> I tried to take out the **undamaged** ones but couldn't find a lot.
> 나는 손상되지 않은 것들을 꺼내려고 했지만 많이 찾지 못했다.

---

010 ★★

visible

> adj 보이는   참고 **visual** adj. 시각의

> ex It has no **visible** leaves, stems or even roots.
> 그것의 잎, 줄기, 심지어 뿌리도 눈에 보이지 않는다.
>
> Crux was once **visible** far to the north.
> 남십자성은 한때 북쪽 멀리까지 보였다.

---

011 ★★

weird

> adj 이상한

> ex I wonder why she is wearing that **weird** looking hat.
> 나는 그녀가 왜 이상하게 생긴 모자를 쓰고 있는지 궁금하다.
>
> It is **weird** that it is so quiet here today.
> 오늘 이곳이 정말 조용한 것이 이상하다.

---

012 ★★

appliance

> n (가정용) 기기   참고 **applicant** 지원자

> ex Recently I purchased some new **appliances** like a vacuum cleaner and microwave.
> 최근에 나는 청소기와 전자레인지 같은 가정용품들을 새로 샀다.

★ 표시는 출제 빈도를 나타냅니다.

---

013 ★★

traditionally

adv 전통적으로

ex There is also singing, with lyrics **traditionally** in the Garifuna language.
전통적으로 가리푸나어로 된 가사가 있는 노래도 있다.

People **traditionally** wear green on Saint Patrick's Day.
사람들은 성 패트릭 데이에 전통적으로 녹색 옷을 입는다.

---

014 ★★

sympathy

n 동정, 연민 　　　　　　　　　참고 **empathy** 공감

ex There are certainly other aspects to friendship, from common interests to shared **sympathies**.
우정에는 공통 관심사에서 공유된 공감에 이르기까지 다른 측면들이 분명히 있다.

---

015 ★

splurge

v 돈을 물 쓰듯 쓰다 　　　　　　참고 **plunge** 급락하다

ex I think I'm just going to **splurge** for the bigger size.
나는 좀 더 큰 사이즈로 사버릴 것 같다.

I avoid **splurging** on non-essential items.
나는 불필요한 품목에 돈을 마구 쓰는 것을 피한다.

---

016 ★

rudely

adv 무례하게

ex The woman asked the question so **rudely**.
그 여자는 너무 무례하게 질문을 했다.

I can't stand him treating her **rudely**.
나는 그가 그녀를 무례하게 대하는 것을 참을 수 없다.

---

017 ★

turmoil

n 혼란

ex Your worry is that you can't travel there when citizens are caught up in **turmoil**?
시민들이 혼란에 휩싸였는데도 그곳을 여행할 수 없다는 게 고민이라고?

---

018 ★

suck

v 빨다

ex Trees are **sucked** up to the sky.
나무들이 하늘로 빨려 올라간다.

This machine can **suck** carbon out of the air.
이 기계는 공기 중에서 탄소를 빨아들일 수 있다.

019

trainee

| n | 교육을 받는 사람, 훈련생 |

ex Don't be too harsh on her. She is still a **trainee**.
그녀에게 너무 혹독하게 굴지 마. 그녀는 아직 훈련생이야.

They are at a graduation ceremony for security **trainees**.
그들은 보안 훈련생들의 졸업식에 참석하고 있다.

020

spouse

| n | 배우자 |

ex We're going to have one guest allowed for each volunteer: a **spouse** or friends.
각 자원 봉사자들은 배우자나 친구들 중 한 명의 손님을 데려올 수 있다.

021

retirement

| n | 은퇴 |

ex **Retirement** wasn't really for me, so I decided to start a new career in customer service.
은퇴는 나에게 딱히 맞지 않아서 고객 서비스 직무를 새로 시작하기로 했다.

022

silliness

| n | 어리석음 |

ex Nonsense and **silliness** come naturally to kids.
아이들에게는 말도 안 되고 바보 같은 짓이 자연히 생긴다.

Your mean actions will only show your **silliness**.
너의 못된 행동은 너의 어리석음을 보여줄 뿐이다.

023

replicable

| adj | 복제 가능한 | 참고 replicate v. 복제하다 | replica n. 복제품

ex The flaw of the scientific method is that the findings are **replicable**.
과학적 방법의 결점은 그 발견들이 반복 가능하다는 것이다.

Test papers should not be made **replicable**.
시험지들은 복제 가능하게 만들어져서는 안된다.

024

swoop

| v | 기습하다 | | n | 급강 | 참고 at/in one fell swoop 단번에

ex Single spot transmission would be seen by the majority of the population at one fell **swoop**.
단 한 곳으로의 전송이 대다수의 사람들이 단번에 볼 수 있을 것이다.

⭐ 표시는 <u>출제 빈도</u>를 나타냅니다.

---

025 ⭐

repercussion

| n | 영향 |

참고 **percussion** 타악기

ex This has direct **repercussions** at the individual level.
이것은 개인 차원에서 직접적인 영향을 미친다.

You can see the **repercussion** of world events on the stock market.
당신은 주식 시장에서 세계 사건들의 영향을 볼 수 있다.

---

026 ⭐

tolerance

| n | 관용, 인내 |

ex I have a low **tolerance** for pain.
나는 고통에 약하다.

His rude actions have already gone over the limit of my **tolerance**.
그의 무례한 행동들은 나의 관용의 한계를 넘었다.

---

027 ⭐

surpass

| v | 능가하다 |

참고 **surplus** 과잉

ex How did our water footprint **surpass** our carbon footprint?
어떻게 우리의 물 발자국이 우리의 탄소 발자국을 능가했을까?

His skills have not **surpassed** his master's yet.
그의 기술들은 그의 스승의 것을 아직 능가하지 못했다.

---

028 ⭐

strictly

| adv | 엄격히 |

ex Advanced communication skills in both languages are **strictly** required.
두 언어 모두 고급 의사소통 기술이 엄격히 요구된다.

Overuse of this program will be **strictly** controlled.
이 프로그램의 남용은 엄격히 제어될 것이다.

---

029 ⭐

terror

| n | 두려움, 공포 |

참고 **holy terror** 무서운 사람

ex Everyone shivered with **terror**.
모두가 공포에 몸을 떨었다.

The president promised to fight against acts of **terror**.
대통령은 테러와 싸우겠다고 약속했다.

---

030 ⭐

superb

| adj | 최고의 |

참고 **superior** 우수한

ex I experienced **superb** service at this hotel and am willing to visit again.
나는 이 호텔에서 최고의 서비스를 경험했고 다시 방문할 의사가 있다.

You can enjoy **superb**, authentic taste from Punjab.
당신은 Punjab에서 최고의, 그리고 정통의 맛을 즐길 수 있다.

Practice

 1. 다음 단어들을 올바르게 연결하세요.

(1) **possession** •		• (a) 주름
(2) **wrinkle** •		• (b) 전통적으로
(3) **replicable** •		• (c) 무례하게
(4) **terror** •		• (d) 교육을 받는 사람
(5) **strictly** •		• (e) 복제 가능한
(6) **trainee** •		• (f) 엄격히
(7) **rudely** •		• (g) 두려움, 공포
(8) **traditionally** •		• (h) 소유, 소지품

 2. 우리말 뜻에 맞게 괄호에 알맞은 단어를 찾아 O표 하세요.

(1) **I avoid (plunging / splurging) on non-essential items.**

나는 불필요한 품목에 돈을 마구 쓰는 것을 피한다.

(2) **This has direct (repercussions / percussions) at the individual level.**

이것은 개인 차원에서 직접적인 영향을 미친다.

(3) **Crux was once (visual / visible) far to the north.**

남십자성은 한때 북쪽 멀리까지 보였다.

(4) **How did our water footprint (surpass / surplus) our carbon footprint?**

어떻게 우리의 물 발자국이 우리의 탄소 발자국을 능가했을까?

SELF TEST

01	superb		16		고소공포증
02		돈을 물 쓰듯 쓰다	17	silliness	
03	terror		18		치료(약)
04		동정, 연민	19	retirement	
05	strictly		20		굴러떨어지다
06		전통적으로	21	spouse	
07	surpass		22		주름
08		(가정용) 기기	23	trainee	
09	tolerance		24		철학
10		이상한	25	suck	
11	repercussion		26		연간의
12		보이는	27	turmoil	
13	swoop		28		자궁
14		손상되지 않은	29	rudely	
15	replicable		30		소유, 소지품

DAY 89

n	refreshment	n	parasite	adj	nocturnal
n	mole	n	inventory	v	inherit
adj	handy	adj	unlikely	n	swab
v	surcharge	n	stairwell	adj	unsupervised
adj	weightless	n	strength	adj	annual
n	discovery	adj	resealable	adj	multi
n	minimalist	n	removal	v	refurbish
adj	underrepresented	n	transportability	n	turbine
adv	unexpectedly	adj	static	v	prune
n	simplicity	adv	purely	n	sensitivity

⭐ 표시는 출제 빈도를 나타냅니다.

---

001 ★★★★★

refreshment

| n | 다과, 음료 |

ex At what time will light **refreshment** service begin?
가벼운 다과 서비스는 몇 시에 시작하는가?

Can I get you any **refreshments** while you are waiting?
기다리는 동안 다과 좀 줄까?

---

002 ★★★★★

parasite

| n | 기생충 |

ex These **parasites** and diseases often result in clusters of round shapes on the skin.
이러한 기생충과 질병은 종종 피부에 둥근 모양의 군집을 야기한다.

---

003 ★★★★★

nocturnal

| adj | 야행성의 | 반 **diurnal** 주행성의

ex **Nocturnal** animals hunt at night for many different reasons.
야행성 동물들은 많은 다른 이유들로 밤에 사냥을 한다.

These rarely seen animals are **nocturnal**.
거의 볼 수 없는 이 동물들은 야행성이다.

---

004 ★★★★★

mole

| n | 두더지 / 점 |

ex This is the burrow that the **mole** made.
이것은 두더지가 만든 굴이다.

She turned the boy into a **mole** by magic.
그녀는 마법으로 그 소년을 두더지로 만들었다.

---

005 ★★★★★

inventory

| n | 물품 목록, 재고 |

ex We need to check the **inventory** regularly.
우리는 물품 목록을 주기적으로 확인해야 한다.

The **inventory** job they wanted me for has been called off for now.
그들이 내가 하기를 원하던 재고 작업이 현재로는 취소되었다.

---

006 ★★★★★

inherit

| v | 물려받다, 계승하다 | 참고 **heredity** 유전

ex We **inherited** that tradition in the English language.
우리는 그 전통을 영어로 계승했다.

It gives a beautiful luster to the chair you **inherited**.
그것은 당신이 물려받은 의자에 아름다운 광택을 준다.

007	★ ★ ★ ★ ★	**adj** 유용한 / 가까운 곳에 있는	유 **convenient** 편리한

handy

> **ex** Those are really **handy** for getting around in town.
> 그것들은 시내에서 돌아다니기에 정말 유용하다.
>
> So I always have an extra sweater **handy**.
> 그래서 나는 항상 여분의 스웨터를 가지고 다닌다.

008	★ ★ ★	**adj** …할 것 같지 않은	유 **improbable** 사실 같지 않은

unlikely

> **ex** It's **unlikely** to see lightning when there's a clear blue sky.
> 맑고 푸른 하늘이 있을 때는 번개가 칠 것 같지 않다.
>
> It's **unlikely** that the intensification will be stopped.
> 강세가 멈출 것 같지는 않다.

009	★ ★ ★	**n** 면봉　**v** 면봉[탈지면]으로 닦다

swab

> **ex** Dip a cotton **swab** into liquid.
> 면봉을 액체에 담가라.
>
> Be careful when you **swab** the baby's ears.
> 아기의 귀를 면봉으로 닦을 때는 조심해라.

010	★ ★ ★	**v** 추가 요금을 부과하다　**n** 추가요금

surcharge

> **ex** Avoid banking **surcharges** by going only to your bank's ATM.
> 당신의 은행 현금인출기에만 가서 은행 수수료를 피해라.
>
> That's not usually allowed without a **surcharge**.
> 그것은 보통 추가 요금 없이 허용되지 않는다.

011	★ ★ ★	**n** 계단통(건물 내부에 계단이 나 있는 공간)

stairwell

> **ex** The door to the **stairwell** was locked.
> 계단통으로 가는 문은 잠겨 있었다.
>
> They usually take a short break in a **stairwell**.
> 그들은 보통 계단통에서 짧은 휴식을 가진다.

012	★ ★ ★	**adj** 감독받지 않는, 자율의

unsupervised

> **ex** In the experiment, students are left **unsupervised** in a room with a picture of a giant pair of eyes.
> 실험에서, 학생들은 거대한 한 쌍의 눈이 그려진 방에 감독 없이 남겨진다.

⭐ 표시는 <u>출제 빈도</u>를 나타냅니다.

---

013 ⭐⭐⭐

weightless

| adj | **무게가 없는, 무중력의** |

ex These shoes are advertised as "**weightless**" because of their light weight.
이 신발은 가벼운 무게 때문에 "무게가 없다고" 광고된다.

Astronauts are trained to live in **weightless** conditions.
우주비행사들은 무중력 상태에서 생활하도록 훈련 받는다.

---

014 ⭐⭐⭐

strength

| n | **힘, 내구력** | 참고 **strengthen** 강화하다

ex How much of an athlete's performance comes from **strength**?
운동선수의 경기력은 어느 정도가 힘으로부터 오는 것일까?

How would the gladiators acquire **strength**?
검투사들은 어떻게 힘을 얻을 수 있을까?

---

015 ⭐⭐⭐

annual

| adj | **연례의** |

ex It's an **annual** event aimed to discover people with talent.
그것은 재능을 가진 사람들을 발견하기 위한 연례 행사이다.

There's no **annual** fee if you register it now.
지금 등록하면 연회비는 없다.

---

016 ⭐⭐⭐

discovery

| n | **발견** |

ex The existence of gravity is one of the greatest **discoveries** in the world.
중력의 존재는 세계의 위대한 발견들 중 하나이다.

This **discovery** can be very helpful for learning about a certain time period.
이 발견은 특정 기간에 대한 학습에 매우 도움이 될 수 있다.

---

017 ⭐⭐

resealable

| adj | **다시 봉할 수 있는** | 참고 **seal** 밀봉하다

ex This product comes in **resealable** packages of seven pairs.
이 제품은 7쌍의 재봉인이 가능한 패키지로 제공된다.

This plastic bag is not **resealable**.
이 비닐봉지는 다시 밀봉할 수 없다.

---

018 ⭐⭐

multi

| adj | **다채로운** |

ex Make sure you get the **multi**-purpose cleaner.
다목적 세정제를 사도록 해라.

We are looking for someone who is **multi**-skilled.
우리는 다채로운 기술을 가진 사람을 찾고 있다.

019 ★ ★	**n** 미니멀리스트
minimalist	**ex** Your **minimalist** approach to wardrobe seems nice. 옷에 대한 네 미니멀리즘적 접근은 멋져 보인다. I decided I'm going to live a **minimalist** lifestyle. 나는 미니멀리스트의 삶을 살기로 결심했다.

020 ★ ★	**n** 제거
removal	**ex** This can be seen in the **removal** of tiny splinters of wood. 이것은 작은 나무 조각을 제거하는 과정에서 볼 수 있다. The product was very effective for dust **removal**. 그 제품은 먼지 제거에 매우 효과적이었다.

021 ★ ★	**v** 새로 꾸미다 참고 **furbish** 광내다
refurbish	**ex** His job is to **refurbish** the used furniture and resell it. 그의 직업은 중고 가구를 새로 꾸미면서 다시 파는 것이다. I could sell my old house after **refurbishing** it. 나는 내 오래된 집을 새로 꾸민 후에 팔 수 있었다.

022 ★	**adj** 잘 드러나지 않은
underrepresented	**ex** Rewriting history for more **underrepresented** people is important. 더 잘 드러나지 않은 사람들을 위해 역사를 다시 쓰는 것은 중요하다. **Underrepresented** minors should be respected more. 잘 드러나지 않은 소수들은 더 존중되어야 한다.

023 ★	**n** 운반성, 수송
transportability	**ex** Fossil fuels have energy quality advantages including **transportability**. 화석연료는 운반성을 포함한 에너지 품질상의 이점을 가지고 있다. When I buy electronics, I consider its **transportability** as well. 나는 전자제품을 살 때 그것의 운반성도 고려한다.

024 ★	**n** 터빈
turbine	**ex** Rare metals are key ingredients in green technologies such as wind **turbines**. 희귀 금속은 풍력 터빈과 같은 녹색 기술의 핵심 요소이다.

DAY

☆ 표시는 <u>출제 빈도</u>를 나타냅니다.

025

unexpectedly

| adv | 뜻밖에 |

ex The plane was **unexpectedly** delayed due to snow.
비행기가 눈 때문에 예기치 않게 연착되었다.

I couldn't have prepared for it because it happened **unexpectedly**.
그것은 예기치 못하게 일어났기 때문에 나는 그것을 준비할 수 없었다.

026

static

| adj | 고정적인 | 참고 **stationary** adj. 정지된, 비유동적인

ex Taste buds are not a **static** anatomical feature.
미뢰는 고정적인 해부학적 특징이 아니다.

I started to prefer the **static** relationship as I grew up.
나는 자라면서 고정적인 관계를 선호하게 됐다.

027

prune

| v | 제거하다 | 참고 **prone** ···하기 쉬운

ex Connections with relatively low use are weakened and eventually **pruned**.
상대적으로 사용량이 적은 연결은 약화되고 결국 제거된다.

028

simplicity

| n | 단순함, 간단함 | 반 **complexity** 복잡함

ex To keep its **simplicity**, I tried not to accessorize it too much.
그것의 단순함을 지키기 위해, 나는 그것을 너무 많이 장식하지 않으려고 했다.

Its **simplicity** makes the pin pretty.
단순함이 핀을 예쁘게 만들어 준다.

029

purely

| adv | 순전히 |

ex Originally, high heels were **purely** practical.
원래 하이힐은 순전히 실용적이었다.

You don't have to worry about it since it's **purely** my own problem.
그것은 순전히 나의 문제이기 때문에 걱정하지 않아도 된다.

030

sensitivity

| n | 세심함, 감성 | 유 **sensibility** 감성

ex The group is composed of people with less **sensitivity** to taste.
그 그룹은 맛에 대한 민감도가 낮은 사람들로 구성되어 있다.

Sometimes his **sensitivity** annoys other people.
가끔 그의 세심함은 다른 사람들을 짜증나게 한다.

---

338 TOSEL Vocabulary Series

Practice

 1. 다음 단어들을 올바르게 연결하세요.

(1) strength • • (a) 새로 꾸미다

(2) turbine • • (b) 유용한

(3) refurbish • • (c) 무중력의

(4) unexpectedly • • (d) 힘, 내구력

(5) simplicity • • (e) 터빈

(6) sensitivity • • (f) 뜻밖에

(7) weightless • • (g) 간단함

(8) handy • • (h) 세심함, 감성

 2. 우리말 뜻에 맞게 빈칸에 알맞은 단어를 보기에서 찾아 쓰세요.

| discovery | multi | static | unlikely |

(1) It's _____ to see lightning when there's a clear blue sky.

맑고 푸른 하늘이 있을 때는 번개가 칠 것 같지 않다.

(2) Taste buds are not a _____ anatomical feature.

미뢰는 고정적인 해부학적 특징이 아니다.

(3) This _____ can be very helpful for learning about a certain time period.

이 발견은 특정 기간에 대한 학습에 매우 도움이 될 수 있다.

(4) Make sure you get the _____-purpose cleaner.

다목적 세정제를 사도록 해라.

SELF TEST

01	sensitivity		16		물려받다
02		힘, 내구력	17	underrepresented	
03	purely		18		물품 목록, 재고
04		무중력의	19	refurbish	
05	simplicity		20		두더지, 점
06		무감독의	21	removal	
07	prune		22		야행성의
08		계단통	23	minimalist	
09	static		24		기생충
10		터빈	25	multi	
11	unexpectedly		26		다과, 음료
12		면봉	27	resealable	
13	surcharge		28		유용한
14		…할 것 같지 않은	29	discovery	
15	transportability		30		연례의

DAY 90

v	distinguish	n	correction	n	behavior
n	drawback	n	identification	adv	partly
v	trim	adj	unsightly	adj	stylish
v	convert	v	assign	v	subscribe
n	journey	adj	absurd	v	bleed
n	municipality	n	lure	v	intrigue
n	historian	n	monopoly	v	prosecute
v	unlock	n	sophistication	n	rationale
n	primate	v	provoke	n	ordinance
n	prototype	n	organism	n	presence

⭐ 표시는 출제 빈도를 나타냅니다.

---

001 ⭐⭐⭐⭐⭐

distinguish

v 구별하다　　　　　　　　　　참고 **distinct** 뚜렷한

ex It's just a way to **distinguish** the apple from a cherry.
그것은 단지 사과와 체리를 구별하는 방법일 뿐이다.

They can **distinguish** between hundreds of types of cows.
그들은 수백 종의 소를 구별할 수 있다.

---

002 ⭐⭐⭐⭐⭐

correction

n 정정　　　　　　　　　　참고 **collection** 수집품

ex There are a few **corrections** I'd recommend.
내가 몇 가지 정정 사항을 추천해 주고싶다.

The woman emailed **corrections** for a business card error.
그 여자는 명함 오류에 대한 수정 사항을 이메일로 보냈다.

---

003 ⭐⭐⭐⭐⭐

behavior

n 행동

ex The greeting **behaviors** of elephants show how much they are socially tied.
코끼리의 인사 행동은 코끼리가 사회적으로 얼마여 얽매여 있는지를 보여준다.

Remember that your **behavior** can impact others.
당신의 행동이 다른 사람들에게 영향을 줄 수 있다는 것을 기억해라.

---

004 ⭐⭐⭐⭐⭐

drawback

n 결점, 문제점　　　　　　　　유 **disadvantage** 약점

ex One obvious **drawback** is the danger involved.
한 가지 명백한 단점은 관련된 위험이다.

The pockets of the Borealis have merits and **drawbacks**.
Borealis의 주머니는 장점과 단점이 있다.

---

005 ⭐⭐⭐⭐⭐

identification

n 신원확인

ex Access is only possible via scanned **identification** card only.
스캔된 신분증을 통해서만 접근이 가능하다.

Submit your student **identification** card photo until tomorrow.
내일까지 학생증 사진을 제출하여라.

---

006 ⭐⭐⭐⭐⭐

partly

adv 부분적으로　　　　　　　　유 **partially** 부분적으로

ex You are only **partly** correct.
너는 부분적으로만 옳다.

Which sports you become good at is **partly** decided by your genes.
어떤 운동을 잘하게 되느냐 하는 것은 부분적으로 유전자에 의해 결정된다.

007	★ ★ ★		
trim		v	**다듬다, 손질하다**

ex You need to **trim** your hair before the photo shoot.
당신은 사진을 찍기 전에 머리를 다듬어야 한다.

The grass is well **trimmed** and beautifully managed.
잔디는 잘 다듬어져 있고 아름답게 관리되어 있다.

008	★ ★ ★		
unsightly		adj	**보기 흉한**

참고 **unsight** adj. 보지 않은

ex Have you finally gotten rid of your **unsightly** shaggy hairstyle?
보기 흉하고 덥수룩한 헤어스타일에서 드디어 벗어났니?

The pile of trash was **unsightly** but there was no solution.
쓰레기 더미는 보기 흉했지만 해결법이 없었다.

009	★ ★ ★		
stylish		adj	**유행을 따른, 멋진**

ex Your new shoes look really **stylish**.
네 새 신발이 정말 멋있어 보여.

I thought her **stylish** jacket made her look even more charming.
나는 그녀의 멋진 자켓이 그녀를 더욱 매력적으로 보이게 한다고 생각했다.

010	★ ★ ★		
convert		v	**전환하다**

참고 **converse** 정반대

ex They help to **convert** natural resources into fuels.
그것들은 천연자원을 연료로 바꾸는 것을 돕는다.

You can **convert** PDF files into enhanced photographs.
PDF 파일을 향상된 사진으로 변환할 수 있다.

011	★ ★ ★		
assign		v	**맡기다, 배치하다**

ex Mr. Zhang has been **assigned** a new account number.
Mr. Zhang은 새로운 계좌번호를 부여받았다.

Don't worry, I **assigned** everyone to groups.
걱정 마, 내가 모든 사람을 그룹에 배치했어.

012	★ ★ ★		
subscribe		v	**구독하다**

참고 **prescribe** 처방하다

ex You can receive the gift by **subscribing** to our magazine.
당신은 우리 잡지에 구독함으로써 선물을 받을 수 있다.

I want to know how to **subscribe** to his blog.
나는 그의 블로그를 구독하는 방법을 알고 싶다.

CHAPTER 09   Day 90

DAY 90

⭐ 표시는 출제 빈도를 나타냅니다.

---

013 ⭐⭐⭐

journey

`n` **여행**

`ex` I am planning a six-week **journey** to Russia.
나는 러시아로 6주간의 여행을 계획하고 있다.

He is very excited about the upcoming **journey**.
그는 곧 있을 여행에 대해 매우 들떠 있다.

---

014 ⭐⭐

absurd

`adj` **터무니없는**   ⓨ **ridiculous** 터무니없는

`ex` It is **absurd** that you are thinking like that.
너가 그렇게 생각하다니 터무니 없다.

What an **absurd** incident it is!
그것은 참 터무니 없는 사건이다!

---

015 ⭐⭐

bleed

`v` **피를 흘리다**   참고 **breed** 새끼를 낳다

`ex` Don't push too hard where you **bleed**.
피가 나는 곳을 너무 세게 누르지 마.

You're even **bleeding** because of the thorn on your arm!
네 팔에 있는 가시 때문에 피까지 흘리고 있잖아!

---

016 ⭐⭐

municipality

`n` **지방자치제, 시**

`ex` It is valid only in the transit **municipality** in which the pass is issued.
통행증이 발급된 교통 시에서만 유효하다.

It is the **municipality** that controls the lighting and water plants.
지방자치제가 전기와 물 공장을 제어한다.

---

017 ⭐⭐

lure

`n` **유혹, 매력** `v` **꾀다**

`ex` Attracted by the **lure** of the emerging silent film industry,
she moved to New York.
떠오르는 무성영화 산업의 매력에 이끌려 그녀는 뉴욕으로 이사했다.

---

018 ⭐⭐

intrigue

`v` **흥미를 일으키다**

`ex` Interesting use of perspective **intrigued** artists in the west.
원근법의 흥미로운 활용은 서구의 예술가들을 흥미롭게 했다.

What he said definitely **intrigued** me to start the game.
그가 말한 것은 확실히 내가 게임을 시작하도록 흥미를 일으켰다.

019 ⭐⭐

historian

> n **사학자**

> ex Art **historians** noted that the restoration may have altered the paintings significantly.
> 미술사학자들은 이 복원으로 그림들이 크게 변했을 수도 있다고 지적했다.

---

020 ⭐⭐

monopoly

> n **독점**   참고 **oligopoly** 과점

> ex One company controlled all of the diamonds and established a **monopoly**.
> 한 회사는 모든 다이아몬드를 통제하고 독점권을 확립했다.

> Every country wanted a **monopoly** on the spice trade.
> 모든 나라가 향신료 교역을 독차지하고 싶어 했다.

---

021 ⭐

prosecute

> v **기소하다**   참고 **prosecutor** n. 검사

> ex People who infringe on the copyright can be taken to court and **prosecuted**.
> 저작권을 침해한 사람들은 법정에 가서 기소될 수 있다.

---

022 ⭐

unlock

> v **열다**

> ex **Unlocking** your front door in the dark depends on your touch sensation.
> 어둠 속에서 현관문을 여는 것은 당신의 촉감에 달려 있다.

> Do not **unlock** your door even for the knock.
> 노크에도 너의 문을 열지 마라.

---

023 ⭐

sophistication

> n **세련, 정교함**

> ex Technological **sophistication** is employed to assess the size of potential losses.
> 과학 기술적 복잡화는 잠재적 손실의 크기를 평가하기 위해 사용된다.

---

024 ⭐

rationale

> n **이유**   참고 **rational** adj. 합리적인

> ex Choosing similar friends can have a **rationale**.
> 비슷한 친구를 고르는 것은 이유가 있을 수 있다.

> His **rationale** of crime was not accepted in court.
> 그의 범죄의 이유는 법정에서 받아들여지지 않았다.

CHAPTER 09   Day 90

DAY 90

⭐ 표시는 출제 빈도를 나타냅니다.

---

025 ⭐

primate

n 영장류

ex Reunions are more important in elephant society than among **primates**.
재결합은 영장류보다 코끼리 사회에서 더 중요하다.

One of the common characteristics of the **primates** is flattened nails.
영장류의 흔한 공통 특성들 중 하나는 납작한 손톱이다.

---

026 ⭐

provoke

v 유발하다   참고 **evoke** 환기시키다

ex The appearance of female actors **provoked** mixed reactions in London.
여자 배우들의 등장은 런던에서 엇갈린 반응을 유발했다.

Overdose of this pill might **provoke** the vomit.
이 알약의 남용은 구토를 유발할 수도 있다.

---

027 ⭐

ordinance

n 법령, 조례   유 decree 법령

ex All theaters in England had been banned due to an **ordinance**.
영국의 모든 극장은 법령으로 인해 상영이 금지되었다.

Adoption of the new **ordinance** is followed by trial and error.
새 법령의 채택에는 시행착오가 따른다.

---

028 ⭐

prototype

n 원형, 시제품   참고 **stereotype** 고정관념

ex I'm working on a **prototype** for a robotic hand.
로봇 손의 원형을 만드는 중이다.

Actually it was the **prototype** of the first lighthouse in the world.
사실 그것은 세계 최초의 등대의 원형이었다.

---

029 ⭐

organism

n 유기체, 생물

ex These mirror neurons are thought to cause **organisms** to mimic behaviors.
이 거울 신경 세포들은 유기체가 행동을 흉내내도록 유발하는 것으로 여겨진다.

Every **organism** is similar in some way to its parent.
모든 생물은 그것의 부모와 어떤 면에서건 비슷하다.

---

030 ⭐

presence

n 존재, 참석

ex His **presence** is essential to the meeting.
그의 참석은 회의에 필수적이다.

He signed the treaty in the **presence** of two witnesses.
그는 두 증인의 참석하에 그 조약에 서명했다.

Practice

 1. 다음 단어들을 올바르게 연결하세요.

(1) subscribe •   • (a) 터무니없는

(2) prosecute •   • (b) 구독하다

(3) rationale •   • (c) 지방자치제, 시

(4) absurd •   • (d) 독점

(5) lure •   • (e) 기소하다

(6) monopoly •   • (f) 유발하다

(7) provoke •   • (g) 이유

(8) municipality •   • (h) 유혹, 매력

 2. 다음 영어 뜻에 맞게 알맞은 단어를 보기에서 찾아 쓰세요.

ordinance	unsightly	prototype	drawback

(1) a standard or typical example

(2) the quality of being a hindrance

(3) unpleasant to look at

(4) a law set forth by a governmental authority

SELF TEST

01	presence		16		보기 흉한
02		피를 흘리다	17	unlock	
03	organism		18		다듬다, 손질하다
04		터무니없는	19	prosecute	
05	prototype		20		부분적으로
06		여행	21	monopoly	
07	ordinance		22		신원확인
08		구독하다	23	historian	
09	provoke		24		결점, 문제점
10		맡기다, 배치하다	25	intrigue	
11	primate		26		행동
12		전환하다	27	lure	
13	rationale		28		정정
14		유행을 따른	29	municipality	
15	sophistication		30		구별하다

TOSEL 실전문제 ❾

PART 8. General Reading Comprehension

DIRECTIONS: In this portion of the test, you will be provided with one longer reading passage. For the passage, complete the blanks in the passage summary using the words provided. Fill in your choices in the corresponding spaces on your answer sheet.

● TOSEL 기관시험 기출

1. Read the passage and answer the questions.

Every year, more than 100,000 people around the world die from snakebites. Currently, snakebites treatments use anti-venoms derived from real snake venom. However, anti-venoms require a supply of venom from each of the world's 250 types of snakes. Not only is the venom hard to collect, but it requires special refrigerated storage. As a result, a group of researchers is trying to find a single treatment that could cure different types of snakebite. Scientists from India, Kenya, Nigeria, the UK, and the US are working together to find a cure using biotechnology. The goal is to target numerous types of venom at one time. With a universal treatment, it is hoped that the survival rate from snakebites could improve.

Summary:

Researchers are searching for a new treatment for snakebites. Current treatments use real snake __[A]__ which is hard to collect and store. As a result, scientists have been __[B]__ in a search for a cure that uses biotechnology. The objective is to raise survival rates through a universal treatment.

1. Choose the most suitable word for blank [A], connecting the summary to the passage.

    (A) crust

    (B) hook

    (C) sinew

    (D) venom

2. Choose the most suitable word for blank [B], connecting the summary to the passage.

    (A) reframing

    (B) disinfecting

    (C) proofreading

    (D) collaborating

CHAPTER 10

DAY 91

n imagination	n logic	n majority
n incident	n notification	n audience
n charity	n benefit	v decrease
v situate	adj sentimental	n installment
adj incurable	adv seemingly	adv economically
n flatland	adj inconceivable	adj joyous
n mob	n metacognition	adv frugally
adj extraneous	n dork	n framework
adj exquisite	n division	adj foliate
n culprit	adv crazily	n excursion

DAY 91

⭐ 표시는 <u>출제 빈도</u>를 나타냅니다.

---

001 ⭐⭐⭐⭐⭐

imagination

| n | 상상력 |

참고 **imaginative** adj. 상상력이 풍부한

ex They both had active **imaginations**.
그들은 둘 다 활발한 상상력을 가지고 있었다.

Your writing lacks **imagination**.
당신의 글은 상상력이 부족하다.

---

002 ⭐⭐⭐⭐⭐

logic

| n | 논리 |

ex This **logic** can go in a circle forever.
이 논리는 영원히 순환할 수 있다.

Engineered languages are constructed around formal **logic**.
공학적 언어들은 형식적인 논리를 중심으로 구성되어 있다.

---

003 ⭐⭐⭐⭐⭐

majority

| n | 다수 |

반 **minority** 소수

ex The **majority** of the contestants in the competition were nervous.
대회에 참가한 다수의 참가자들은 긴장했다.

He will do the **majority** of travel planning.
그가 대부분의 여행 계획을 짤 것이다.

---

004 ⭐⭐⭐⭐⭐

incident

| n | 일, 사건 |

참고 **incidence** n. 발생 정도

ex You have been called here today due to a troubling **incident**.
당신은 오늘 곤란한 일로 여기에 불려 왔다.

The library will remain open despite the **incident**.
그 사건에도 불구하고 도서관은 계속 문을 열 것이다.

---

005 ⭐⭐⭐⭐⭐

notification

| n | 알림, 통지 |

ex The message system is used more for **notifications**.
메시지 시스템은 알림에 더 많이 사용된다.

We received **notification** that the ATM was out of order.
우리는 ATM이 고장났다는 통보를 받았다.

---

006 ⭐⭐⭐

audience

| n | 청중 |

ex The number of female **audience** members increased.
여성 관객 수가 증가했다.

The **audience** tries yelling at her to stop.
청중들이 그녀에게 멈추라고 소리치려고 한다.

007 ⭐⭐⭐ **charity**	**n** 자선단체
	ex I would like to try volunteer work in a **charity** clothing shop. 나는 자선 옷 가게에서 봉사활동을 해보고 싶다.
	I thought the **charity** concert was very meaningful. 나는 그 자선 콘서트가 매우 의미 있었다고 생각했다.

008 ⭐⭐⭐ **benefit**	**n** 혜택
	ex What **benefit** can you get from volunteering? 자원봉사를 하면 어떤 혜택을 받을 수 있는가?
	Nevertheless, heftier fines could still serve a **benefit**. 그럼에도 불구하고, 더 무거운 벌금은 여전히 이득이 될 수 있다.

009 ⭐⭐⭐ **decrease**	**v** 감소하다,줄이다 㔾 diminish 줄어들다
	ex Brushing teeth will greatly **decrease** chances of getting cavities. 이를 닦으면 충치가 생길 가능성을 크게 줄일 수 있다.
	A cold shower will not **decrease** heart rate. 찬물로 샤워를 하는 것은 심장 박동을 감소시키지 않을 것이다.

010 ⭐⭐ **situate**	**v** 위치시키다 / 고려하다
	ex The word changes its meaning depending on which position you **situate** it in. 그 단어는 당신이 그것을 어떤 위치에 배치하느냐에 따라 의미가 변한다.

011 ⭐⭐ **sentimental**	**adj** 감정적인
	ex She thought the book was too **sentimental**. 그녀는 그 책이 너무 감상적이라고 생각했다.
	I usually get **sentimental** when autumn comes. 나는 가을이 오면 주로 감상적이 된다.

012 ⭐⭐ **installment**	**n** 할부금 참고 **installation** 설치
	ex She bought a car on a 12-month **installment** plan. 그녀는 12개월 할부로 차를 샀다.
	I will open an **installment** savings account. 나는 적금계좌를 개설할 것이다.

⭐ 표시는 <u>출제 빈도</u>를 나타냅니다.

---

013 ⭐⭐

incurable

`adj` **치유할 수 없는**

`ex` She is suffering from an **incurable** disease.
그녀는 불치병을 앓고 있다.

The unknown infection, once thought to be **incurable**, now has a cure.
한 때 치유할 수 없을 것으로 생각되었던 잘 알려지지 않은 감염은 이제 치료법이 있다.

---

014 ⭐⭐

seemingly

`adv` **겉보기에는**   윤 **apparently** 표면상

`ex` I'm worried about her although looking **seemingly** fine.
그녀는 겉으로 보기에 괜찮아 보이지만 나는 걱정이 된다.

She presented the **seemingly** simple-looking design.
그녀는 겉보기에는 단순해 보이는 디자인을 선보였다.

---

015 ⭐

economically

`adv` **경제적으로**   참고 **economical** 절약하는

`ex` People who possess high-quality information are likely
to prosper **economically**.
고품질의 정보를 소유하는 사람들은 경제적으로 번영할 가능성이 있다.

---

016 ⭐

flatland

`n` **평지**

`ex` A major challenge for map-makers is the depiction of **flatlands**.
지도 제작자들의 주요 과제는 평지에 대한 묘사이다.

The crops grow well in fertile **flatlands**.
농작물들은 비옥한 평지에서 잘 자란다.

---

017 ⭐

inconceivable

`adj` **상상도 할 수 없는**   반 **conceivable** 상상할 수 있는

`ex` War is **inconceivable** without the concept of enemy.
적의 개념 없이는 전쟁은 상상할 수 없다.

For her, failure had been **inconceivable** until then.
그녀에겐 그때까지 실패는 상상도 할 수 없었다.

---

018 ⭐

joyous

`adj` **아주 기뻐하는**

`ex` The sound of the **joyous** laughter of kids made me happy.
아이들의 아주 기뻐하는 웃음소리가 나를 행복하게 했다.

I've never seen her make a **joyous** gesture like that!
나는 그녀가 저렇게 기뻐하는 몸짓을 하는 것을 본 적이 없다!

019

mob

| n | 군중, 무리 |

유 **crowd** 군중, 무리

ex The fierce **mob** seemed to start a riot at any moment.
성난 군중들은 당장이라도 폭동을 일으킬 것 같았다.

020

metacognition

| n | 상위 인지 |

ex Students learning about their learning strategies is an example of **metacognition**.
학생들이 그들의 학습 전략에 대해 학습하는 것은 상위 인지의 예이다.

021

frugally

| adv | 검소하게 |

참고 **thrifty** 절약하는

ex Avoid extraneous loans by living **frugally**.
검소하게 살아서 불필요한 대출을 피해라.

You should live **frugally** in order to avoid being bankrupt.
너는 파산하지 않기 위해서 절약해서 살아야 한다.

022

extraneous

| adj | 관련 없는 |

참고 **extravagant** 낭비하는

ex Remove all the **extraneous** information on the page.
그 페이지에서 모든 관련 없는 정보를 제거하라.

You should ignore all **extraneous** factors to solve the problem.
문제를 해결하려면 모든 관련 없는 요인을 무시해야 한다.

023

dork

| n | 얼간이 |

ex Oh my gosh, I look like a complete **dork**!
세상에, 나 완전 멍청이 같아!

Don't act like a **dork** in front of me.
내 앞에서 얼간이처럼 굴지 마.

024

framework

| n | 뼈대, 체제 |

ex But first off, the **framework** should be sturdy.
하지만 우선, 뼈대가 견고해야 한다.

A weak legal **framework** regarding player swaps is a problem.
선수 교체에 관한 취약한 법적 체제가 문제다.

DAY 91

☆ 표시는 출제 빈도를 나타냅니다.

---

025 ☆

exquisite

 adj **매우 아름다운, 정교한**

참고 **requisite** 필수품

ex The furniture was decorated in **exquisite** taste.
그 가구는 아주 정교하게 장식되어 있었다.

The statue was so **exquisite** that I couldn't say anything for a moment.
조각상은 매우 아름다워서 나는 잠시 동안 아무 말도 할 수 없었다.

---

026 ☆

division

n **분할 / 분과**

ex Property **division** was smoothly done.
재산 분할은 원활히 이루어졌다.

Why was there a decrease in sales in February in our cosmetics **division**?
왜 우리 화장품 부서에서 2월 매출이 줄었는가?

---

027 ☆

foliate

 adj **잎이 있는**

참고 **foliage** 잎

ex I love how they did the **foliate** decoration on the ceiling.
그들이 천장에 나뭇잎 장식을 한 게 좋다.

Most papillae except **foliate** papillae are not visible.
엽상 돌기를 제외한 대부분의 돌기들은 보이지 않는다.

---

028 ☆

culprit

n **범인**

참고 **culpable** adj. 과실이 있는

ex The ceiling pipe is the likely **culprit**.
천장 파이프가 범인일 가능성이 높다.

The fact that the **culprits** did not apologize to the victims made me furious.
범인이 피해자에게 사과하지 않았다는 사실이 나를 몹시 화나게 했다.

---

029 ☆

crazily

 adv **미친 듯이**

ex He jumped **crazily** with glee and joy.
그는 신남과 기쁨으로 미친 듯이 뛰었다.

The students laughed **crazily** when the teacher tripped.
선생님이 발을 헛디뎠을 때 학생들이 미친 듯이 웃었다.

---

030 ☆

excursion

n **여행**

ex My company's organizing a fishing **excursion** next month.
우리 회사는 다음 달 낚시 여행을 계획하고 있다.

My family is going to go on an **excursion** to Paris.
우리 가족은 파리로 여행을 갈 예정이다.

Practice

 1. 다음 단어들을 올바르게 연결하세요.

(1) sentimental   •

(2) division   •

(3) metacognition   •

(4) culprit   •

(5) incurable   •

(6) charity   •

(7) notification   •

(8) foliate   •

• (a) 알림, 통지

• (b) 자선단체

• (c) 감정적인

• (d) 상위 인지

• (e) 분할, 분과

• (f) 잎이 있는

• (g) 범인

• (h) 치유할 수 없는

 2. 우리말 뜻에 맞게 괄호에 알맞은 단어를 찾아 O표 하세요.

(1) **You have been called here today due to a troubling (incidence / incident).**
당신은 오늘 곤란한 일로 여기에 불려 왔다.

(2) **She bought a car on a 12-month (installation / installment) plan.**
그녀는 12개월 할부로 차를 샀다.

(3) **Remove all the (extravagant / extraneous) information on the page.**
그 페이지에서 모든 관련 없는 정보를 제거하라.

(4) **The furniture was decorated in (exquisite / requisite) taste.**
그 가구는 아주 정교하게 장식되어 있었다.

SELF TEST

01	excursion		16		헤택
02		경제적으로	17	extraneous	
03	crazily		18		자선단체
04		겉보기에는	19	frugally	
05	culprit		20		청중
06		치유할 수 없는	21	metacognition	
07	foliate		22		알림, 통지
08		할부금	23	mob	
09	division		24		일, 사건
10		감정적인	25	joyous	
11	exquisite		26		다수
12		얼간이	27	inconceivable	
13	framework		28		논리
14		감소하다	29	flatland	
15	situate		30		상상력

DAY 92

색상으로 8품사 구분하기

n	명사	noun	pron	대명사	pronoun
v	동사	verb	adj	형용사	adjective
adv	부사	adverb	conj	접속사	conjunction
prep	전치사	preposition	int	감탄사	interjection

n	paycheck	adv	overly	v	magnify
n	merchandise	n	radiation	n	development
v	suppose	adj	complete	n	spectator
n	sparrow	adj	indefinite	adj	independent
n	specimen	n	specification	n	misfortune
n	mindset	adj	notional	n	pastime
adj	plausible	adv	readily	v	crunch
n	backside	v	counteract	v	bankroll
adj	conscious	n	autobiography	n	coordination
adv	arguably	n	artifact	n	contribution

⭐ 표시는 **출제 빈도**를 나타냅니다.

---

001 ⭐⭐⭐⭐⭐

paycheck

n 급료 (지불 수표)

유 **payroll** 급여

ex His salary is paid via paper **paycheck**.
그의 봉급은 종이 수표로 지불된다.

The deposit will be returned in your final **paycheck**.
보증금은 최종 급여로 돌려줄 것이다.

---

002 ⭐⭐⭐⭐⭐

overly

adv 너무, 몹시

ex The movie is **overly** sentimental.
그 영화는 지나치게 감상적이다.

Critics think the movie is **overly** sentimental.
평론가들은 그 영화가 지나치게 감상적이라고 생각한다.

---

003 ⭐⭐⭐⭐⭐

magnify

v 확대하다

ex This microscope can **magnify** the object up to 400 times its actual size.
이 현미경은 물체의 실제 크기의 400배까지 확대할 수 있다.

All you need is a **magnifying** glass.
당신은 확대경만 있으면 된다.

---

004 ⭐⭐⭐⭐⭐

merchandise

n 물품

ex Maintain **merchandise** and display counters.
상품 및 디스플레이 카운터를 유지관리하여라.

Ring up **merchandise** at a computerized register.
상품을 전산 등록기에 입력하여라.

---

005 ⭐⭐⭐⭐⭐

radiation

n 방사

참고 **radiate** v. 방출하다

ex **Radiation** formed in Jupiter is compared to the weather conditions on Earth.
목성에서 형성된 방사선은 지구의 기상 조건과 비교된다.

---

006 ⭐⭐⭐

development

n 발달, 개발

ex This **development** excites some and worries others.
이 발전은 일부 사람들을 흥분시키고 다른 사람들을 걱정시킨다.

The "Galapagos effect" refers to an isolated **development**.
갈라파고스 효과는 고립된 발전을 의미한다.

007 ★★★

suppose

| v | 추정하다 |

참고 be supposed to… …하기로 되어있다

ex The outcome is totally different from what we **supposed** at first.
결과는 우리가 처음에 추정했던 것과는 완전히 달랐다.

Well, I **suppose** it's not so serious.
글쎄, 그렇게 심각한 것 같지는 않다.

---

008 ★★★

complete

| v | 완료하다 | adj | 완전한 |

참고 complement 보완하다

ex He will have someone else **complete** Zamina's responsibilities.
그는 다른 사람에게 Zamina의 책임을 완수할 수 있도록 할 것이다.

How can the woman **complete** her transaction?
그 여자는 어떻게 거래를 완료할 수 있는가?

---

009 ★★

spectator

| n | 관중 |

유 audience 청중

ex The races are just entertainment for urban **spectators**.
그 경주는 도시 구경꾼들에게 오락거리일 뿐이다.

Spectators at a music competition are enjoying the festival.
음악 대회의 구경꾼들이 축제를 즐기고 있다.

---

010 ★★

sparrow

| n | 참새 |

ex Most birds, including **sparrows**, eat at least some meat in their diet.
참새를 포함한 대부분의 새들은 그들의 식단에서 적어도 약간의 고기를 먹는다.

The hunter was looking for a **sparrow** he missed yesterday.
사냥꾼은 어제 그가 놓친 참새를 찾고 있었다.

---

011 ★★

indefinite

| adj | 무기한의 / 불확실한 |

ex The strike has been **indefinite** since last year.
그 파업은 작년부터 무기한으로 계속되고 있다.

His **indefinite** answer made me angry.
그의 불확실한 대답이 나를 화나게 했다.

---

012 ★

independent

| adj | 독립적인 |

ex It is a great chance for him to learn to be more **independent**.
그것은 그가 좀 더 독립적이 되는 것을 배울 수 있는 좋은 기회이다.

She became a star of an **independent** film company.
그녀는 독립영화의 스타가 되었다.

⭐ 표시는 <u>출제 빈도</u>를 나타냅니다.

---

013 ⭐⭐

specimen

n 표본

ex Thousands of **specimens** of aspirin have been found.
수천 개의 아스피린 표본이 발견되었다.

In the lab, the bodies of dead animals were displayed as **specimens**.
실험실에, 죽은 동물들의 시체들이 표본으로 진열되어 있었다.

---

014 ⭐

specification

n 설명서

ex The man requested the woman to clarify **specifications** for a project.
남자는 여자에게 프로젝트의 설명서를 명확히 해달라고 부탁했다.

Carefully follow the **specification** before using the product.
제품을 사용하기 전에 설명서를 잘 읽어라.

---

015 ⭐

misfortune

n 불운, 불행

ex He has gone through many **misfortunes** in his life.
그는 일생 동안 많은 불행을 겪었다.

The flood was a **misfortune** for many people.
홍수는 많은 사람들에게 불행이었다.

---

016 ⭐

mindset

n 사고방식

ex It is difficult to analyze existing knowledge with an objective **mindset**.
객관적인 사고방식으로 기존 지식을 분석하기는 어렵다.

Positive attitudes lead to positive **mindsets**.
긍정적인 태도가 긍정적인 사고방식으로 이어진다.

---

017 ⭐

notional

adj 개념상의

ex What he proposed are just **notional** plans.
그가 제안한 것은 그저 개념상의 계획이다.

Many of the scientific hypotheses were found to be **notional**.
많은 과학적 가설들은 관념적이었다는 것이 밝혀졌다.

---

018 ⭐

pastime

n 취미   ⑨ **diversion** 오락

ex This no longer meant participation in traditional sports and **pastimes**.
이것은 더 이상 전통적인 스포츠와 여가 시간에 대한 참여를 의미하지 않았다.

Hunting was a popular **pastime** among the Romans.
사냥은 로마 사람들에게 인기 있는 취미였다.

019

plausible

| adj | 그럴듯한 |

⊕ **possible** 가능한

ex We should carefully consider **plausible** options.
우리는 그럴듯한 선택을 신중히 고려해야 한다.

What he said seemed quite **plausible**.
그의 말은 꽤 그럴듯해 보였다.

020

readily

| adv | 손쉽게, 선뜻 |

ex The level of this book is **readily** comprehensible to kids.
이 책의 수준은 아이들이 손쉽게 이해할 수 있다.

Brad **readily** volunteered to help the teachers.
Brad는 선뜻 선생님들을 돕는 것에 자원하였다.

021

crunch

| v | (시끄럽게) 아작아작[오도독] 씹다 / 으드득[뿌드득]거리다 |

ex He used a cornstarch to make **crunching** snow sound.
그는 바삭거리는 눈의 소리를 내기 위해 옥수수 녹말을 사용했다.

Try not to **crunch** too loudly in a movie theater.
영화관에서는 너무 크게 오도독 씹지 마라.

022

backside

| n | 엉덩이 |

ex I feel like my **backside** is melting into this swivel chair.
내 엉덩이가 회전의자에 녹아드는 것 같아.

The dance requires you to use your **backside**.
그 춤은 당신의 엉덩이를 사용해야 한다.

023

counteract

| v | 대응하다 |

참고 **counterfeit** 위조의

ex Social sharing helps to **counteract** some natural tendencies people may have.
사회적 공유는 사람들이 가질 수 있는 몇 가지 자연스러운 경향에 대응하는 데 도움을 준다.

024

bankroll

| v | 재정을 지원하다 |

ex The country needs money to **bankroll** developments in infrastructure.
그 나라는 기반 시설의 개발 자금을 지원하기 위해 돈이 필요하다.

He has been secretly **bankrolling** the people in need.
그는 비밀리에 도움이 필요한 사람들을 재정적으로 지원하고 있었다.

CHAPTER 10   Day 92

DAY 92

★ 표시는 출제 빈도를 나타냅니다.

---

025 ★

conscious

| adj | **의식하는** | 참고 **conspicuous** 뚜렷한 |

ex In the middle of hypnosis, I was not **conscious** at all.
최면을 하는 도중에, 나는 전혀 의식이 없었다.

Being **conscious** of the audience, I started to stammer on my speech.
관객들을 의식하면서, 나는 연설에서 말을 더듬기 시작했다.

---

026 ★

autobiography

| n | **자서전** |

ex It took Larry 5 years to write an **autobiography**.
Larry가 자서전을 쓰는데 5년이 걸렸다.

His **autobiography** truly impressed me.
그의 자서전은 나에게 깊은 인상을 주었다.

---

027 ★

coordination

| n | **조화, 조정력** | 유 **harmony** 조화 |

ex The orchestra showed perfect **coordination** of the instruments.
오케스트라는 악기들의 완벽한 조화를 보여주었다.

They improve hand-eye **coordination**.
그들은 손과 눈의 협응을 개선한다.

---

028 ★

arguably

| adv | **주장하건대** |

ex **Arguably**, the global economy is recovering steadily.
주장하건대, 세계 경제는 꾸준히 회복되고 있다.

---

029 ★

artifact

| n | **공예품, 인공유물** |

ex There are many **artifacts** found in a shipwreck.
난파선에서는 많은 공예품들이 발견되었다.

An archeologist examines **artifacts**.
한 고고학자가 유물을 조사한다.

---

030 ★

contribution

| n | **기여** |

ex Her **contribution** to the humor extends to being a celebrated joke-writer.
유머에 대한 그녀의 기여는 유명한 농담 작가가 되는 데까지 이른다.

Einstein's **contributions** to science are very critical.
아인슈타인의 과학에 대한 기여는 대단히 중요하다.

Practice

 1. 다음 단어들을 올바르게 연결하세요.

(1) specification   •

(2) plausible   •

(3) notional   •

(4) coordination   •

(5) indefinite   •

(6) radiation   •

(7) complete   •

(8) overly   •

•   (a) 무기한의

•   (b) 설명서

•   (c) 그럴듯한

•   (d) 개념상의

•   (e) 조화, 조정력

•   (f) 완전한, 완료하다

•   (g) 너무, 몹시

•   (h) 방사

 2. 우리말 뜻에 맞게 빈칸에 알맞은 단어를 보기에서 찾아 쓰세요.

artifacts	independent	contribution	mindset

(1) **It is a great chance for him to learn to be more   .**

이것은 그가 좀 더 독립적이 되는 것을 배울 수 있는 좋은 기회이다.

(2) **It is difficult to analyze existing knowledge**

with an objective   .

객관적인 사고방식으로 기존 지식을 분석하기는 어렵다.

(3) **Her   to the humor extends to being a celebrated joke-writer.**

유머에 대한 그녀의 기여는 유명한 농담 작가가 되는 데까지 이른다.

(4) **There are many   found in a shipwreck.**

난파선에서는 많은 공예품들이 발견되었다.

SELF TEST

01	contribution		16		완전한, 완료하다
02		불운, 불행	17	backside	
03	artifact		18		추정하다
04		설명서	19	crunch	
05	arguably		20		발달, 개발
06		표본	21	readily	
07	coordination		22		방사
08		독립적인	23	plausible	
09	autobiography		24		물품
10		무기한의	25	pastime	
11	conscious		26		확대하다
12		참새	27	notional	
13	bankroll		28		너무, 몹시
14		관중	29	mindset	
15	counteract		30		급료 (지불 수표)

DAY 93

n	pinewood	adv	surely	adv	ultimately
adj	lively	n	preparation	adv	recently
n	equipment	n	government	v	furnish
v	garnish	n	discussion	adj	ashamed
n	arithmetic	n	reactivity	v	presuppose
adj	primeval	n	numeral	adj	mundane
adv	mutually	n	apprenticeship	n	chemist
v	civilize	n	handwriting	adj	appreciative
n	heatstroke	n	investment	adj	aggressive
n	malfunction	v	adhere	n	sorcery

⭐ 표시는 <u>출제 빈도</u>를 나타냅니다.

001　⭐⭐⭐⭐⭐

pinewood

| n | **소나무 숲** |

ex This scent is a mixture of **pinewood** and citrus.
이 향은 소나무 숲과 시트러스의 조합이다.

Walking in the **pinewoods** can boost your mood by absorbing phytoncide.
소나무 숲을 걷는 것은 피톤치드를 흡수하여 기분을 나아지게 할 수 있다.

002　⭐⭐⭐⭐⭐

surely

| adv | **분명히** |

ex You will **surely** do much better than her.
넌 분명히 그녀보다 훨씬 더 잘할 거야.

Surely there's a protocol for reporting such issues.
분명히 그런 문제들을 보고하는 프로토콜이 있다.

003　⭐⭐⭐⭐⭐

ultimately

| adv | **결국** |　　　　　　　　　　　유 **eventually** 결국

ex We **ultimately** decided to postpone the trip.
우리는 결국 여행을 연기하기로 결정했다.

Ultimately, it is up to individuals to take responsibility for water use.
궁극적으로, 물 사용의 책임은 개인에게 있다.

004　⭐⭐⭐⭐⭐

lively

| adj | **활기 넘치는** |　　　　　　　　유 **animated** 활기찬, 활발한

ex This festival accompanies **lively** and showy parades.
이 축제는 활기차고 화려한 퍼레이드를 동반한다.

In spring, the world changes from cold to **lively**.
봄에는 세상이 차가운 느낌에서 활기찬 느낌으로 변한다.

005　⭐⭐⭐

preparation

| n | **준비** |

ex Some meal **preparation** is required for babysitters.
베이비시터들에게 약간의 식사 준비가 요구된다.

Producers lead the **preparation** of a play.
제작자들은 연극의 준비를 이끈다.

006　⭐⭐⭐

recently

| adv | **최근에** |　　　　　　　　　　유 **currently** 현재

ex I have **recently** completed a four-year program in biology.
나는 최근에 생물학 4년 과정을 마쳤다.

Scientists **recently** discovered an underground cave on the moon.
과학자들은 최근에 달에서 지하 동굴을 발견했다.

007 ★ ★ ★

equipment

> **n** 장비

> **ex** Where can you find special sound **equipment**?
> 어디에서 특별한 음향 장비를 찾을 수 있는가?
>
> I think your sons also need safety **equipment** for skating.
> 당신 아들들도 스케이트를 위한 안전 장비가 필요할 것 같다.

008 ★ ★ ★

government

> **n** 정부

> **ex** The **government** has tried to stop the spread of the virus.
> 정부는 바이러스의 확산을 막으려고 노력해왔다.
>
> Another form of **government** is democracy.
> 정부의 또 다른 형태는 민주국가이다.

009 ★ ★

furnish

> **v** (가구를) 비치하다　　　　　참고 **furbish** 광내다

> **ex** There is a **furnished** room available for rent.
> 임대할 수 있는 가구가 비치된 방이 있다.
>
> I prefer a **furnished** apartment since I don't have any furniture with me.
> 나는 가구가 없기 때문에 가구가 비치된 아파트를 선호한다.

010 ★ ★

garnish

> **v** 고명을 얹다　**n** 고명

> **ex** **Garnish** your dish with parsley.
> 음식에 파슬리를 고명으로 얹어라.
>
> This ingredient is frequently used as a **garnish**.
> 이 재료는 고명으로 자주 쓰인다.

011 ★ ★

discussion

> **n** 논의, 토론

> **ex** Why don't you join a philosophy **discussion** group?
> 철학 토론 모임에 가입하는 게 어때?
>
> I can absolutely add a bit more to the **discussion**.
> 나는 확실히 그 토론에 조금 더 추가할 수 있다.

012 ★ ★

ashamed

> **adj** 부끄러운　　　　　유 **embarrassed** 당혹한

> **ex** You should be **ashamed** of your bad attitude.
> 너는 너의 나쁜 태도를 부끄러워해야 한다.
>
> So, you're not **ashamed** to admit that.
> 그러니까, 너는 그것을 인정하는 것이 부끄럽지 않구나.

---

013 ★★

arithmetic

n 산수

ex Let me look up an **arithmetic** puzzle for you.
내가 너를 위해 산수 퍼즐을 찾아볼게.

Our teacher schooled us some tips in **arithmetic**.
선생님은 우리에게 산수의 팁 몇 개를 가르쳤다.

---

014 ★

reactivity

n 반응성

참고 **reactance** n. 유도 저항

ex Allergy is an example of skin **reactivity**.
알러지는 피부 반응성의 예이다.

Lavoisier discovered the **reactivity** of oxygen with other materials.
Lavoisier는 산소와 다른 물질들의 반응성을 발견했다.

---

015 ★

presuppose

v 예상하다

㈜ **presume** 추정하다

ex Actually, the result is exactly like what I **presupposed**.
사실, 그 결과는 정확히 내가 예상한 대로이다.

They **presuppose** that the political decision has already been made.
그들은 정치적 결정이 이미 내려졌을 것으로 예상한다.

---

016 ★

primeval

adj 원시의

ex Everything in Egyptian art seems to be made of **primeval** stone.
이집트 미술의 모든 것은 원시시대의 돌로 만들어진 것 같다.

The evolution of weapons was remarkable during the **primeval** period.
원시시대 무기의 진화는 주목할 만했다.

---

017 ★

numeral

n 숫자

ex We build a circuit to convert those shapes into quantities
when we learn Arabic **numerals**.
우리는 아라비아 숫자를 배울 때 이러한 모양을 양으로 변환하는 회로를 만든다.

---

018 ★

mundane

adj 일상적인, 평범한

㈜ **prosaic** 따분한

ex He is eager to escape from his **mundane** life.
그는 자신의 평범한 생활에서 벗어나고 싶어한다.

I thought it was a pretty **mundane** thing to do.
나는 그것이 꽤 평범한 일이라고 생각했다.

019 ⭐

mutually

| adv | 서로, 상호간에 | 반 **exclusively** 배타적으로 |

ex We are in a **mutually** beneficial relationship.
우리는 서로에게 이익이 되는 관계에 있다.

They needed a lexicon that was **mutually** intelligible by both parties.
그들은 쌍방이 상호 이해할 수 있는 어휘 목록이 필요했다.

---

020 ⭐

apprenticeship

| n | 수습 기간 |

ex Most craftspeople in tanneries endure years of **apprenticeship**.
무두질 공장에 있는 대부분의 장인들은 다년간의 견습 생활을 견뎌낸다.

He showed the best accomplishment during the **apprenticeship**.
그는 수습 기간 동안 최고의 성과를 보였다.

---

021 ⭐

chemist

| n | 화학자 / 약사 |

ex This product is a safe educational product for young **chemists**!
이 제품은 어린 화학자들을 위한 안전한 교육용 제품이다!

You should be familiar with the periodic table if you want to be a **chemist**.
화학자가 되고 싶다면 주기율표에 친숙해져야 한다.

---

022 ⭐

civilize

| v | 개화하다 | 참고 **civilized** adj. 문명화된 |

ex Some people believe that a **civilized** society should look after its poor members.
어떤 사람들은 문명 사회가 가난한 구성원을 돌봐야 한다고 믿는다.

---

023 ⭐

handwriting

| n | 친필, 필적 |

ex You have to present your work with a clear **handwriting** for verification.
당신은 검증을 위해 명확한 친필로 작품을 제출해야 한다.

The man has ugly **handwriting**.
그 남자는 악필이다.

---

024 ⭐

appreciative

| adj | 고마워하는 | 참고 **appreciable** 주목할만한 |

ex I was really **appreciative** of you at that time.
그때 정말 고마웠어.

For him, printing out the handouts was an **appreciative** action.
그에게는, 유인물을 인쇄하는 것이 고마움의 행동이었다.

CHAPTER 10 Day 93

DAY  93

025

heatstroke

| n | 열사병 |

ex I feel like I'm going to get **heatstroke** here.
여기에선 열사병에 걸릴 것 같다.

There's a high possibility of **heatstroke** if you stay outside in this weather.
이런 날씨에 밖에 있으면 열사병의 가능성이 있다.

026

investment

| n | 투자 |

ex I recommend this book to anyone who wants to study **investment**.
나는 이 책을 투자 공부를 하고 싶은 사람에게 추천한다.

Investment in renewable energy should increase further.
신재생 에너지에 대한 투자는 더욱 증가해야 한다.

027

aggressive

| adj | 공격적인 |

ex Hippos show extremely **aggressive** behaviors when encountering humans.
하마는 인간과 마주칠 때 매우 공격적인 행동을 보인다.

Your words tend to get **aggressive** when you are sensitive.
너의 말은 네가 예민할 때 공격적이게 되는 경향이 있다.

028

malfunction

| n | 고장 |

ex Please report any **malfunction** on the machines as soon as possible.
기계의 고장을 최대한 빠르게 보고하라.

There is a DIY solution for a **malfunction** on the lock.
잠금 장치의 오작동에는 수리를 직접 하는 해결책이 있다.

029

adhere

| v | 들러붙다 |

참고 **adherent** n. 지지자

ex The right edge part of this paper **adheres** to the left edge.
이 종이의 오른쪽 가장자리 부분은 왼쪽 가장자리와 들러붙는다.

We have to **adhere** to the original plan.
우리는 원래의 계획을 고수해야 한다.

030

sorcery

| n | 마법 |

ex What kind of **sorcery** is this?
이건 대체 무슨 마법이야?

In the past, even a cell phone could have been considered **sorcery**.
과거에는, 핸드폰조차 마법으로 간주됐었을 것이다.

Practice

 1. 다음 단어들을 올바르게 연결하세요.

(1) civilize   •   • (a) (가구를) 비치하다

(2) primeval   •   • (b) 고명을 얹다

(3) arithmetic   •   • (c) 부끄러운

(4) garnish   •   • (d) 산수

(5) ashamed   •   • (e) 원시의

(6) chemist   •   • (f) 일상적인, 평범한

(7) mundane   •   • (g) 약사, 화학자

(8) furnish   •   • (h) 개화하다

 2. 다음 영어 뜻에 맞게 알맞은 단어를 보기에서 찾아 쓰세요.

sorcery	mutually	ultimately	appreciative

(1) in a shared manner

(2) feeling or expressive of gratitude

(3) the use of power gained from the assistance or control of evil spirits especially for divining

(4) as the end result of a succession or process

SELF TEST

01	adhere		16		장비
02		반응성	17	chemist	
03	malfunction		18		최근에
04		산수	19	apprenticeship	
05	aggressive		20		준비
06		부끄러운	21	mutually	
07	investment		22		마법
08		논의, 토론	23	mundane	
09	heatstroke		24		활기 넘치는
10		고명을 얹다	25	numeral	
11	appreciative		26		결국
12		개화하다	27	primeval	
13	handwriting		28		분명히
14		정부	29	presuppose	
15	furnish		30		소나무 숲

DAY 94

n	icon	v	insert	n	lumber
v	insult	n	publication	v	infer
n	convenience	adj	dishonest	adv	perhaps
n	adaptation	adv	initially	n	acceptance
adj	leaky	n	accountability	v	oversimplify
v	necessitate	v	depart	n	personhood
adj	questionable	v	reconstruct	v	outrun
n	originality	n	physician	adj	masterful
adj	phonological	v	refrigerate	n	misbehavior
v	relish	adj	pitiable	adv	morally

⭐ 표시는 출제 빈도를 나타냅니다.

---

001 ⭐⭐⭐⭐⭐

icon

n 아이콘

ex Click on the destination **icon** below the location.
위치 아래있는 목적지 아이콘을 클릭하여라.

Click the 360° **icon** and zoom in on the screen.
360° 아이콘을 클릭하고 화면을 확대하여라.

---

002 ⭐⭐⭐⭐⭐

insert

v 끼우다[넣다/삽입하다]

ex Just **insert** the card into the reader.
카드를 판독기에 삽입하기만 하면 된다.

You should **insert** 25 cents if using coins to pay for parking.
주차비를 지불하기 위해 동전을 사용할 경우 25센트를 넣어야 한다.

---

003 ⭐⭐⭐⭐⭐

lumber

n 목재   참고 **lumberjack** 벌목꾼   ㈜ **timber** 목재

ex That country exports tea, sugar and **lumber** to the neighboring country.
그 나라는 차, 설탕, 그리고 목재를 이웃나라에 수출한다.

The price of **lumber** products has increased recently.
목재 제품의 가격은 최근 증가했다.

---

004 ⭐⭐⭐⭐⭐

insult

v 모욕하다   **n** 모욕   ㈜ **offend** 불쾌하게 하다

ex He lost his temper when his brother got **insulted**.
그는 그의 남자형제가 모욕당했을 때 화가 나서 이성을 잃었다.

Your statement can be an **insult** to someone.
너의 발언은 누군가에게 모욕이 될 수 있다.

---

005 ⭐⭐⭐⭐⭐

publication

n 출판, 발행

ex Which of the following shows the **publication** date?
다음 중 발행일을 나타내는 것은 무엇인가?

Every staff involved carefully checked the book before **publication**.
관련된 모든 직원들은 출판 전 신중하게 책을 검토했다.

---

006 ⭐⭐⭐

infer

v 추론하다

ex You will probably **infer** that I am disapproving of Maddy.
당신은 내가 Maddy를 못마땅하게 여긴다고 추론할 것이다.

He analyzed the trajectory to **infer** the mechanisms.
그는 그 메커니즘을 추론하기 위해 궤적을 분석했다.

| 007 | ★★★ | **convenience** | n | 편의, 편리한 것 | 참고 **convince** 설득하다 |

ex Should we stop by a **convenience** store?
편의점에 들를까?

We enjoy a lot of modern **conveniences** like cars.
우리는 자동차와 같은 현대의 많은 편리한 것들을 즐긴다.

---

008 ★★★

dishonest

adj **정직하지 못한**

ex They weren't being intentionally **dishonest**.
그들은 고의적으로 정직하지 못한 것이 아니었다.

His father scolded him because he was being **dishonest**.
그의 아버지는 그가 정직하지 못하다고 꾸짖었다.

---

009 ★★★

perhaps

adv **아마**

ex They are **perhaps** most famous as the source of maple syrup.
그것들은 아마도 메이플 시럽의 공급원으로 가장 유명할 것이다.

Did you leave them on your desk, **perhaps**?
혹시 책상 위에 놓고 왔니?

---

010 ★★

adaptation

n **적응** 참고 **adoption** 입양, 채택

ex It shows the **adaptation** of desert species to the hot conditions.
그것은 사막의 종들이 더운 환경에 적응하는 것을 보여준다.

Fighting and killing are a part of **adaptation** for certain animals.
특정 동물들에게 싸움과 죽임은 적응의 일부이다.

---

011 ★★

initially

adv **처음에** 참고 **initiate** v. 착수시키다

ex **Initially**, these needs include only food and shelter.
처음에, 이러한 요구는 오직 음식과 피난처만을 포함한다.

Someone who heard bad news tends to **initially** deny what happened.
나쁜 소식을 들은 사람은 처음에 무슨 일이 일어났는지 부정하는 경향이 있다.

---

012 ★★

acceptance

n **수락, 동의**

ex Female actors lived lives of ease and societal **acceptance**.
여성 배우들은 편안하고 사회적으로 인정받는 삶을 살았다.

Ned has to give an award **acceptance** speech.
Ned는 수상 소감을 말해야 한다.

DAY 94

 표시는 <u>출제 빈도</u>를 나타냅니다.

---

013 ⭐ ⭐

leaky

| adj | (물이) 새는, 구멍이 난 |

 I need to fix the **leaky** ceiling right away.
나는 천장에 물이 새는 걸 바로 고쳐야 한다.

The plumber will come after lunch to fix the **leaky** pipe.
배관공이 점심 후에 새는 배관을 고치러 올 것이다.

---

014 ⭐ ⭐

accountability

| n | 책임 | 참고 **accountable** adj. 책임이 있는

 I'm wondering if you could be my "**accountability** partner."
당신이 제 "책임 파트너"가 되어 주실 수 있는지 궁금합니다.

They just spent the whole budget with no **accountability**.
그들은 책임감 없이 모든 예산을 막 썼다.

---

015 ⭐

oversimplify

| v | 지나치게 단순화하다 |

 Anyone saying people are genetically made to be moral
has an **oversimplified** view of genes.
사람들이 유전적으로 도덕적으로 만들어졌다고 말하는 사람들은 유전자에 대해
지나치게 단순화된 견해를 가지고 있다.

---

016 ⭐

necessitate

| v | …을 필요하게 만들다 | 참고 **necessity** n. 필요성

 Dehydration biologically **necessitates** some kind of moisture.
탈수증은 생물학적으로 어떠한 종류의 수분을 필요하게 만든다.

Each of these errors does not **necessitate** the others.
이러한 각 오류는 다른 오류를 필요로 하지 않는다.

---

017 ⭐

depart

| v | 떠나다 | 참고 **departure** n. 출발, 떠남

 The first bus has **departed** already, and the next one will come after
an hour.
첫 번째 버스는 벌써 떠났고, 다음 것은 한 시간 뒤에 올 것이다.

---

018 ⭐

personhood

| n | 개성, 인간성 |

 The notion of political **personhood** is a cultural obsession of our own.
정치적 인격의 개념은 우리 스스로의 문화적 집착이다.

We respect the differences in each one of your **personhood**.
우리는 너희 각각의 개성의 차이를 존중한다.

019

| adj | 의심스러운 |

㉤ dubious 의심스러운

questionable

ex Do you also feel the **questionable** tension between two people?
너도 두 사람 간의 의심스러운 긴장감이 느껴지니?

The equation between public leadership and dominance is **questionable**.
공공의 리더십과 지배력의 동일시가 의문이 제기된다.

020

| v | 복원하다 |

reconstruct

ex Schematic knowledge helps you **reconstruct** things you cannot remember.
도식화된 지식은 당신이 기억할 수 없는 것들을 복원하는 데 도움이 된다.

The detective **reconstructed** the murder case.
형사는 살인 사건을 재구성했다.

021

| v | …보다 더 빨리 달리다 |

참고 outlive …보다 더 오래살다

outrun

ex Do not try to **outrun** any tornadoes.
토네이도보다 빨리 달리려고 하지 말아라.

I felt frustrated when I realized I couldn't **outrun** him.
나는 그보다 더 빨리 달릴 수 없다는 것을 깨달았을 때 좌절했다.

022

| n | 독창성 |

㉤ ingenuity 독창성

originality

ex They feel that these "perfect-sounding" recordings lose their **originality**.
그들은 "완벽하게 들리는" 이 녹음들이 독창성을 잃는다고 느낀다.

To keep your **originality**, do not be exposed to too many designs.
너의 독창성을 유지하기 위해, 너무 많은 디자인에 노출되지 마라.

023

| n | 내과 의사 |

참고 surgeon 외과 의사

physician

ex His original plan was to become a **physician**, not a surgeon.
그의 원래 계획은 외과 의사가 아닌 내과 의사가 되는 것이었다.

My aunt works as a **physician** in a local hospital.
나의 이모는 지역 병원에서 내과 의사로 일하신다.

024

| adj | 거장다운 |

masterful

ex His pieces are a **masterful** critique of modern perspectives.
그의 작품은 현대적 관점에 대한 훌륭한 비평이다.

The author has created many **masterful** works with great influences.
그 작가는 큰 영향력을 가진 여러 거장다운 작품을 만들어냈다.

CHAPTER 10 Day 94

DAY 94

★ 표시는 출제 빈도를 나타냅니다.

---

025 ⭐

phonological

adj 음운 체계의

ex The linguist studied the **phonological** approach in learning a second language.
언어학자는 제2언어를 배울 때 음운체계 면에서의 접근법을 공부했다.

Conlangs are languages with vocabulary and **phonological** systems.
인공 언어는 어휘와 음운 체계를 갖춘 언어이다.

---

026 ⭐

refrigerate

v 냉장하다

ex Do not heat or **refrigerate** lime-flavored tablets.
라임 맛의 알약을 가열하거나 냉장 보관하지 말아라.

You should **refrigerate** the left-over food in an airtight container.
너는 남은 음식을 밀폐용기에 담아서 냉장시켜야 한다.

---

027 ⭐

misbehavior

n 버릇없음   참고 **misconduct** 비행, 위법행위

ex Parents sometimes blame themselves for their children's **misbehavior**.
부모들은 때때로 아이들의 버릇없음에 대해 자책한다.

His **misbehavior** in class has been punished several times.
수업에서의 그의 버릇없음은 여러 번 처벌되어왔다.

---

028 ⭐

relish

v 즐기다   **n** 즐거움

ex He tends to **relish** debates.
그는 토론을 즐기는 경향이 있다.

Relish every moment in your life!
너의 삶의 모든 순간을 즐겨라!

---

029 ⭐

pitiable

adj 측은한 / 한심한   참고 **piteous** adj. 애처로운 ,가련한

ex The victims from the flood damage are in **pitiable** state.
홍수 재해의 피해자들은 측은한 상황에 처해있다.

I told you several times that it was **pitiable**.
그것은 한심하다고 너에게 여러 번 말했잖아.

---

030 ⭐

morally

adv 도덕적으로

ex That is **morally** unacceptable behavior.
그것은 도덕적으로 용납할 수 없는 행동이다.

I feel sad about a **morally** bankrupt society.
나는 도덕적으로 결핍된 사회에 대해 슬프다.

Practice

 1. 다음 단어들을 올바르게 연결하세요.

(1) phonological   •   •   (a) 정직하지 못한

(2) originality   •   •   (b) 처음에

(3) reconstruct   •   •   (c) 측은한, 한심한

(4) refrigerate   •   •   (d) 개성, 인간성

(5) initially   •   •   (e) 복원하다

(6) personhood   •   •   (f) 독창성

(7) pitiable   •   •   (g) 음운 체계의

(8) dishonest   •   •   (h) 냉장하다

 2. 우리말 뜻에 맞게 괄호에 알맞은 단어를 찾아 O표 하세요.

(1) **Do not try to (** outlive / outrun **) any tornadoes.**
토네이도보다 빨리 달리려고 하지 말아라.

(2) **It shows the (** adaptation / adoption **) of desert species
to the hot conditions.**
그것은 사막의 종들이 더운 환경에 적응하는 것을 보여준다.

(3) **You should (** insult / insert **) 25 cents if using coins to pay
for parking.**
주차비를 지불하기 위해 동전을 사용할 경우 25센트를 넣어야 한다.

(4) **Ned has to give an award (** denial / acceptance **) speech.**
Ned는 수상 소감을 말해야 한다.

SELF TEST

01	morally		16		정직하지 못한
02		떠나다	17	originality	
03	pitiable		18		편의, 편리한 것
04		책임	19	outrun	
05	relish		20		추론하다
06		(물이) 새는	21	reconstruct	
07	misbehavior		22		출판, 발행
08		수락, 동의	23	questionable	
09	refrigerate		24		모욕하다
10		처음에	25	personhood	
11	phonological		26		목재
12		적응	27	oversimplify	
13	masterful		28		내과 의사
14		아마	29	necessitate	
15	insert		30		아이콘

DAY 95

n	mechanism	adj	intact	v	intimidate
adv	beautifully	v	investigate	n	advantage
n	desire	n	registration	adj	exhausted
n	mystique	n	petroleum	n	pilgrim
adj	remarkable	adj	multilingual	n	redistribution
n	probability	adv	presumably	adj	shaky
v	sidestep	n	strategist	adj	likeable
n	judgment	adj	irritating	n	homophone
n	invitee	n	wilderness	adj	functional
adj	introspective	adj	frosty	adj	innovative

표시는 출제 빈도를 나타냅니다.

---

001 ★★★★★

mechanism

n 방법

참고 **mechanical** adj. 기계적인

ex The **mechanism** was found by divers in 1900.
그 방법은 1900년에 잠수부들에 의해 발견되었다.

The **mechanism** was used as a calendar.
그 방법은 달력으로 사용되었다.

---

002 ★★★★★

intact

adj (하나도 손상되지 않고) 온전한

ex The buds must be left **intact** in order for the next crop to grow properly.
다음 농작물이 제대로 자라기 위해서는 꽃봉오리를 온전하게 두어야 한다.

Make sure the packaging is **intact**.
포장이 온전한지 확인하라.

---

003 ★★★★★

intimidate

v 겁을 주다

참고 **intimate** 친밀한

ex His appearance might **intimidate** you, but he has a warm heart.
그의 외모가 너를 겁줄 수 있지만, 그는 따뜻한 마음을 가졌어.

The Maasai tribe in Kenya has a tradition that we find **intimidating**.
케냐의 마사이족에게는 위협적이라고 생각하는 전통이 있다.

---

004 ★★★★★

beautifully

adv 아름답게

ex He played as **beautifully** as if he had been in a concert hall.
그는 마치 콘서트 홀에 있었던 것처럼 아름답게 연주했다.

Persian miniatures appear in **beautifully** created books.
페르시아의 축소 모형들은 아름답게 만들어진 책에 등장한다.

---

005 ★★★★★

investigate

v 조사하다

⟲ **examine** 조사하다

ex They **investigated** the unexpected death of the king.
그들은 예상치 못한 왕의 죽음을 조사했다.

They're **investigating** the spread of a type of snail.
그들은 달팽이의 한 종류에 대한 확산을 조사하고 있다.

---

006 ★★★

advantage

n 장점

참고 **take advantage of** …을 이용하다

ex I have to take **advantage** of that opportunity.
나는 그 기회를 이용해야만 한다.

In this competition, the person with the lightest wife has an **advantage**.
이 경쟁에서, 아내가 가장 가벼운 사람이 유리하다.

007 ★★★	**desire**	n 욕구 v 바라다, 원하다

ex The **desire** for written records has always accompanied economic activity.
문자 기록에 대한 열망은 항상 경제 활동을 수반해 왔다.

Happiness, success, health are what we all **desire**.
행복, 성공, 건강은 우리 모두가 바라는 것이다.

---

008 ★★★

registration

n 등록

윤 enrollment 등록

ex When does **registration** for the kid's run begin?
어린이 달리기 등록은 언제 시작하는가?

Registration will last for 2 hours.
등록은 2시간 동안 계속된다.

---

009 ★★★

exhausted

adj 진이 다 빠진

참고 exhaustive 철저한

ex I was so **exhausted** from client meetings.
고객 미팅 때문에 진이 다 빠졌다.

I make time for my kids even if I'm **exhausted**.
나는 진이 다 빠져도 아이들을 위해 시간을 낸다.

---

010 ★★

mystique

n 신비로움

ex I was drawn by the **mystique** of his face.
나는 그의 얼굴의 신비로움에 끌렸다.

One of the artist's strengths is the **mystique** of the color use.
그 화가의 강점들 중 하나는 색깔 사용의 신비로움이다.

---

011 ★★

petroleum

n 석유

ex Venezuela is the leading producer of **petroleum**.
베네수엘라는 석유의 주요 생산국이다.

The demand for **petroleum** is continually increasing.
석유에 대한 수요는 계속해서 증가하고 있다.

---

012 ★★

pilgrim

n 순례자

참고 pilgrimage n. 순례

ex The prize for the winner included a trip as a **pilgrim** to Mecca.
우승자를 위한 상으로 메카 순례자로서의 여행이 포함되어 있었다.

Her grave became a place where **pilgrims** gather.
그녀의 무덤은 순례자들이 모이는 장소가 되었다.

CHAPTER 10   Day 95

DAY 95

★ 표시는 출제 빈도를 나타냅니다.

---

013 ★ ★

remarkable

 놀랄 만한

참고 **remark** 발언

ex We may see some **remarkable** developments in phones.
우리는 전화기에서 몇 가지 놀라운 발전을 볼 수 있을 것이다.

There has been **remarkable** improvement in her score.
그녀의 점수가 놀랄 만하게 향상되었다.

---

014 ★ ★

multilingual

 여러 언어를 하는

ex This app helps you create your own **multilingual** dictionary!
이 앱을 사용하면 다국어 사전을 만들 수 있다!

Samuel studies Spanish and French to be **multilingual**.
Samuel은 여러 언어를 하고 싶어서 스페인어와 프랑스어를 공부한다.

---

015 ★

redistribution

 재분배

ex The temple functioned as an administrative authority governing **redistribution**.
그 사원은 재분배를 관할하는 행정적인 당국으로 기능했다.

---

016 ★

probability

 가능성, 확률

참고 **likelihood** 가능성

ex There is a high **probability** that I will succeed.
내가 성공할 가능성이 높다.

There is no **probability** of them dating each other.
그들이 서로 사귈 가능성은 없다.

---

017 ★

presumably

 아마

참고 **presume** v. 추정하다

ex Nobody, **presumably**, is more aware of an experiment's potential hazards.
아마도 아무도 실험의 잠재적인 위험에 대해 더 잘 알지 못할 것이다.

---

018 ★

shaky

 떨리는 / 불안한

ex Your voice sounds **shaky**, what's wrong?
목소리가 떨리는데 무슨 일 있니?

His business is looking **shaky** at the moment.
그의 사업은 지금 불안정해 보인다.

019

sidestep

| v | 회피하다 |

ex They can also **sidestep** most of the ethical issues involved.
그들은 또한 관련된 대부분의 윤리적 문제들을 회피할 수 있다.

His trying to **sidestep** all the responsibilities made me so disappointed.
그가 모든 책임을 회피하려고 한 것은 나를 매우 실망하게 만들었다.

020

strategist

| n | 전략가 | 참고 **strategic** 전략적인

ex The battle blind even **strategists** to the larger purpose of war.
그 전투는 전략가들까지도 전쟁의 더 큰 목적을 보지 못하게 만든다.

My friend is such a **strategist** on chess!
내 친구는 엄청난 체스 전략가이다!

021

likeable

| adj | 호감이 가는 |

ex People feel that a blushing person is more trustworthy and **likeable**.
사람들은 얼굴이 붉어진 사람이 더 믿음직스럽고 호감이 간다고 느낀다.

She is a very **likeable** woman.
그녀는 매우 호감이 가는 여자이다.

022

judgment

| n | 판단 |

ex The children were then asked to justify their **judgment**.
그리고 나서 아이들은 그들의 판단을 정당화하라는 요구를 받았다.

You shouldn't solely rely on your own **judgment**.
자신의 판단에만 의존해서는 안 된다.

023

irritating

| adj | 자극하는, 짜증나는 |

ex My skin feels so **irritating** after using the product that has expired.
유효기간이 지난 제품을 썼더니 내 피부가 너무 따갑다.

Your actions were never **irritating** until now.
너의 행동들은 지금껏 나를 짜증나게 하지 않았다.

024

homophone

| n | 동음이의어 | 유 **homonym** 동음이의어

ex "Allowed" and "aloud" are examples of a **homophone**.
"Allowed(허가된)"과 "aloud(크게)"는 동음이의어의 예이다.

When studying **homophones**, be careful of correct spelling.
동음이의어를 공부할 땐, 정확한 철자에 주의해라.

⭐ 표시는 출제 빈도를 나타냅니다.

---

025 ⭐

invitee

n 초대된 사람

ex **Invitees** to the party join a barbecue meal.
파티에 초대받은 사람들은 바비큐 식사에 참가한다.

It looks like one of the **invitees** lost their way.
초대된 사람들 중 한 명이 길을 잃은 것 같다.

---

026 ⭐

wilderness

n 황무지

참고 **wildness** 야생

ex They are utilized for temporary shelter by those who venture into the **wilderness**.
그것들은 황무지로 모험하는 사람들에 의해 임시 피난처로 이용된다.

---

027 ⭐

functional

adj 기능적인

ex This clothing is not **functional** but fancy.
이 옷은 기능적이진 않지만 화려하다.

Your invention is truly **functional** and might be publicized.
당신의 발명품은 정말로 기능적이고 대중화될 수도 있다.

---

028 ⭐

introspective

adj 자기 성찰적인

참고 **introverted** 내성적인

ex She had worked on **introspective** analysis for the purpose of her research.
그녀는 연구의 목적으로 자기 성찰적 분석을 하고 있었다.

Sometimes Peter is too harsh on **introspective** criticism.
가끔 Peter는 자기 성찰 비평에 너무 가혹하다.

---

029 ⭐

frosty

adj 서리가 내리는

ex I love how plants getting **frosty** gives a feeling of Christmas.
나는 서리가 뒤덮인 식물들이 크리스마스 느낌을 주는 것이 좋다.

Escape the heat with a tall, **frosty** drink.
긴 차가운 음료로 더위를 피하세요.

---

030 ⭐

innovative

adj 혁신적인

참고 **renovative** 혁신하는

ex Experience the new car with **innovative** features.
혁신적인 기능을 갖춘 새로운 차를 경험해 보아라.

This chart shows the wider distribution of **innovative** technologies.
이 차트는 혁신적인 기술의 광범위한 분포를 보여준다.

---

1. 다음 단어들을 올바르게 연결하세요.

(1) wilderness • • (a) 온전한

(2) innovative • • (b) 겁을 주다

(3) functional • • (c) 신비로움

(4) frosty • • (d) 기능적인

(5) mystique • • (e) 서리가 내리는

(6) redistribution • • (f) 황무지

(7) intimidate • • (g) 재분배

(8) intact • • (h) 혁신적인

 2. 우리말 뜻에 맞게 빈칸에 알맞은 단어를 보기에서 찾아 쓰세요.

| probability | remarkable | pilgrim | judgment |

(1) **The prize for the winner included a trip as a   to Mecca.**
우승자를 위한 상으로 메카 순례자로서의 여행이 포함되어 있었다.

(2) **There has been   improvement in her score.**
그녀의 점수가 놀랄만하게 향상되었다.

(3) **The children were then asked to justify their   .**
그리고 나서 아이들은 그들의 판단을 정당화하라는 요구를 받았다.

(4) **There is a high   that I will succeed.**
내가 성공할 가능성이 높다.

SELF TEST

01	frosty		16		등록	
02		재분배	17	judgment		
03	innovative		18		전략가	
04		여러 언어를 하는	19	likeable		
05	introspective		20		장점	
06		놀랄 만한	21	desire		
07	functional		22		조사하다	
08		순례자	23	sidestep		
09	wilderness		24		아름답게	
10		석유	25	shaky		
11	invitee		26		겁을 주다	
12		신비로움	27	presumably		
13	homophone		28		방법	
14		진이 다 빠진	29	intact		
15	irritating		30		가능성, 확률	

DAY 96

n	preschooler	adj	ultraviolet	n	homeowner
v	whiten	n	webpage	n	region
n	admiral	n	republic	adj	precious
n	replay	adj	thoughtful	adj	trendy
v	rotate	adj	rusty	n	prehistory
v	propagate	n	speculation	adv	synchronously
n	troublemaker	adj	unique	adj	outrageous
n	obligation	adj	overdue	v	prolong
adj	outdated	adj	motivational	n	morality
n	likelihood	n	legislature	v	modernize

DAY 96

⭐ 표시는 출제 빈도를 나타냅니다.

---

001 ⭐⭐⭐⭐⭐

preschooler

n 미취학아동

ex **Preschoolers** confuse temporal and spatial dimensions.
미취학 아동들은 시간적 차원과 공간적 차원을 혼동한다.

The movie is too scary for **preschoolers** to watch.
그 영화는 미취학 아동들이 보기엔 너무 무섭다.

---

002 ⭐⭐⭐⭐⭐

ultraviolet

adj 자외선의   참고 abbr.**UV**

ex **Ultraviolet** light can change the color of plants.
자외선은 식물의 색깔을 바꿀 수 있다.

Humans cannot see **UV** lights.
인간은 자외선을 볼 수 없다.

---

003 ⭐⭐⭐⭐⭐

homeowner

n 주택 소유주

ex The **homeowner** association asked residents to separate the trash.
주택 소유주 협회는 주민들에게 쓰레기를 분리해 달라고 요청했다.

You should contact the **homeowner** to get that repaired.
그것을 수리하려면 집주인과 연락해야 한다.

---

004 ⭐⭐⭐⭐⭐

whiten

v 하얗게 만들다

ex The cracks had let salt through, which had **whitened** the paintings.
갈라진 틈으로 소금이 흘러나와 그림들이 하얗게 만들었다.

Before the TV interview, I got my teeth **whitened**.
TV 인터뷰 전, 나는 치아를 희게 했다.

---

005 ⭐⭐⭐⭐⭐

webpage

n 웹 페이지

ex Why would the **webpage** encourage readers to share the URL of their personal website?
왜 그 웹 페이지는 독자들이 그들의 개인 웹사이트의 URL을 공유하도록 장려하는가?

---

006 ⭐⭐⭐

region

n 지방, 지역   참고 **religion** 종교

ex The festival takes place in the Marinot **region**.
이 축제는 Marinot 지역에서 열린다.

Which **region** has the most frequent earthquakes?
지진이 가장 빈번한 지역은 어디인가?

007 ★★★	**n** 해군 장성	참고 **general** 장군

admiral

> **ex** The first abbreviation was recorded by an **admiral**.
> 첫 번째 줄임말은 한 해군 장성에 의해 기록되었다.
>
> The ceremony was held for the **admiral**'s retirement.
> 그 행사는 해군 장성의 은퇴를 위해 열렸다.

---

008 ★★★	**n** 공화국	참고 **democracy** 민주국가

republic

> **ex** This form must be filled out by all individuals entering the **Republic** of Lando.
> 이 양식은 Lando 공화국에 입국하는 모든 사람들에 의해 작성되어야 한다.

---

009 ★★★	**adj** 귀중한	㈜ **priceless** 대단히 귀중한

precious

> **ex** These **precious** artworks lasted centuries.
> 이 귀중한 예술품들은 수세기 동안 지속되었다.
>
> I've been learning all about handling **precious** stones.
> 나는 귀중한 돌을 다루는 모든 것에 대해 배우고 있다.

---

010 ★★	**n** 다시 보기, 재경기 **v** 다시 보다

replay

> **ex** I thought the show seemed familiar--it was a **replay**!
> 이 쇼가 익숙해보였는데 다시 보기였구나!
>
> You can access and **replay** the first five sessions of the course.
> 과정의 첫 다섯 수업에 접근할 수 있고 다시 재생할 수 있다.

---

011 ★★	**adj** 생각에 잠긴, 사려 깊은

thoughtful

> **ex** She is always **thoughtful** when making even trivial choices.
> 그녀는 사소한 선택을 할 때도 항상 사려 깊다.
>
> People should treat animals in a rational and **thoughtful** way.
> 사람들은 동물들을 합리적이고 사려 깊게 대해야 한다.

---

012 ★★	**adj** 최신 유행의

trendy

> **ex** You can find many **trendy** restaurants near this area.
> 이 지역 근처에서 많은 최신 유행 식당들을 찾을 수 있다.
>
> To learn some fashion senses, I subscribed to a **trendy** magazine.
> 패션 감각을 배우기 위해, 나는 최신 유행 잡지를 구독했다.

⭐ 표시는 출제 빈도를 나타냅니다.

---

013 ⭐⭐

rotate

v 회전하다 / 교대로 하다

ex Clicking this button will make the bottom part **rotate**.
이 버튼을 클릭하면 바닥 부분이 회전할 것이다.

Applicants must **rotate** to different branches monthly.
지원자는 매월 다른 지사로 교대 근무해야 한다.

---

014 ⭐⭐

rusty

adj 녹슨

ex Steel gets **rusty** easily when exposed to oxygen for a long time.
철은 장시간 산소에 노출되면 쉽게 녹슨다.

Chain is **rusty** and should be replaced.
체인은 녹이 슬어서 교체해야 한다.

---

015 ⭐

prehistory

n 선사 시대

참고 **prehistoric** adj. 선사시대의

ex In **prehistory**, there were some chaotic fights over the throne.
선사 시대에, 왕좌를 향한 혼돈의 싸움이 있었다.

You need to memorize the important events when studying **prehistory**.
선사시대를 공부할 때 중요한 사건들을 외워야 한다.

---

016 ⭐

propagate

v 전파하다

ex The virus **propagates** rapidly so it is hard to prevent the spread of the disease.
그 바이러스는 빠르게 전파되기 때문에 질병의 확산을 막기 어렵다.

---

017 ⭐

speculation

n 추측

㊌ **conjecture** 추측

ex You have to think about the outcome of **speculation** and suspicion.
당신은 추측과 의심의 결과를 생각해봐야 한다.

Speculations about prehistoric art rely on analogies.
선사시대 예술에 대한 추측은 유사성에 의존한다.

---

018 ⭐

synchronously

adv 동시에 일어나게

㊌ **simultaneously** 동시에

ex The two ballerinas showed perfect postures **synchronously**.
두 발레리나들은 완벽한 자세를 동시에 보여주었다.

Two toy cars were shown running **synchronously** on parallel tracks.
장난감 자동차 두 대가 평행 트랙에서 동시에 달리는 모습이 보였다.

019

troublemaker

| n | 말썽꾼 |

ex Minorities tend to be dismissed as **troublemakers**.
소수자들은 말썽꾼으로 치부되는 경향이 있다.

My baby brother is such a **troublemaker**!
내 아기 남동생은 완전 말썽쟁이야!

020

unique

| adj | 독특한 |

ex She has a **unique** style of fashion, which made her stand out.
그녀는 그녀를 돋보이게 만드는 독특한 패션 스타일을 가지고 있다.

I was impressed by the **unique** pattern of the structure.
나는 구조물의 독특한 패턴에 감명받았다.

021

outrageous

| adj | 터무니없는 | 참고 **outrage** 격분, 격노

ex His suggestion was so **outrageous** that no one paid attention.
그의 제안은 너무 터무니없어서 아무도 집중하지 않았다.

The new clothing rules are absolutely **outrageous**.
새 의복 규칙은 정말 터무니없다.

022

obligation

| n | 의무 | 참고 **obligate** v. 의무를 지우다, 강요하다

ex You have a lot of **obligation** from this position.
당신은 이 직책에서 많은 의무를 가지고 있다.

We have a moral **obligation** in public areas.
우리는 공공장소에서 도덕적 의무를 가진다.

023

overdue

| adj | 기한이 지난 | 참고 **due** adj. ~로 하기로 되어있는

ex Please pay any **overdue** bills in order to avoid any fees.
수수료를 피하려면 기한이 지난 고지서들을 지불해라.

I don't think my books are **overdue** yet.
아직 내 책들은 연체되지 않은 것 같다.

024

prolong

| v | 연장하다, 연장시키다 | 참고 **prolonged** adj. 장기적인, 오래 계속되는

ex After a **prolonged** period in which female characters were brought to life by male actors, the first woman actor appeared professionally on the stage.
남자 배우들이 여성 캐릭터를 연기하던 오랜 시간 후에, 첫 여성 배우가 직업적으로 등장했다.

DAY

★ 표시는 출제 빈도를 나타냅니다.

---

025 ★

outdated

| adj | 구식인 |

유 **obsolete** 구식의

ex You may be right about this program being **outdated**.
이 프로그램이 시대에 뒤떨어졌다는 당신의 말은 맞을지도 모른다.

The users employed **outdated** educational techniques.
이용자들은 구식의 교육 기법을 사용했다.

---

026 ★

motivational

| adj | 동기를 주는 |

ex I've collected some **motivational** quotes to read later.
난 나중에 읽을 동기를 주는 인용구들을 모아놓았다.

We watched a **motivational** video in class.
우리는 수업시간에 동기부여 영상을 봤다.

---

027 ★

morality

| n | 도덕성 |

참고 **mortality** 사망률

ex It explains the evolution of human **morality** from a cultural perspective.
그것은 문화적 관점에서 인간 도덕성의 진화를 설명한다.

How can one judge on the degree of **morality**?
어떻게 사람이 도덕성의 정도를 판단할 수 있는가?

---

028 ★

likelihood

| n | 가능성 |

유 **possibility** 가능성

ex The **likelihood** of a thunderstorm early in the morning is low.
아침 일찍 뇌우가 내릴 가능성은 낮다.

With a high **likelihood**, the event will be canceled.
높은 가능성으로, 행사는 취소될 것이다.

---

029 ★

legislature

| n | 입법부 |

참고 **executive** 행정부

ex There is a problem passing a pollution bill through the **legislature**.
입법부를 통해 공해 법안을 통과시키는 것에 문제가 있다.

The **legislature** consists of a senate and a House of Representatives.
입법부는 상원과 하원으로 이루어져 있다.

---

030 ★

modernize

| v | 현대화하다 |

참고 **moderate** 보통의

ex Efforts have been made to **modernize** the process of making leather goods.
가죽 제품을 만드는 과정을 현대화하려는 노력이 기울여졌다.

Modernizing the procedure will take some time.
절차를 현대화시키려면 시간이 조금 들 것이다.

Practice

 1. 다음 단어들을 올바르게 연결하세요.

(1) legislature   •

(2) outdated   •

(3) homeowner   •

(4) morality   •

(5) troublemaker   •

(6) likelihood   •

(7) modernize   •

(8) precious   •

• (a) 귀중한

• (b) 가능성

• (c) 말썽꾼

• (d) 주택 소유주

• (e) 구식인

• (f) 도덕성

• (g) 입법부

• (h) 현대화하다

 2. 다음 영어 뜻에 맞게 알맞은 단어를 보기에서 찾아 쓰세요.

overdue	outrageous	trendy	propagate

(1) in accord with the latest fad

(2) transmit from one generation to the next

(3) greatly exceeding bounds of reason or moderation

(4) past due; not paid at the scheduled time

SELF TEST

01	modernize		16		공화국
02		미취학 아동	17	prolong	
03	legislature		18		귀중한
04		자외선의	19	outrageous	
05	likelihood		20		다시 보기
06		주택 소유주	21	unique	
07	morality		22		말썽꾼
08		하얗게 만들다	23	thoughtful	
09	motivational		24		최신 유행의
10		웹 페이지	25	synchronously	
11	outdated		26		추측
12		지방, 지역	27	rotate	
13	obligation		28		녹슨
14		해군 장성	29	propagate	
15	overdue		30		선사 시대

DAY 97

n	reminder	adj	upright	v	reserve
n	resource	adj	unfortunate	adj	aboriginal
v	acknowledge	n	addiction	n	booking
adj	adamant	adv	publicly	n	prediction
adj	moldy	v	misunderstand	n	infringement
adj	inherent	n	lawmaker	adv	involuntarily
adj	irresistible	v	pinpoint	n	preview
adj	rational	n	scaffolding	v	preside
n	refuge	adj	scornful	adj	primitive
n	renewal	n	separation	v	renovate

⭐ 표시는 출제 빈도를 나타냅니다.

---

001 ⭐⭐⭐

reminder

| n | 상기시키는 것 |

참고 **remainder** 나머지

ex Rather, they are a **reminder** of the skills.
오히려, 그것들은 그 기술들을 상기시켜준다.

Just a **reminder** that all staff must complete the online course.
모든 직원이 온라인 과정을 이수해야 한다는 것을 상기시켜 드립니다.

---

002 ⭐⭐⭐

upright

| adj | 똑바른 / 수직으로 세워 둔 |

참고 **downright** 순전한, 완전한

ex He battled the wave all the way back to shore while standing **upright**.
그는 똑바로 서서 해안으로 돌아오는 내내 파도와 싸웠다.

Upright pianos are the most common type.
수형 피아노가 가장 흔한 종류이다.

---

003 ⭐⭐⭐

reserve

| v | 예약하다 |

ex Patrons can pay to **reserve** seats.
손님들은 좌석을 예약하는 데 돈을 낼 수 있다.

The woman called the man to **reserve** a tennis court.
여자는 테니스 코트를 예약하기 위해 남자에게 전화했다.

---

004 ⭐⭐⭐

resource

| n | 자원 |

ex You can look at a volcano as a **resource**.
당신은 화산을 자원으로 볼 수 있다.

Governmental policies should limit **resource** supplies.
정부 정책은 자원 공급을 제한해야 한다.

---

005 ⭐⭐⭐

unfortunate

| adj | 불행한 / 유감스러운 |

ex It's **unfortunate** that it's our busy season.
지금은 우리가 바쁜 시기라 유감이다.

It's really **unfortunate** that you got some flood damage.
수해를 입었다니 정말 유감이다.

---

006 ⭐⭐

aboriginal

| adj | 원주민의[토착의] |

유 **indigenous** 토착의

ex The **aboriginal** tribes value nature's beauty the most.
원주민 부족은 자연의 아름다움을 가장 가치있게 여긴다.

Only the **aboriginal** Americans had access to the hidden land.
오직 미국 원주민들만이 숨겨진 땅에 접근할 수 있었다.

007 ★★

acknowledge

v 인정하다

ex I **acknowledge** my immaturity in handling the issue.
나는 그 사건을 처리하는 데에 있어 나의 미숙함을 인정한다.

Acknowledging your strength and weakness will help self-improvement.
당신의 강점과 약점을 인정하는 것은 자기계발을 도울 것이다.

---

008 ★★

addiction

n 중독 　　　　　　　　　　　　　　참고 addition 추가

ex The speaker gave a speech about gaming **addiction**.
연사는 게임 중독에 대해 연설했다.

Smartphone **addiction** is a serious problem among teenagers.
스마트폰 중독은 십대들 사이에서 심각한 문제이다.

---

009 ★★

booking

n 예약 　　　　　　　　　　　　　　유 reservation 예약

ex Check if your **booking** has been confirmed or not.
예약이 확인되었는지 확인해 보아라.

The **booking** agent is talking with his client.
예약 담당자가 고객과 이야기를 나누고 있다.

---

010 ★★

adamant

adj 단호한

ex He was very **adamant** about having his birthday party on a yacht.
그는 요트에서 생일 파티를 여는 것에 대해 매우 완강했다.

---

011 ★★

publicly

adv 공개적으로 　　　　　　　　　　반 privately 사적으로

ex It does not have to be **publicly** communicated.
그것은 공개적으로 전달될 필요가 없다.

Other times, it involves someone being **publicly** embarrassed.
때때로, 그것은 누군가가 공개적으로 창피당하는 것을 포함한다.

---

012 ★★

prediction

n 예측

ex Detractors point out that DNA-based **prediction** scores are unreliable.
폄하하는 사람들은 DNA 기반 예측 점수가 신뢰할 수 없다고 지적한다.

Unlike my **prediction**, he quit the job the next day.
나의 예측과는 달리, 그는 다음 날 직장을 그만뒀다.

CHAPTER 10　Day 97

---

013 ⭐⭐

moldy

 곰팡이가 핀

㊠ musty 퀴퀴한 냄새가 나는

ex Old walls can get **moldy** easily.
오래된 벽은 쉽게 곰팡이가 슬 수 있다.

This chemical can surely work perfectly on a **moldy** surface.
이 화학품은 곰팡이가 핀 표면에 완벽하게 효과를 낸다.

---

014 ⭐

misunderstand

 오해하다

ex I think she is **misunderstanding** who you really are.
내 생각에는 그녀가 너가 정말 어떤 사람인지 오해하고 있는 것 같다.

Taste buds are fascinating, yet widely **misunderstood**.
혀의 맛봉오리는 대단히 흥미롭지만 흔히 오해받고 있다.

---

015 ⭐

infringement

 침해, 위반

㊠ contravention 위반

ex This does not represent an **infringement** of copyright as the idea has been expressed in different ways.
이것은 아이디어가 다른 방식으로 표현되었기 때문에 저작권 침해에 해당하지 않는다.

---

016 ⭐

inherent

 내재하는

참고 intrinsic 본질적인

ex **Inherent** dangers exist when handling a vehicle.
차량을 취급할 때 내재된 위험이 존재한다.

The knowledge was not **inherent** in the materials themselves.
지식은 자료 자체에 내재되어 있지 않았다.

---

017 ⭐

lawmaker

 입법자

참고 legislation 입법 행위

ex The new law is restricting the power of environmental **lawmakers**.
새 법은 환경 관련 입법자들의 권한을 제한하고 있다.

Lawmakers should be neutral in their thinking as well as judgment.
입법자들은 판단뿐만 아니라 생각에서도 중립적이어야 한다.

---

018 ⭐

involuntarily

 모르는 사이에, 본의 아니게

ex I apologize if I **involuntarily** hurt your feelings.
내가 모르는 사이에 너의 감정을 상하게 했다면 사과할게.

He has a tendency to **involuntarily** shake his legs.
그는 자신도 모르게 다리를 떠는 경향이 있다.

019 ☆

irresistible

 adj **억누를 수 없는, 거부할 수가 없는**

ex We have an **irresistible** tendency to see things in human terms.
우리는 사물을 인간 용어로 보는 거부할 수 없는 경향이 있다.

A sip of hot chocolate was so **irresistible**.
뜨거운 코코아 한 입은 정말 거부할 수 없었다.

---

020 ☆

pinpoint

v **정확히 짚어주다**

ex Do you want me to **pinpoint** the date or let you schedule by yourself?
날짜를 정확히 짚어주길 원하니 아니면 스스로 일정을 짜게 해줄까?

Your current location and destination are **pinpointed** on a map.
당신의 현재 위치와 목적지는 지도에 정확히 짚어져 있다.

---

021 ☆

preview

 n **시사회, 예고**   v **간단히 소개하다**   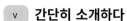 참고 **overview** 개요

ex We'd like to give you a chance to see the **preview** of the movie.
영화 시사회를 볼 수 있는 기회를 드리고자 한다.

He thinks it is unnecessary to **preview** the class.
그는 수업을 예습할 필요가 없다고 생각한다.

---

022 ☆

rational

adj **합리적인**   참고 **rationale** n. 이유[근거]

ex This creates a paradox that **rational** models of decision making fail to represent.
이것은 의사결정의 이성적인 모델이 표현하지 못하는 역설을 만들어낸다.

---

023 ☆

scaffolding

 n **(건축 공사장의) 비계**

ex They are checking out the **scaffolding** and pillars.
그들은 비계와 기둥을 점검하고 있다.

The **scaffolding** of the building is made with high strength steel.
그 건물의 비계는 고강도 철로 만들어졌다.

---

024 ☆

preside

 v **주재[주도]하다**

ex Usually, Clinton is the one who **presides** the company meeting.
보통, Clinton은 회사 미팅을 주도한다.

There were three judges who **presided** over the final decision.
최종 결정을 주도하는 세 명의 판사들이 있었다.

☆ 표시는 출제 빈도를 나타냅니다.

---

025 ☆

refuge

n 피난처, 도피처

참고 **refugee** n. 난민

ex This place was used as a **refuge** during the war.
전쟁 때 이 장소는 피난처로 사용되었다.

Our family built a **refuge** in the basement for an emergency.
우리 가족은 지하에 비상사태를 위한 피난처를 만들었다.

---

026 ☆

scornful

adj 경멸하는

⊕ **contemptuous** 경멸하는

ex Her facial expression reflects her **scornful** attitude towards him.
그녀의 표정은 그를 향한 그녀의 경멸하는 태도를 반영하고 있다.

We couldn't say anything when Lee spoke in a **scornful** tone.
우리는 Lee가 경멸하는 어조로 이야기할 때 아무 말도 할 수 없었다.

---

027 ☆

primitive

adj 원시 사회의, 원시적인

⊕ **primeval** 태고의

ex In **primitive** times, fingernails would have served even more functions.
원시시대에는 손톱이 훨씬 더 많은 기능을 했을 것이다.

There can be some limits with this **primitive** technology.
이 원시적인 기술로는 약간의 제한이 있을 수 있다.

---

028 ☆

renewal

n 갱신, 개선

ex We do not want the **renewal** of our contract.
우리는 계약의 갱신을 원하지 않는다.

Please read carefully on the required document list for your visa **renewal**.
당신의 비자 갱신을 위해 요구되는 문서 목록을 조심스럽게 읽어라.

---

029 ☆

separation

n 분리

ex We ask everyone to review the trash **separation** guidelines.
우리는 모든 사람들에게 쓰레기 분리 지침을 검토해 줄 것을 요청한다.

We could observe the child feeling nervous after **separation** with a parent.
우리는 부모 중 한 명과 분리 후 불안해하는 아이를 관찰할 수 있었다.

---

030 ☆

renovate

v 개조하다

참고 **innovate** 혁신하다

ex He is planning to **renovate** his house.
그는 집을 개조할 계획이다.

The store is newly **renovated** and could attract even more people.
가게는 새롭게 개조되었고 더 많은 사람들을 끌어모았다.

Practice

1. 다음 단어들을 올바르게 연결하세요.

(1) unfortunate •
(2) publicly •
(3) preside •
(4) irresistible •
(5) rational •
(6) renewal •
(7) adamant •
(8) acknowledge •

• (a) 단호한
• (b) 불행한
• (c) 공개적으로
• (d) 억누를 수 없는
• (e) 갱신, 개선
• (f) 합리적인
• (g) 인정하다
• (h) 주도하다

2. 우리말 뜻에 맞게 괄호에 알맞은 단어를 찾아 O표 하세요.

(1) **This creates a paradox that (rationale / rational) models of decision making fail to represent.**
이것은 의사결정의 이성적인 모델이 표현하지 못하는 역설을 만들어낸다.

(2) **It does not have to be (privately / publicly) communicated.**
그것은 공개적으로 전달될 필요가 없다.

(3) **Rather, they are a (reminder / remainder) of the skills.**
오히려, 그들은 그 기술들을 상기시켜준다.

(4) **The woman called the man to (reserve / preserve) a tennis court.**
여자는 테니스 코트를 예약하기 위해 남자에게 전화했다.

SELF TEST

01	renovate		16		중독	
02		침해, 위반	17	rational		
03	renewal		18		인정하다	
04		오해하다	19	preview		
05	separation		20		원주민의[토착의]	
06		곰팡이가 핀	21	pinpoint		
07	scornful		22		불행한	
08		예측	23	irresistible		
09	primitive		24		자원	
10		공개적으로	25	involuntarily		
11	refuge		26		예약하다	
12		단호한	27	upright		
13	preside		28		입법자	
14		예약	29	inherent		
15	scaffolding		30		상기시키는 것	

DAY 98

n	search	adj	underground	v	replace
n	affection	n	translator	adj	unauthorized
n	urine	n	validity	adj	windproof
v	uplift	adj	variable	v	disapprove
v	accessorize	n	valve	n	pinnacle
n	pictogram	adj	irresponsible	n	investigation
n	preoccupation	n	totality	n	likeness
n	magnitude	n	mesh	n	outset
adv	literally	adj	persuasive	adv	potentially
n	longlist	adj	manipulative	adj	luscious

DAY 98

⭐ 표시는 <u>출제 빈도</u>를 나타냅니다.

---

001 ⭐⭐⭐

search

 n 찾기　**v** 찾아 보다

참고 **seek** ⋯을 찾다

ex He is in **search** of an extra roommate.
그는 추가 룸메이트를 찾고 있다.

The rescue is **searching** for a person who sent the SOS.
구조대는 구조요청을 보낸 사람을 찾고 있다.

---

002 ⭐⭐⭐

underground

 adj 지하의

ex 500 billion tons of oil is reserved **underground**.
지하에는 5천억 톤의 석유가 매장되어 있다.

Diamonds take a few thousand years to form **underground**.
다이아몬드는 지하에서 형성되는데 수천 년이 걸린다.

---

003 ⭐⭐⭐

replace

 v 대체하다

유 **substitute** 대체하다

ex Will we have to pay in order to **replace** the lost key?
분실된 키를 대체하려면 우리가 돈을 내야 하는가?

Airplanes that will **replace** rockets are being developed.
로켓을 대체할 비행기가 개발되고 있는 중이다.

---

004 ⭐⭐⭐

affection

 n 애착, 애정

참고 **affectation** 꾸밈

ex The first person a baby builds **affection** is one of the parents.
아기가 애착을 가지는 첫 번째 사람은 부모 중 한 명이다.

I'm telling you the truth with **affection**.
나는 너에게 애정을 담아 진실을 얘기하고 있다.

---

005 ⭐⭐⭐

translator

 n 통역사

ex He thinks the letter doesn't focus on what she did as a **translator**.
그는 그 편지가 그녀가 번역가로서 한 일에 초점을 맞추고 있지 않다고 생각한다.

Use a **translator** who has medical training.
의학 교육을 받은 통역사를 이용하여라.

---

006 ⭐⭐

unauthorized

 adj 공인되지 않은

ex Access by **unauthorized** visitors is to be reported immediately.
무단 방문자의 출입은 즉시 신고해야 한다.

Unauthorized visitors will not be allowed into either building.
허가받지 않은 방문객은 어느 건물에도 출입할 수 없다.

007　★★

urine

| n | 소변 |

참고 **excrement** 대변

ex　They soak cow leather hides for two days in cow **urine**.
그들은 소의 가죽을 소 오줌에 이틀 동안 담근다.

Please submit the result of the **urine** test.
소변 검사 결과를 제출하세요.

008　★★

validity

| n | 유효함 |

참고 **validate** v. 인증하다

ex　Check the **validity** of the discount coupon before use.
사용 전 할인쿠폰의 유효함을 확인해라.

As a judge, he had to consider the **validity** of the evidence thoroughly.
판사로서, 그는 증거의 유효함을 철저히 고려해야 했다.

009　★★

windproof

| adj | 방풍의 |

ex　She recommends **windproof** clothing to wear while skiing.
그녀는 스키 탈 때 방풍복을 입는 것을 추천한다.

Wool clothing should be worn with a **windproof** of shell on top.
털옷은 방풍의 겉옷을 위에 같이 입어야 한다.

010　★★

uplift

| n | (위로) 올리기, 희망 | v | 희망[행복감]을 주다 |

ex　This massage therapy will provide you an **uplift** to your tiring day!
이 마사지 치료법은 당신의 피곤한 하루를 더 낫게 해줄 것이다!

The aroma of the body lotion immediately **uplifted** me.
바디로션의 향기가 나에게 즉시 행복감을 주었다.

011　★★

variable

| adj | 변동이 심한 | n | 변수 |

참고 **variation** 변화

ex　The weather between seasons is **variable** so I have no idea what to wear.
계절 사이의 날씨는 변동이 심하여 무엇을 입을지 모르겠다.

The age of the participants can be a **variable** to this experiment.
이 실험에 참가하는 사람들의 나이가 변수가 될 수 있다.

012　★★

disapprove

| v | 못마땅해 하다 |

ex　I think you should **disapprove** of her misbehavior.
나는 네가 그녀의 버릇없음을 못마땅하게 여겨야 한다고 생각해.

Sam mildly **disapproved** of the movie.
Sam은 그 영화를 약간 못마땅하게 여겼다.

CHAPTER 10　Day 98

DAY 98

표시는 <u>출제 빈도</u>를 나타냅니다.

013

accessorize

| v | 액세서리를 달다 |

ex You can **accessorize** the bag with the charm that comes with it.
너는 같이 딸려오는 장식으로 가방에 액세서리를 달 수 있다.

The room was beautifully **accessorized** with vintage decor.
그 방은 빈티지 장식으로 아름답게 꾸며져 있었다.

014

valve

| n | 밸브 |

ex Why do you always leave this gas **valve** open?
왜 항상 이 가스 밸브를 열어놓니?

You can close the **valve** easily by pressing the lever.
이 레버를 눌러서 밸브를 쉽게 닫을 수 있다.

015

pinnacle

| n | 정점 |

ex The Nobel Prize, the **pinnacle** of scientific accomplishment,
is awarded for a single discovery.
과학적 업적의 정점인 노벨상은 단 하나의 발견에 대해 수여한다.

016

pictogram

| n | 그림 문자 | 참고 **diagram** 도표

ex The use of **pictograms** on the early tablets is consistent
with administrators needing a lexicon.
초기 판에서 그림문자를 사용하는 것은 어휘 목록이 필요한 관리자의 요구와 일치한다.

017

irresponsible

| adj | 무책임한 |

ex I want you to realize how **irresponsible** you were.
나는 너가 얼마나 무책임했었는지 깨닫기를 바란다.

They think it is **irresponsible** and childish.
그들은 그것이 무책임하고 유치하다고 생각한다.

018

investigation

| n | 조사 | 참고 **invest** v. 투자하다

ex An **investigation** into a failing ATM determined the culprit.
고장 난 현금 인출기에 대한 조사가 범인을 알아냈다.

The ensuing **investigation** leads to a chase.
뒤이은 수사는 추격전으로 이어진다.

019 ⭐

preoccupation

n **사로잡힘, 심취, 몰두**

ex The visual **preoccupation** of early humans with nonhuman creatures becomes meaningful.
인간이 아닌 생물에 대한 초기 인간의 시각적 몰두는 의미가 있다.

---

020 ⭐

totality

n **전체**

ex They tend to view humans and animals as an integrated **totality**.
그들은 인간과 짐승을 통합된 전체로 보는 경향이 있다.

The actual earning was a minus in **totality**.
실제 번 것은 전체적으로는 마이너스였다.

---

021 ⭐

likeness

n **유사성, 닮음**   참고 **likelihood** 가능성

ex The scenery was an exact **likeness** of his painting.
그 풍경은 그의 그림과 꼭 닮았다.

Actually, two buildings have the **likeness** in the shape of the windows.
실제로, 두 건물들은 창문의 모양에서 유사성이 있다.

---

022 ⭐

magnitude

n **규모**   참고 **amplitude** 진폭

ex An element of catastrophes is the **magnitude** of their harmful consequences.
대재앙의 한 구성요소는 해로운 결과의 규모이다.

The quality can suggest the **magnitude** of its worth to any viewer.
품질은 시청자에게 그 가치의 규모가 어느 정도인지를 암시할 수 있다.

---

023 ⭐

mesh

n **그물망**   v **딱 들어맞다**   참고 **mash** 으깨다

ex Fine-**mesh** strainer will do the trick here.
가는 망사체가 여기서는 효과가 있을 것이다.

Only the certain parts of the machine **mesh** in the structure perfectly.
기계의 오직 특정한 부분만이 구조에 완벽히 들어맞는다.

---

024 ⭐

outset

n **착수, 시초, 발단**   참고 **offset** 상쇄하다

ex There were abnormalities in the test tubes from the **outset**.
시작부터 시험관에 이상이 있었다.

At the **outset**, everything was all aligned left.
처음에 모든 것이 왼쪽으로 정렬되어 있었다.

⭐ 표시는 <u>출제 빈도</u>를 나타냅니다.

025

literally

`adv` 문자 그대로

참고 **literary** adj. 문학적인

`ex` It's **literally** been ringing non-stop the last 15 minutes.
이것은 말 그대로 지난 15분 동안 쉬지 않고 울리고 있다.

I mean, **literally**, I did lose my way.
내 말은, 말 그대로, 진짜 길을 잃었어.

026

persuasive

`adj` 설득력 있는

⟲ **convincing** 설득력 있는

`ex` Gary's claim was so **persuasive** that everyone agreed.
Gary의 주장은 아주 설득력 있어서 모두가 동의했다.

Courses in critical thinking can aid with **persuasive** writing.
비판적 사고에 대한 강의들은 설득력 있는 글쓰기에 도움이 될 수 있다.

027

potentially

`adv` 가능성 있게

`ex` You have to handle these products carefully, because these are **potentially** harmful.
이 물건들은 잠재적으로 유해하기 때문에 조심해서 다루어야 한다.

028

longlist

`n` 후보자 명단

`ex` Those chosen for the **longlist** are waiting for the contact.
후보자 명단에 선발된 사람들이 연락을 기다리고 있다.

I was extremely happy to see my name on the **longlist**.
나는 후보자 명단에서 내 이름을 보고 아주 기뻤다.

029

manipulative

`adj` 조종하는

`ex` Do you have to get **manipulative** treatment?
당신은 수기 치료를 받아야 하는가?

I don't like her because she is **manipulative** and self-centered.
나는 그녀가 조종하려 하고 자기중심적이라서 좋아하지 않는다.

---

030 ⭐

luscious

`adj` 아주 부드러운

`ex` I prefer **luscious** fruits like strawberries and bananas.
나는 딸기와 바나나 같은 아주 부드러운 과일들을 선호한다.

This winter, keep your lips **luscious** with our new lip balm.
올 겨울, 우리의 새로운 립밤과 함께 입술을 아주 부드럽게 유지해라.

Practice

1. 다음 단어들을 올바르게 연결하세요.

(1) persuasive •   • (a) 애정

(2) manipulative •   • (b) 아주 부드러운

(3) luscious •   • (c) 조종하는

(4) irresponsible •   • (d) 규모

(5) preoccupation •   • (e) 설득력 있는

(6) literally •   • (f) 문자 그대로

(7) magnitude •   • (g) 심취, 몰두

(8) affection •   • (h) 무책임한

2. 우리말 뜻에 맞게 빈칸에 알맞은 단어를 보기에서 찾아 쓰세요.

| likeness | disapproved | longlist | investigation |

(1) **An _____ into a failing ATM determined the culprit.**

고장 난 현금 인출기에 대한 조사가 범인을 결정했다.

(2) **Those chosen for the _____ are waiting for the contact.**

후보자 명단에 선발된 사람들이 연락을 기다리고 있다

(3) **The scenery was an exact _____ of his painting.**

그 풍경은 그의 그림과 꼭 닮았다.

(4) **Sam mildly _____ of the movie.**

Sam은 그 영화를 약간 못마땅하게 여겼다.

SELF TEST

01	luscious		16		유효함
02		정점	17	magnitude	
03	longlist		18		소변
04		밸브	19	likeness	
05	manipulative		20		공인되지 않은
06		액세서리를 달다	21	totality	
07	persuasive		22		통역사
08		못마땅해 하다	23	preoccupation	
09	potentially		24		애착, 애정
10		변동이 심한	25	investigation	
11	literally		26		대체하다
12		착수, 발단	27	irresponsible	
13	uplift		28		지하의
14		방풍의	29	pictogram	
15	mesh		30		찾기, 찾아 보다

DAY 99

n	injury	adj	proper	v	defeat
n	arrest	n	cruiser	n	dizziness
n	friendship	n	hieroglyph	n	disinterest
n	interpretation	n	farmland	adj	drowsy
adj	introductory	n	flashlight	prep	toward
adj	unreasonable	n	wasteland	n	innocence
v	interfere	n	wickedness	n	endurance
n	fiber	v	flourish	n	endeavor
n	gulp	v	heed	n	endangerment
v	inculcate	n	irritation	n	impression

---

001 ⭐⭐⭐

injury

| n | 부상, 상처 |

ex Repeated **injuries** were accrued to him over a lifetime.
그는 일생 동안 반복적으로 부상을 입었다.

It increases the risk of **injury**.
그것은 부상의 위험을 증가시킨다.

---

002 ⭐⭐⭐

proper

| adj | 적절한 |　　　　　　　　　　　　　　　 ㉤ **appropriate** 적절한

ex Using **proper** postures to do sit-ups strengthens your stomach muscles.
적절한 자세로 윗몸일으키기를 하는 것은 당신의 복부 근육을 강화시킨다.

Can you teach me the **proper** technique for this?
이것을 위한 적절한 기술을 가르쳐 줄 수 있니?

---

003 ⭐⭐⭐

defeat

| v | 패배시키다 | n | 패배 |　　　　　 참고 **defeated** 패배한

ex It was first made to celebrate the **defeat** of an invading army.
그것은 침략군의 패배를 축하하기 위해 처음 만들어졌다.

We **defeated** the strongest opponent.
우리는 가장 강한 상대편을 패배시켰다.

---

004 ⭐⭐⭐

arrest

| v | 체포하다 |

ex He was **arrested** for assaulting a person on the ship.
그는 배 위에서 사람을 공격한 죄로 체포되었다.

The police finally **arrested** the notorious criminal in the town.
경찰이 드디어 마을에서 악명 높은 범죄자를 체포했다.

---

005 ⭐⭐

cruiser

| n | 순찰차 |

ex Officers are out on the beat in a police **cruiser** in Osaka.
경찰관들이 오사카에서 순찰차를 타고 순찰을 하고 있다.

---

006 ⭐⭐

dizziness

| n | 현기증 |　　　　　　　　　　　　　　 참고 **nausea** 메스꺼움

ex Side effects include insomnia and **dizziness**.
부작용으로는 불면증과 현기증이 있다.

These tablets prevent **dizziness** during travel by car.
이 알약들은 차 멀미를 예방한다.

| 007 ⭐⭐ | **n** 우정 | ⓤ **friendliness** 우정, 친선 |

friendship

ex We promised the everlasting **friendship** even after graduation.
우리는 졸업 후에도 변치 않는 우정을 약속했다.

Being dishonest might hurt our friendship.
정직하지 못한 것은 우리의 우정을 다치게 할 수 있다.

| 008 ⭐⭐ | **n** 상형문자 |

hieroglyph

ex Newly unearthed **hieroglyphs** led to further insights into the reign of Hatshepsut.
새로 발굴된 상형문자는 Hatshepsut의 치세에 대한 더 깊은 통찰로 이어졌다.

| 009 ⭐⭐ | **n** 무관심 | 참고 **disinterested** adj. 객관적인, 무관심한 |

disinterest

ex Even with the **disinterest** of the public, he still continued his career in the entertainment field.
대중의 무관심에도, 그는 연예계 생활을 이어왔다.

| 010 ⭐⭐ | **n** 해석 |

interpretation

ex The actor's **interpretation** of the character was rather too literal.
그 배우의 인물에 대한 해석은 너무 상상력이 부족했다.

| 011 ⭐⭐ | **n** 농지, 경지 |

farmland

ex The lava and gas can cover large areas of **farmland**.
용암과 가스는 넓은 농지를 덮을 수 있다.

They cover farmland and damage animals and plants.
그것들은 농지를 뒤덮고 동식물에 피해를 입힌다.

| 012 ⭐⭐ | **adj** 졸리는, 나른하게 만드는 |

drowsy

ex You can be **drowsy** after taking this pill.
이 알약을 먹고 난 후 나른해질 수 있다.

In order to avoid being drowsy while driving, stop by the rest area.
운전 중 나른해지는 것을 피하려면, 휴식 공간에서 멈췄다 가라.

⭐ 표시는 출제 빈도를 나타냅니다.

---

013 ⭐ ⭐

introductory

| adj | 도입부의 |

ex The department offers an **introductory** session for new students.
그 학과는 신입생을 위한 입문 강좌를 제공한다.

The author does give some clues for the ending in the **introductory** part.
사실 작가는 도입부에서 결말에 대한 단서들을 준다.

---

014 ⭐ ⭐

flashlight

| n | 손전등 |

ex I had to use a **flashlight** to read my book.
나는 내 책을 읽기 위해 손전등을 사용해야만 했다.

She is now looking under the counter with a **flashlight**.
그녀는 지금 손전등을 들고 계산대 밑을 보고 있다.

---

015 ⭐

toward

| prep | …쪽으로 |

ex Over one-thirds of school spending goes **toward** facilities maintenance.
학교 지출의 3분의 1 이상이 시설 유지에 쓰인다.

She pointed to something in the water moving **toward** the falls.
그녀는 폭포 쪽으로 움직이는 물속 무언가를 가리켰다.

---

016 ⭐

unreasonable

| adj | 불합리한 | 㐀 irrational 불합리한 |

ex She couldn't stand the **unreasonable** work hours of the company.
그녀는 회사의 불합리한 노동시간을 견딜 수 없었다.

I can't believe how he approved of the **unreasonable** decision.
그가 어떻게 불합리적인 결정을 승인했는지 믿을 수 없다.

---

017 ⭐

wasteland

| n | 불모지 | 㐀 wilderness 황무지 |

ex **Wastelands** are seen as disposable for the accelerating demands of the human population.
불모지는 가속화되고 있는 인구 수요를 위해 마음대로 이용할 수 있는 것으로 여겨진다.

---

018 ⭐

innocence

| n | 결백, 천진 |

ex We believe you are **innocent**.
우리는 당신이 결백하다고 믿는다.

I smiled at the **innocence** of the kids.
나는 아이들의 천진함을 보고 웃음을 지었다.

019 ⭐

interfere

| v | 간섭하다 |

참고 **interrupt** 방해하다

ex Sean **interfered** in their business as if it was his own.
Sean은 그들의 사업에 자기 일처럼 간섭했다.

I will have to say you are **interfering** with our plan.
당신이 우리의 계획에 간섭한다는 것을 짚고 넘어가야겠다.

---

020 ⭐

wickedness

| n | 사악, 부정 |

ex I have not exactly pinpointed Maddy's character since **wickedness** takes many forms.
사악함이 여러 형태를 취하기 때문에 나는 Maddy의 성격을 정확히 짚어 내지 못했다.

---

021 ⭐

endurance

| n | 인내 |

유 **patience** 참을성

ex Some people are good at activities requiring great **endurance**.
어떤 사람들은 대단한 인내력을 요구하는 활동을 잘한다.

Contestants must show their physical **endurance**.
참가자들은 자신의 인내력을 보여줘야 한다.

---

022 ⭐

fiber

| n | 섬유, 섬유질 |

ex **Fiber** is good for your health.
섬유질은 당신의 건강에 좋다.

Banana peels are not eaten because they have too much **fiber**.
바나나 껍질은 섬유질이 너무 많기 때문에 먹지 않는다.

---

023 ⭐

flourish

| v | 번창하다 |

유 **thrive** 번성하다

ex Cultural trade between Europe and Japan **flourished**.
유럽과 일본 사이의 문화 교역이 번창했다.

Agriculture **flourishes** in the southern part of the country.
그 나라의 남부에서 농업이 번창한다.

---

024 ⭐

endeavor

| n | 노력 | v | 노력하다 |

ex It's all a pointless **endeavor**.
그것은 모두 무의미한 노력이다.

We all **endeavored** greatly to pass the exam.
우리는 시험에 통과하기 위해 모두 대단히 노력했다.

CHAPTER 10 Day 99

⭐ 표시는 <u>출제 빈도</u>를 나타냅니다.

025

gulp

n 꿀꺽 한 입

참고 **gasp** 헉 하고 숨을 쉬다

ex They are surely having a big **gulp**.
그들은 여김없이 크게 한 입 마시고 있다.

After taking another **gulp**, she tasted something weird.
한 입을 더 먹었을 때, 그녀는 무언가 이상한 맛을 느꼈다.

---

026 ⭐

heed

v 주의를 기울이다

참고 **heedless** adj. 부주의한

ex Do not **heed** the advice of inexperienced people.
경험이 없는 사람들의 충고에 귀를 기울이지 마라.

If you had **heeded** my advice, this would not have happened.
너가 내 충고에 주의를 기울였다면, 이것은 일어나지 않았을 것이다.

---

027 ⭐

endangerment

n 위험에 빠진 상태

ex Habitat loss and pollution are main causes of their **endangerment**.
서식지 감소와 오염은 그들의 멸종 위기의 주요 원인이다.

028

inculcate

v (생각, 도덕률 등을 반복함으로서 머릿속에) 심어주다

㊀ **instil** 불어넣다

ex The role of the poets includes **inculcating** basic concepts of humanity through their works.
시인들의 역할은 인간애의 기본 개념을 그들의 작품을 통해 심어주는 것이다.

---

029 ⭐

irritation

n 짜증 / 염증

ex You might experience moderate eye **irritation** if the product touches the eyes.
이 제품은 눈에 닿으면 중도의 눈 자극을 경험할 수도 있다.

If ingested, the product may cause gastrointestinal **irritation**.
섭취 시 제품은 위장 자극을 유발할 수 있다.

---

030 ⭐

impression

n 인상 / 감동

ex We need to use good manners to give a positive **impression** to others.
우리는 다른 사람들에게 긍정적인 인상을 주기 위해 적절한 예우를 갖추어야 한다.

Her smile gave a great **impression** on everyone.
그녀의 미소는 모두에게 좋은 인상을 주었다.

Practice

 1. 다음 단어들을 올바르게 연결하세요.

[1] interfere　　　　•　　　　　　　•　[a] 상형문자

[2] heed　　　　　•　　　　　　　•　[b] 농지, 경지

[3] flourish　　　•　　　　　　　•　[c] ···쪽으로

[4] farmland　　•　　　　　　　•　[d] 결백, 천진

[5] hieroglyph　•　　　　　　　•　[e] 간섭하다

[6] endeavor　　•　　　　　　　•　[f] 번창하다

[7] toward　　　•　　　　　　　•　[g] 노력, 노력하다

[8] innocence　•　　　　　　　•　[h] 주의를 기울이다

 2. 다음 영어 뜻에 맞게 알맞은 단어를 보기에서 찾아 쓰세요.

inculcate	irritation	endangerment	unreasonable

[1] the state of feeling annoyed, impatient,
   or slightly angry

[2] teach an attitude, idea, or habit
   by persistent instruction

[3] beyond the limits of acceptability or fairness

[4] the action of putting someone or something
   at risk or in danger

SELF TEST

01	impression		16		상형문자
02		…쪽으로	17	fiber	
03	irritation		18		우정
04		손전등	19	endurance	
05	inculcate		20		현기증
06		도입부의	21	wickedness	
07	heed		22		순찰차
08		졸리는	23	interfere	
09	endangerment		24		체포하다
10		농지, 경지	25	innocence	
11	gulp		26		패배시키다, 패배
12		해석	27	wasteland	
13	endeavor		28		적절한
14		무관심	29	unreasonable	
15	flourish		30		부상, 상처

DAY 100

색상으로 8품사 구분하기

n	명사	noun	pron	대명사	pronoun
v	동사	verb	adj	형용사	adjective
adv	부사	adverb	conj	접속사	conjunction
prep	전치사	preposition	int	감탄사	interjection

adj	total		adj	stable		n	port	
n	riddle		adj	acceptable		n	businessman	
n	acquaintance		adv	continually		adj	crusty	
adj	bushy		n	cancellation		n	commencement	
v	crumple		adj	apt		adj	defensive	
n	cuisine		adj	definable		n	encyclopedia	
v	disguise		n	predisposition		n	ingenuity	
n	precision		n	integration		n	preconception	
n	intensity		v	internalize		adj	predictable	
n	preservation		n	propaganda		n	interplay	

⭐ 표시는 출제 빈도를 나타냅니다.

001 ⭐⭐⭐

adj **전체의** n **합계**

total

ex The **total** income of each employee has reduced since last year.
작년부터 각 직원의 전체 소득이 줄었다.

Let's calculate the **total** all over again.
우리 합계를 전부 다시 계산해보자.

---

002 ⭐⭐⭐

adj **안정적인** n **마구간**   참고 staple 주된, 주요한

stable

ex Diverse communities are believed to be more **stable**.
다양한 공동체들은 보다 안정적이라고 여겨진다.

The cow fell asleep in the **stable**.
소는 마구간에서 잠이 들었다.

---

003 ⭐⭐⭐

n **항구**

port

ex Many nations wanted to control the valuable **port**.
많은 나라들이 그 귀중한 항구를 통제하기를 원했다.

Napoli is well known for its beautiful **port**.
나폴리는 아름다운 항구로 잘 알려져 있다.

---

004 ⭐⭐⭐

n **수수께끼**

riddle

ex He guessed the answer to this **riddle**.
그는 이 수수께끼의 답을 추측했다.

Why she did it is still a **riddle** to everyone.
그녀가 왜 그랬는지는 여전히 모두에게 수수께끼이다.

---

005 ⭐⭐

adj **용인되는**   ⓨ satisfactory 만족스러운, 충분한

acceptable

ex We should learn when it is **acceptable** to tell a white lie and when it is not.
우리는 선의의 거짓말을 하는 것이 용인될 때와 그렇지 않은 때를 배워야 한다.

Your excuse will not be **acceptable**.
당신의 핑계는 용인되지 않을 것이다.

---

006 ⭐⭐

n **회사원, 사업가**

businessman

ex Walt Disney was an American **businessman**, writer, and film producer.
월트 디즈니는 미국의 사업가, 작가 그리고 영화 제작자였다.

He is the symbol of a smart **businessman**.
그는 똑똑한 사업가의 상징이다.

| 007 ★ ★ | **acquaintance** | n | **친분, 면식 / 지인** | 참고 acquisition n. 습득 |

ex They would not have died for each other after only five days of **acquaintance**.
그들은 오직 5일 동안만 알고 지낸 것으로 서로를 위해 죽지는 않았을 것이다.

| 008 ★ ★ | **continually** | adv | **계속해서** | 참고 continuous adj. 지속적인 |

ex Adventurers **continually** challenge themselves for a tougher activity.
모험가들은 계속해서 더 어려운 활동들로 그들 스스로에게 도전한다.

After **continually** failing, he is about to give up on his dream.
계속해서 실패한 후, 그는 꿈을 포기하려고 한다.

| 009 ★ ★ | **crusty** | adj | **딱딱한 껍질이 있는** | 참고 crust n. 껍질 |

ex Can you pick up a loaf of **crusty** bread for tonight?
오늘 저녁으로 딱딱한 빵 한 덩어리를 사다줄 수 있니?

I left the edge because it was a bit too **crusty**.
끝부분은 너무 딱딱해서 남겼어.

| 010 ★ | **bushy** | adj | **무성한, 우거진** | |

ex The carambola is a **bushy** evergreen tree native to parts of southern Asia.
카람볼라는 남아시아 일부 지역에서 자생하는 우거진 상록수이다.

The squirrel had a cute **bushy** tail.
그 다람쥐는 귀엽고 무성한 꼬리를 가지고 있었다.

| 011 ★ | **cancellation** | n | **취소** | 참고 confirmation 확인 |

ex Note that **cancellations** only apply to certain types of tickets.
취소는 특정 유형의 티켓에만 적용된다.

Please make sure there will be a 5% fee upon **cancellation**.
취소 시에 5%의 수수료가 있다는 것을 명심해라.

| 012 ★ | **commencement** | n | **시작 / 학위 수여식** | 참고 graduation 졸업식 |

ex At the **commencement** of 1995, the conflict between the two countries was at its peak.
1995년 초기에, 두 나라간의 대립은 정점을 찍었다.

⭐ 표시는 **출제 빈도**를 나타냅니다.

---

013 ⭐

crumple

v 구기다, 구겨지다　　　　　　　　　　　　 참고 **crumble** 바스러지다

ex I was **crumpling** the paper into a ball out of boredom.
나는 지루함에 종이를 공 모양으로 구기고 있었다.

The man is throwing some **crumpled** paper at the trash can.
남자가 구겨진 종이 몇 장을 쓰레기통에 던지고 있다.

---

014 ⭐

apt

adj ~하는 경향이 있는, 잘 ... 하는, 적절한　　 참고 **tentative** 잠정적인, 머뭇거리는

ex You are **apt** to think too seriously.
당신은 너무 심각하게 생각하는 경향이 있다.

He is **apt** for fixing electronic devices.
그는 전자기기를 잘 고친다.

---

015 ⭐

defensive

adj 방어적인　　　　　　　　　　　　　 참고 **offensive** 불쾌한

ex The woman talked in a **defensive** way.
그 여자는 방어적인 말투로 말했다.

No wonder she was so **defensive** at first.
그녀가 처음에 그렇게 방어적이었던 것은 당연하다.

---

016 ⭐

cuisine

n 요리법, 요리

ex They specialize in traditional French **cuisine**.
그들은 전통 프랑스 요리를 전문으로 한다.

The guests enjoyed the fine **cuisine** cooked by the host's husband.
그 손님들은 주최자의 남편이 요리한 훌륭한 요리를 즐겼다.

---

017 ⭐

definable

adj 정의할 수 있는　　　　　　　　　 참고 **definition** n. 정의

ex Do you think love is **definable**?
당신은 사랑을 정의할 수 있다고 생각하는가?

One of the characteristics was easily **definable**.
한 가지의 특성은 쉽게 정의할 수 있었다.

---

018 ⭐

encyclopedia

n 백과사전

ex According to the **encyclopedia**, platypuses are categorized as mammals even though they lay eggs.
백과사전에 의하면, 오리너구리들은 알을 낳지만 포유류로 구분된다.

019

disguise

| v | 변장하다 |

㊂ camouflage 위장

ex The filmmakers can use computer-generated methods to **disguise** his appearance.
영화 제작자들은 그의 외모를 변장하기 위해 컴퓨터로 만들어진 방법을 사용할 수 있다.

020

predisposition

| n | 경향, 성향 |

참고 disposition 기질

ex Genetic **predisposition** can interact with the environment.
유전적 성향은 환경과 상호작용할 수 있다.

021

ingenuity

| n | 독창성 |

참고 ingenious adj. 독창적인

ex Our **ingenuity** will soon outpace our material supplies.
우리의 독창성은 곧 우리의 자재 공급을 능가할 것이다

The artist showed her **ingenuity** from her early age.
예술가는 그녀의 독창성을 어릴 때부터 보였다.

022

precision

| n | 정확, 신중함 |

ex We require people to do repeated operations with extreme **precision**.
우리는 사람들이 극도의 정밀도로 반복적인 수술을 하도록 요구한다.

Even minor mistakes will damage the **precision**.
심지어 사소한 실수들도 정확도를 해칠 것이다.

023

integration

| n | 통합 |

㊤ segregation 분리

ex Successful **integration** of an educational technology is marked by that technology.
교육 기술의 성공적인 통합은 그 기술로 특징지어진다.

024

preconception

| n | 예상, 선입견 |

ex Uncertainty about the knowledge comes from evaluating one's own **preconceptions**.
지식에 대한 불확실성은 자신의 선입견을 평가하는 데서 비롯된다.

⭐ 표시는 출제 빈도를 나타냅니다.

---

025 ⭐

intensity

n 강도

참고 **intense** 강렬한

ex The **intensity** reflects the duration of the separation.
강도는 분리 기간을 반영한다.

That chili pepper has an **intensity** of 10,000 SHU.
고추의 맵기 강도는 1만 SHU이다.

---

026 ⭐

internalize

v 내면화하다

ex This is particularly true for people who have been measured by norms that are **internalized**.
이것은 특히 내면화된 규범에 의해 측정되어 온 사람들에게 해당된다.

---

027 ⭐

predictable

adj 예측할 수 있는

ex The types of errors produced by stereotypes are quite **predictable**.
고정관념에 의해 발생하는 오류의 종류는 꽤 예측 가능하다.

My income is not easily **predictable** since I work as a freelancer.
나는 프리랜서로 일하기 때문에 내 수입은 쉽게 예측할 수 없다.

---

028 ⭐

preservation

n 보존

유 **conservation** 보존

ex Carbon credits for forest **preservation** would help poorer countries.
산림 보존을 위한 탄소 배출권은 더 가난한 나라를 도울 수 있을 것이다.

People are worried about the **preservation** of nature.
사람들은 자연 보존에 대해 걱정한다.

---

029 ⭐

propaganda

n 선전

참고 **didactic** 교훈적인

ex Posters, films, and postcards were used as **propaganda** during World War I.
포스터, 영화, 엽서는 세계 1차 대전 동안 선전으로 사용되었다.

---

030 ⭐

interplay

n 상호작용

유 **interaction** 상호작용

ex Gene-environment **interplay** affects moral development in a complicated way.
유전자 환경간 상호 작용은 도덕적 발달에 있어서 복잡한 방법으로 영향을 미친다.

Practice

 1. 다음 단어들을 올바르게 연결하세요.

(1) acquaintance • • (a) 회사원, 사업가

(2) cancellation • • (b) 친분, 면식

(3) encyclopedia • • (c) 상호작용

(4) interplay • • (d) 백과사전

(5) businessman • • (e) 정의할 수 있는

(6) definable • • (f) 취소

(7) precision • • (g) 요리법, 요리

(8) cuisine • • (h) 정확, 신중함

 2. 우리말 뜻에 맞게 괄호에 알맞은 단어를 찾아 O표 하세요.

(1) **Successful (** interaction / integration **) of an educational technology is marked by that technology.**
교육 기술의 성공적인 통합은 그 기술로 특징지어진다.

(2) **Uncertainty about the knowledge comes from evaluating one's own (** perceptions / preconceptions **).**
지식에 대한 불확실성은 자신의 선입견을 평가하는 데서 비롯된다.

(3) **The woman talked in a (** defensive / offensive **) way.**
그 여자는 방어적인 말투로 말했다.

(4) **The carambola is a (** bustling / bushy **) evergreen tree native to parts of southern Asia.**
카람볼라는 남아시아 일부 지역에서 자생하는 우거진 상록수이다.

SELF TEST

01	interplay		16		계속해서
02		방어적인	17	precision	
03	propaganda		18		친분, 면식
04		적절한	19	ingenuity	
05	preservation		20		회사원, 사업가
06		구겨지다	21	predisposition	
07	predictable		22		용인되는
08		시작	23	disguise	
09	intensity		24		수수께끼
10		취소	25	definable	
11	internalize		26		항구
12		무성한, 우거진	27	encyclopedia	
13	crusty		28		안정적인, 마구간
14		예상, 선입견	29	cuisine	
15	integration		30		전체의, 합계

TOSEL 실전문제 ⑩

PART 8. General Reading Comprehension

DIRECTIONS: In this portion of the test, you will be provided with one longer reading passage. For the passage, complete the blanks in the passage summary using the words provided. Fill in your choices in the corresponding spaces on your answer sheet.

● SET 18 New HJ

1. Read the passage and answer the questions.

The carnivorous pilot fish, measuring approximately 35 cm in length, is distinctive in its markings, which are a series of five to seven vertical stripes. However, it is even more distinctive in its behavior. Rather than swimming alone and looking for prey, the pilot fish swims in front of sharks and ships, searching for parasites and leftovers. The pilot fish got its name because early observers thought that the fish led larger fish to prey. In fact, however, the opposite is true. The pilot fish waits for scraps of food that falls out of the mouth of a shark or off the outer hull of a ship.

Summary:

The pilot fish is a ___[A]___ fish that is about 35 cm in length. Marked by a series of stripes, the pilot fish has unique behavior in that it follows sharks and ships in search of leftover scraps of food that may fall out of a shark's mouth or off the ___[B]___ of a ship.

1. Choose the most suitable word for blank [A], connecting

    the summary to the passage.

    (A) luscious

    (B) defensive

    (C) outrageous

    (D) meat-eating

2. Choose the most suitable word for blank [B], connecting

    the summary to the passage.

    (A) port

    (B) mesh

    (C) frame

    (D) resource

Appendix

Appendix

Appendix

Appendix

Appendix

Appendix

Appendix

Appendix

Appendix

Appendix

Appendix

Appendix

Appendix

Appendix

Answers

DAY 51
Practice

Self Test
p.24

1.(1) f (2) e (3) h (4) d (5) c (6) g (7) a (8) b

2.(1) backup (2) appreciation (3) conclusion (4) acuity

(1) 동향 (2) aborigine (3) 포장지 (4) coincidental (5) 축약 (6) backup (7) 꾸러미 (8) decorative (9) 끌 (10) commemoration
(11) 재 (12) acuity (13) 다양한 (14) bandwagon (15) 맹장 (16) biologically (17) 삼나무 (18) Christianity (19) 완전한 (20) awakening
(21) 감사 (22) belonging (23) 국경 (24) carnivorous (25) 결론 (26) artisan (27) 내려오다 (28) browse (29) 긍정적인 (30) gratitude

DAY 52
Practice

Self Test
p.32

1.(1) g (2) b (3) h (4) e (5) d (6) f (7) a (8) c

2.(1) cooperation (2) distribute (3) exports (4) confusion

(1) 실제의 (2) diagonally (3) 혼란 (4) curfew (5) 나침반 (6) distribute (7) 흥정 (8) asteroid (9) 극적으로 (10) crank
(11) 재원[자금] (12) cooperation (13) 크기 (14) commonsense (15) 피난 (16) bulletin (17) 수출 (18) autonomy (19) 고장 (20) conceivably
(21) 카디건 (22) certification (23) 두툼한 (24) brutally (25) 초상화 (26) assumption (27) 환경 (28) crossroad (29) 뛰어남 (30) intensive

DAY 53
Practice

Self Test
p.40

1.(1) b (2) e (3) g (4) h (5) c (6) a (7) f (8) d

2.(1) casualties (2) coworkers (3) Thus (4) enhance

(1) 높이다 (2) clumsy (3) 건강 (4) assess (5) 가이드라인[지침] (6) casualty (7) 지나치게 하다 (8) blurb (9) 이전시키다 (10) citric
(11) 보류하다 (12) bustle (13) 따라서 (14) ascribe (15) 확인 (16) birthplace (17) 사인 (18) centralize (19) 문명 (20) directive
(21) 분리되다 (22) concoction (23) 연세가 드신 (24) decay (25) 공연 (26) coworker (27) 발명품 (28) directory (29) 혼란시키다 (30) elective

DAY 54
Practice

Self Test
p.48

1.(1) d (2) c (3) a (4) g (5) e (6) b (7) h (8) f

2.(1) enroll (2) embrace (3) distinctive (4) employment

(1) 대리인 (2) determine (3) 표 (4) considerably (5) 으스스한 (6) delinquency (7) 치실 (8) comprise (9) 환경의 (10) enthusiastic
(11) 통로 (12) combative (13) 더욱이 (14) democratize (15) 참가자 (16) explicitly (17) 망가뜨리다 (18) ideally (19) 고기 (20) inert
(21) 국내의 (22) embrace (23) 비판 (24) dread (25) 고용 (26) enroll (27) 지원 (28) fender (29) 학위 (30) distinctive

DAY 55
Practice

Self Test
p.56

1.(1) h (2) g (3) f (4) e (5) d (6) c (7) a (8) b

2.(1) hassle (2) expansive (3) dependent (4) feasible

(1) 폭발 (2) directly (3) 제한시키다 (4) expansive (5) 녹음의 (6) flirt (7) 의존하는 (8) gross (9) 야생의 (10) historic
(11) 녹아웃 (12) imperative (13) 성장 (14) feasible (15) 압류 (16) generational (17) (너무) 거창한 (18) hassle (19) 어려움[곤란] (20) illustrate
(21) 약혼 (22) happiness (23) 기숙사 (24) impulse (25) 프리랜서로 일하는 (26) malleable (27) 기사 (28) outpace (29) 제안하다 (30) persist

DAY 56
Practice

Self Test
p.64

1.(1) b (2) a (3) e (4) f (5) g (6) d (7) h (8) c

2.(1) handmade (2) improperly (3) housing (4) mainland

(1) 부정확한 (2) executive (3) 얼굴을 붉히다 (4) implication (5) 본토 (6) landing (7) 소유자 (8) mislead (9) 표백제 (10) observation
(11) 예외 (12) literacy (13) 화려한 (14) incomplete (15) 주택 (16) laborious (17) 즉각적인 (18) meaningful (19) 적절하지 않게 (20) needless
(21) 도구 (22) motivation (23) 손으로 만든 (24) portray (25) 엄청난 (26) recognize (27) 평균의 (28) retrospect (29) 과정 (30) physicist

DAY 57
Practice

Self Test
p.72

1.(1) d (2) f (3) b (4) a (5) g (6) c (7) e (8) h

2.(1) obsolete (2) hostile (3) hypothesis (4) stun

(1) 마주치다 (2) hostile (3) 끌다 (4) paperwork (5) 버너 (6) ranch (7) 건조기 (8) satisfaction (9) 솔직히 (10) pigment
(11) 불충분한 (12) stun (13) 게스트 하우스 (14) nosy (15) 가설 (16) obsolete (17) 부적당한 (18) patronize (19) 합법적으로 (20) rave
(21) 독립적으로 (22) outlook (23) 간 (24) subjective (25) …라는 뜻[의미]이다 (26) tremendously (27) 비판하다 (28) undesirable (29) 대표 (30) visualize

DAY 58
Practice

Self Test
p.80

1.(1) e (2) f (3) d (4) c (5) g (6) h (7) a (8) b

2.(1) malignant (2) emergency (3) swaps (4) Thorough

(1) 벌목꾼 (2) eruption (3) 신화 (4) tangible (5) 재개하다 (6) swap (7) 펍 (8) worthy (9) 자연스럽게 (10) stratus
(11) 처벌 (12) reliever (13) 면도하다 (14) sarcastic (15) 악성의 (16) tempo (17) 혈통 (18) resolve (19) 통찰력 (20) shabby
(21) 대형 트럭[화물차] (22) upstream (23) 의미 없는 (24) sustainable (25) 돌연변이의 (26) rote (27) 달성하다 (28) rendering (29) 비상 (30) thorough

DAY 59
Practice

Self Test
p.88

1.(1) f (2) d (3) e (4) g (5) h (6) b (7) a (8) c

2.(1) utilized (2) pendulum (3) postpone (4) organizers

(1) 감독하다 (2) frustrate (3) 찾으러 감 (4) wrestle (5) 회전 (6) upward (7) 추 (8) trial (9) 지속시키다 (10) avenge
(11) 수직의 (12) revoke (13) 약화시키다 (14) sensory (15) 기계 (16) relativity (17) 믿을 수 없을 정도로 (18) postpone (19) 주최자 (20) temporarily
(21) 협상하다 (22) undead (23) 소포 (24) vacant (25) 믿을 수 있는 (26) utilize (27) 인공의 (28) analysis (29) 운동 (30) venture

DAY 60
Practice

Self Test
p.96

1.(1) e (2) c (3) h (4) f (5) d (6) a (7) b (8) g

2.(1) transcribe (2) relatively (3) vulnerable (4) defendant

(1) 육아 (2) adopt (3) 되찾아오다 (4) ritual (5) 어떤 사람 (6) scone (7) 뇌 (8) overeat (9) 설치 (10) populous
(11) 누구든 …하는 사람 (12) seminar (13) 아크릴로 만든 (14) transcribe (15) 반도 (16) suffragette (17) 부담 (18) underestimate (19) 살균하다 (20) vulnerable
(21) 비교적 (22) alumni (23) 급증하다 (24) commentary (25) 손에 넣을 수 없는 (26) beforehand (27) 설명하다 (28) defendant (29) 취소하다 (30) commence

TOSEL 실전문제 6 1. (A) 2. (B)

DAY 61		
Practice		1.(1) h (2) g (3) f (4) c (5) d (6) e (7) b (8) a
		2.(1) perception (2) hardened (3) commissioned (4) Attach
Self Test p.108		(1) 공중의 (2) anterior (3) 쓰레기통 (4) chargeable (5) 우연의 일치 (6) deliberately (7) 줄 수 있는 (8) bachelor (9) 헌신하다 (10) temperament
		(11) 수수료 (12) advent (13) 참다 (14) brood (15) 굳다 (16) dominant (17) 기대 (18) environmentally (19) 인식 (20) botany
		(21) 합병 (22) artistry (23) 상호적인 (24) balm (25) 수감자 (26) cardio (27) 붙이다 (28) apologetic (29) 지식 (30) capricious

DAY 62		
Practice		1.(1) f (2) d (3) e (4) g (5) h (6) c (7) b (8) a
		2.(1) predicted (2) caretakers (3) endlessly (4) technical
Self Test p.116		(1) 소형의 (2) predict (3) 치아 교정기 (4) evenly (5) 고도 (6) federal (7) 만료되다 (8) genomic (9) 대화 (10) expose
		(11) 꽃을 피우다 (12) hefty (13) 해부학 (14) fragment (15) 영구적인 (16) deforestation (17) 고정관념 (18) effectiveness (19) 기술적인 (20) endlessly
		(21) 불필요한 (22) carefree (23) 모금 (24) caretaker (25) 집행하다 (26) bursary (27) 입장[태도] (28) debug (29) 변장한 (30) buzz

DAY 63		
Practice		1.(1) g (2) h (3) d (4) e (5) f (6) b (7) c (8) a
		2.(1) commemorate (2) automatic (3) emergence (4) encompass
Self Test p.124		(1) 항체 (2) committee (3) 장단점 (4) identifiable (5) 건설하다 (6) heartless (7) 딜레마 (8) guilty (9) 반드시 …하게 하다 (10) forefinger
		(11) 자동의 (12) flock (13) 우박 (14) eventual (15) 중립적인 (16) frivolity (17) 천년 (18) void (19) 이주 (20) experimental
		(21) 포함하다 (22) delineate (23) 기부 (24) commemorate (25) 비판적으로 (26) emergence (27) 추상적인 (28) escort (29) 영향 (30) compatibility

DAY 64		
Practice		1.(1) b (2) d (3) a (4) c (5) h (6) g (7) e (8) f
		2.(1) introvert (2) democracy (3) politic (4) fertile
Self Test p.132		(1) 익살 (2) fertile (3) 진단하다 (4) evolutionary (5) 논란이 많은 (6) downhill (7) 불안 (8) culminate (9) …따위 (10) browser
		(11) 방울방울 흐르다 (12) authorization (13) 깜짝 놀라게 하다 (14) imperfectly (15) 다정하게 (16) generalization (17) 익숙함 (18) flightless (19) 반감 (20) boost
		(21) 민주주의 (22) evade (23) 적운 (24) fluent (25) 유죄를 선고하다 (26) introvert (27) 가능한 (28) insane (29) 현명한 (30) esthetics

DAY 65		
Practice		1.(1) h (2) a (3) f (4) e (5) d (6) g (7) c (8) b
		2.(1) designated (2) nutritious (3) luncheon (4) blessing
Self Test p.140		(1) 영양분이 많은 (2) purpose (3) 소수 (4) generous (5) 오찬 (6) hydroelectric (7) 조작 (8) designate (9) 정신 이상 (10) continental
		(11) 주의를 기울이는 (12) censorship (13) 축복 (14) differently (15) 공존 (16) cosmetic (17) 논쟁의 소지가 있는 (18) enthusiasm (19) 의류 (20) goddess
		(21) 통근자 (22) fingernail (23) 정전 (24) distract (25) 협력하다 (26) attractive (27) …가 원인인 (28) diplomacy (29) 파산한 (30) faraway

DAY 66		
Practice		1.(1) f (2) g (3) d (4) c (5) a (6) b (7) h (8) e
		2.(1) assessment (2) frustration (3) constitute (4) comprehend
Self Test p.148		(1) 유망한 (2) response (3) 보행자 (4) comprehend (5) 감독하다 (6) medicinal (7) 두드러지게 (8) lightly (9) 의무적인 (10) indispensable
		(11) 구성하다 (12) corpse (13) 평가 (14) argument (15) 촉진제 (16) chamber (17) 영리함 (18) artistic (19) 쏟아내다 (20) formula
		(21) 불만 (22) infrastructure (23) 효율적으로 (24) flexibility (25) 서술하는 (26) hardware (27) 압축하다 (28) appeal (29) 허락하다 (30) flavor

DAY 67		
Practice		1.(1) b (2) c (3) a (4) e (5) d (6) h (7) f (8) g
		2.(1) intelligence (2) meditate (3) revenue (4) strive
Self Test p.156		(1) 분투하다 (2) warrant (3) 수입 (4) imagine (5) 계획 (6) productive (7) 기여하다 (8) photocopy (9) 희귀성 (10) meditate
		(11) 측정할 수 있는 (12) furious (13) 즉흥시인 (14) formation (15) 자동화 (16) educator (17) 따라서 (18) intelligence (19) 보이지 않는 (20) minister
		(21) 증가 (22) lush (23) 명상 (24) hemisphere (25) 제조자 (26) kidnap (27) 불이 붙다 (28) heap (29) 수요 (30) invoice

DAY 68		
Practice		1.(1) g (2) f (3) h (4) e (5) d (6) c (7) a (8) b
		2.(1) entitlement (2) friction (3) pamper (4) invertebrates
Self Test p.164		(1) 은둔자 (2) maintain (3) 마찰 (4) apply (5) 진정으로 (6) reputation (7) 본질 (8) progressive (9) 땋다 (10) recovery
		(11) 별개의 (12) magical (13) 자격 (14) inconvenient (15) 억양 (16) improvement (17) 완화 (18) ordinary (19) 소중히 보살피다 (20) nectar
		(21) 합병하다 (22) invertebrate (23) 전화 교환원 (24) mileage (25) 협상의 여지가 있는 (26) limitation (27) 지중해의 (28) increasingly (29) 협박 (30) magnet

DAY 69		
Practice		1.(1) e (2) h (3) g (4) f (5) d (6) c (7) b (8) a
		2.(1) simultaneously (2) commonplace (3) allocate (4) naughty
Self Test p.172		(1) 관찰력이 뛰어난 (2) develop (3) 동기 (4) supply (5) 본능적인 (6) tragedy (7) 어색함을 누그러뜨리기 (8) simultaneously (9) 신원 (10) revenge
		(11) 집단의 (12) pilotless (13) 지지자 (14) necessarily (15) 할당하다 (16) martial (17) 아주 흔한 (18) protest (19) 느낌 (20) reign
		(21) 주기적인 (22) pamphlet (23) 맛좋은 (24) outcome (25) 반역자 (26) naughty (27) 수동적으로 (28) litter (29) 약속 (30) orchard

DAY 70		
Practice		1.(1) b (2) a (3) e (4) g (5) d (6) c (7) h (8) f
		2.(1) residence (2) alternately (3) recess (4) sensible
Self Test p.180		(1) 만연하는 (2) occur (3) 참다 (4) residence (5) 분별있는 (6) technician (7) 쉬는 시간 (8) welder (9) 향수 (10) pursue
		(11) 극단주의자 (12) showcase (13) 바람직한 (14) prevention (15) 지휘관 (16) tourism (17) 번갈아 (18) perforate (19) 불확실성 (20) norm
		(21) 소유욕이 강한 (22) ownership (23) 관광업 (24) relentlessly (25) 구조상의 (26) nonetheless (27) 혹독 (28) prey (29) 위험에 빠뜨리다 (30) unpaid

TOSEL 실전문제 7	1. (B) 2. (C)

DAY 71 Practice	1.(1) f (2) e (3) b (4) c (5) a (6) d (7) h (8) g
	2.(1) scrape (2) criminal (3) aggression (4) outright
Self Test p.192	(1) 다시 활발해진 (2) extinct (3) 농장 (4) criminal (5) 과격하다 (6) flashcard (7) 구멍 (8) disorder (9) 완전한 (10) deteriorate
	(11) 구성의 (12) mascot (13) 중심이 같은 (14) marker (15) 투우사 (16) lifespan (17) 종합한 (18) bisect (19) 요소 (20) scrape
	(21) 성인 (22) regardless (23) 보상 (24) reasonable (25) 칠판 (26) psychologist (27) 공격 (28) monthly (29) 필요한 (30) marking

DAY 72 Practice	1.(1) c (2) e (3) g (4) h (5) f (6) d (7) b (8) a
	2.(1) dependence (2) resemble (3) ridiculous (4) souvenir
Self Test p.200	(1) 학구적인 (2) distance (3) 공간의 (4) advise (5) 뛰어난 (6) defense (7) 눈의 (8) grammatically (9) 통화의 (10) gambler
	(11) 외설 (12) follower (13) 이야기 (14) navigation (15) 필요(성) (16) mindful (17)소화의 (18) microchip (19) 의존 (20) souvenir
	(21) 배열 (22) rotten (23) 자백 (24) ridiculous (25) 뇌진탕 (26) unwrap (27) 지시하다 (28) trait (29) 감추다 (30) resemble

DAY 73 Practice	1.(1) d (2) g (3) e (4) c (5) h (6) b (7) a (8) f
	2.(1) traitors (2) secondhand (3) cooperate (4) irrational
Self Test p.208	(1) 중얼거리다 (2) grant (3) 온순한 (4) scene (5) 소송 (6) ineffective (7) 비이성적인 (8) housewife (9) 아주 기뻐하는 (10) hairless
	(11) 침을 흘리다 (12) preposterous (13) 사설 (14) politely (15) 협력하다 (16) mortuary (17) 해산하다 (18) warn (19) 직접 (20) vend
	(21) 사망자 (22) uncomfortable (23) 시력 (24) translate (25) 사회적 약자인 (26) shed (27) 공기 확산기 (28) traitor (29) 사유의 (30) secondhand

DAY 74 Practice	1.(1) h (2) c (3) f (4) a (5) e (6) d (7) b (8) g
	2.(1) introduced (2) knowledgeable (3) didactic (4) disseminate
Self Test p.216	(1) 중간의 (2) comparison (3) 마음속의 (4) introduce (5) 레이아웃[배치] (6) heroic (7) 많이 아는 (8) hopefully (9) 쓰레기 매립지 (10) inexpensive
	(11) 인정하다 (12) sigh (13) 헌법의 (14) preservative (15) 교훈적인 (16) preschool (17) 정교한 (18) trek (19) 투옥 (20) woody
	(21) 일회용의 (22) symptom (23) 퍼뜨리다 (24) untouched (25) 토대 (26) vestigial (27) 신발 (28) trample (29) 확실히 (30) smear

DAY 75 Practice	1.(1) a (2) c (3) b (4) e (5) h (6) d (7) f (8) g
	2.(1) meticulous (2) initiative (3) subscription (4) proponent
Self Test p.224	(1) 아주 큰 (2) endearing (3) 자격이 없는 (4) relief (5) 중심지 (6) innocent (7) 이상화하다 (8) influential (9) 개념화하다 (10) hoarse
	(11) 상업화 (12) Thanksgiving (13) 성가신 (14) projector (15) 인류학의 (16) proponent (17) 효력 없는 (18) capable (19) 꼼꼼한 (20)ambassador
	(21) 정렬 (22) shiver (23) 불편 (24) unbelievable (25) 계획 (26) subscription (27) 수반하다 (28) smoothly (29) 상기시키다 (30) translation

DAY 76 Practice	1.(1) h (2) e (3) a (4) f (5) c (6) d (7) b (8) g
	2.(1) decent (2) loosen (3) attitude (4) constellations
Self Test p.232	(1) 젊은 (2) strategy (3) 신성한 (4) description (5) 중간 휴식 (6) mighty (7) 자갈 (8) loosen (9) 게걸스럽게 먹다 (10) internationally
	(11) 제약 (12) attitude (13) 승진 (14) treadmill (15) 우발적인 (16) torture (17) 무방비의 (18) payable (19) 자질 (20) decent
	(21) 동업 (22) constellation (23) 학대하다 (24) blazer (25) 이웃의 (26) ankle (27) 대도시의 (28) strengthen (29) 알아내다 (30) tumor

DAY 77 Practice	1.(1) g (2) h (3) e (4) d (5) c (6) b (7) a (8) f
	2.(1) eyelids (2) indicator (3) Rationally (4) respect
Self Test p.240	(1) 식물군 (2) forgive (3) 무표정의 (4) rationally (5) 눈꺼풀 (6) gnaw (7) 수정시키다 (8) mummy (9) 다른 곳에서[으로] (10) ministry
	(11) 지표 (12) wisely (13) 플래시 전구 (14) whisper (15) 매력 (16) undergo (17) 눈부심 (18) externality (19) 존재하다 (20) edition
	(21) 존경하다 (22) drift (23) 평상시의 (24) qualitative (25) 맞추다 (26) barge (27) 연기자 (28) annually (29) 낭비하는 (30) stretchable

DAY 78 Practice	1.(1) b (2) a (3) f (4) g (5) d (6) c (7) h (8) e
	2.(1) abundant (2) available (3) divisive (4) accomplish
Self Test p.248	(1) 유발하다 (2) schooler (3) 결함 (4) provide (5) 호환이 되는 (6) accomplish (7) 토론자 (8) cheerleader (9) 감힘 (10) calligraphy
	(11) 선사 시대의 (12) accommodation (13) 분열을 초래하는 (14) bomber (15) 기능상 (16) abundant (17) 토착의 (18) diploma (19) 스미다 (20) daydream
	(21) 이용할 수 있는 (22) awkward (23) 굴절 (24) categorize (25) 비꼬는 투로 (26) buck (27) 다시 보내다 (28) atmosphere (29) 분명히 (30) cab

DAY 79 Practice	1.(1) c (2) a (3) b (4) e (5) d (6) g (7) f (8) h
	2.(1) distant (2) abroad (3) connotation (4) conservation
Self Test p.256	(1) 정신병원 (2) sentiment (3) 흐릿한 (4) regulation (5) 보존 (6) abroad (7) 진짜인 (8) prevent (9) 꽃다발 (10) archeologist
	(11) 가지된 뿔 (12) classification (13) 진짜임을 증명하다 (14) circumstance (15) 함축 (16) administration (17) 분배 (18) basically (19) 숨이 멎는듯한 (20) adjustable
	(21) 무제한의 (22) distant (23) 특출한 (24) economic (25) 엄니[상아] (26) gem (27) 생각할 수 있는 (28) flea (29) 흐느끼다 (30) critic

DAY 80 Practice	1.(1) c (2) f (3) g (4) e (5) d (6) a (7) h (8) b
	2.(1) unfashionable (2) timely (3) carelessly (4) censors
Self Test p.264	(1) 탐닉 (2) respectively (3) 검열하다 (4) recommend (5) 배경 (6) entire (7) 부주의하게 (8) continuous (9) ...할 가능성이 큰 (10) conlang
	(11) 갑작스런 (12) Inuit (13) 굳히다 (14) fighter (15) 밀어넣다 (16) craftspeople (17) 은유 (18) identical (19) 속성 (20) gossip
	(21) 생존 (22) consciously (23) 합성하다 (24) disobey (25) 시기적절한 (26) explode (27) 선율 (28) conditional (29) 유행에 어울리지 않는 (30) acclaim

TOSEL 실전문제 8	1. (A) 2. (D)

DAY 81 Practice		1.(1) b (2) a (3) e (4) g (5) c (6) h (7) d (8) f
		2.(1) occupation (2) nationality (3) ancestor (4) strict
Self Test p.276		(1) 고용하다 (2) regional (3) 고위의 (4) docile (5) 수정 (6) ape (7) 정서의 (8) nationality (9) 폭로 (10) proofread
		(11) 동면하다 (12) occupation (13) 계획하다 (14) prophet (15) 이례적인 (16) reimbursement (17) 지속 (18) compare (19) 신부의 (20) fluffy
		(21) 기독교의 (22) financial (23) 보통의 (24) exclusively (25) 바람이 거센 (26) connector (27) 조상 (28) demonstration (29) 엄격한 (30) corporation
DAY 82 Practice		1.(1) b (2) c (3) e (4) h (5) f (6) d (7) a (8) g
		2.(1) complimentary (2) confidentiality (3) imaginable (4) fragmentation
Self Test p.284		(1) 이동성 (2) confidentiality (3) 막 (4) against (5) 배울 만한 (6) tend (7) 포함하다 (8) several (9) 상상할 수 있는 (10) contradict
		(11) 영광 (12) adolescent (13) 열이 나는 (14) adjustment (15) 타당한 이유 (16) invader (17) 밀어넣다 (18) negotiation (19) 무한대 (20) misbehave
		(21) 분열 (22) hook (23) 부산물 (24) highly (25) 폭넓음 (26) gradually (27) 탈수 상태가 되다 (28) complimentary (29) 거리의 악사 (30) freshman
DAY 83 Practice		1.(1) f (2) e (3) a (4) c (5) h (6) d (7) b (8) g
		2.(1) passionate (2) cleanliness (3) congestion (4) irregular
Self Test p.292		(1) 설득하다 (2) expense (3) 격분 (4) consumption (5) 한가한 (6) openly (7) 그동안 (8) newcomer (9) 언어학자 (10) archeological
		(11) 자정 (12) collector (13) 무자비하게 (14) cleanliness (15) 불규칙적인 (16) Alzheimer (17) 웃기는 (18) shrink (19) 소독하다 (20) reverse
		(21) 요금상자 (22) passionate (23) 피부과 전문의 (24) mountainous (25) 합의 (26) previous (27) 혼잡 (28) navy (29) 원칙 (30) plot
DAY 84 Practice		1.(1) b (2) h (3) a (4) g (5) f (6) d (7) c (8) e
		2.(1) redeem (2) obsession (3) specific (4) withdrawn
Self Test p.300		(1) 교환하다 (2) ability (3) 정독하다 (4) serious (5) 슬픔 (6) counselor (7) 비틀거리다 (8) withdrawn (9) 비관적인 (10) automatically
		(11) 타고난 (12) avoidance (13) 잘 상하는 (14) controversy (15) 간과하다 (16) obsession (17) 부정적인 (18) wartime (19) 셀 수 있는 (20) sue
		(21) 호기심 (22) succession (23) 흉하게 만들다 (24) theme (25) 융합되다 (26) specific (27) 단체 (28) reflect (29) 보상 (30) snare
DAY 85 Practice		1.(1) b (2) f (3) h (4) d (5) c (6) e (7) a (8) g
		2.(1) segment (2) respectable (3) personally (4) violent
Self Test p.308		(1) 부분 (2) phase (3) 그렇게 함으로써 (4) expert (5) 압수 (6) availability (7) 전략 (8) receivable (9) 학업의 (10) poorly
		(11) 존경할 만한 (12) personally (13) 다시 구성하다 (14) auxiliary (15) 분수 (16) cleanse (17) 인정하다 (18) usage (19) 해당되는 (20) sugary
		(21) 겨드랑이 (22) scent (23) 생화학자 (24) sociology (25) 자격증 (26) vendor (27) 껍질 (28) transcript (29) 폭력적인 (30) swallow
DAY 86 Practice		1.(1) h (2) e (3) f (4) g (5) d (6) b (7) c (8) a
		2.(1) appraisal (2) rhythm (3) displayed (4) reunite
Self Test p.316		(1) 씰룩씰룩 움직이다 (2) consternation (3) 길 (4) theft (5) 헛된 (6) rhythm (7) 긍정적인 (8) showroom (9) 절약하는 (10) scroll
		(11) 전략적인 (12) remake (13) 절약 (14) paperback (15) 슬픈 (16) rearrange (17) 재회하다 (18) aquatic (19) 충분한 (20) teen
		(21) 가느다란 조각 (22) werewolf (23) 용감한 (24) selection (25) 전진 (26) voyage (27) 평가[회] (28) wad (29) 전시 (30) shipment
DAY 87 Practice		1.(1) b (2) e (3) f (4) g (5) h (6) c (7) d (8) a
		2.(1) untrue (2) purchase (3) contention (4) transmission
Self Test p.324		(1) 독수리 (2) reduce (3) 던지다 (4) statue (5) ...을 증대시키다 (6) successor (7) 맹세 (8) toothpick (9) 마법사 (10) sinew
		(11) 재사용할 수 있는 (12) robbery (13) 전달 (14) significantly (15) 전략적인 (16) rethink (17) 굴종하는 (18) persistence (19) 논쟁 (20) thoroughly
		(21) 사실이 아닌 (22) perceive (23) 익히다 (24) uncountable (25) 행정상의 (26) possibility (27) 창의적으로 (28) rally (29) 구입하다 (30) satisfy
DAY 88 Practice		1.(1) h (2) a (3) e (4) g (5) f (6) d (7) c (8) b
		2.(1) splurging (2) repercussions (3) visible (4) surpass
Self Test p.332		(1) 최고의 (2) splurge (3) 공포 (4) sympathy (5) 엄격히 (6) traditionally (7) 능가하다 (8) appliance (9) 관용 (10) weird
		(11) 영향 (12) visible (13) 기습하다 (14) undamaged (15) 복제 가능한 (16) acrophobia (17) 어리석음 (18) remedy (19) 은퇴 (20) tumble
		(21) 배우자 (22) wrinkle (23) 훈련생 (24) philosophy (25) 빨다 (26) yearly (27) 혼란 (28) womb (29) 무례하게 (30) possession
DAY 89 Practice		1.(1) d (2) e (3) a (4) f (5) g (6) h (7) c (8) b
		2.(1) unlikely (2) static (3) discovery (4) multi
Self Test p.340		(1) 세심함 (2) strength (3) 순전히 (4) weightless (5) 간단함 (6) unsupervised (7) 제거하다 (8) stairwell (9) 고정적인 (10) turbine
		(11) 뜻밖에 (12) swab (13) 추가금 (14) unlikely (15) 수송 (16) inherit (17) 잘 드러나지 않은 (18) inventory (19) 새로 꾸미다 (20) mole
		(21) 제거 (22) nocturnal (23) 미니멀리스트 (24) parasite (25) 다채로운 (26) refreshment (27) 다시 봉할 수 있는 (28) handy (29) 발견 (30) annual
DAY 90 Practice		1.(1) b (2) e (3) g (4) a (5) h (6) d (7) f (8) c
		2.(1) prototype (2) drawback (3) unsightly (4) ordinance
Self Test p.348		(1) 존재 (2) bleed (3) 생물 (4) absurd (5) 원형 (6) journey (7) 법령 (8) subscribe (9) 유발하다 (10) assign
		(11) 영장류 (12) convert (13) 이유 (14) stylish (15) 세련 (16) unsightly (17) 열다 (18) trim (19) 기소하다 (20) partly
		(21) 독점 (22) identification (23) 사학자 (24) drawback (25) 흥미를 일으키다 (26) behavior (27) 유혹 (28) correction (29) 지방자치제 (30) distinguish
TOSEL 실전문제 9	1. (D) 2. (D)	

DAY 91 ▶ Practice	✎	1.(1) c (2) e (3) d (4) g (5) h (6) b (7) a (8) f
	✎	2.(1) incident (2) installment (3) extraneous (4) exquisite
▶ Self Test p.360	✎	(1) 여행 (2) economically (3) 미친 듯이 (4) seemingly (5) 범인 (6) incurable (7) 잎이 있는 (8) installment (9) 분할 (10) sentimental
	✎	(11) 정교한 (12) dork (13) 뼈대 (14) decrease (15) 고려하다 (16) benefit (17) 관련 없는 (18) charity (19) 검소하게 (20) audience
	✎	(21) 상위 인지 (22) notification (23) 군중 (24) incident (25) 아주 기뻐하는 (26) majority (27) 상상도 할 수 없는 (28) logic (29) 평지 (30) imagination

DAY 92 ▶ Practice	✎	1.(1) b (2) c (3) d (4) e (5) a (6) h (7) f (8) g
	✎	2.(1) independent (2) mindset (3) contribution (4) artifacts
▶ Self Test p.368	✎	(1) 기여 (2) misfortune (3) 공예품 (4) specification (5) 주장하건대 (6) specimen (7) 조화 (8) independent (9) 자서전 (10) indefinite
	✎	(11) 의식하는 (12) sparrow (13) 재정을 지원하다 (14) spectator (15) 대응하다 (16) complete (17) 엉덩이 (18) suppose (19) 아작아작 씹다 (20) development
	✎	(21) 선뜻 (22) radiation (23) 그럴듯한 (24) merchandise (25) 취미 (26) magnify (27) 개념상의 (28) overly (29) 사고방식 (30) paycheck

DAY 93 ▶ Practice	✎	1.(1) h (2) e (3) d (4) b (5) c (6) g (7) f (8) a
	✎	2.(1) mutually (2) appreciative (3) sorcery (4) ultimately
▶ Self Test p.376	✎	(1) 들러붙다 (2) reactivity (3) 고장 (4) arithmetic (5) 공격적인 (6) ashamed (7) 투자 (8) discussion (9) 열사병 (10) garnish
	✎	(11) 고마워하는 (12) civilize (13) 친필 (14) government (15) (가구를) 비치하다 (16) equipment (17) 약사 (18) recently (19) 수습 기간 (20) preparation
	✎	(21) 서로 (22) sorcery (23) 일상적인 (24) lively (25) 숫자 (26) ultimately (27) 원시의 (28) surely (29) 예상하다 (30) pinewood

DAY 94 ▶ Practice	✎	1.(1) g (2) f (3) e (4) h (5) b (6) d (7) c (8) a
	✎	2.(1) outrun (2) adaptation (3) insert (4) acceptance
▶ Self Test p.384	✎	(1) 도덕적으로 (2) depart (3) 측은한 (4) accountability (5) 즐거움 (6) leaky (7) 버릇없음 (8) acceptance (9) 냉장하다 (10) initially
	✎	(11) 음운 체계의 (12) adaptation (13) 거장다운 (14) perhaps (15) 끼우다 (16) dishonest (17) 독창성 (18) convenience (19) ...보다 더 빨리 달리다 (20) infer
	✎	(21) 복원하다 (22) publication (23) 의심스러운 (24) insult (25) 개성 (26) lumber (27) 지나치게 단순화하다 (28) physician (29) ...을 필요하게 만들다 (30) icon

DAY 95 ▶ Practice	✎	1.(1) f (2) h (3) d (4) e (5) c (6) g (7) b (8) a
	✎	2.(1) pilgrim (2) remarkable (3) judgment (4) probability
▶ Self Test p.392	✎	(1) 서리가 내리는 (2) redistribution (3) 혁신적인 (4) multilingual (5) 자기 성찰적인 (6) remarkable (7) 기능적인 (8) pilgrim (9) 황무지 (10) petroleum
	✎	(11) 초대된 사람 (12) mystique (13) 동음이의어 (14) exhausted (15) 짜증나는 (16) registration (17) 판단 (18) strategist (19) 호감이 가는 (20) advantage
	✎	(21) 욕구 (22) investigate (23) 회피하다 (24) beautifully (25) 떨리는 (26) intimidate (27) 아마 (28) mechanism (29) 온전한 (30) probability

DAY 96 ▶ Practice	✎	1.(1) g (2) e (3) d (4) f (5) c (6) b (7) h (8) a
	✎	2.(1) trendy (2) propagate (3) outrageous (4) overdue
▶ Self Test p.400	✎	(1) 현대화하다 (2) preschooler (3) 입법부 (4) ultraviolet (5) 가능성 (6) homeowner (7) 도덕성 (8) whiten (9) 동기를 주는 (10) webpage
	✎	(11) 구식인 (12) region (13) 의무 (14) admiral (15) 기한이 지난 (16) republic (17) 연장하다 (18) precious (19) 터무니없는 (20) replay
	✎	(21) 독특한 (22) troublemaker (23) 사려깊은 (24) trendy (25) 동시에 일어나게 (26) speculation (27) 회전하다 (28) rusty (29) 전파하다 (30) prehistory

DAY 97 ▶ Practice	✎	1.(1) b (2) c (3) h (4) d (5) f (6) e (7) a (8) g
	✎	2.(1) rational (2) publicly (3) reminder (4) reserve
▶ Self Test p.408	✎	(1) 개조하다 (2) infringement (3) 갱신 (4) misunderstand (5) 분리 (6) moldy (7) 경멸하는 (8) prediction (9) 원시 사회의 (10) publicly
	✎	(11) 피난처 (12) adamant (13) 주도하다 (14) booking (15) (건축 공사장의) 비계 (16) addiction (17) 합리적인 (18) acknowledge (19) 시사회 (20) aboriginal
	✎	(21) 정확히 짚어주다 (22) unfortunate (23) 억누를 수 없는 (24) resource (25) 모르는 사이에 (26) reserve (27) 똑바른 (28) lawmaker (29) 내재하는 (30) reminder

DAY 98 ▶ Practice	✎	1.(1) e (2) c (3) b (4) h (5) g (6) f (7) d (8) a
	✎	2.(1) investigation (2) longlist (3) likeness (4) disapproved
▶ Self Test p.416	✎	(1) 아주 부드러운 (2) pinnacle (3) 후보자 명단 (4) valve (5) 조종하는 (6) accessorize (7) 설득력 있는 (8) disapprove (9) 가능성 있게 (10) variable
	✎	(11) 문자 그대로 (12) outset (13) 희망 (14) windproof (15) 그물망 (16) validity (17) 규모 (18) urine (19) 유사성 (20) unauthorized
	✎	(21) 전체 (22) translator (23) 몰두 (24) affection (25) 조사 (26) replace (27) 무책임한 (28) underground (29) 그림 문자 (30) search

DAY 99 ▶ Practice	✎	1.(1) e (2) h (3) f (4) b (5) a (6) g (7) c (8) d
	✎	2.(1) irritation (2) inculcate (3) unreasonable (4) endangerment
▶ Self Test p.424	✎	(1) 인상 (2) toward (3) 짜증 (4) flashlight (5) (생각, 도덕률 등을) 심어주다 (6) introductory (7) 주의를 기울이다 (8) drowsy (9) 위험에 빠진 상태 (10) farmland
	✎	(11) 꿀꺽 한 입 (12) interpretation (13) 노력 (14) disinterest (15) 번창하다 (16) hieroglyph (17) 섬유 (18) friendship (19) 인내 (20) dizziness
	✎	(21) 사악 (22) cruiser (23) 간섭하다 (24) arrest (25) 결백 (26) defeat (27) 불모지 (28) proper (29) 불합리한 (30) injury

DAY 100 ▶ Practice	✎	1.(1) b (2) f (3) d (4) c (5) a (6) e (7) h (8) g
	✎	2.(1) integration (2) preconceptions (3) defensive (4) bushy
▶ Self Test p.432	✎	(1) 상호작용 (2) defensive (3) 선전 (4) apt (5) 보존 (6) crumple (7) 예측할 수 있는 (8) commencement (9) 강도 (10) cancellation
	✎	(11) 내면화하다 (12) bushy (13) 딱딱한 껍질이 있는 (14) preconception (15) 통합 (16) continually (17) 정확 (18) acquaintance (19) 독창성 (20)businessman
	✎	(21) 경향 (22) acceptable (23) 변장하다 (24) riddle (25) 정의할 수 있는 (26) port (27) 백과사전 (28) stable (29) 요리법 (30) total

TOSEL 실전문제 10	1. (D) 2. (C)

Chapter 06

💡 Day 51. Self Test   p.24

1. 동향, 추세	16. biologically
2. aborigine	17. 삼나무, 향나무
3. 랩, 포장지, 싸다, 포장하다	18. Christianity
4. coincidental	19. 완전한, 절대적인
5. 축약	20. awakening
6. backup	21. 감사, 감상
7. 꾸러미, 묶음, ~을 싸 보내다	22. belonging
8. decorative	23. 국경, 경계
9. 끌, 끌로 새기다	24. carnivorous
10. commemoration	25. 결론
11. 재, 잿더미	26. artisan
12. acuity	27. 내려오다
13. 다양한	28. browse
14. bandwagon	29. 긍정적인, 양성의
15. 맹장, 부록	30. gratitude

💡 Day 52. Self Test   p.32

1. 실제의	16. bulletin
2. diagonally	17. 수출, 수출하다
3. 혼란	18. autonomy
4. curfew	19. 고장, 실패
5. 나침반	20. conceivably
6. distribute	21. 카디건
7. 싸게 사는 물건, 흥정	22. certification
8. asteroid	23. 두툼한
9. 극적으로	24. brutally
10. crank	25. 초상화
11. 재원[자금], 금융, 자금을 대다	26. assumption
12. cooperation	27. 환경
13. 크기, 규모, 차원	28. crossroad
14. commonsense	29. 뛰어남, 탁월함
15. 피난, 대피	30. intensive

Day 53 p.33

[Practice]

Exercise 1. p.39

(1) (b) (2) (e) (3) (g) (4) (h)
(5) (c) (6) (a) (7) (f) (8) (d)

Exercise 2. p.39

(1) casualties (2) coworkers (3) Thus (4) enhance

💡 Day 53. Self Test p.40

1. 높이다	16. birthplace
2. clumsy	17. (유명인의) 사인
3. 건강, 적합함	18. centralize
4. assess	19. 문명
5. 가이드라인[지침]	20. directive
6. casualty	21. 떼다, 분리되다
7. 지나치게 하다	22. concoction
8. blurb	23. 연세가 드신
9. 이전시키다	24. decay
10. citric	25. 공연
11. 보류하다, 선반에 얹다	26. coworker
12. bustle	27. 발명품, 발명
13. 따라서, 그러므로	28. directory
14. ascribe	29. 혼란시키다
15. 확인	30. elective

Day 54 p.42

[Practice]

Exercise 1. p.47

(1) (d) (2) (c) (3) (a) (4) (g)
(5) (e) (6) (b) (7) (h) (8) (f)

Exercise 2. p.47

(1) enroll (2) embrace (3) distinctive (4) employment

💡 Day 54. Self Test p.48

1. 대리인, 에이전트	16. explicitly
2. determine	17. 장애를 입히다, 망가뜨리다
3. 표, 배지	18. ideally
4. considerably	19. 살, 고기
5. 으스스한, 기이한	20. inert
6. delinquency	21. 국내의, 가정의
7. 치실	22. embrace
8. comprise	23. 비판, 비난
9. 환경의	24. dread
10. enthusiastic	25. 고용, 채용
11. 통로	26. enroll
12. combative	27. 지원, 응용프로그램
13. 더욱이	28. fender
14. democratize	29. 학위, 정도
15. 참가자	30. distinctive

Day 55
p.49

[Practice]

Exercise 1.
p.55

(1) (h) (2) (g) (3) (f) (4) (e)

(5) (d) (6) (c) (7) (a) (8) (b)

Exercise 2.
p.55

(1) hassle (2) expansive (3) dependent (4) feasible

Day 55. Self Test
p.56

1. 폭발	16. generational
2. directly	17. (너무) 거창한
3. 제한시키다, 가두다	18. hassle
4. expansive	19. 어려움[곤란]
5. 녹음의	20. illustrate
6. flirt	21. 약혼, 참여, 업무
7. 의존하는	22. happiness
8. gross	23. 기숙사
9. 야생의	24. impulse
10. historic	25. 프리랜서로 일하는
11. 녹아웃, KO	26. malleable
12. imperative	27. 글, 기사
13. 성장	28. outpace
14. feasible	29. 제안하다
15. 담보권 행사, 압류	30. persist

Day 56
p.57

[Practice]

Exercise 1.
p.63

(1) (b) (2) (a) (3) (e) (4) (f)

(5) (g) (6) (d) (7) (h) (8) (c)

Exercise 2.
p.63

(1) handmade (2) improperly (3) housing (4) mainland

Day 56. Self Test
p.64

1. 부정확한	16. laborious
2. executive	17. 즉각적인
3. 얼굴을 붉히다	18. meaningful
4. implication	19. 적절하지 않게
5. 본토	20. needless
6. landing	21. 도구
7. 소유자, 받침대	22. motivation
8. mislead	23. 손으로 만든
9. 표백제, 표백하다	24. portray
10. observation	25. 엄청난
11. 예외	26. recognize
12. literacy	27. 평균의
13. 아주 멋진, 화려한	28. retrospect
14. incomplete	29. 과정, 가공하다
15. 주택	30. physicist

Day 57 p.65

[Practice]

Exercise 1. p.71

(1) (d)   (2) (f)   (3) (b)   (4) (a)
(5) (g)   (6) (c)   (7) (e)   (8) (h)

Exercise 2. p.71

(1) obsolete (2) hostile (3) hypothesis (4) stun

💡 Day 57. Self Test p.72

1. 맞닥뜨리다, 마주치다, 만남	16. obsolete
2. hostile	17. 부적당한
3. 끌다, 힘들게 움직이다	18. patronize
4. paperwork	19. 합법적으로, 법률상
5. 버너	20. rave
6. ranch	21. 독립적으로
7. 건조기	22. outlook
8. satisfaction	23. 간
9. 솔직히, 정말로	24. subjective
10. pigment	25. ...라는 뜻[의미]이다
11. 불충분한	26. tremendously
12. stun	27. 비판하다
13. 게스트 하우스	28. undesirable
14. nosy	29. 대표, 대리인
15. 가설, 추정	30. visualize

Day 58 p.72

[Practice]

Exercise 1. p.79

(1) (e)   (2) (f)   (3) (d)   (4) (c)
(5) (g)   (6) (h)   (7) (a)   (8) (b)

Exercise 2. p.79

(1) malignant (2) emergency (3) swaps (4) Thorough

💡 Day 58. Self Test p.80

1. 벌목꾼	16. tempo
2. eruption	17. 혈통, 가계
3. 신화, 근거 없는 믿음	18. resolve
4. tangible	19. 통찰력
5. 재개하다, 갱신하다	20. shabby
6. swap	21. 대형 트럭[화물차]
7. 펍	22. upstream
8. worthy	23. 의미 없는
9. 자연스럽게, 저절로	24. sustainable
10. stratus	25. 돌연변이체, 돌연변이의
11. 처벌	26. rote
12. reliever	27. 달성하다
13. 면도하다	28. rendering
14. sarcastic	29. 비상
15. 악성의	30. thorough

Day 59 p.81

[Practice]

Exercise 1. p.87

(1) (f)	(2) (d)	(3) (e)	(4) (g)
(5) (h)	(6) (b)	(7) (a)	(8) (c)

Exercise 2. p.87

(1) utilized (2) pendulum (3) postpone (4) organizers

Day 60 p.89

[Practice]

Exercise 1. p.95

(1) (e)	(2) (c)	(3) (h)	(4) (f)
(5) (d)	(6) (a)	(7) (b)	(8) (g)

Exercise 2. p.95

(1) transcribe (2) relatively (3) vulnerable (4) defendant

 **Day 59. Self Test** p.88

1. 감독하다	16. relativity
2. frustrate	17. 믿을 수 없을 정도로
3. 찾으러 감, 픽업	18. postpone
4. wrestle	19. 조직자, 주최자
5. 회전	20. temporarily
6. upward	21. 협상하다
7. 추	22. undead
8. trial	23. 소포, 꾸러미
9. 지속시키다	24. vacant
10. avenge	25. 믿을 수 있는
11. 수직의	26. utilize
12. revoke	27. 인공의
13. 약화시키다	28. analysis
14. sensory	29. 운동, 운동하다
15. 기계	30. venture

Day 60. Self Test p.96

1. 육아	16. suffragette
2. adopt	17. 부담, 압박
3. 되찾아오다	18. underestimate
4. ritual	19. 살균하다
5. 어떤 사람	20. vulnerable
6. scone	21. 비교적
7. 뇌우	22. alumni
8. overeat	23. 급증하다
9. 놓기, 설치	24. commentary
10. populous	25. 손에 넣을 수 없는
11. 누구든 ... 하는 사람	26. beforehand
12. seminar	27. 설명하다
13. 아크릴로 만든	28. defendant
14. transcribe	29. 취소하다
15. 반도	30. commence

TOSEL 실전문제 6

General Reading Comprehension

1-2. (A), (B)

해석 우주에 간 첫 번째 인류는 27세의 소련 우주 비행사인 Yuri Gagarin
이었다. 1961년 4월 12일에, 그는 108분 동안 지구 궤도를 돌았다.
그 비행 임무는 Vostok 1이라고 불렸다. 밝은 주황색 우주복과 빨간
헬멧을 착용하고, Gagarin은 순식간에 국제적인 명성을 얻었다.
그러나, 흥미롭게도, Gagarin은 Vostok 1 이후 다시는 우주에
가지 않았다. 그는 또다른 우주 비행 임무를 위해 지원 승무원을
훈련시켰다. 그러나, 그 임무는 실패했고, Gagarin의 동료를 죽인
충돌로 끝이 났다. 이 시점에서, Gagarin은 국가적 영웅이자
국제적 유명인이었다. 소련의 관리들은 Gagarin이 충돌로 죽는
것을 걱정하여, 그가 다시 우주 비행의 위험을 직면하도록 허락하지
않았다. 그 대신, Gagarin은 일반 항공기의 조종사가 되었다.

요약 Yuri Gagarin은 우주에 간 첫 번째 인류였다. 1961년에, 그는 비행
임무로 거의 두 시간을 우주에서 보냈다. 그는 즉각적인 국제적인
명성을 얻었지만 다시는 우주에 가지 않았다. 동료의 실패한 임무
이후, 소련 관리들은 Gagarin이 우주 비행을 다시 시도하는 것을
거절했다. 대신에, Gagarin은 일반 항공기를 조종했다.

1. Choose the most suitable word for blank [A], connecting
   the summary to the passage.
   본문과 요약문을 연결 지을 때, 빈칸 [A]에 가장 적절한 단어를
   고르시오.
   (A) instant 즉각적인   (B) populous 인구가 많은
   (C) vulnerable 취약한   (D) underestimated 과소 평가된

2. Choose the most suitable word for blank [B], connecting
   the summary to the passage.
   본문과 요약문을 연결 지을 때, 빈칸 [B]에 가장 적절한 단어를
   고르시오.
   (A) ritual 의례적인   (B) failed 실패한
   (C) acrylic 아크릴로 만든   (D) relative 상대적인

풀이 'Gagarin achieved instant international fame'를 통해 그가
즉각적인 국제적 명성을 얻었음을 알 수 있으므로 1번은 (A)가
정답이다. 'that mission failed'를 통해 동료의 임무가 실패했음을
알 수 있으므로 2번은 (B)가 정답이다.

관련 어휘 vulnerable 취약한, 연약한 (Day 60)
       acrylic 아크릴로 만든 (Day 60)
       ritual 의식 절차, 의례 (Day 60)

Chapter 07

Day 61	p.101

[Practice]

Exercise 1.			p.107

(1) (h)	(2) (g)	(3) (f)	(4) (c)
(5) (d)	(6) (e)	(7) (b)	(8) (a)

Exercise 2.	p.107

(1) perception (2) hardened (3) commissioned
(4) Attach

💡 **Day 61. Self Test**   p.108

1. 항공기에 의한, 공중의, 대기의	16. dominant
2. anterior	17. 기대
3. 쓰레기통	18. environmentally
4. chargeable	19. 인식, 감각
5. 우연의 일치, 동시 발생	20. botany
6. deliberately	21. 합병
7. 줄 수 있는, (가격이) 알맞은	22. artistry
8. bachelor	23. 상호적인
9. 바치다, 헌신하다	24. balm
10. temperament	25. 수감자, 재소자
11. 수수료, 의뢰하다	26. cardio
12. advent	27. 붙이다, 첨부하다
13. 참다, 지탱하다, 낳다, 곰	28. apologetic
14. brood	29. 지식
15. 굳다, 단호해지다	30. capricious

Day 62 p.109

[Practice]

Exercise 1. p.115

(1) (f) (2) (d) (3) (e) (4) (g)
(5) (h) (6) (c) (7) (b) (8) (a)

Exercise 2. p.115

(1) predicted (2) caretakers (3) endlessly
(4) technical

Day 62. Self Test p.116

1. 소형의, 조밀한	16. deforestation
2. predict	17. 고정관념
3. 치아 교정기, 버팀대	18. effectiveness
4. evenly	19. 기술적인
5. 고도	20. endlessly
6. federal	21. 불필요한
7. 만료되다, 끝나다	22. carefree
8. genomic	23. 모금
9. 대화	24. caretaker
10. expose	25. 집행하다, 강요하다
11. 꽃을 피우다	26. bursary
12. hefty	27. 입장[태도], 자세
13. 해부학, 몸	28. debug
14. fragment	29. 변장한, 속임수의
15. 영구적인	30. buzz

Day 63 p.117

[Practice]

Exercise 1. p.123

(1) (g) (2) (h) (3) (d) (4) (e)
(5) (f) (6) (b) (7) (c) (8) (a)

Exercise 2. p.123

(1) commemorate (2) automatic (3) emergence
(4) encompass

Day 63. Self Test p.124

1. 항체	16. frivolity
2. committee	17. 천년
3. 찬반 양론, 장단점	18. void
4. identifiable	19. 이주, 출입국 관리소
5. 건설하다	20. experimental
6. heartless	21. 포함하다, 둘러싸다
7. 딜레마	22. delineate
8. guilty	23. 기부, 기증
9. 반드시 ... 하게 하다	24. commemorate
10. forefinger	25. 비판적으로
11. 자동의	26. emergence
12. flock	27. 추상적인
13. 우박	28. escort
14. eventual	29. 영향
15. 중립적인	30. compatibility

Day 64
p.125

[Practice]

Exercise 1. p.131

(1) (b)　(2) (d)　(3) (a)　(4) (c)
(5) (h)　(6) (g)　(7) (e)　(8) (f)

Exercise 2. p.131

(1) introvert (2) democracy (3) politic (4) fertile

Day 64. Self Test p.132

1. 유머, 익살	16. generalization
2. fertile	17. 익숙함, 친근함
3. 진단하다	18. flightless
4. evolutionary	19. 반감, 못마땅함
5. 논란이 많은	20. boost
6. downhill	21. 민주주의
7. 불안, 걱정거리	22. evade
8. culminate	23. 적운, 뭉게구름
9. 기타, …따위, … 등등	24. fluent
10. browser	25. 유죄를 선고하다
11. 방울방울 [뚝뚝] 흐르다	26. introvert
12. authorization	27. 가능한
13. 깜짝 [크게] 놀라게 하다	28. insane
14. imperfectly	29. 현명한, 신중한
15. 다정하게, 부드럽게	30. esthetics

Day 65
p.133

[Practice]

Exercise 1. p.139

(1) (h)　(2) (a)　(3) (f)　(4) (e)
(5) (d)　(6) (g)　(7) (c)　(8) (b)

Exercise 2. p.139

(1) designated　(2) nutritious　(3) luncheon
(4) blessing

Day 65. Self Test p.140

1. 영양분이 많은	16. cosmetic
2. purpose	17. 논쟁의 소지가 있는
3. 소수	18. enthusiasm
4. generous	19. 의류, 의복
5. 오찬	20. goddess
6. hydroelectric	21. 통근자
7. 조작	22. fingernail
8. designate	23. 정전
9. 정신 이상	24. distract
10. continental	25. 협력하다
11. 주의를 기울이는	26. attractive
12. censorship	27. …가 원인인
13. 축복, 승인	28. diplomacy
14. differently	29. 파산한
15. 공존	30. faraway

Day 66   p.141

[Practice]

Exercise 1.   p.147

(1) (f)	(2) (g)	(3) (d)	(4) (c)
(5) (a)	(6) (b)	(7) (h)	(8) (e)

Exercise 2.   p.147

(1) assessment (2) frustration (3) constitute
(4) comprehend

💡 Day 66. Self Test   p.148

1. 유망한, 다가오는	16. chamber
2. response	17. 영리함
3. 보행자, 보행자용의	18. artistic
4. comprehend	19. 쏟아내다, 분출, 폭발
5. 감독하다	20. formula
6. medicinal	21. 불만, 좌절감
7. 두드러지게, 현저히	22. infrastructure
8. lightly	23. 효율적으로
9. 의무적인	24. flexibility
10. indispensable	25. 서술하는
11. 구성하다	26. hardware
12. corpse	27. 압축하다, 압박붕대
13. 평가	28. appeal
14. argument	29. 허락하다, 허가증
15. 촉진제	30. flavor

Day 67   p.149

[Practice]

Exercise 1.   p.155

(1) (b)	(2) (c)	(3) (a)	(4) (e)
(5) (d)	(6) (h)	(7) (f)	(8) (g)

Exercise 2.   p.155

(1) intelligence (2) meditate (3) revenue
(4) strive

💡 Day 67. Self Test   p.156

1. 분투하다, 노력하다	16. educator
2. warrant	17. 그 결과, 따라서
3. 수입	18. intelligence
4. imagine	19. 보이지 않는
5. 계획, 청사진	20. minister
6. productive	21. 임금 인상, 증가
7. 기여하다, 기여	22. lush
8. photocopy	23. 명상
9. 희귀성	24. hemisphere
10. meditate	25. 제조자
11. 측정할 수 있는, 주목할 만한	26. kidnap
12. furious	27. 불이 붙다
13. 즉흥시인[연주자]	28. heap
14. formation	29. 수요
15. 자동화	30. invoice

Day 68
p.157

[Practice]

Exercise 1.
p.163

(1) (g) (2) (f) (3) (h) (4) (e)
(5) (d) (6) (c) (7) (a) (8) (b)

Exercise 2.
p.163

(1) entitlement (2) friction (3) pamper
(4) invertebrates

Day 68. Self Test
p.164

1. 은둔자	16. improvement
2. maintain	17. 완화, 경감
3. 마찰	18. ordinary
4. apply	19. 소중히 보살피다
5. 진정으로	20. nectar
6. reputation	21. 합병하다
7. 본질	22. invertebrate
8. progressive	23. 전화 교환원
9. 땋다, (실을 꼬아서 만든) 장식용 수술	24. mileage
10. recovery	25. 협상의 여지가 있는
11. 별개의	26. limitation
12. magical	27. 지중해의
13. 자격, 권리	28. increasingly
14. inconvenient	29. 협박, 위협
15. 억양	30. magnet

Day 69
p.165

[Practice]

Exercise 1.
p.171

(1) (e) (2) (h) (3) (g) (4) (f)
(5) (d) (6) (c) (7) (b) (8) (a)

Exercise 2.
p.171

(1) simultaneously (2) commonplace
(3) allocate (4) naughty

Day 69. Self Test
p.172

1. 관찰력이 뛰어난, 준수하는	16. martial
2. develop	17. 아주 흔한
3. 동기, 이유	18. protest
4. supply	19. 느낌, 감각, 센세이션
5. 본능적인	20. reign
6. tragedy	21. 주기적인, 정기적인
7. 어색함을 누그러뜨리기 위한 행동	22. pamphlet
8. simultaneously	23. 맛좋은, 풍미 있는
9. 신원, 유사성	24. outcome
10. revenge	25. 반역자
11. 집단의, 단체의	26. naughty
12. pilotless	27. 수동적으로
13. 지지자, 지지하다	28. litter
14. necessarily	29. 약속하다, 약속
15. 할당하다	30. orchard

Day 70	p.173

[Practice]

Exercise 1.				p.179

(1) (b) (2) (a) (3) (e) (4) (g)
(5) (d) (6) (c) (7) (h) (8) (f)

Exercise 2.	p.179

(1) residence (2) alternately (3) recess (4) sensible

Day 70. Self Test   p.180

1. 만연하는, 스며드는	16. tourism
2. occur	17. 번갈아
3. 참다, 견디다	18. perforate
4. residence	19. 불확실성
5. 분별있는, 합리적인	20. norm
6. technician	21. 소유욕이 강한
7. 휴회기간, 쉬는 시간	22. ownership
8. welder	23. 관광업
9. 향수	24. relentlessly
10. pursue	25. (지질) 구조상의
11. 극단주의자	26. nonetheless
12. showcase	27. 혹독, 엄정
13. 바람직한	28. prey
14. prevention	29. 위험에 빠뜨리다
15. 지휘관	30. unpaid

TOSEL 실전문제 7

General Reading Comprehension

1-2. (B), (C)

해석 Honjo Masamune는 일본의 가장 전설적인 칼 중 하나이다. 중세의 장인 Masamune에 의해 만들어져서, 이 칼은 결국 2세기 반 동안 강력한 Tokugawa 가문의 손에 넘어갔다. 그러나, 제 2차 세계대전 말에, Tokugawa 가문을 포함한 일본 사람들은, 미군으로부터 그들의 무기를 경찰서에 포기하도록 요구받았다. 1946년, 미군 출신이라고 주장하는 한 남자가 군을 대신하여 그 칼을 빼앗았다. 그러나, 그날부터, 그 칼은 절대 목격되지 않았다. 값을 매길 수 없이 귀중한 이 유물이 어떤 미국인의 집에 걸려있을까? 오늘날까지, 그것은 미스터리다.

요약 Honjo Masamune는 역사적인 일본도이다. 강력한 Tokugawa 가문이 그것을 250년 동안 가지고 있었다. 그러나, 제 2차 세계대전 이후, 일본인들은 그들의 무기를 미군에 주어야만 했다. 미군이라고 주장하는 한 남자가 Honjo Masamune를 가져갔고, 그 보물은 시야에서 사라졌다.

1. Choose the most suitable word for blank [A], connecting the summary to the passage.
   본문과 요약문을 연결 지을 때, 빈칸 [A]에 가장 적절한 단어를 고르시오.
   (A) bins 쓰레기통   (B) arms 무기
   (C) boosters 촉진제   (D) antibodies 항체

2. Choose the most suitable word for blank [B], connecting the summary to the passage.
   본문과 요약문을 연결 지을 때, 빈칸 [B]에 가장 적절한 단어를 고르시오.
   (A) brace 교정기   (B) browser 브라우저
   (C) treasure 보물   (D) limitation 제한

풀이 'American military to give up their weapons'를 통해 미군에 의해 무기 반납을 요구받았음을 알 수 있으므로 1번은 (B)가 정답이다. 'the priceless relic'이라는 표현을 통해 그것이 귀중한 유물임을 알 수 있으므로 2번은 (C)가 정답이다.

관련 어휘 bin 쓰레기통 (Day 61) booster 촉진제 (Day 66)
         antibody 항체 (Day 61) brace 치아 교정기, 버팀대 (Day 62)
         browser 브라우저 (Day 66) limitation 제한, 한계 (Day 68)

Chapter 08

Day 71 p.185

[Practice]

Exercise 1. p.191

(1) (f)　(2) (e)　(3) (b)　(4) (c)

(5) (a)　(6) (d)　(7) (h)　(8) (g)

Exercise 2. p.191

(1) scrape　(2) criminal　(3) aggression

(4) outright

💡 Day 71. Self Test p.192

1. 다시 활발해지다, 다시 태어나다, 다시 활발해진	16. lifespan
2. extinct	17. 종합한, 합계
3. 농장, 조림지	18. bisect
4. criminal	19. 요소
5. 과적하다, 지나치게 많음, 과부하	20. scrape
6. flashcard	21. 성인, 성년
7. 구멍	22. regardless
8. disorder	23. 보상
9. 완전한, 노골적으로	24. reasonable
10. deteriorate	25. 칠판
11. 구성의	26. psychologist
12. mascot	27. 공격, 침략
13. 중심이 같은	28. monthly
14. marker	29. 필요한
15. 투우사	30. marking

Day 72 p.193

[Practice]

Exercise 1. p.199

(1) (c)　(2) (e)　(3) (g)　(4) (h)

(5) (f)　(6) (d)　(7) (b)　(8) (a)

Exercise 2. p.199

(1) dependence　(2) resemble　(3) ridiculous

(4) souvenir

💡 Day 72. Self Test p.200

1. 학구적인	16. mindful
2. distance	17. 소화의
3. 공간의	18. microchip
4. advise	19. 의존
5. 별의, 뛰어난	20. souvenir
6. defense	21. 배열, 배치, 환경설정
7. 눈의	22. rotten
8. grammatically	23. 자백, 고백
9. 통화의	24. ridiculous
10. gambler	25. 뇌진탕
11. 외설	26. unwrap
12. follower	27. 받아쓰게 하다, ...에 영향을 주다, 지시하다
13. 이야기, 독백	28. trait
14. navigation	29. 감추다, 숨기다
15. 필요(성)	30. resemble

Day 73 p.201

[Practice]

Exercise 1. p.207

(1) (d)	(2) (g)	(3) (e)	(4) (c)
(5) (h)	(6) (b)	(7) (a)	(8) (f)

Exercise 2. p.207

(1) traitors (2) secondhand (3) cooperate
(4) irrational

Day 74 p.209

[Practice]

Exercise 1. p.215

(1) (h)	(2) (c)	(3) (f)	(4) (a)
(5) (e)	(6) (d)	(7) (b)	(8) (g)

Exercise 2. p.215

(1) introduced (2) knowledgeable (3) didactic
(4) disseminate

💡 Day 73. Self Test p.208

1. 중얼거리다, 중얼거림	16. mortuary
2. grant	17. 흩어지다, 해산하다
3. 온순한	18. warn
4. scene	19. 직접, 바로, 직접의
5. 소송, 고소	20. vend
6. ineffective	21. 사망자, 치사율
7. 비이성적인	22. uncomfortable
8. housewife	23. 시력
9. 아주 기뻐하는	24. translate
10. hairless	25. 사회적 약자인, 어려운
11. 침을 흘리다	26. shed
12. preposterous	27. 공기 확산기, 디퓨저
13. 편집의, 사설	28. traitor
14. politely	29. 사유의
15. 협력하다	30. secondhand

💡 Day 74. Self Test p.216

1. 중간의, 잠정적인	16. preschool
2. comparison	17. 정교한, 상술하다
3. 마음속의, 내부로 향한	18. trek
4. introduce	19. 투옥, 감금
5. 레이아웃[배치]	20. woody
6. heroic	21. 일회용의
7. 많이 아는	22. symptom
8. hopefully	23. 퍼뜨리다[전파하다]
9. 쓰레기 매립지	24. untouched
10. inexpensive	25. 토대, 재단
11. 인정하다, 자백하다	26. vestigial
12. sigh	27. 신발
13. 헌법의, 입헌의	28. trample
14. preservative	29. 확실히
15. 교훈적인	30. smear

Day 75 p.217

[Practice]

Exercise 1. p.223

(1) (a)   (2) (c)   (3) (b)   (4) (e)
(5) (h)   (6) (d)   (7) (f)   (8) (g)

Exercise 2. p.223

(1) meticulous (2) initiative (3) subscription
(4) proponent

Day 75. Self Test p.224

1. 아주 큰	16. proponent
2. endearing	17. 효력 없는
3. 자격이 없는	18. capable
4. relief	19. 꼼꼼한, 세심한
5. 중심지	20. ambassador
6. innocent	21. 정렬, 라인업
7. 이상화하다	22. shiver
8. influential	23. 불편
9. 개념화하다	24. unbelievable
10. hoarse	25. 계획, 진취성
11. 상업화	26. subscription
12. Thanksgiving	27. 수반하다, 관련시키다
13. 성가신	28. smoothly
14. projector	29. 상기시키다
15. 인류학의	30. translation

Day 76 p.225

[Practice]

Exercise 1. p.231

(1) (h)   (2) (e)   (3) (a)   (4) (f)
(5) (c)   (6) (d)   (7) (b)   (8) (g)

Exercise 2. p.231

(1) decent   (2) loosen   (3) attitude
(4) constellations

Day 76. Self Test p.232

1. 젊은	16. torture
2. strategy	17. 무방비의
3. 신성한	18. payable
4. description	19. 자질, 속성, 결과로 보다
5. 하프타임, 중간 휴식	20. decent
6. mighty	21. 동업, 파트너십
7. 자갈	22. constellation
8. loosen	23. 학대하다
9. 게걸스럽게 먹다	24. blazer
10. internationally	25. 이웃의, 인접한
11. 제약, 제한	26. ankle
12. attitude	27. 대도시의
13. 승진, 고도	28. strengthen
14. treadmill	29. 덮개를 벗기다, 알아내다
15. 대표단, ~의 여부에 따라, 우발적인	30. tumor

Day 77 p.233

[Practice]

Exercise 1. p.239

(1) (g)	(2) (h)	(3) (e)	(4) (d)
(5) (c)	(6) (b)	(7) (a)	(8) (f)

Exercise 2. p.239

(1) eyelids (2) indicator (3) Rationally (4) respect

🔆 Day 77. Self Test p.240

1. 식물군	16. undergo
2. forgive	17. 눈부시게 하다, 눈부심
3. 유리 같은, 무표정의	18. externality
4. rationally	19. 존재하다[적용되다]
5. 눈꺼풀	20. edition
6. gnaw	21. 존경, 존경하다, 존중하다
7. 수정시키다, 비료를 주다	22. drift
8. mummy	23. 평상시의, 비정기적인, 평상복, 캐주얼
9. 다른 곳에서[으로]	24. qualitative
10. ministry	25. 맞추다, 개인화하다
11. 지표, 계기	26. barge
12. wisely	27. 연기자
13. 플래시 전구	28. annually
14. whisper	29. 낭비하는
15. 매력, 매혹	30. stretchable

Day 78 p.241

[Practice]

Exercise 1. p.247

(1) (b)	(2) (a)	(3) (f)	(4) (g)
(5) (d)	(6) (c)	(7) (h)	(8) (e)

Exercise 2. p.247

(1) abundant (2) available (3) divisive (4) accomplish

🔆 Day 78. Self Test p.248

1. 유발하다	16. abundant
2. schooler	17. 토착의
3. 결함	18. diploma
4. provide	19. 스미다
5. 호환이 되는, 화합할 수 있는	20. daydream
6. accomplish	21. 시간이 있는, 이용할 수 있는
7. 토론자	22. awkward
8. cheerleader	23. 굴절
9. 갇힘, 얽매임	24. categorize
10. calligraphy	25. 비꼬는 투로
11. 선사 시대의	26. buck
12. accommodation	27. 다시 보내다
13. 분열을 초래하는	28. atmosphere
14. bomber	29. 분명히
15. 기능상	30. cab

Day 79 p.249

[Practice]

Exercise 1. p.255

(1) (c)	(2) (a)	(3) (b)	(4) (e)
(5) (d)	(6) (g)	(7) (f)	(8) (h)

Exercise 2. p.255

(1) distant (2) abroad (3) connotation (4) conservation

Day 79. Self Test p.256

1. 정신병원	16. administration
2. sentiment	17. 분배 (방식), 분포
3. 흐릿한	18. basically
4. regulation	19. 숨이 멎는듯한
5. 보존, 보호	20. adjustable
6. abroad	21. 무제한의
7. 진짜인	22. distant
8. prevent	23. 특출한
9. 부케, 꽃다발	24. economic
10. archeologist	25. 엄니[상아]
11. (사슴의) 가지진 뿔	26. gem
12. classification	27. 생각할 수 있는
13. 진짜임을 증명하다	28. flea
14. circumstance	29. 흐느끼다
15. 함축(된 의미)	30. critic

Day 80 p.257

[Practice]

Exercise 1. p.263

(1) (c)	(2) (f)	(3) (g)	(4) (e)
(5) (d)	(6) (a)	(7) (h)	(8) (b)

Exercise 2. p.263

(1) unfashionable (2) timely (3) carelessly (4) censors

Day 80. Self Test p.264

1. 탐닉, 제멋대로 함	16. craftspeople
2. respectively	17. 은유, 비유
3. 검열하다, 검열	18. identical
4. recommend	19. 속성,귀속, 직권
5. 배경	20. gossip
6. entire	21. 생존
7. 부주의하게, 태평하게	22. consciously
8. continuous	23. 합성하다
9. ...할 가능성이 큰, 얽매인	24. disobey
10. conlang	25. 시기적절한
11. 갑작스런	26. explode
12. Inuit	27. 곡, 선율, 조율하다
13. 굳히다[강화하다], 통합하다	28. conditional
14. fighter	29. 유행에 어울리지 않는
15. 밀어넣다, 으스러뜨리다	30. acclaim

General Reading Comprehension

1-2. (A), (D)

해석 비록 로맨틱 코미디가 사람들이 인생에서 가장 원하는 것이 거창한 깜짝 선물이라고 암시하지만, 사실 과학자들은 대부분의 사람들이 놀라움의 팬이 아니라는 것을 보여준다. 몇몇 연구에 따르면, 사람들은 만약 그들이 그렇게 할 것을 요구받았을 경우, 선물을 더욱 소중히 여기고 더 오래 기억한다. 또한 선물을 받는 사람들과 주는 사람들은 기대치에 있어서 서로 상충하는 것으로 밝혀졌다. 선물을 주는 사람들은 선물을 받는 사람들이 놀라기를 바란다고 생각한다. 그러나, 연구는 그들의 위시 리스트에 있는 것을 받은 사람들은, 선물을 주는 사람들이 받는 사람들에게 무엇을 원하는지 묻지 않았을 때보다 더욱 사려 깊다고 생각한다는 것을 보여준다.

요약 비록 몇몇 영화들이 사람들이 놀라기를 원한다고 암시하지만, 연구는 선물을 받는 사람들이 그들이 무엇을 원하는지 안다는 것을 보여준다. 선물을 주는 사람들은 선물을 받는 사람들이 놀라는 것을 <u>선호한</u>다고 생각한다. 그러나, 연구는 위시리스트에 있는 물건을 받은 사람들이 선물을 주는 사람들을 더욱 <u>사려 깊다</u>고 생각한다고 시사한다.

1. Choose the most suitable word for blank [A], connecting the summary to the passage.
   본문과 요약문을 연결 지을 때, 빈칸 [A]에 가장 적절한 단어를 고르시오.
   (A) prefer 선호하다   (B) remind 상기시키다
   (C) disobey 불복종하다   (D) conceal 숨기다

2. Choose the most suitable word for blank [B], connecting the summary to the passage.
   본문과 요약문을 연결 지을 때, 빈칸 [B]에 가장 적절한 단어를 고르시오.
   (A) surly 성질 못된   (B) joyful 아주 기뻐하는
   (C) meticulous 꼼꼼한   (D) considerate 사려 깊은

풀이 'Gift givers think that gift recipients want to be surprised'를 통해 선물을 주는 사람들은 선물을 받는 사람들이 놀라기를 바란다고 생각함을 알 수 있으므로 1번은 (A)가 정답이다. 'gift recipients who got things from their wish lists deemed the gift givers to be more thoughtful'를 통해 위와 같은 경우 선물을 받는 사람들은 선물을 주는 사람들이 더욱 사려 깊다고 생각함을 알 수 있으므로 2번은 (D)가 정답이다.

관련 어휘 remind 상기시키다 (Day 75) disobey 불복종하다 (Day 80)
        conceal 감추다, 숨기다 (Day 72)
        surly 성질 못된, 무례한
        joyful 아주 기뻐하는 (Day 73)
        meticulous 꼼꼼한, 세심한 (Day 75)

Chapter 09

Day 81	p.269

[Practice]

Exercise 1.			p.275

[1] (b)	[2] (a)	[3] (e)	[4] (g)
[5] (c)	[6] (h)	[7] (d)	[8] (f)

Exercise 2.		p.275

[1] occupation [2] nationality [3] ancestor
[4] strict

💡 **Day 81. Self Test**   p.276

1. 고용하다, 이용하다	16. reimbursement
2. regional	17. 계속, 지속
3. 고위의, 연장자, 4학년	18. compare
4. docile	19. 신부의
5. 수정, 비옥화	20. fluffy
6. ape	21. 기독교의, 기독교도
7. 정서의, 감정적인	22. financial
8. nationality	23. 보통의, 완화하다, 조정하다
9. 폭로	24. exclusively
10. proofread	25. 바람이 거센
11. 동면하다	26. connector
12. occupation	27. 조상
13. 계획[프로그램], 계획하다	28. demonstration
14. prophet	29. 엄격한
15. 이례적인	30. corporation

Day 82

p.277

[Practice]

Exercise 1.

p.283

(1) (b) (2) (c) (3) (e) (4) (h)
(5) (f) (6) (d) (7) (a) (8) (g)

Exercise 2.

p.283

(1) complimentary (2) confidentiality
(3) imaginable (4) fragmentation

Day 82. Self Test

p.284

1. 이동성	16. invader
2. confidentiality	17. 밀어넣다, 벼락치기 공부를 하다
3. 막	18. negotiation
4. against	19. 무한대
5. 배울 만한	20. misbehave
6. tend	21. 분열
7. 포함하다	22. hook
8. several	23. 부산물
9. 상상할 수 있는	24. highly
10. contradict	25. 폭넓음, 폭, 너비
11. 영광	26. gradually
12. adolescent	27. 건조시키다, 탈수 상태가 되다
13. 열이 나는, 몹시 흥분한	28. complimentary
14. adjustment	29. 거리의 악사
15. 타당한 이유	30. freshman

Day 83

p.285

[Practice]

Exercise 1.

p.291

(1) (f) (2) (e) (3) (a) (4) (c)
(5) (h) (6) (d) (7) (b) (8) (g)

Exercise 2.

p.291

(1) passionate (2) cleanliness (3) congestion
(4) irregular

Day 83. Self Test

p.292

1. 설득하다	16. Alzheimer
2. expense	17. 웃기는
3. 격분, 격노, 격분하게 만들다	18. shrink
4. consumption	19. 소독하다
5. 한가한, 여유로운	20. reverse
6. openly	21. 요금상자
7. 그동안, 그동안에	22. passionate
8. newcomer	23. 피부과 전문의
9. 언어에 능한 사람, 언어학자	24. mountainous
10. archeological	25. 합의
11. 자정	26. previous
12. collector	27. 혼잡
13. 무자비하게	28. navy
14. cleanliness	29. 원칙, 원리
15. 불규칙적인	30. plot

Day 84
p.293

[Practice]

Exercise 1. p.299

(1) (b)　(2) (h)　(3) (a)　(4) (g)
(5) (f)　(6) (d)　(7) (c)　(8) (e)

Exercise 2. p.299

(1) redeem (2) obsession (3) specific (4) withdrawn

☀ Day 84. Self Test
p.300

1. 교환하다, 구원하다	16. obsession
2. ability	17. 부정적인
3. 정독하다	18. wartime
4. serious	19. 셀 수 있는
5. 슬픔	20. sue
6. counselor	21. 호기심
7. 비틀거리다	22. succession
8. withdrawn	23. 흥하게 만들다
9. 비관적인	24. theme
10. automatically	25. 융합되다, 녹이다
11. 타고난, 선천적인	26. specific
12. avoidance	27. 단체, 유대감
13. 잘 상하는	28. reflect
14. controversy	29. 보상, 보답하다
15. 간과하다	30. snare

Day 85
p.301

[Practice]

Exercise 1. p.307

(1) (b)　(2) (f)　(3) (h)　(4) (d)
(5) (c)　(6) (e)　(7) (a)　(8) (g)

Exercise 2. p.307

(1) segment (2) respectable (3) personally
(4) violent

☀ Day 85. Self Test
p.308

1. 부분, (여러 부분으로) 나누다	16. cleanse
2. phase	17. 고마워하다, 인정하다
3. 그렇게 함으로써	18. usage
4. expert	19. 해당[적용]되는
5. 압수, 장악, 발작	20. sugary
6. availability	21. 겨드랑이
7. 전략, 전술	22. scent
8. receivable	23. 생화학자
9. 학업의	24. sociology
10. poorly	25. 자격증
11. 존경할 만한	26. vendor
12. personally	27. 껍질
13. 다시 구성하다	28. transcript
14. auxiliary	29. 폭력적인
15. 분수	30. swallow

Day 86   p.309

[Practice]

Exercise 1.   p.315

(1) (h)   (2) (e)   (3) (f)   (4) (g)
(5) (d)   (6) (b)   (7) (c)   (8) (a)

Exercise 2.   p.315

(1) appraisal (2) rhythm (3) displayed (4) reunite

💡 Day 86. Self Test   p.316

1. 씰룩씰룩 움직이다	16. rearrange
2. consternation	17. 재회[결합]하다, 재통합하다[시키다]
3. 길,추적하다[뒤쫓다]	18. aquatic
4. theft	19. 충분한
5. 헛된	20. teen
6. rhythm	21. 가느다란 조각, 띠, 가늘고 길게 자르다, 옷을 벗다
7. 긍정적인	22. werewolf
8. showroom	23. 용감한
9. 절약하는	24. selection
10. scroll	25. 전진, 진전, 다가가다, 성공을 돕다
11. 전략적인	26. voyage
12. remake	27. 평가[회]
13. 절약, 저축한 돈, 저금	28. wad
14. paperback	29. 전시하다, 전시
15. 슬픈	30. shipment

Day 87   p.317

[Practice]

Exercise 1.   p.323

(1) (b)   (2) (e)   (3) (f)   (4) (g)
(5) (h)   (6) (c)   (7) (d)   (8) (a)

Exercise 2.   p.323

(1) untrue (2) purchase (3) contention
(4) transmission

💡 Day 87. Self Test   p.324

1. 독수리	16. rethink
2. reduce	17. 굴종하는/부차적인
3. 던지다, 던지기	18. persistence
4. statue	19. 논쟁, 주장
5. ...을 증대시키다	20. thoroughly
6. successor	21. 사실이 아닌
7. 맹세, 맹세하다	22. perceive
8. toothpick	23. 익히다/익숙해지다
9. 마법사	24. uncountable
10. sinew	25. 행정상의
11. 재사용할 수 있는	26. possibility
12. robbery	27. 창의적으로
13. 전달, 전송	28. rally
14. significantly	29. 구입하다
15. 전략적인	30. satisfy

Day 88 p.325

[Practice]

Exercise 1. p.331

(1) (h) (2) (a) (3) (e) (4) (g)
(5) (f) (6) (d) (7) (c) (8) (b)

Exercise 2. p.331

(1) splurging (2) repercussions (3) visible (4) surpass

Day 89 p.333

[Practice]

Exercise 1. p.339

(1) (d) (2) (e) (3) (a) (4) (f)
(5) (g) (6) (h) (7) (c) (8) (b)

Exercise 2. p.339

(1) unlikely (2) static (3) discovery (4) multi

Day 88. Self Test p.332

1. 최고의	16. acrophobia
2. splurge	17. 어리석음
3. 두려움, 공포	18. remedy
4. sympathy	19. 은퇴
5. 엄격히	20. tumble
6. traditionally	21. 배우자
7. 능가하다	22. wrinkle
8. appliance	23. 교육을 받는 사람, 훈련생
9. 관용, 인내	24. philosophy
10. weird	25. 빨다
11. 영향	26. yearly
12. visible	27. 혼란
13. 기습하다, 급강	28. womb
14. undamaged	29. 무례하게
15. 복제 가능한	30. possession

Day 89. Self Test p.340

1. 세심함, 감성	16. inherit
2. strength	17. 잘 드러나지 않은
3. 순전히	18. inventory
4. weightless	19. 새로 꾸미다
5. 단순함, 간단함	20. mole
6. unsupervised	21. 제거
7. 제거하다	22. nocturnal
8. stairwell	23. 미니멀리스트
9. 고정적인	24. parasite
10. turbine	25. 다채로운
11. 뜻밖에	26. refreshment
12. swab	27. 다시 봉할 수 있는
13. 추가요금을 부과하다, 추가요금	28. handy
14. unlikely	29. 발견
15. 운반성, 수송	30. annual

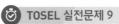

Day 90   p.341

[Practice]

Exercise 1.   p.347

  (1) (b)   (2) (e)   (3) (g)   (4) (a)
  (5) (h)   (6) (d)   (7) (f)   (8) (c)

Exercise 2.   p.347

  (1) prototype (2) drawback (3) unsightly
  (4) ordinance

⚙ Day 90. Self Test   p.348

1. 존재, 참석	16. unsightly
2. bleed	17. 열다
3. 유기체, 생물	18. trim
4. absurd	19. 기소하다
5. 원형, 시제품	20. partly
6. journey	21. 독점
7. 법령, 조례	22. identification
8. subscribe	23. 사학자
9. 유발하다	24. drawback
10. assign	25. 흥미를 일으키다
11. 영장류	26. behavior
12. convert	27. 유혹, 매력, 꾀다
13. 이유	28. correction
14. stylish	29. 지방자치제, 시
15. 세련, 정교함	30. distinguish

General Reading Comprehension

1-2. (D), (D)

해석 매년, 전세계의 10만 명 이상의 사람들이 뱀에 물려 죽는다. 현재, 뱀에 물렸을 때의 치료법은 실제 뱀의 독에서 얻은 해독제를 사용한다. 그러나, 해독제는 세계의 250종류의 뱀들로부터 독을 공급받아야 한다. 독은 수집하기 어려울 뿐만 아니라, 또한 특별한 냉장 보관을 필요로 한다. 결과적으로, 한 연구팀이 다양한 뱀에 물린 것을 치료할 수 있는 한 가지 치료법을 찾으려고 노력 중이다. 인도, 케냐, 나이지리아, 영국, 그리고 미국의 과학자들이 생명공학을 이용한 치료법을 찾기 위해 함께 일하고 있다. 그 목표는 한 번에 여러 종류의 독을 대상으로 하는 것이다. 보편적인 치료법으로, 뱀에 물린 것으로부터의 생존율이 개선될 수 있을 것으로 기대된다.

요약 연구원들은 뱀에 물린 것에 대한 새로운 치료법을 연구 중이다. 현재의 치료법은 실제 뱀의 독을 사용하는데, 이것은 수집하고 보관하기가 어렵다. 그 결과, 과학자들은 생명공학을 이용한 치료법을 찾기 위해 협업하여 연구 중이다. 목표는 보편적인 치료법을 통해 생존율을 높이는 것이다.

1. Choose the most suitable word for blank [A], connecting the summary to the passage.
   본문과 요약문을 연결 지을 때, 빈칸 [A]에 가장 적절한 단어를 고르시오.
   (A) crust 껍질   (B) hook 고리
   (C) sinew 힘줄   (D) venom 독

2. Choose the most suitable word for blank [B], connecting the summary to the passage.
   본문과 요약문을 연결 지을 때, 빈칸 [B]에 가장 적절한 단어를 고르시오.
   (A) reframing 다시 구성하는   (B) disinfecting 소독하는
   (C) proofreading 교정을 보는   (D) collaborating 협업하는

풀이 'snakebites treatments use anti-venoms derived from real snake venom'를 통해 치료제에 실제 뱀의 독을 사용한다는 것을 알 수 있으므로 1번은 (D)가 정답이다. 'working together to find a cure'를 통해 과학자들이 힘을 모아 연구 중임을 알 수 있으므로 2번은 (D)가 정답이다.

관련 어휘 crust 껍질 (Day 85) hook 고리 (Day 82)
       sinew 힘줄 (Day 87) reframe 다시 구성하다 (Day 85)
       disinfect 소독하다 (Day 83)
       proofread 교정을 보다 (Day 81)

Chapter 10

Day 91 p.353

[Practice]

Exercise 1. p.359

(1) (c)	(2) (e)	(3) (d)	(4) (g)
(5) (h)	(6) (b)	(7) (a)	(8) (f)

Exercise 2. p.359

(1) incident (2) installment (3) extraneous (4) exquisite

💡 Day 91. Self Test p.360

1. 여행	16. benefit
2. economically	17. 관련 없는
3. 미친 듯이	18. charity
4. seemingly	19. 검소하게
5. 범인	20. audience
6. incurable	21. 상위 인지
7. 잎이 있는	22. notification
8. installment	23. 군중, 무리
9. 분할, 분과	24. incident
10. sentimental	25. 아주 기뻐하는
11. 매우 아름다운, 정교한	26. majority
12. dork	27. 상상도 할 수 없는
13. 뼈대, 체제	28. logic
14. decrease	29. 평지
15. 위치시키다, 고려하다	30. imagination

Day 92 p.361

[Practice]

Exercise 1. p.367

(1) (b)	(2) (c)	(3) (d)	(4) (e)
(5) (a)	(6) (h)	(7) (f)	(8) (g)

Exercise 2. p.367

(1) independent (2) mindset (3) contribution (4) artifacts

💡 Day 92. Self Test p.368

1. 기여	16. complete
2. misfortune	17. 엉덩이
3. 공예품, 인공유물	18. suppose
4. specification	19. 아작아작 씹다, 으드득 거리다
5. 주장하건대	20. development
6. specimen	21. 손쉽게, 선뜻
7. 조화, 조정력	22. radiation
8. independent	23. 그럴듯한
9. 자서전	24. merchandise
10. indefinite	25. 취미
11. 의식하는	26. magnify
12. sparrow	27. 개념상의
13. 재정을 지원하다	28. overly
14. spectator	29. 사고방식
15. 대응하다	30. paycheck

Day 93   p.369

[Practice]

Exercise 1.   p.375

(1) (h)	(2) (e)	(3) (d)	(4) (b)
(5) (c)	(6) (g)	(7) (f)	(8) (a)

Exercise 2.   p.375

(1) mutually (2) appreciative (3) sorcery (4) ultimately

💡 Day 93. Self Test   p.376

1. 들러붙다	16. equipment
2. reactivity	17. 화학자, 약사
3. 고장	18. recently
4. arithmetic	19. 수습 기간
5. 공격적인	20. preparation
6. ashamed	21. 서로, 상호간에
7. 투자	22. sorcery
8. discussion	23. 일상적인, 평범한
9. 열사병	24. lively
10. garnish	25. 숫자
11. 고마워하는	26. ultimately
12. civilize	27. 원시의
13. 친필, 필적	28. surely
14. government	29. 예상하다
15. 제공하다, (가구를) 비치하다	30. pinewood

Day 94   p.377

[Practice]

Exercise 1.   p.383

(1) (g)	(2) (f)	(3) (e)	(4) (h)
(5) (b)	(6) (d)	(7) (c)	(8) (a)

Exercise 2.   p.383

(1) outrun (2) adaptation (3) insert (4) acceptance

💡 Day 94. Self Test   p.384

1. 도덕적으로	16. dishonest
2. depart	17. 독창성
3. 측은한, 한심한	18. convenience
4. accountability	19. ...보다 더 빨리 달리다
5. 즐기다, 즐거움	20. infer
6. leaky	21. 복원하다
7. 버릇없음	22. publication
8. acceptance	23. 의심스러운
9. 냉장하다	24. insult
10. initially	25. 개성, 인간성
11. 음운 체계의	26. lumber
12. adaptation	27. 지나치게 단순화하다
13. 거장다운	28. physician
14. perhaps	29. ...을 필요하게 만들다
15. 끼우다[넣다/삽입하다]	30. icon

Day 95 p.385

[Practice]

Exercise 1. p.391

(1) (f)	(2) (h)	(3) (d)	(4) (e)
(5) (c)	(6) (g)	(7) (b)	(8) (a)

Exercise 2. p.391

(1) pilgrim (2) remarkable (3) judgment
(4) probability

Day 95. Self Test p.392

1. 서리가 내리는	16. registration
2. redistribution	17. 판단
3. 혁신적인	18. strategist
4. multilingual	19. 호감이 가는
5. 자기 성찰적인	20. advantage
6. remarkable	21. 욕구, 바라다, 원하다
7. 기능적인	22. investigate
8. pilgrim	23. 회피하다
9. 황무지	24. beautifully
10. petroleum	25. 떨리는, 불안한
11. 초대된 사람	26. intimidate
12. mystique	27. 아마
13. 동음이의어	28. mechanism
14. exhausted	29. (하나도 손상되지 않고) 온전한
15. 자극하는, 짜증나는	30. probability

Day 96 p.393

[Practice]

Exercise 1. p.399

(1) (g)	(2) (e)	(3) (d)	(4) (f)
(5) (c)	(6) (b)	(7) (h)	(8) (a)

Exercise 2. p.399

(1) trendy (2) propagate (3) outrageous (4) overdue

Day 96. Self Test p.400

1. 현대화하다	16. republic
2. preschooler	17. 연장하다, 연장시키다
3. 입법부	18. precious
4. ultraviolet	19. 터무니없는
5. 가능성	20. replay
6. homeowner	21. 독특한
7. 도덕성	22. troublemaker
8. whiten	23. 생각에 잠겨, 사려깊은
9. 동기를 주는	24. trendy
10. webpage	25. 동시에 일어나게
11. 구식인	26. speculation
12. region	27. 회전하다, 교대로 하다
13. 의무	28. rusty
14. admiral	29. 전파하다
15. 기한이 지난	30. prehistory

Day 97
p.401

[Practice]

Exercise 1.
p.407

(1) (b)　　(2) (c)　　(3) (h)　　(4) (d)
(5) (f)　　(6) (e)　　(7) (a)　　(8) (g)

Exercise 2.
p.407

(1) rational (2) publicly (3) reminder (4) reserve

Day 97. Self Test
p.408

1. 개조하다	16. addiction
2. infringement	17. 합리적인
3. 갱신, 개선	18. acknowledge
4. misunderstand	19. 시사회, 예고, 간단히 소개하다
5. 분리	20. aboriginal
6. moldy	21. 정확히 짚어주다
7. 경멸하는	22. unfortunate
8. prediction	23. 억누를 수 없는, 거부할 수가 없는
9. 원시 사회의, 원시적인	24. resource
10. publicly	25. 모르는 사이에, 본의 아니게
11. 피난처, 도피처	26. reserve
12. adamant	27. 똑바른, 수직으로 세워 둔
13. 주재[주도]하다	28. lawmaker
14. booking	29. 내재하는
15. (건축 공사장의) 비계	30. reminder

Day 98
p.409

[Practice]

Exercise 1.
p.415

(1) (e)　　(2) (c)　　(3) (b)　　(4) (h)
(5) (g)　　(6) (f)　　(7) (d)　　(8) (a)

Exercise 2.
p.415

(1) investigation (2) longlist (3) likeness (4) disapproved

Day 98. Self Test
p.416

1. 아주 부드러운	16. validity
2. pinnacle	17. 규모
3. 후보자 명단	18. urine
4. valve	19. 유사성, 닮음
5. 조종하는	20. unauthorized
6. accessorize	21. 전체
7. 설득력 있는	22. translator
8. disapprove	23. 사로잡힘, 심취, 몰두
9. 가능성 있게	24. affection
10. variable	25. 조사
11. 문자 그대로	26. replace
12. outset	27. 무책임한
13. (위로) 올리기, 희망, 희망[행복감]을 주다	28. underground
14. windproof	29. 그림 문자
15. 그물망, 딱 들어맞다	30. search

Day 99　p.417

[Practice]

Exercise 1.　p.423

(1) (e)	(2) (h)	(3) (f)	(4) (b)
(5) (a)	(6) (g)	(7) (c)	(8) (d)

Exercise 2.　p.423

(1) irritation　(2) inculcate　(3) unreasonable
(4) endangerment

💡 Day 99. Self Test　p.424

1. 인상, 감동	16. hieroglyph
2. toward	17. 섬유, 섬유질
3. 짜증, 염증	18. friendship
4. flashlight	19. 인내
5. (생각, 도덕률 등을) 심어주다	20. dizziness
6. introductory	21. 사악, 부정
7. 주의를 기울이다	22. cruiser
8. drowsy	23. 간섭하다
9. 위험에 빠진 상태	24. arrest
10. farmland	25. 결백, 천진
11. 꿀꺽 한 입	26. defeat
12. interpretation	27. 불모지
13. 노력, 노력하다	28. proper
14. disinterest	29. 불합리한
15. 번창하다	30. injury

Day 100　p.425

[Practice]

Exercise 1.　p.431

(1) (b)	(2) (f)	(3) (d)	(4) (c)
(5) (a)	(6) (e)	(7) (h)	(8) (g)

Exercise 2.　p.431

(1) integration (2) preconceptions (3) defensive (4) bushy

💡 Day 100. Self Test　p.432

1. 상호작용	16. continually
2. defensive	17. 정확, 신중함
3. 선전	18. acquaintance
4. apt	19. 독창성
5. 보존	20. businessman
6. crumple	21. 경향, 성향
7. 예측할 수 있는	22. acceptable
8. commencement	23. 변장하다
9. 강도	24. riddle
10. cancellation	25. 정의할 수 있는
11. 내면화하다	26. port
12. bushy	27. 백과사전
13. 딱딱한 껍질이 있는	28. stable
14. preconception	29. 요리법, 요리
15. 통합	30. total

General Reading Comprehension

1-2. **(D), (C)**

해석 길이가 약 35cm인 육식성의 방어는, 5개에서 7개 정도의 세로로 된
줄무늬가 독특하다. 그러나, 그것은 행동에서 더욱 독특하다. 홀로
헤엄쳐 먹이를 찾기보다는, 이 방어는 상어와 배 앞에서 헤엄을 치며
기생충과 남은 먹이를 찾는다. 방어는 초기 관찰자들이 그 물고기가
더 큰 물고기를 먹이로 이끌었다고 생각했기 때문에 그러한 이름을
얻었다. 그러나, 사실, 진실은 그 반대이다. 방어는 상어의 입이나
배의 바깥 선체에서 떨어지는 음식의 찌꺼기를 기다린다.

요약 방어는 약 35cm 길이인 <u>육식성의</u> 물고기이다. 일련의 줄무늬를
특징으로, 방어는 상어의 입이나 배의 <u>뼈대</u>에서 떨어질 수 있는 남은
음식의 찌꺼기를 찾기 위해 상어와 배를 따라다닌다는 점에서 독특한
행동을 보인다.

1. Choose the most suitable word for blank [A], connecting
   the summary to the passage.
   본문과 요약문을 연결 지을 때, 빈칸 [A]에 가장 적절한 단어를
   고르시오.
   (A) luscious 아주 부드러운   (B) defensive 방어적인
   (C) outrageous 터무니없는   (D) meat-eating 육식성의

2. Choose the most suitable word for blank [B], connecting
   the summary to the passage.
   본문과 요약문을 연결 지을 때, 빈칸 [B]에 가장 적절한 단어를
   고르시오.
   (A) port 항구   (B) mesh 그물망
   (C) frame 뼈대   (D) resource 자원

풀이 'The carnivorous pilot fish'를 통해 방어가 육식성 물고기임을 알
수 있으므로 1번은 (D)가 정답이다. 'the outer hull of a ship'를
통해 배의 선체, 즉 바깥 틀에서 떨어지는 음식 찌꺼기를 쫓는다는
것을 알 수 있으므로 2번은 (C)가 정답이다.

관련 어휘 unique 독특한 (Day 96) luscious 아주 부드러운 (Day 98)
defensive 방어적인 (Day 100)
outrageous 터무니없는 (Day 96) port 항구 (Day 100) mesh
그물망 (Day 98) resource 자원 (Day 97)

MEMO